INDIGO

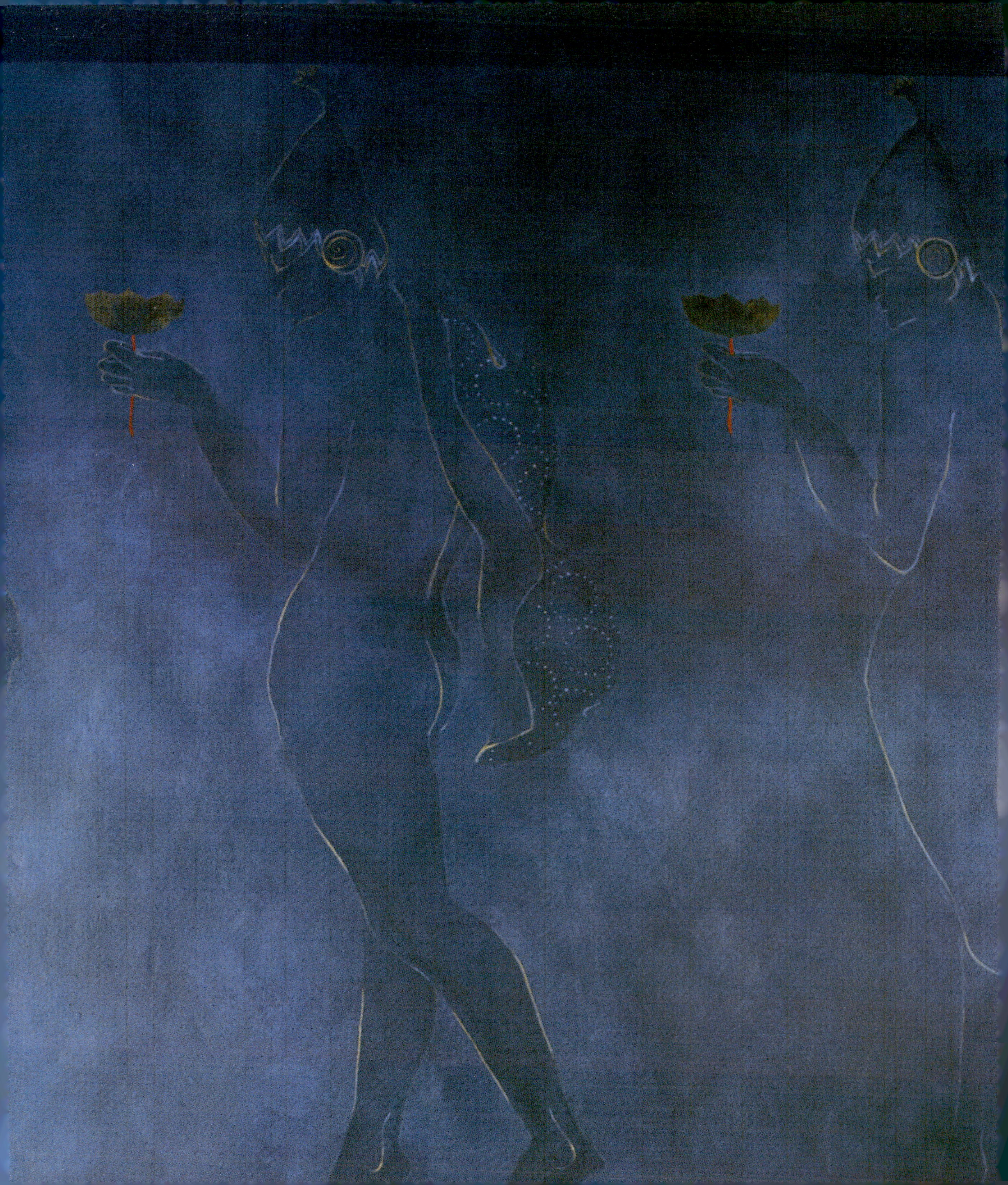

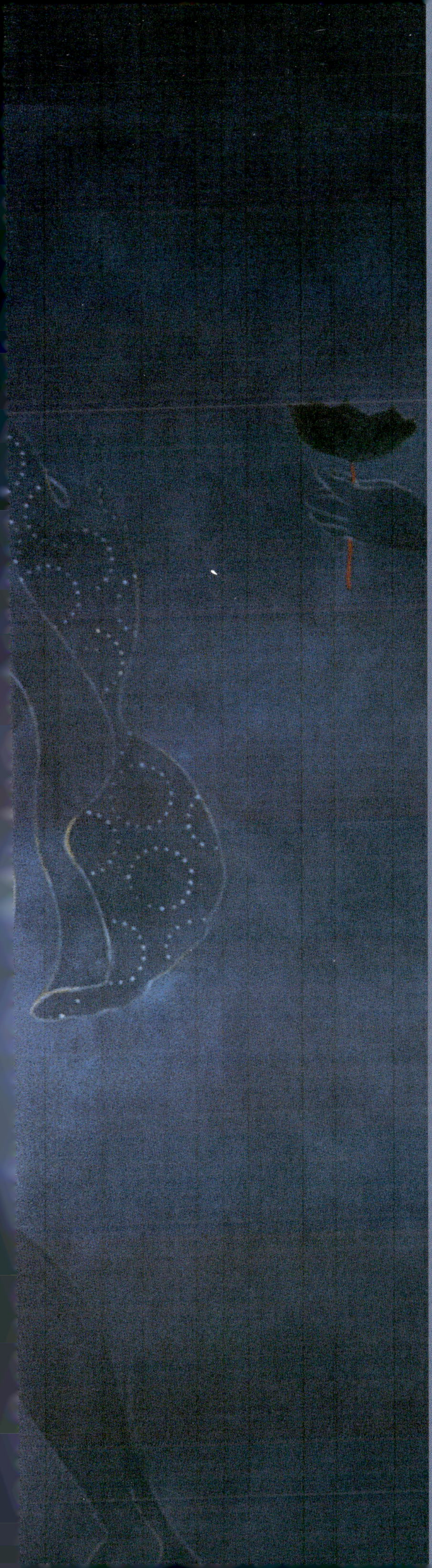

INDIGO

Im Rausch der Farben

Vinny Lee

Aus dem Englischen
von Sieglinde Denzel und Susanne Naumann

KNESEBECK

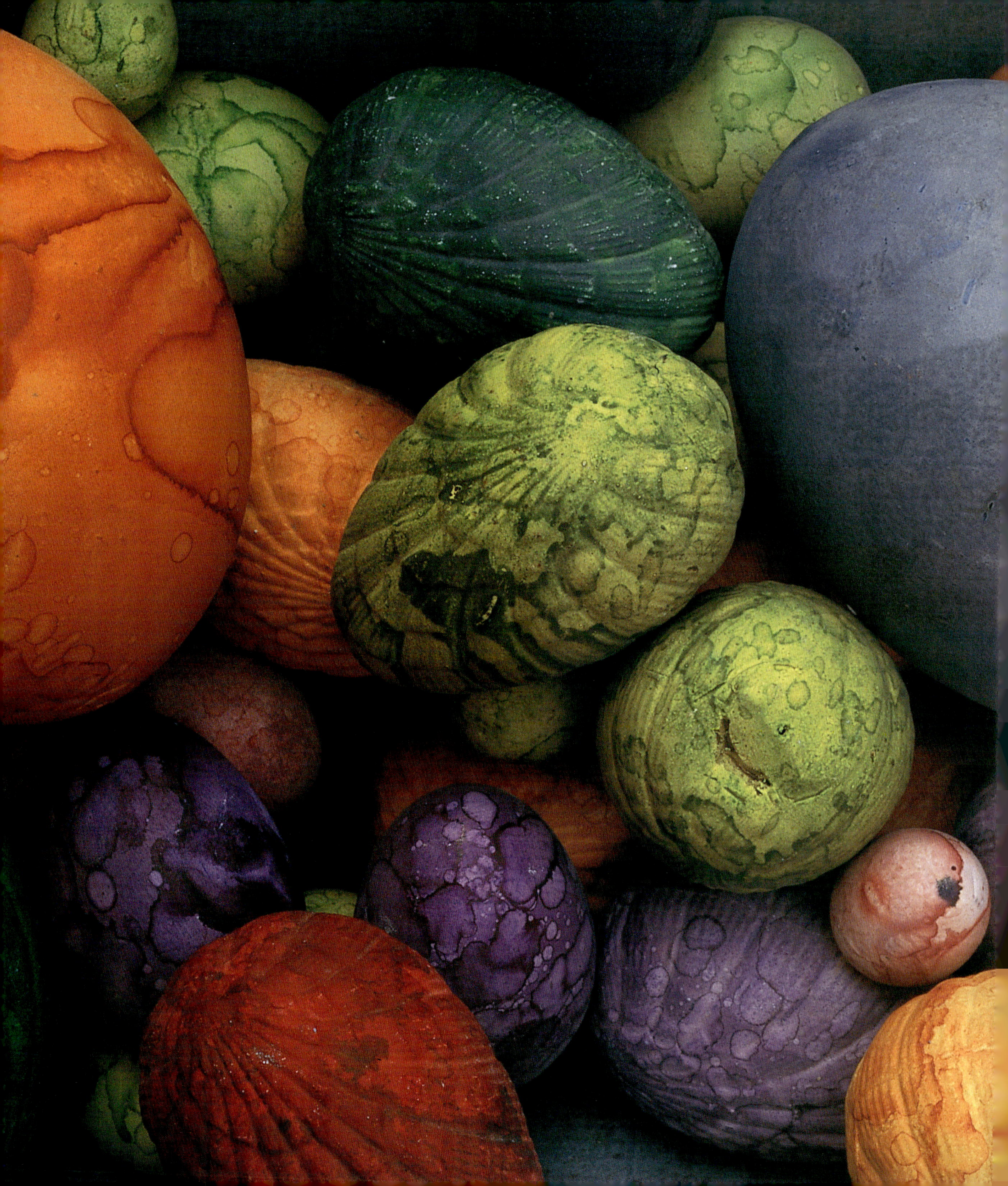

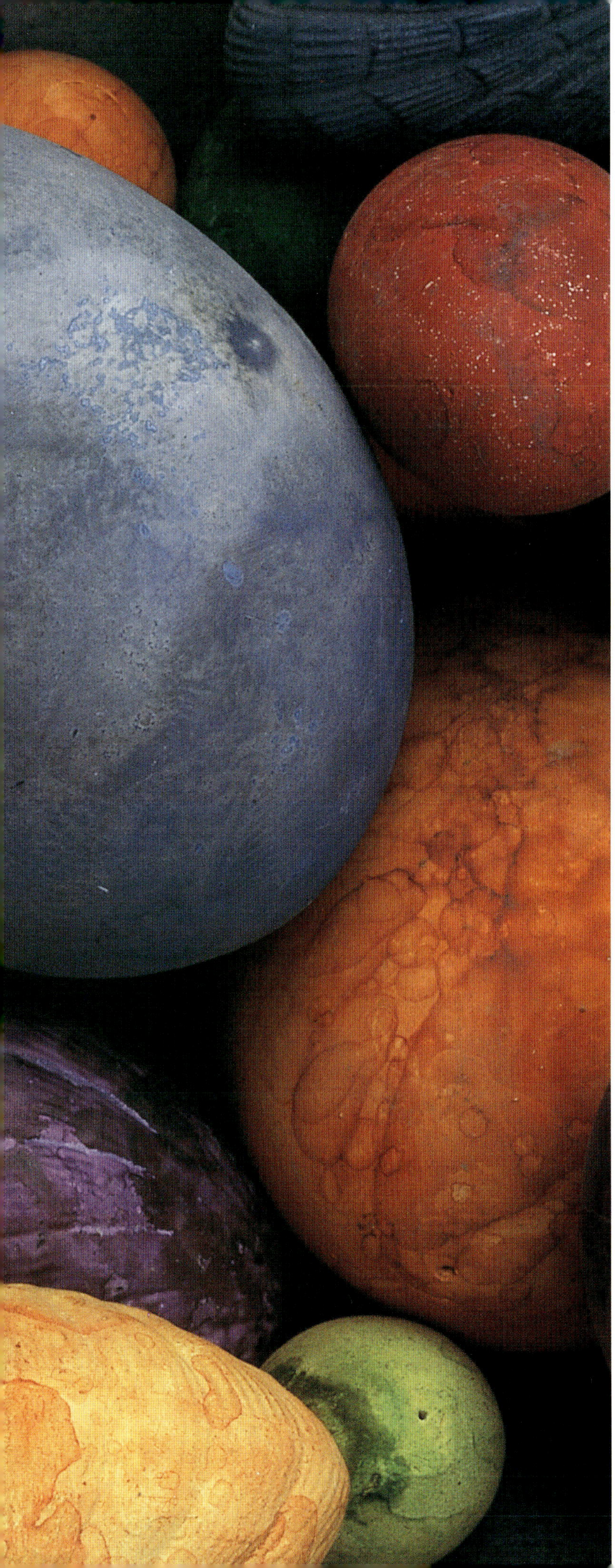

Für AWJ, auf ewig meine liebste Farbe

Titel der Originalausgabe: *Mood Indigo*
Erschienen bei Pavilion Books Limited 2000

Die Deutsche Bibliothek – CIP-Einheitsaufnahme
Ein Titeldatensatz für diese Publikation ist bei Der Deutschen Bibliothek erhältlich

Deutsche Erstausgabe

Umschlagabbildungen: The World of Interiors/Kevin Summers (vorne);
Jean-François Jaussaud (hinten)
Satz: satz & repro Grieb, München

Printed in Singapore

ISBN 3-89660-083-4

INHALT

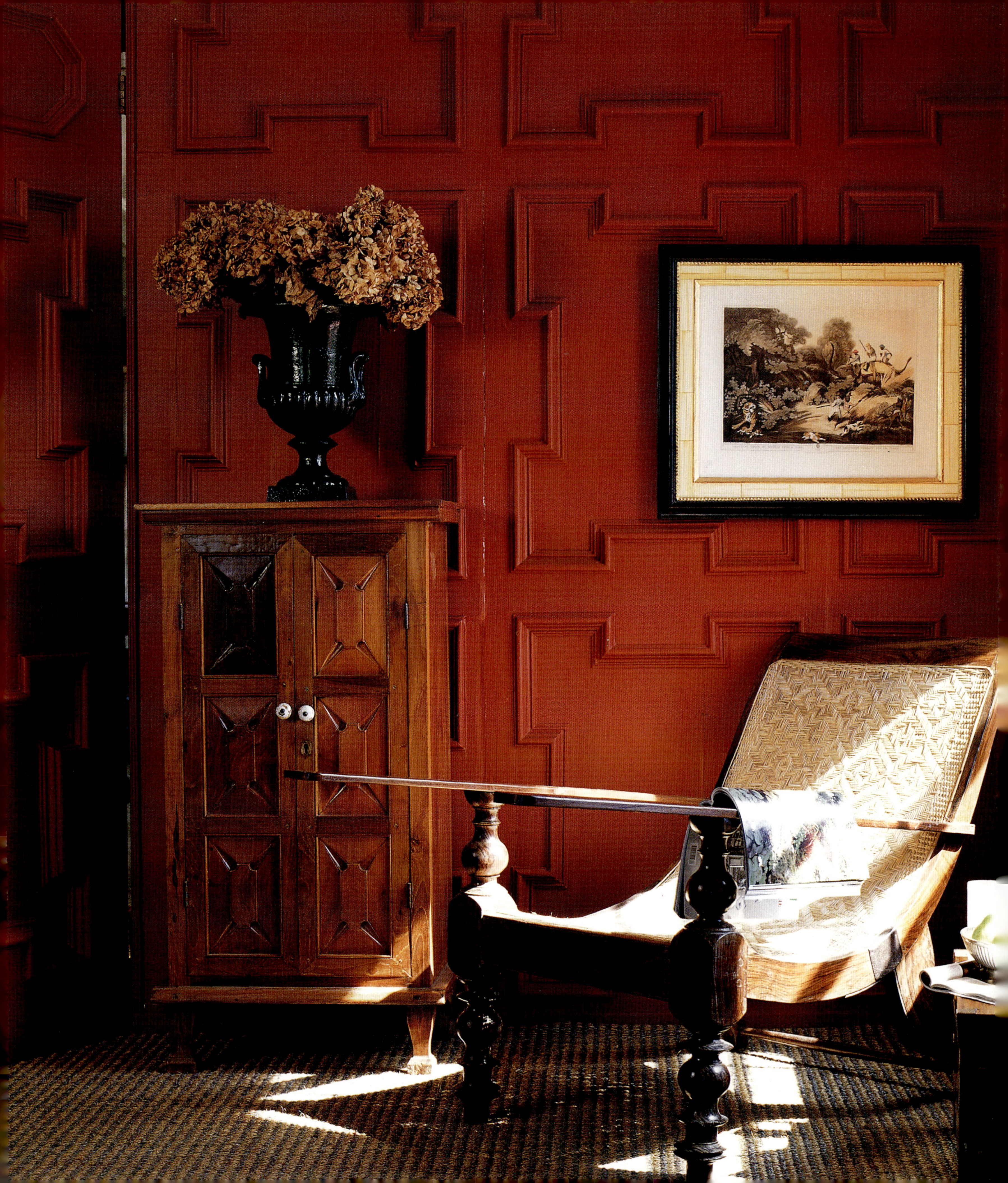

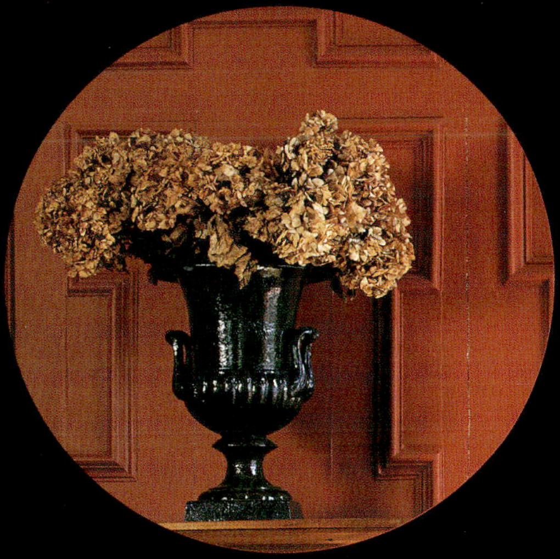

EINFÜHRUNG

Farben, besonders kräftige Farbtöne, geben einem Raum eine bestimmte Note und schaffen eine Atmosphäre und Stimmung, die sich auf die Befindlichkeit der Bewohner auswirkt. Der viktorianische Künstler und Kritiker John Ruskin sagte einmal: »Die reinsten und tiefsten Gemüter sind der Farbe ganz besonders zugetan.«

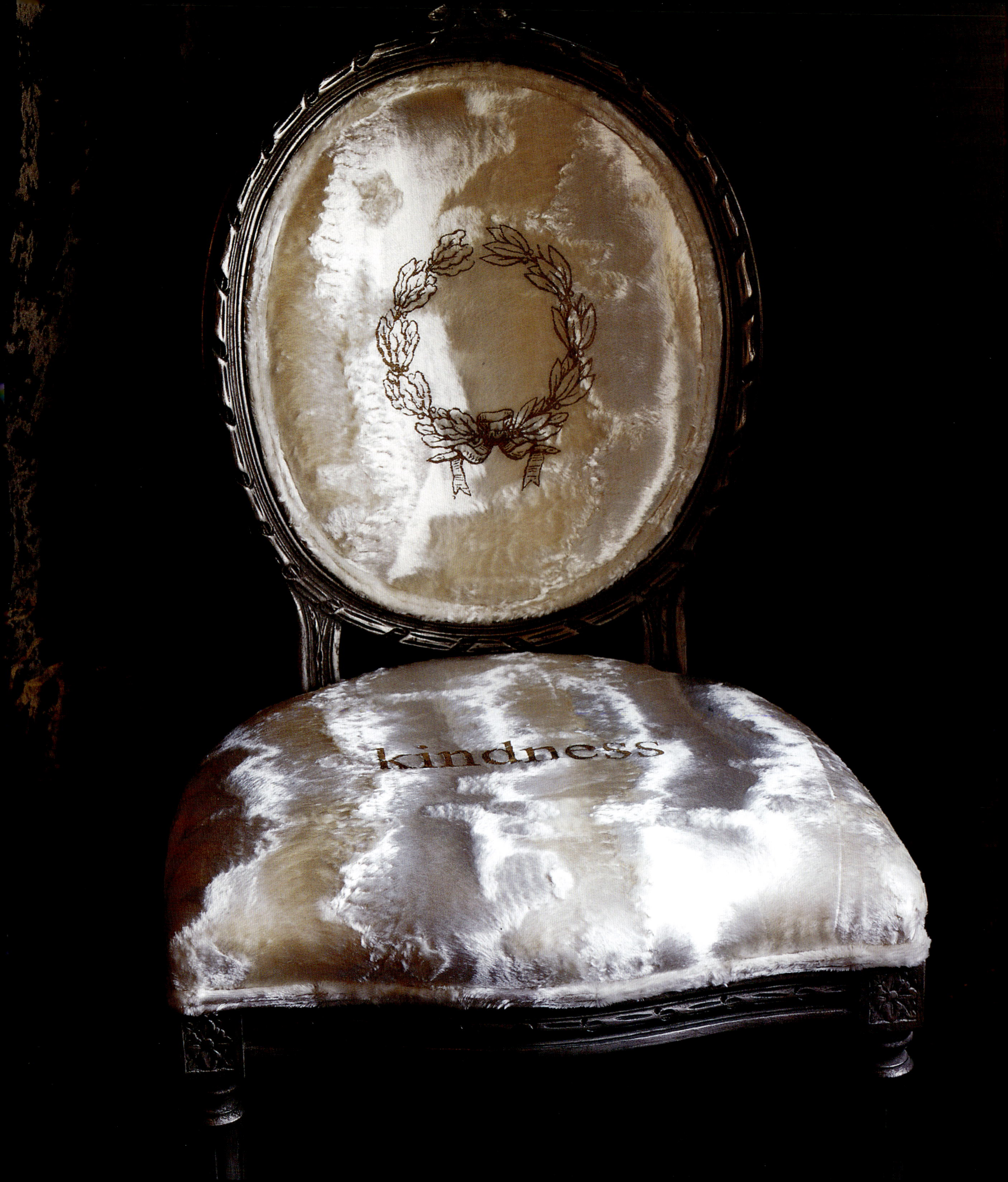
kindness

Wenn man sich Farbe in musikalischen Begriffen denkt, dann sind die dunklen Töne wie die Bassnoten in einem Stück. Sie geben dem Ganzen Halt und bilden ein Gegengewicht zu den leichten, hellen Noten, die vor diesem Hintergrund umso strahlender klingen.

Beim Einüben eines Klavierstücks sucht man sich in der Regel zunächst mit der rechten Hand die Weise oder Melodie zusammen. Komplett wird das Stück jedoch erst, wenn die Bassakkorde der linken Hand hinzukommen. Stellen Sie sich vor, bei irgendeinem berühmten Musikstück, ganz gleich, ob Jazz oder Klassik, würden nur die hohen Töne gespielt – es würde dadurch seines Charakters und seiner Harmonie weitgehend beraubt. Genau dasselbe gilt auch für die Gestaltung von Räumen. Der Bass, das dunklere Ende des Farbspektrums, bietet Töne an, die einem Raum Würde verleihen und eine ganz besondere Atmosphäre erzeugen, wie sie von einer »leeren Leinwand«, von einer weißen oder pastellfarbenen Wand, kaum zu erreichen ist.

Für all jene, für die das Einrichten mit dunklen Farben Neuland ist, müssen zuvor einige Missverständnisse und irrige Auffassungen zurechtgerückt werden. Zunächst einmal müssen dunkle Farben nicht zwangsläufig bedrückend oder feierlich wirken, sondern können im Gegenteil etwas Einladendes und Gemütliches haben. Zweitens sind satte Farben keineswegs die ausschließliche Domäne opulent ausgestatteter Prunkgemächer, auch wenn Wände in tiefen Farben natürlich einen wundervollen Hintergrund für vergoldete oder versilberte Bilderrahmen und Spiegel abgeben. Nicht weniger attraktiv können dunkelfarbig gestrichene Wände in kleinen Räumen wirken, weil die Farbe hier zu einem dominierenden Gestaltungselement wird. Sie kann den Raum interessanter machen und ihm eine ganz eigene Note geben.

Drittens: Die allgemeine Maßgabe, dass dunkle Farben auf Wänden und Oberflächen hervortreten und blasse Farben eher unauffällig wirken, ist zwar richtig, viel hängt jedoch auch vom Grundriss und vom Stil des Raumes ab, von der Art des Anstrichs und vom Arrangement der Beleuchtungskörper und der Möbel. Dunkle Farben können sogar bewusst eingesetzt werden, um weniger schöne Aspekte eines Raums zu verstecken oder zu überdecken. Die dunkle Farbe lässt sie gleichsam in den Hintergrund verschwinden, während das Auge auf die helleren, dekorativeren Seiten des Raums gelenkt wird.

Schließlich und endlich darf man auch den modischen Aspekt nicht vergessen. Wird eine dunkle Farbe womöglich schneller altmodisch? Ist es vielleicht gerade modern, sich von hellen Farben zu verabschieden? Moden und Trends in der Inneneinrichtung wechseln rasch, sind aber auch nicht mehr als eben dies: Moden, die zyklischen Abläufen folgen. Nach einer Phase heller, strenger Raumgestaltung stellt sich unweigerlich die Gegenbewegung ein, die Rückkehr zur Farbe.

Wohnen mit kräftigen Farben

Farbe ist etwas sehr Persönliches. Es wird immer Menschen geben, die keine Rücksicht auf modische Trends nehmen und ihrem Instinkt folgen oder einen individuellen Stil favorisieren. Aus diesem Grund sind satte Farben, auch wenn das nicht immer offensichtlich wird, ein immer währender Trend. Die Ausstattung der Innenräume berühmt gewordener klassischer Häuser orientiert sich bezeichnenderweise grundsätzlich am Stil des Gebäudes und am Geschmack der Besitzer, statt ein ständig wechselndes Kaleidoskop modischer Statements abzugeben.

Sie sollten daher in erster Linie darauf bedacht sein, Farbtöne zu wählen, in denen Sie und Ihre Familie sich wohl fühlen. Eine Farbe, die eine Person vielleicht als warm empfindet, mag Ihnen aufdringlich erscheinen. Eine Nuance, die auf Sie entspannend wirkt, kann jemand anderem kalt vorkommen. Wenn es um die Wahl von Farben geht, ist immer der individuelle Geschmack gefragt.

Viele Leute scheuen sich, bei der Gestaltung ihres Heims »Farbe zu bekennen«, dabei lassen sich gerade mit kräftigen Farben sehr ansprechende Wirkungen erzielen. Wenn Sie es bisher gewohnt waren, mit Weiß oder allenfalls einer Andeu-

LINKS: *Vor dem dunklen Hintergrund hebt sich der elegante, klassische Stuhl mit weißer Samtpolsterung und Silberprägung wirkungsvoll ab. Das Auge wird auf die Details des Stuhls gelenkt, wie etwa die Spuren von Silber auf dem geschnitzten Holzwerk.*

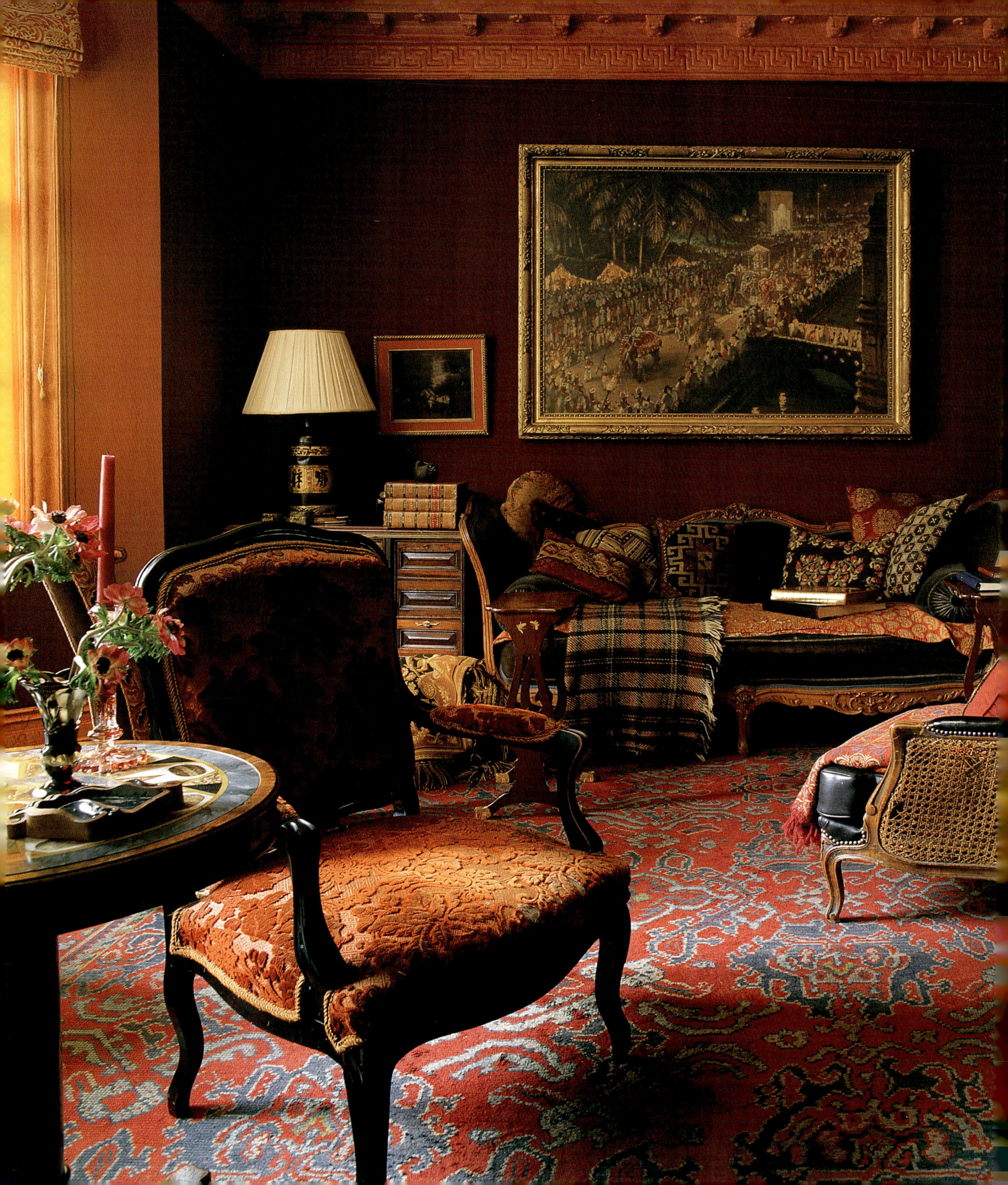

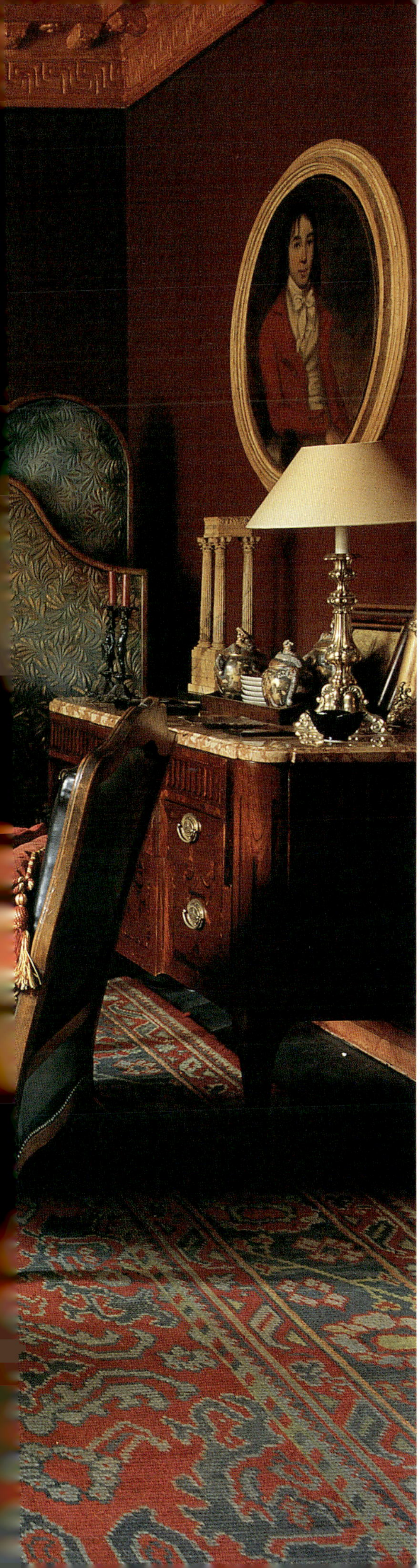

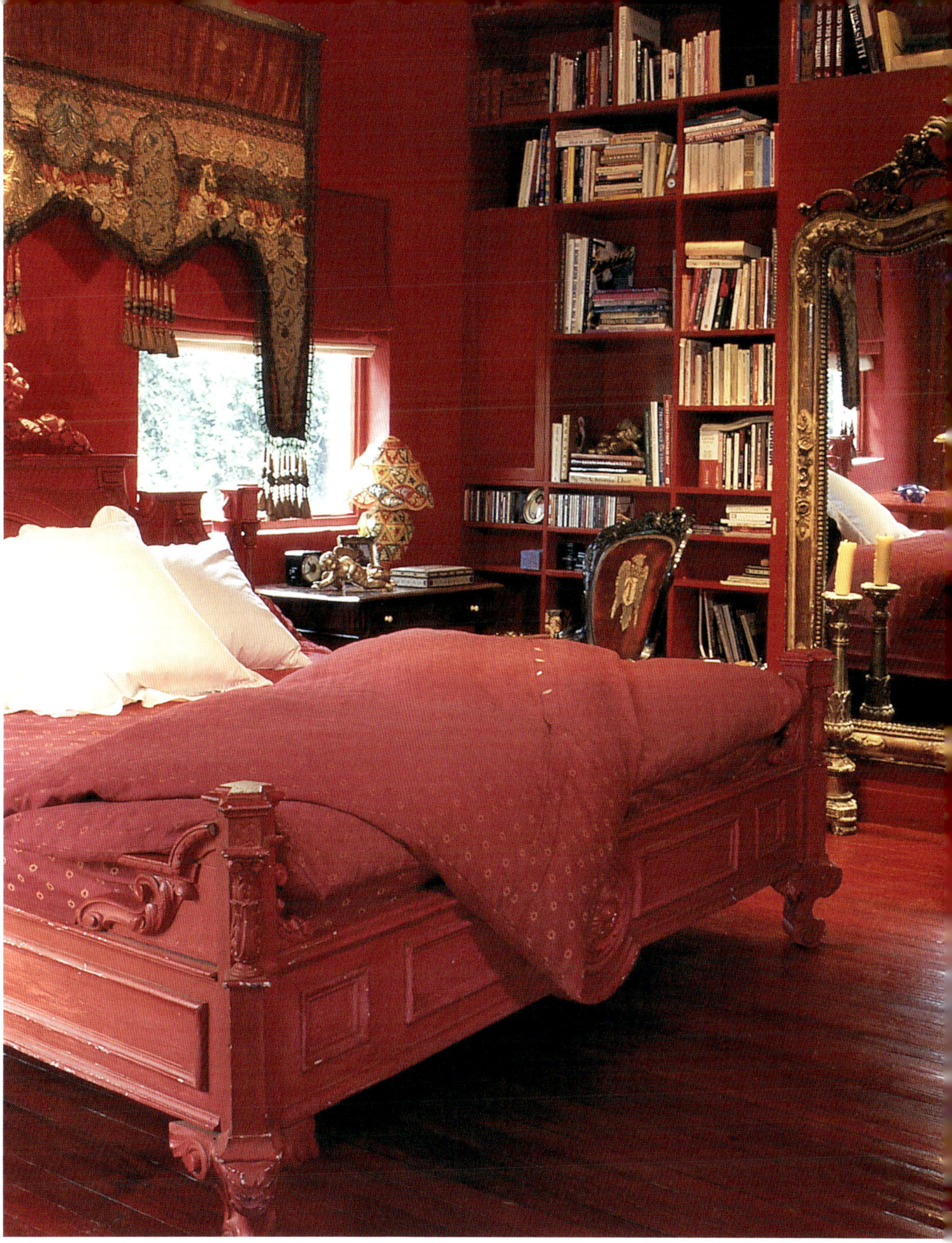

OBEN: *Dieses üppige Schlafgemach mit Bibliothek ist mit goldenem Schnitzwerk und Verzierungen geschmückt, die das Überladen-Dekadente des Raums noch unterstreichen. Ein riesiger Spiegel reflektiert das natürliche und das künstliche Licht und lässt den Raum dadurch weniger erdrückend erscheinen.*

LINKS: *In früheren Jahrhunderten wurden kräftige Farben eingesetzt, um große, kalte Räume in Wärme und eine Atmosphäre von Behaglichkeit und Intimität zu tauchen. In diesem traditionell möblierten Wohnzimmer erfüllen die Farben allerdings nicht nur diese Funktion, sondern unterstreichen zugleich auch die Wirkung der Möbel und Accessoires.*

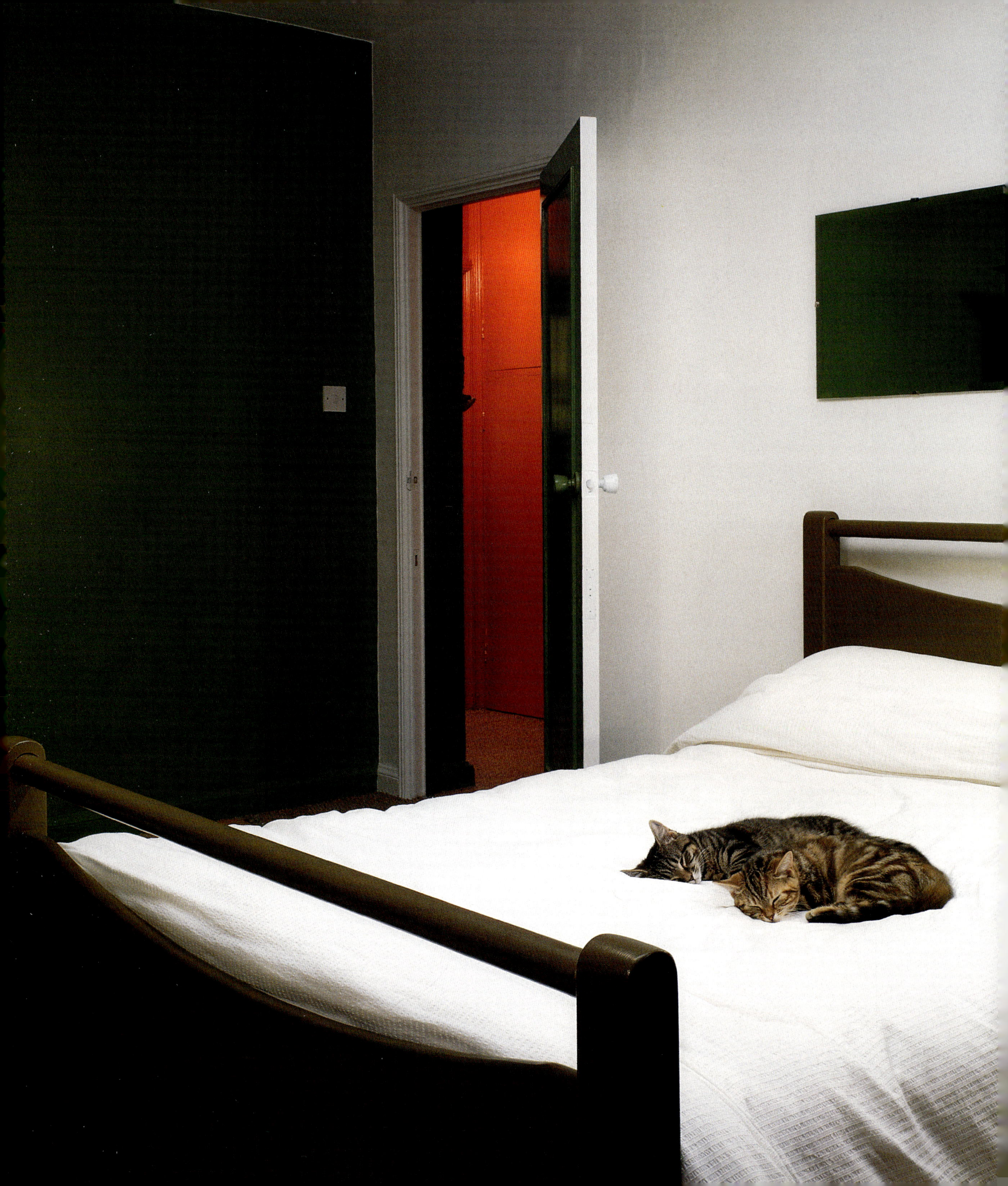

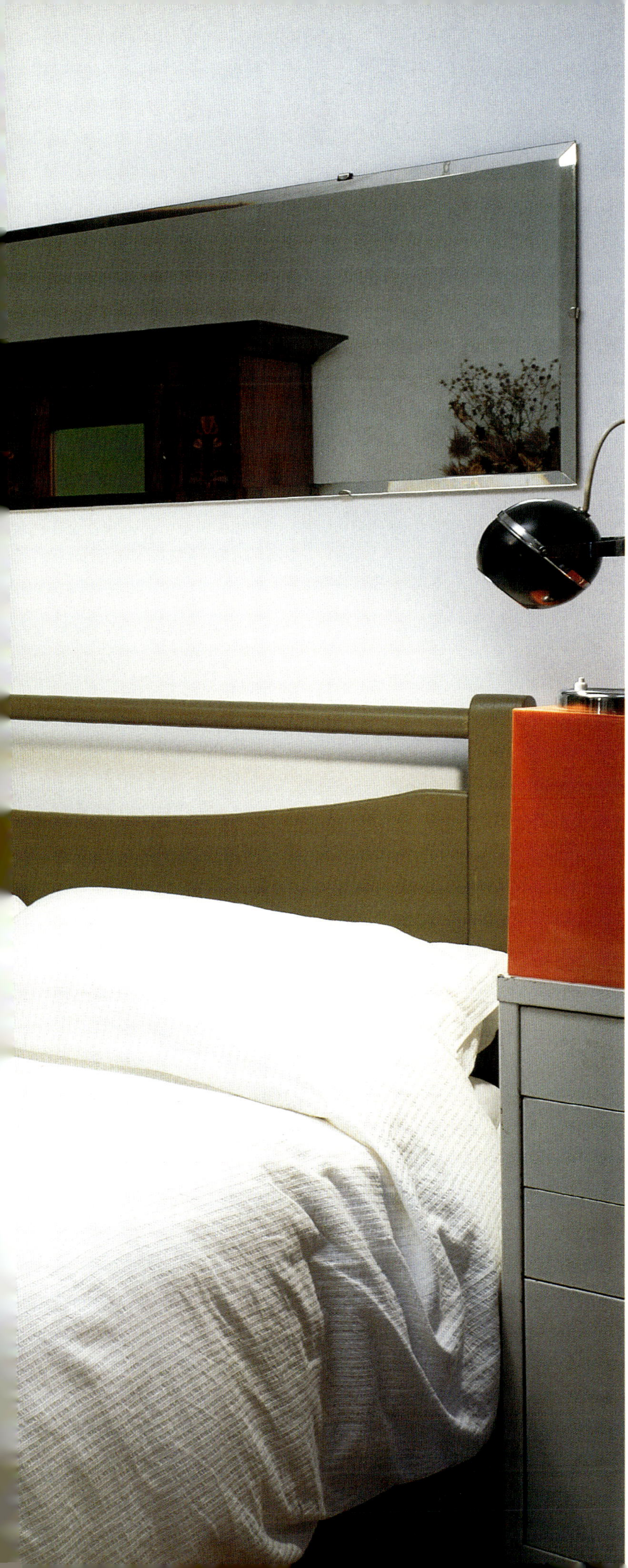

tung von Farbe zu leben, brauchen Ihre Augen vielleicht eine gewisse Zeit, um sich an dunkle, satte Töne zu gewöhnen, doch es ist allemal den Versuch wert.

Es bedarf möglicherweise einiger Zeit und einigen Mutes, bis man es wagt, die eigenen vier Wände in kräftigen Farben erstrahlen zu lassen. Gehen Sie schrittweise vor. Streichen Sie zunächst nur eine Wand in der gewünschten Farbe und leben Sie ein paar Wochen damit, bis Sie sich an sie gewöhnt haben. Oder beginnen Sie mit einer Grundierung in einer blasseren Schattierung und lassen Sie den Schlussanstrich in der dunkleren Farbe erst nach einer Weile folgen, damit Sie Zeit haben, mit der Veränderung vertraut zu werden. Es empfiehlt sich, grundsätzlich mit einem helleren Ton zu beginnen und allmählich zu dunkleren Farben zu greifen, da möglicherweise mehrere Schichten in einer helleren Farbe nötig sind, wenn man einen dunklen Anstrich heller haben möchte.

Machen Sie sich auch klar, dass die nackten Wände zunächst möglicherweise sehr intensiv, ja erschlagend wirken, wenn sie dunkel gestrichen sind. Doch sobald Teppiche, Möbel, Bilder, Lampen und Kissen den Raum füllen, reduziert sich die sichtbare Wandfläche.

Farbe und Oberflächen-Beschaffenheit

Entscheidend für den Gesamteindruck ist auch die Art des Anstrichs oder der Wandverkleidung. Eine matte, kalkige Oberfläche lässt einen dunklen Ton düsterer und weicher, manchmal auch seidig erscheinen, während starker Glanz die Intensität und Härte der Farbe hervortreten lässt. Zu den weichen Anstrichen gehören die modernen matten oder seidenmatten Farben, wobei Seidenmatt einen leichten Schimmer hat. Traditionelle matte Farben sind Leimfarben und Kalktünche.

Leimfarbe ist ein Anstrich auf Kalkbasis von pudriger Beschaffenheit. Das Problem der früher verwendeten Leimfarben war, dass die Farbe sich leicht abrieb, wenn Personen

LINKS: *Die dunklen Möbel in diesem zeitgenössischen Schlafzimmer bilden ein Gegengewicht zu der eher neutral wirkenden sonstigen Einrichtung. Durch die Tür sieht man in den in einem kräftigen Orangeton ausgekleideten Flur. Die satte Farbe wirkt als Folie für den monochromatischen Schlafraum und schafft nach der Kühle des anderen Raums einen warmen Übergang.*

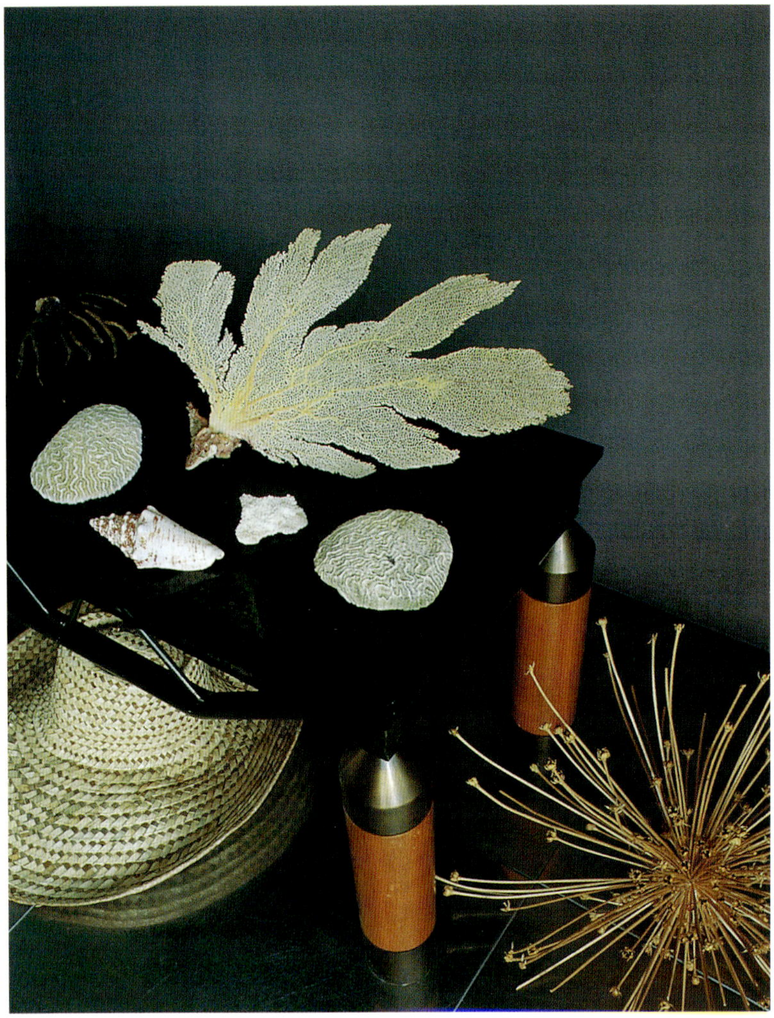

OBEN: *Zarte Korallengebilde, Muscheln und getrocknete Blätter heben sich akzentuiert vor einer dunklen Umgebung ab. Die Feinheiten der Adern und Verzweigungen treten filigranartig hervor, wenn sie vor einem schwarzen oder schwarzgrundigen Hintergrund platziert werden.*

RECHTS: *Rot und Grün liegen einander auf dem Farbkreis gegenüber. Hier bilden dunkelgrüne Wände einen satten Hintergrund für die roten Samtsofas und den grauen Marmorkamin. Da Decke und Boden hell gehalten sind, haftet dem Raum nichts Beengendes an.*

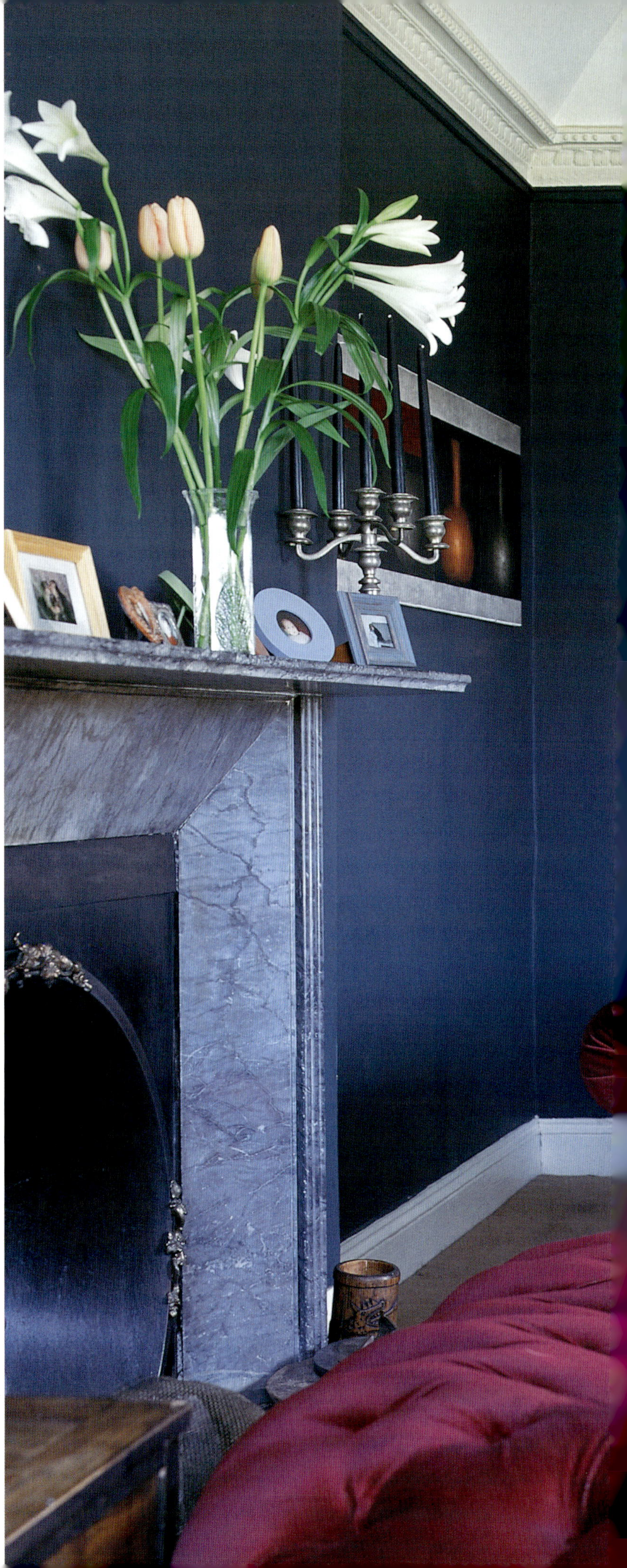

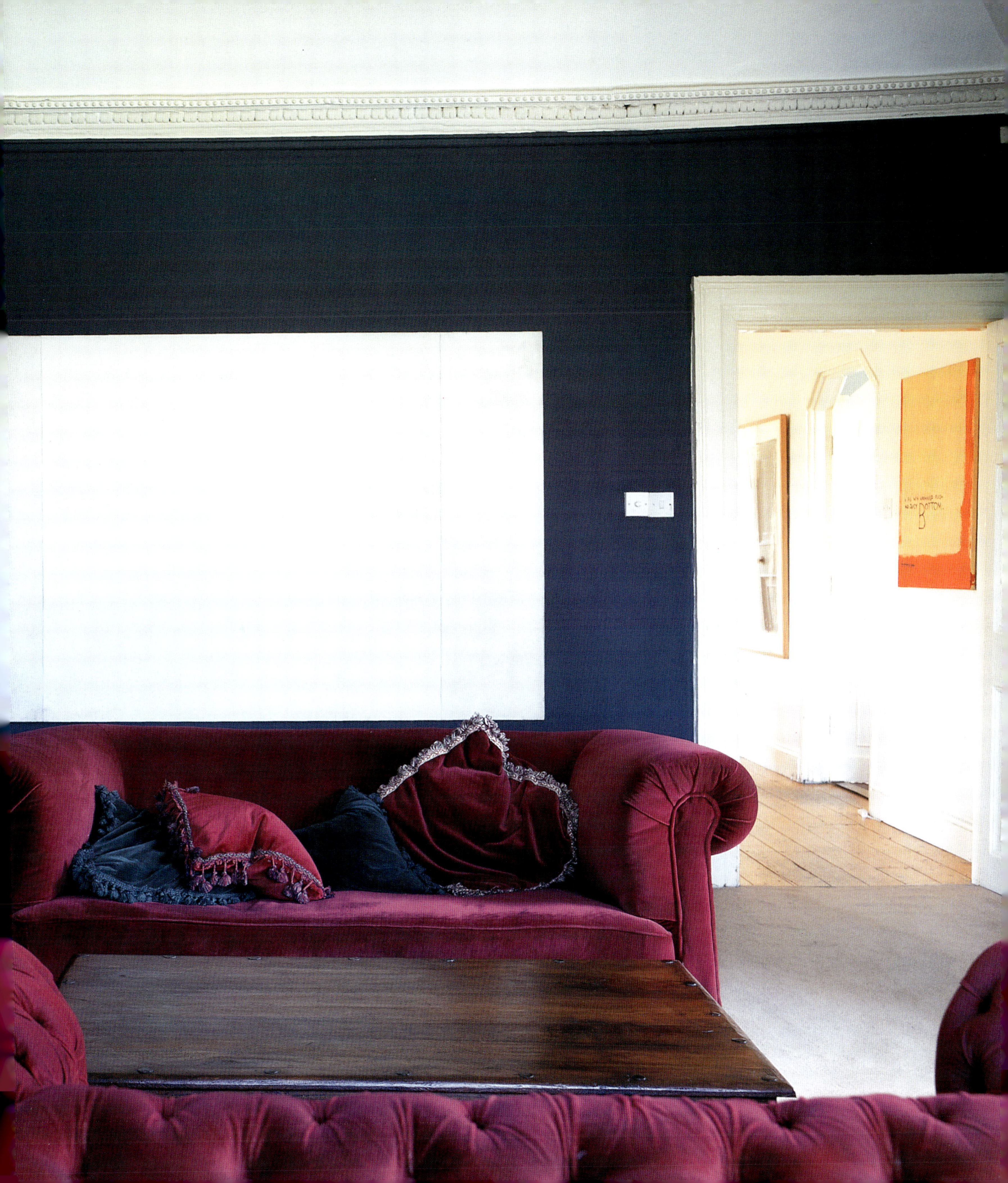
BOTTOM.

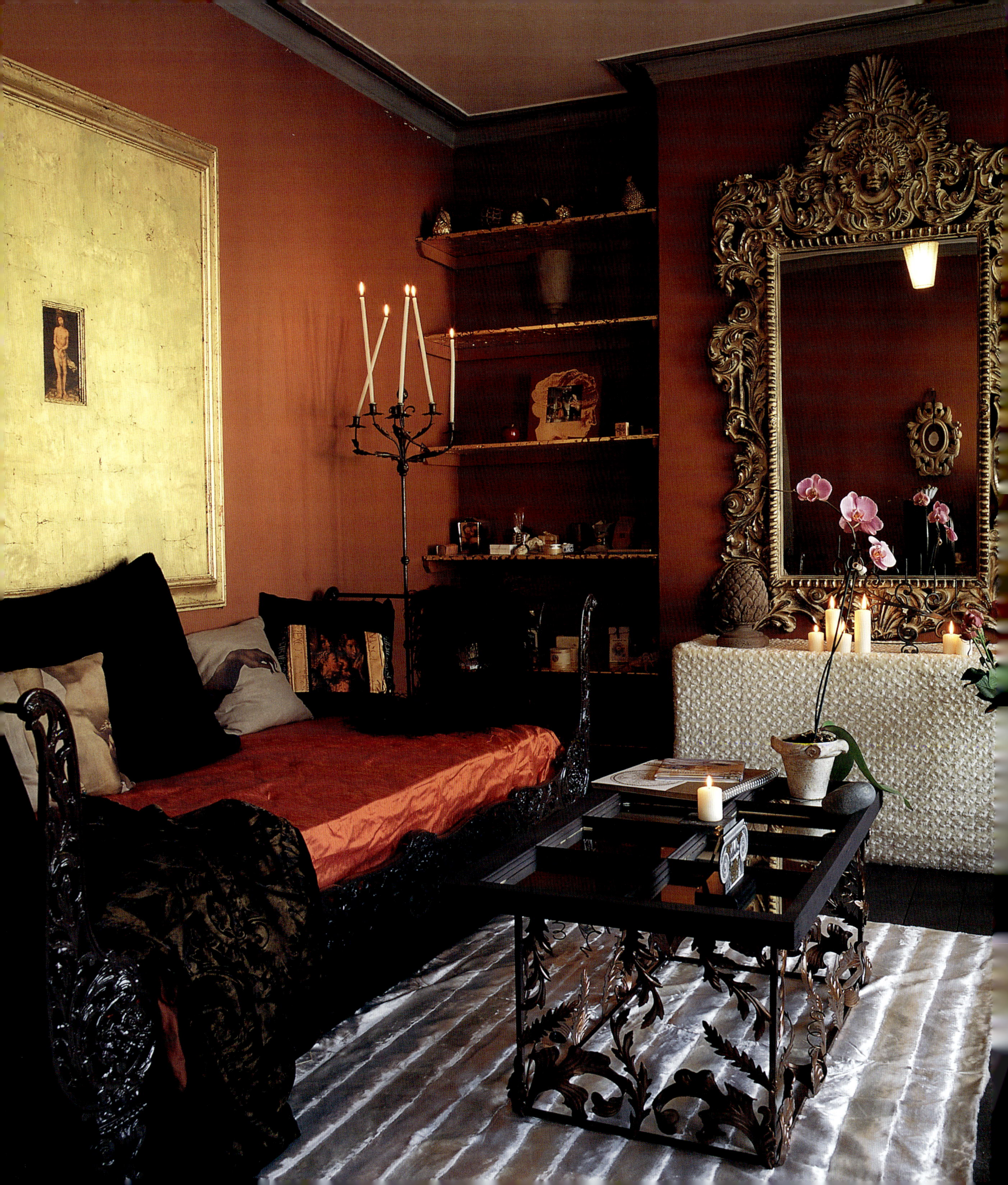

LINKS: *Gold und vergoldete Rahmen, Regale und Bilder lassen den Raum opulent erscheinen. Der dunkel lasierte Holzboden und der Schokoladenton des Schlafsofarahmens bilden ein Gegengewicht zu der Wand in kräftigem Terracotta. Accessoires wie die Kissen greifen die beiden Hauptfarben des Raums auf und verbinden die Einrichtung zu einem harmonischen Ganzen.*

oder Möbel daran entlangstrichen, und es dann weiße oder staubige Streifen auf Kleidung oder Polstern gab. Leimfarbe war auch insofern als Wandanstrich wenig geeignet, als sie wegen ihres Kalkgehalts Feuchtigkeits- und Wachs- oder Fettflecken förmlich anzieht. Heutzutage sind in Spezialgeschäften für Farbe und Einrichtung fertige, abwaschbare Leimfarben erhältlich, um eben jene weiche Wirkung zu erzielen, die Wänden den Anschein einer antiken Patina verleiht.

Kalktünche wurde benutzt, um die Außenwände von Häusern, Cottages und ländlichen Gebäuden zu weißen. In manchen Ländern werden die Häuser heute noch gekalkt. Der Kalk kann mit Pigmenten angereichert werden und wird manchmal auch für Innenräume benutzt, um ein rustikales Ambiente zu schaffen, da die Farbe leicht uneinheitlich ist und den Wänden ebenfalls einen antiken Charakter verleiht. Da Kalk ätzend wirken kann, wenn er nass wird, empfiehlt sich das Tragen von Schutzkleidung und Schutzbrille, wenn man mit Kalkfarbe arbeitet.

Mit wachsendem technischem Fortschritt in der Farbherstellung wurden auch metallische Anstriche immer populärer. Das liegt nicht zuletzt daran, dass diese Anstriche mittlerweile billiger und leichter anzuwenden sind. Metallische Farben machen sich äußerst wirkungsvoll in fensterlosen Räumen wie Korridoren oder in einem von Kerzen erhellten Speisezimmer, aber auch in einem luxuriösen Badezimmer mit gedämpftem Licht für ein entspannendes Bad. Bei weichem elektrischem Licht oder Kerzenlicht glitzern die Metallpartikel in der Farbe und schaffen eine magische, dem Alltäglichen entrückte Atmosphäre.

Für die härteren, glänzenden Anstriche stehen die modernen Hochglanzfarben zur Verfügung. Bei der Auswahl von Glanzfarbe ist allerdings Vorsicht geboten, da einige davon nur für Außenwände geeignet sind. Es gibt aber auch Farben, die speziell für Innenräume gedacht sind und auf einer gut vorbereiteten, grundierten Wand aufgetragen werden sollten. Wenn Sie einen lackartigen Firnis erzielen möchten, muss die Wandoberfläche völlig makellos sein, bevor die Farbe auf-

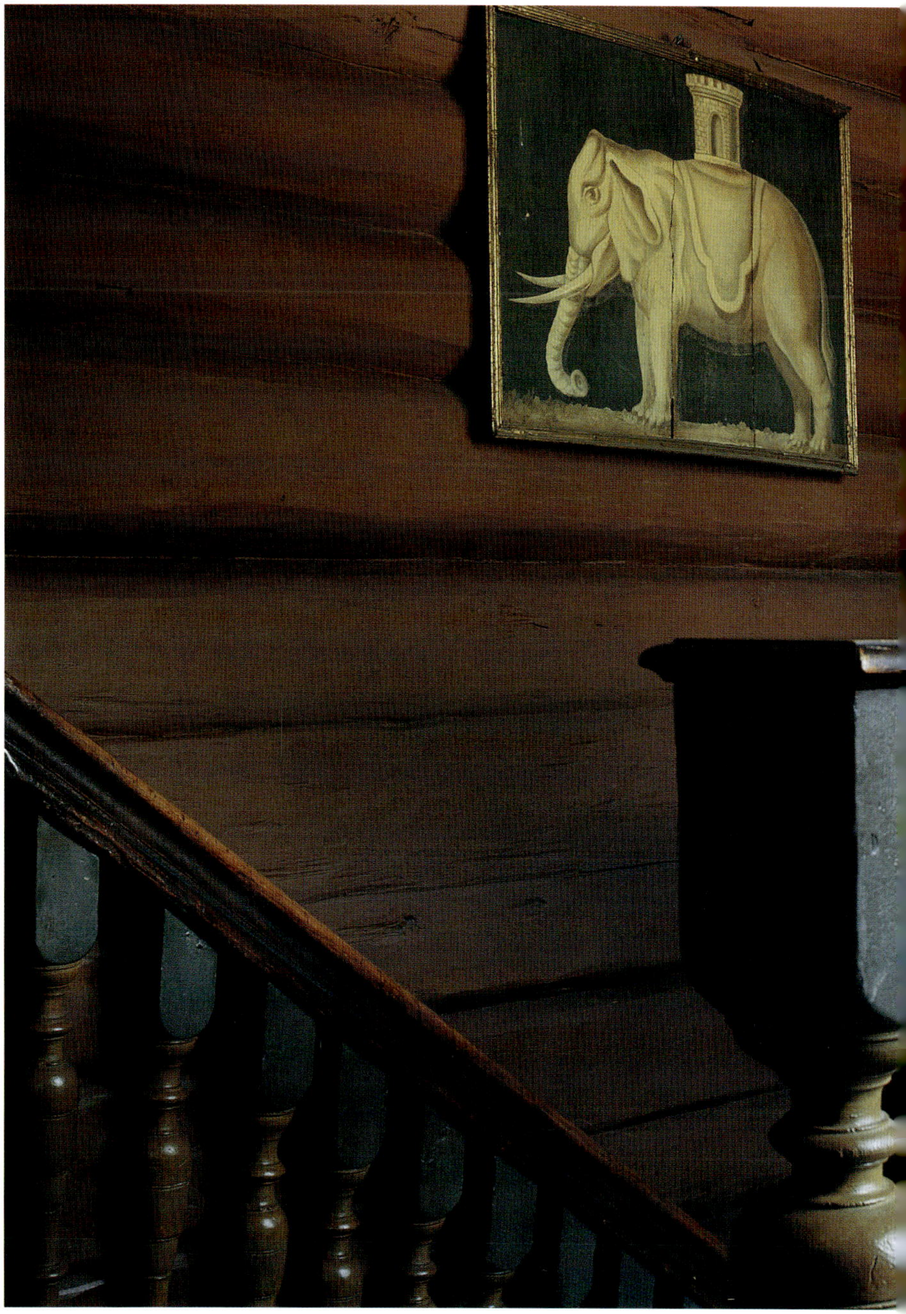

OBEN: *Selbst bei rustikalen Wandstrukturen wie diesen rohbehauenen Holzbalken erzeugen rote Farbtöne ein Gefühl der Wärme und des Behagens. Viele Häuser der Shakergemeinschaft in New England haben einen tiefroten Anstrich. Rot ist allgemein eine Farbe, die mit dem Leben auf dem Land und landwirtschaflichen Gebäuden assoziiert wird.*

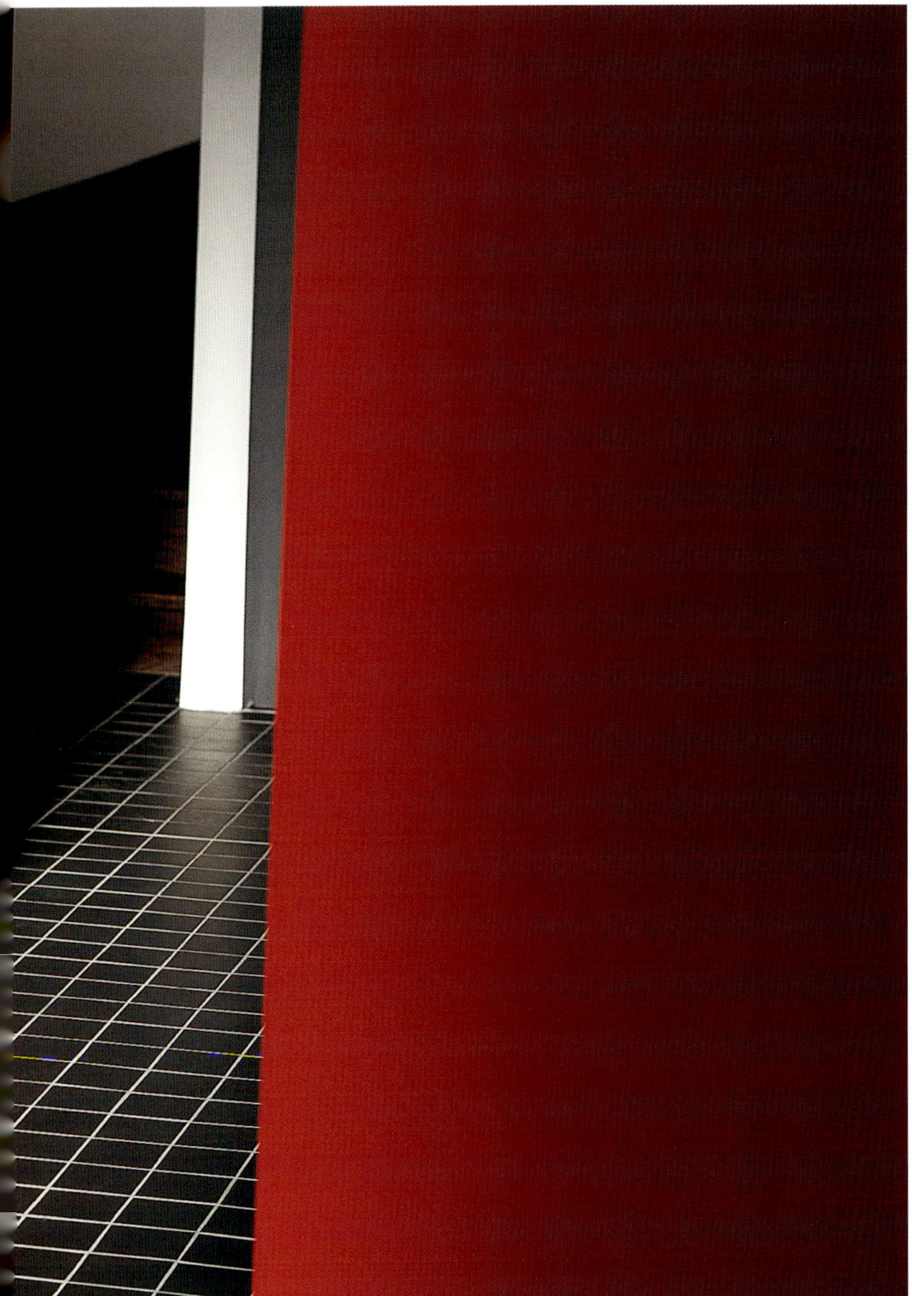

OBEN: *Statt eines einfarbig schwarzen Bodens wurde ein Gitterwerk aus Keramikfliesen verwendet. Die schwarzen Fliesen und die weißen Fugen bilden ein interessantes geometrisches Muster. Die weiße Fugenmasse reduziert dabei die Dichte des Schwarz, ohne ihm seine Intensität zu nehmen.*

RECHTS: *Schwarz ist die vorherrschende Farbe der Möbel in diesem Raum, doch die Karo- und Streifenstoffe nehmen dem Ganzen die Schwere und bringen Spannung und Vielfalt in die Gestaltung. Um einen solchen Look zu schaffen, sollte man eine Farbpalette mit verwandten Tönen und einer Grundfarbe wählen.*

getragen wird; schon kleinste Staubpartikel oder Pinselborsten verursachen hässliche Unebenheiten.

Wieder eine andere Wirkung haben Textilien als Wandverkleidung, ganz gleich, ob es sich um einen schlichten Baumwollstoff, Seide, ein eingewebtes Jaquardmuster, Streifen oder ein anderes Dessin handelt. Textile Wandverkleidungen wirken geräuschdämpfend und können den Eindruck des Luxuriösen, Kostbaren noch verstärken. Sie können einen kleinen Raum aber auch noch kleiner wirken lassen.

Textilien sind sehr vielseitig einsetzbar. Zum Beispiel kann man die Wände damit bespannen, sodass sie aussehen wie tapeziert. Ein kleines, enges Zimmer kann durch zeltförmig drapierten Stoff in ein exotisches Beduinenzelt oder einen Raum im Safaristil verwandelt werden. Man kann auch mit Stoffpaneelen vor gestrichenen Wänden arbeiten und die Eleganz vergangener Zeiten heraufbeschwören.

Wer seiner Wohnung gern einen antiken Touch oder auch einen Hauch von Fernost verleihen möchte, kann die matte Grundfarbe mit einem glänzenden Firnis versehen. Dafür werden mehrere Schichten eines transparenten Glanzlacks aufgetragen. Die Wand wird dadurch mit einer glasurähnlichen Schicht überzogen, die die Farben intensiver leuchten lässt. Es gibt eine ganze Reihe entsprechender Lacke, auch solche, die beim Trocknen Risse bilden, sodass eine von Rissen durchzogene, antik wirkende Oberfläche entsteht, wie man sie von alten Keramiken kennt.

Ursprünglich wurden Lacke aus Baumharz hergestellt. Mittlerweile gibt es jedoch Lackfarben, die denselben spiegelnden Glanz erzeugen, wie wir ihn von fernöstlichen Möbeln und Lackarbeiten kennen. In der traditionellen Handwerkskunst entsteht dieser Glanz auf Möbeln und kleineren Oberflächen durch wiederholtes Auftragen des Lacks, der nach dem Trocknen angeschliffen wird, um danach einen weiteren Überzug zu erhalten, bis zur letzten Firnisschicht, die makellos glänzend belassen wird. Heute kann man mit einem modernen Anstrich und Hochglanzfarben in einem Bruchteil der Zeit und mit beträchtlich weniger Mühe genau den gleichen Effekt erzielen.

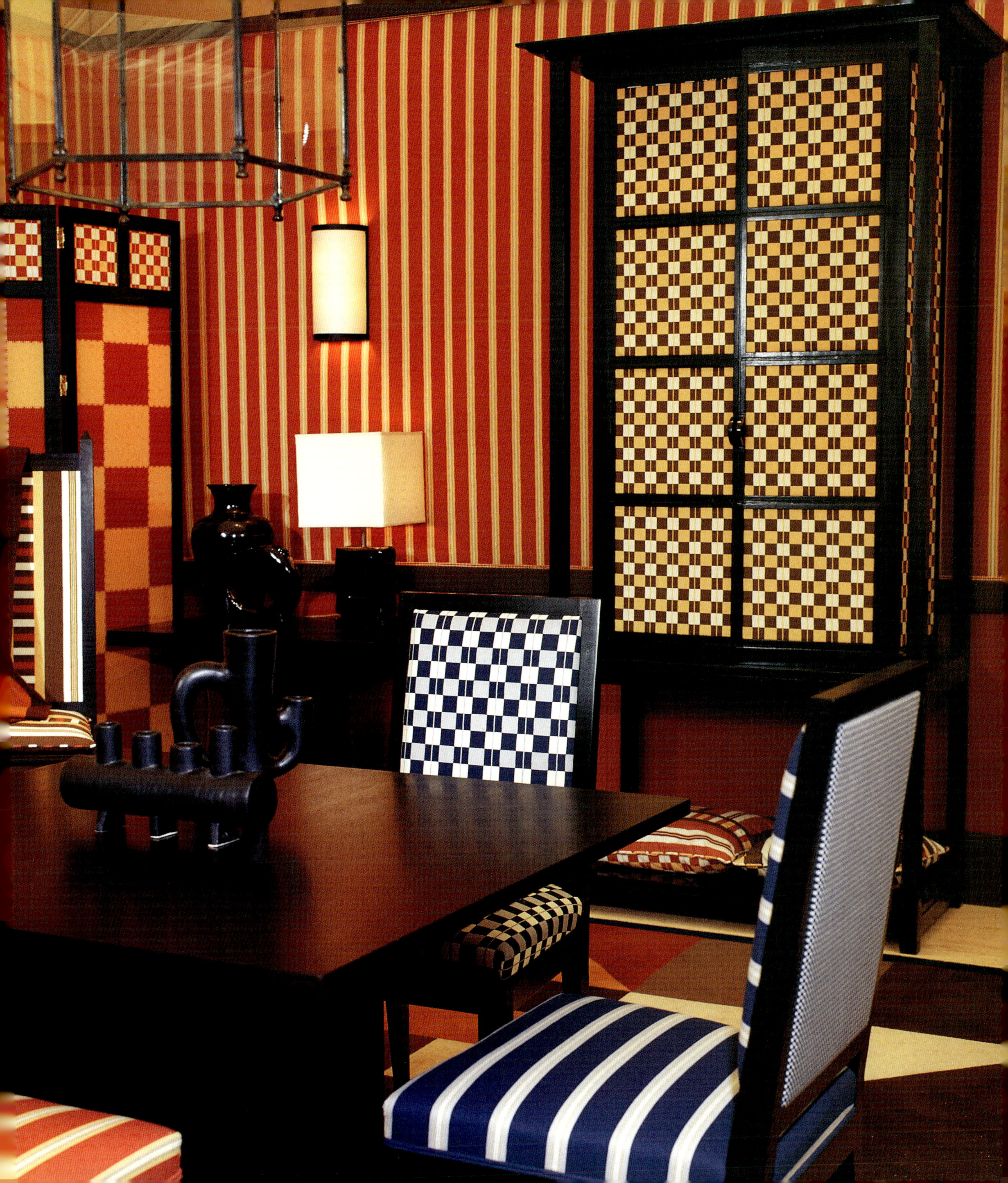

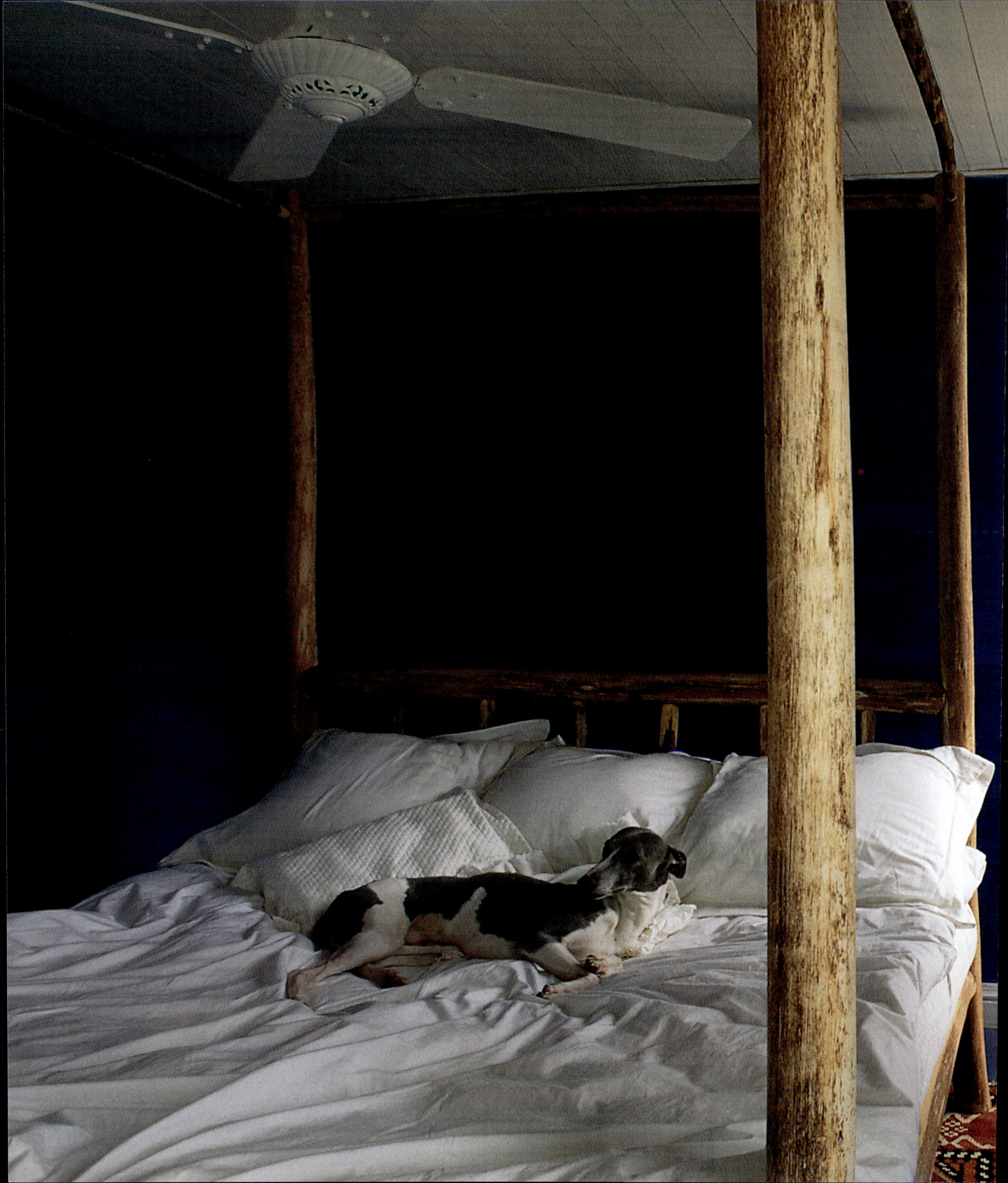

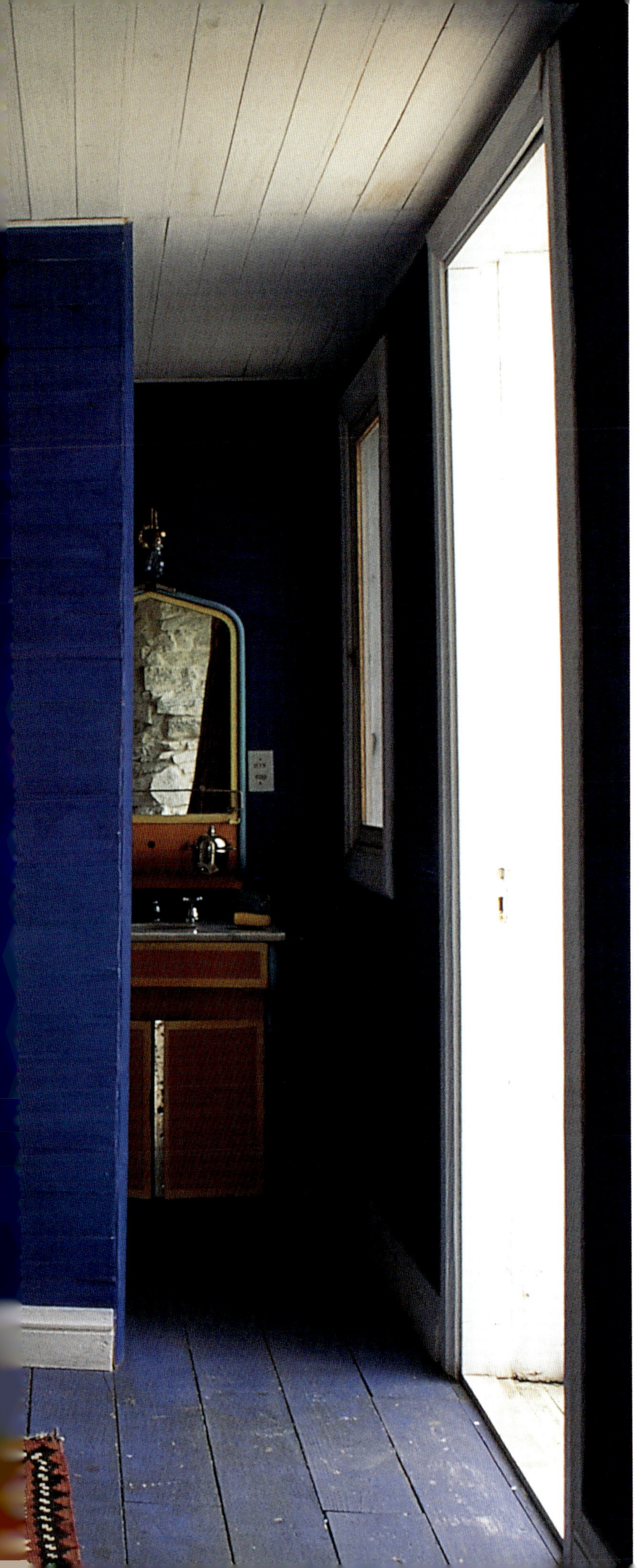

Ein weiteres Material, dessen Oberfläche gut zu intensiven, kräftigen Farben passt, sind glasierte Keramikfliesen. Flaschen- oder tannengrüne Fliesen machen sich gut in einem Wintergarten, ein leuchtendes Blau passt zu einer kombinierten Küche mit Speisezimmer im Landhaus- oder Mittelmeerstil. Eine Reihe dunkelfarbiger Fliesen hinter einer Arbeitsplatte oder Spüle aus Edelstahl bildet einen überraschenden Kontrast zur schimmernden Härte des Metalls. Ein dunkler Spritzschutz und eine dunkle Beckenumrandung heben sich vorteilhaft von weißen Standard-Sanitäreinrichtungen ab und machen eine Duschumrandung zum interessanten Blickfang in einem sonst schlichten, konventionellen Badezimmer.

Farbe und Licht

Der Beleuchtung kommt in Räumen, die in dunklen Farben gehalten sind, besondere Bedeutung zu. Die Funktionalität des Raums, aber auch die Intensität der verwendeten Farben hängen zu einem großen Teil von der Platzierung und Leuchtkraft der Lichtquellen ab.

Dunkle Farben reagieren in natürlichem und künstlichem Licht ganz unterschiedlich. In hartem winterlichem Tageslicht wirken sie dunkler und meist auch stumpfer, sodass gut platziertes künstliches Licht notwendig ist, um dem Raum trotzdem Atmosphäre zu geben. Eine wichtige Rolle bei der Planung der Raumbeleuchtung spielt auch die Beschaffenheit der Wand. Glänzende und metallische Oberflächen reflektieren einen gewissen Betrag an Licht, was den Raum größer erscheinen lässt, während matte oder textile Oberflächen das Licht absorbieren, sodass stärkere Glühlampen oder mehr Leuchten und Lichtinseln nötig sind.

Die Wohnraumbeleuchtung sollte sich aus Wandlampen (die in attraktiven Farbtönen zu Blickfängen vor dem dunklen Wandhintergrund werden) und einer zentralen Lichtquelle

LINKS: *Diese kühne blaue Wand wird bei unterschiedlicher Beleuchtung jeweils anders aussehen. Das natürliche Tageslicht zum Beispiel, das durch die Tür fällt, ist ein weißes Licht, das das Blau etwas blasser und weniger intensiv erscheinen lässt. Abends, wenn die Lampen am Bett brennen, wird die Farbe dagegen dunkler und tiefer wirken.*

NÄCHSTE SEITE: *Die sinnliche Struktur von Samt, Kunstpelz und Veloursleder in warmen Brauntönen wie Milchkaffee-, Toffee- oder Milchschokoladenbraun wirkt wohltuend und unaufdringlich zugleich und hellt einen in tiefem Kakaobraun gestrichenen Raum auf.*

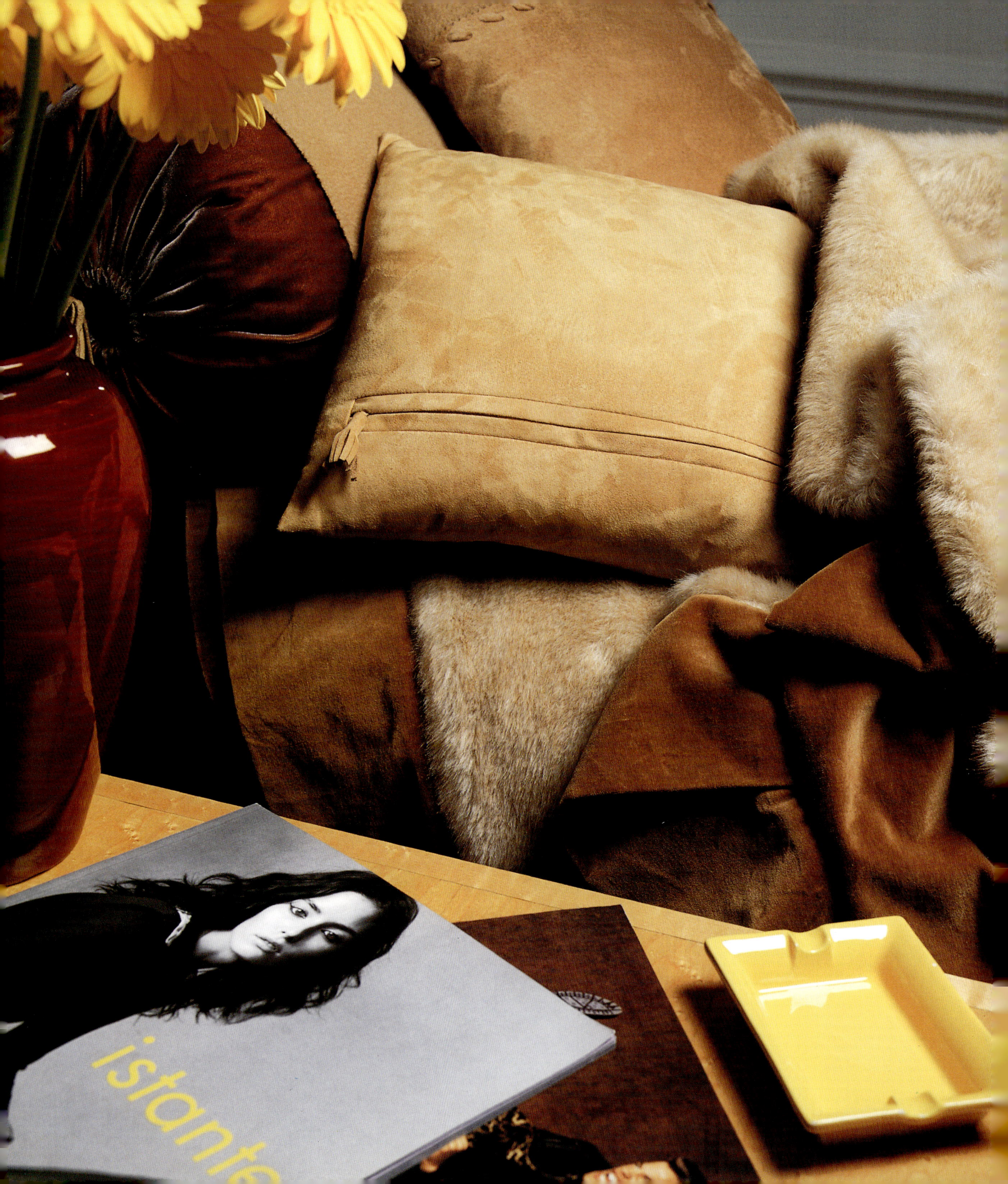
istante

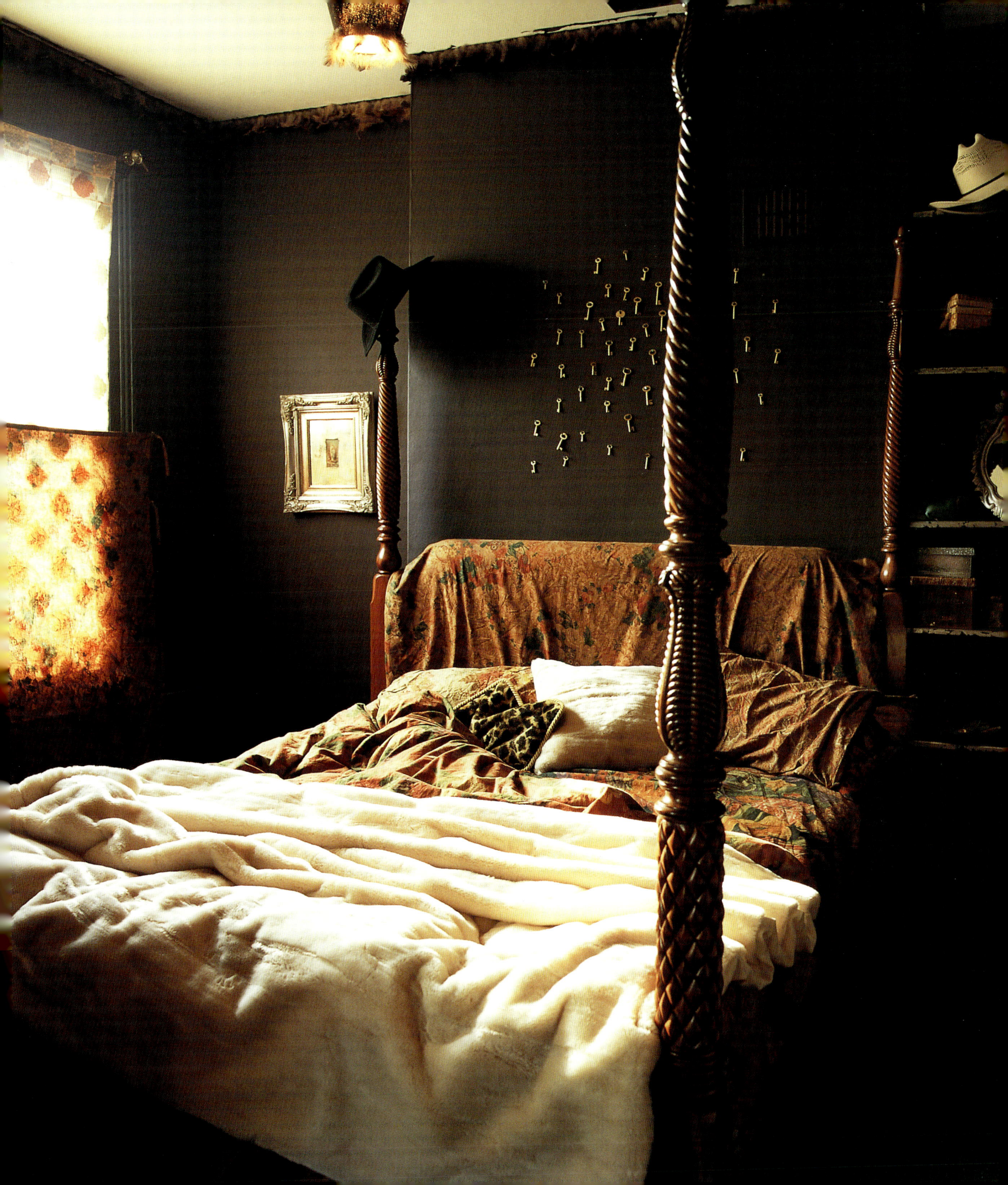

zusammensetzen. Die zentrale Lichtquelle, etwa in Gestalt einer direkten Deckenbeleuchtung, mag auf Dauer für die Augen grell und ermüdend wirken, ist jedoch sinnvoll beim ersten Betreten und Überblicken des Raums.

In den Ecken platzierte Beleuchtungskörper auf Bodenhöhe strahlen Lichtbündel nach oben ab und lassen den Raum dadurch höher wirken. Das kann vor allem dann von Vorteil sein, wenn auch die Decke dunkelfarbig ist. Die gleiche Wirkung haben nach oben gerichtete Stehleuchten. Sie sind allerdings ebenso ein Teil des Mobiliars wie des Beleuchtungskonzepts; außerdem geht das Licht von einem höheren Punkt aus, während der Bereich darunter im Schatten bleibt.

Arbeitsleuchten wie zum Beispiel verstellbare Leselampen sollten in der Nähe von Sesseln und Stühlen platziert werden, damit die Benutzer genügend Licht bei der Arbeit oder zum Lesen haben. Punktstrahler können eingesetzt werden, um bestimmte dekorative Stücke im Raum wie bunte Glasvasen, eine Vitrine, eine Skulptur, einen reichen Goldrahmen oder ein Gemälde auszuleuchten.

Um den vielen Stimmungen und Verwendungszwecken eines Raums gerecht zu werden, sind veränderbare Lichtquellen mit Dimmer am sinnvollsten. Man könnte auch mehrere Beleuchtungskörper an einen Kreislauf anschließen, der mit dem Anknipsen eines einzigen Schalters sämtliche Wandlampen erstrahlen lässt und den Raum in Licht taucht. Die Punktstrahler sollten dabei an einen getrennten Kreislauf angeschlossen sein, damit man für einen gemütlichen Abend einzelne Lichtquellen, kombiniert mit Kerzen, zur Verfügung hat oder bei offiziellen Anlässen beide Beleuchtungsebenen kombinieren kann.

Lass das Tageslicht herein

Kleine Fenster sollten nicht mit schweren, überlangen Vorhängen und Draperien zugehängt werden, zumal wenn sie zu einem üppig dekorierten Raum gehören. Streichen Sie den Fensterrahmen und, wenn das Fenster in die Wand eingelassen ist, die Wandflächen zu beiden Seiten in einer hellen, reflektierenden Farbe, damit das verfügbare natürliche Licht eher vervielfältigt als absorbiert wird.

Eine das Licht reflektierende Fläche wie ein Spiegel an der dem Fenster gegenüberliegenden Wand hilft die Wirkung des Lichtes zu verdoppeln. Ein Einbauschrank mit verspiegelten Türen ist in einem Schlaf- oder Ankleidezimmer nicht nur praktisch, um das eigene Aussehen zu überprüfen, er schafft gleichzeitig auch ein Gefühl von mehr Raum und Licht.

Vorhangarrangements sollten grundsätzlich schlicht gehalten werden, und die Vorhänge sollten zurückgezogen oder so drapiert sein, dass das Fenster selbst ganz frei bleibt. Es ist wichtig, dass das natürliche Licht in einem dunklen Raum fließen kann, sonst wirkt er leicht erdrückend.

Ein Blick in die Vergangenheit

Wenn man mit kräftigen Farben experimentieren möchte, kann ein Blick zurück in jene geschichtliche Epochen, in denen viel mit dunklen Farben gearbeitet wurde, zu neuen Ideen inspirieren. Eine der wichtigsten Phasen schwelgerischen Farbenrausches, die ihren Niederschlag in den Häusern des Adels in Frankreich, Italien und England fand, war die Zeit zwischen dem 14. und 16. Jahrhundert.

Damals waren die Häuser der Reichen groß und kalt. Das war während der heißen Tage und Nächte des Sommers recht angenehm, doch in den dunklen Wintertagen musste die eisige Zugluft mit dicken Stoffen und Behängen in Schach gehalten werden. Intensive, kräftige Farben schufen die Illusion von Wärme und ein Gefühl von Intimität in widerhallenden Räumen mit meterhohen Decken. Zugleich bildeten sie einen strahlenden Kontrast zu den eintönig grauen Tagen.

Leuchtende Edelsteinfarben waren zugleich ein Zeichen des Reichtums, da viele dieser Farben aus dem Fernen Osten und aus dem Orient importiert wurden und sehr teuer in der Herstellung waren, weil sie mühsam durch das Trocknen und Zerstoßen von Insekten und Pflanzen gewonnen werden mussten. Andere waren kostbar, weil sie aus Pigmenten von zermahlenen Halbedelsteinen wie Lapislazuli bestanden.

VORHERGEHENDE SEITE: *Die Wände in diesem Schlafzimmer wurden mit einem matten, dunkelbraunen Anstrich versehen, vor dem die teefarbene Bettwäsche und die Vorhänge zart und antik wirken. Ein üppiger, seidiger Kunstpelzüberwurf in gebrochenem Weiß und ein dazu passendes Kissen heben sich von den dunkleren Tönen ab und schaffen ein stilvolles, luxuriöses Ambiente.*

RECHTS: *Um sich Anregungen zu holen, wie man tiefe, dunkle Farben einsetzen kann, lohnt ein Blick in die Vergangenheit. In vielen Häusern aus früherer Zeit, ob sie nun feudalen oder bürgerlichen Zuschnitts waren, wurden die Innenräume mit kräftigen Farben gestaltet, um in minimal geheizten Räumen eine Atmosphäre von Wärme und Gemütlichkeit zu erzeugen.*

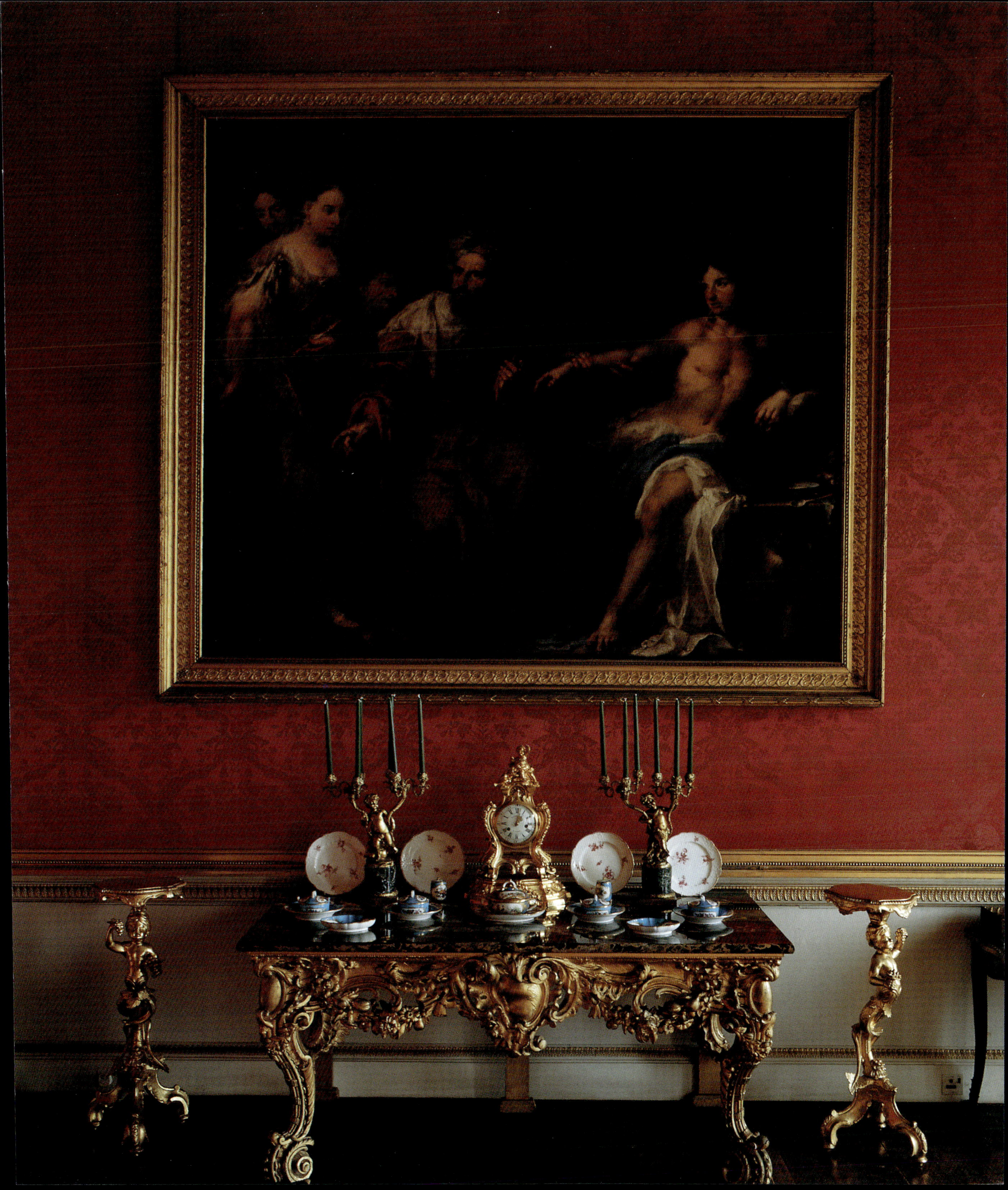

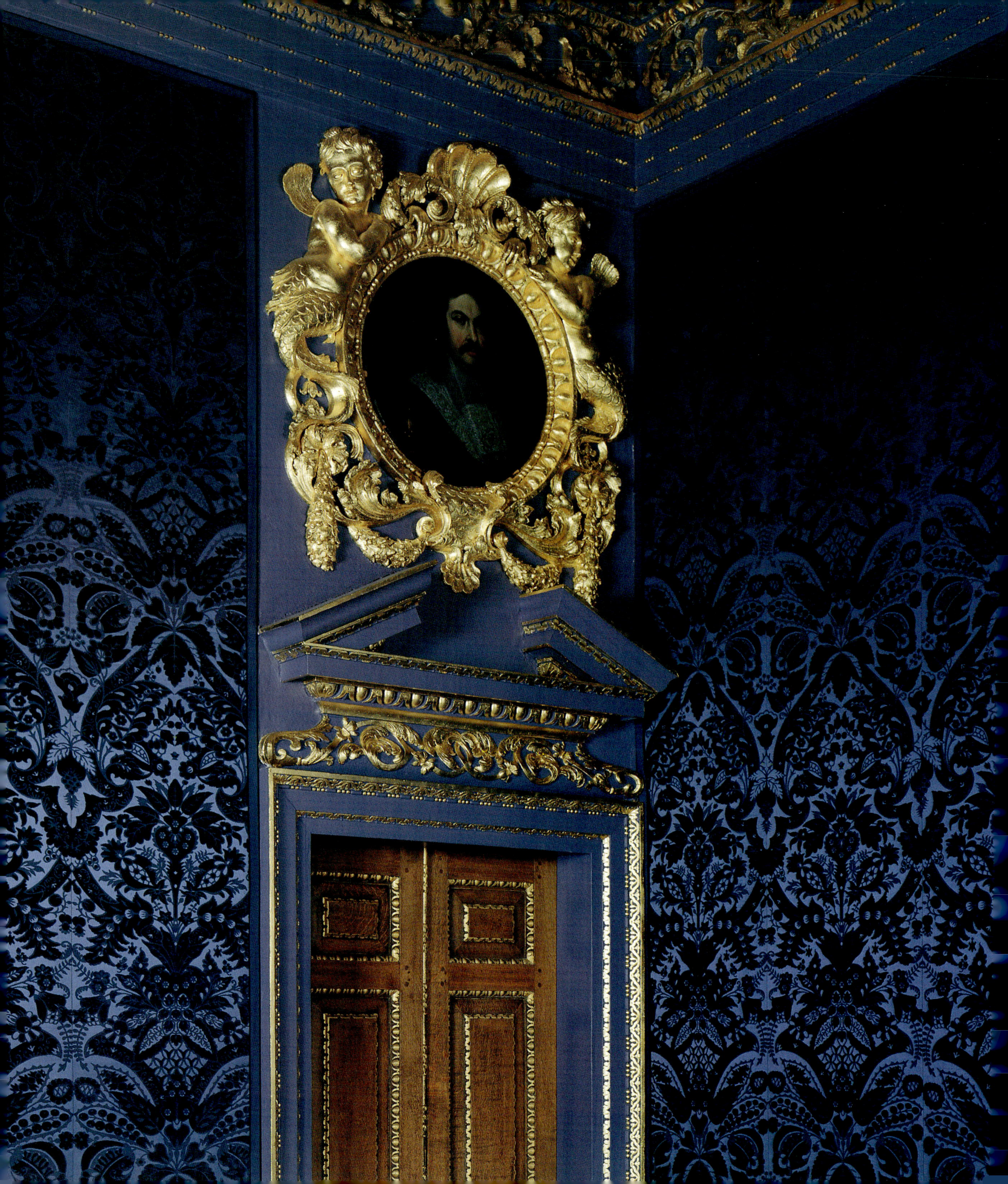

Im 17. Jahrhundert, nach dem Ende der Periode strenger Nüchternheit, welche die Herrschaft der Cromwells begleitete, stürzte sich das England der Restauration in eine Orgie der Farben und der ostentativen Zurschaustellung schmückender Elemente. Der Hang zum Dekorativen zeigte sich erneut in der viktorianischen Ära mit Designern wie Pugin, die gotische Motive in Rot-, Blau- und Grüntönen, kombiniert mit Gold, für die Ausschmückung von Prachtbauten wie Westminster Palace verwendeten.

Der herausragende viktorianische Autor, Künstler und Kunstgewerbler William Morris, der die Überladenheit und Künstlichkeit des viktorianischen Stils ablehnte, gründete die Arts and Crafts-Bewegung, die die Ästhetik des Natürlichen und Handgefertigten betonte. Trotzdem verwendete er oft kräftige, manchmal dunkle Farben in seinen Entwürfen. Viele seiner Stoffe und Tapeten waren mit natürlichen Pigmenten bedruckt.

Die Macht der Farbe wird in vielen Repräsentationsbauten eingesetzt. Im Weißen Haus in Washington gibt es den ovalen Blue Room, in dem der Präsident Gäste bei Staatsbanketten empfängt, während die First Lady ihre Besucher in den Red Room einlädt.

In Anbetracht des zyklischen Wandels in der Farbenmode müsste uns nun nach dem Trend zum Minimalismus und Hightech und den hellen, schlichten Formen des skandinavischen Stils in Kürze wieder eine Zeit kräftiger, dunkler Farben ins Haus stehen.

Doch die Farben in unserer Umwelt haben auch noch eine ganz andere, eine psychologische Bedeutung für uns. So sollen bestimmte Farben belebend wirken, andere, wie Grün, beruhigend und entspannend. Stumpfe, trübe Farben dagegen können uns müde und antriebslos machen.

Man hat festgestellt, dass Farben eine Rolle bei der Beschleunigung von Genesungsprozessen spielen, wenn in Kliniken und anderen medizinischen Einrichtungen Räume, die ganz bestimmten Zwecken dienen, etwa Sprechzimmer, Intensivstationen oder Kinderstationen, in bestimmten Farben gehalten werden. Der richtige Einsatz von Farben kann eine Umgebung schaffen, die die optimalen Voraussetzungen für Wohlbefinden bietet und rasche Genesung und eine positive Einstellung fördert.

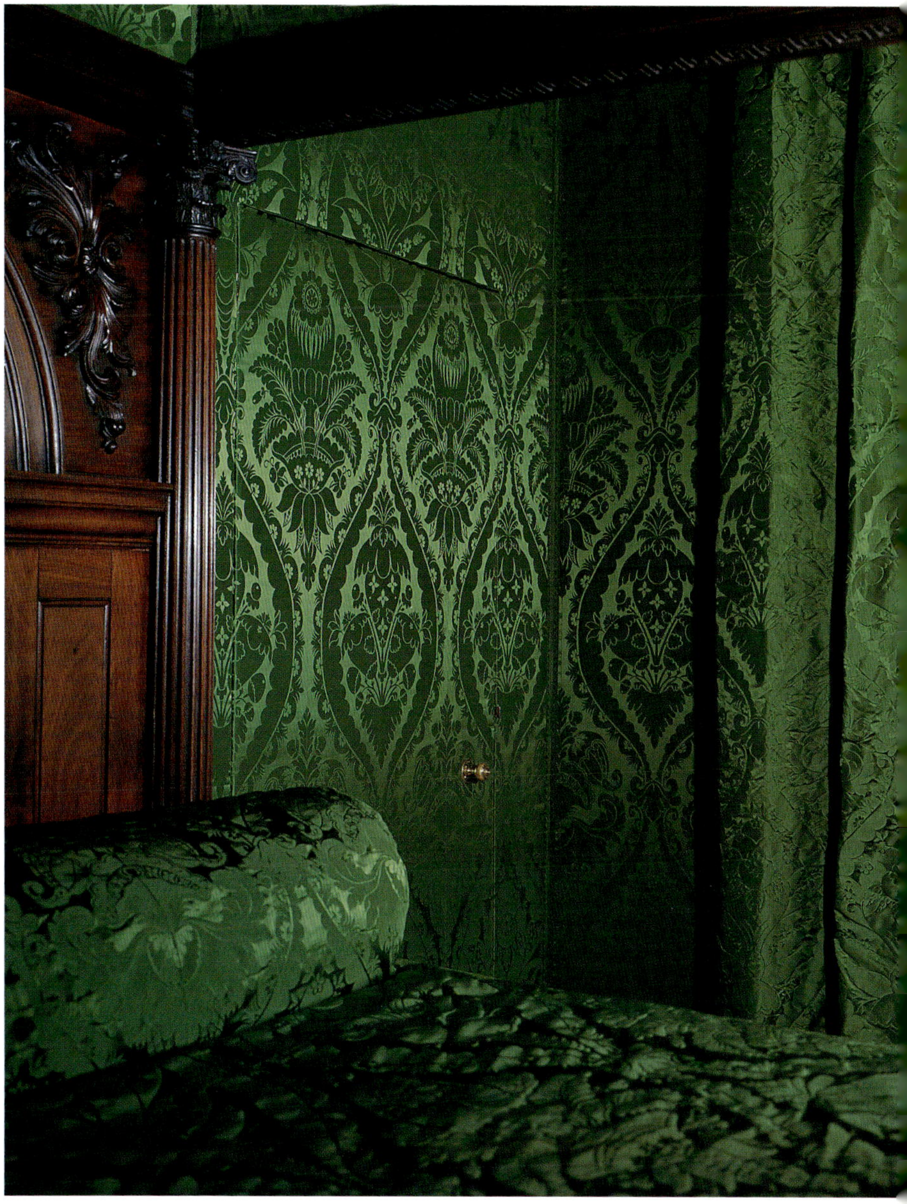

LINKS UND OBEN: *In früheren Jahrhunderten wurden in reichen Häusern Jacquard- oder Damaststoffe mit komplizierten, kunstvollen Mustern als Wandbespannungen oder Bettdraperien verwendet. Sie wirkten nicht nur wärmedämmend, sondern verschönerten den Raum zugleich. Wir würden die intensiv gemusterten Gewebe heute als Ton-in-Ton-Dessins oder »in sich gemustert« bezeichnen. Durch die Webart konnten große Flächen in einer einzigen Farbe reliefartig gestaltet werden. Heute kann man Tapeten mit ähnlichen Mustern kaufen und zu einem Bruchteil des Materialpreises die Wände damit schmücken.*

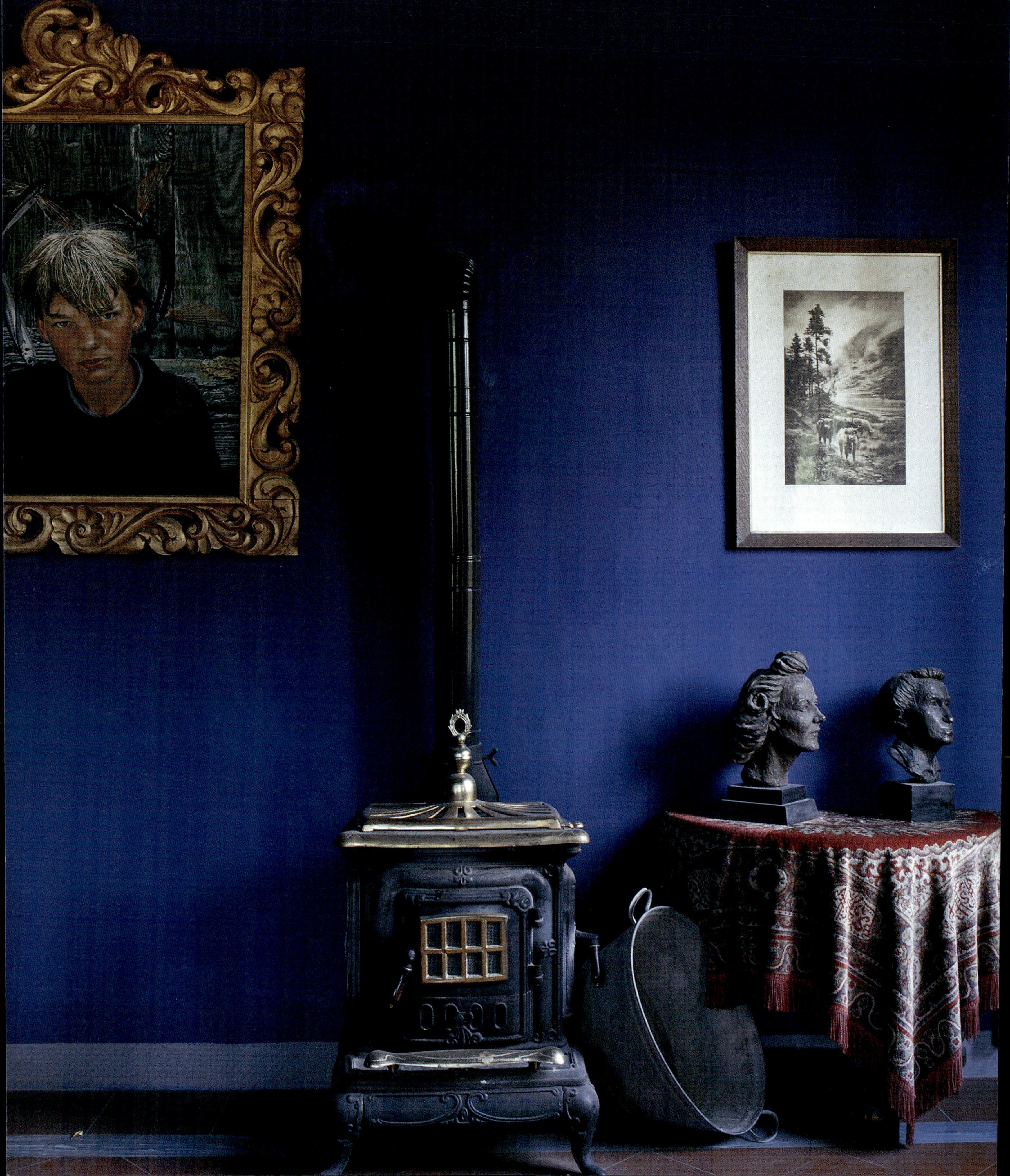

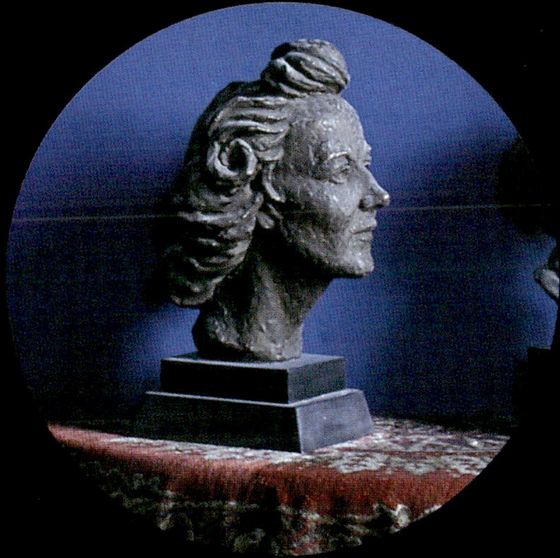

BLAU UND GRÜN

Helle Blau- und Grüntöne erinnern an die frischen, kühlen Farben der Natur. Am anderen Ende des Spektrums können Grün und Blau aber auch eine ganz neue Tiefe und Üppigkeit entfalten.

Die Familie der kräftigen Blautöne ist groß und weit verzweigt, von den frischen, aber intensiven, satten Blautönen, die wir im Mittelmeerraum finden, bis hin zum tintigen, schwülen Mitternachtsblau eines sternübersäten Himmels. Dazwischen liegen zahllose Stimmungen und Schattierungen. Die Farbe Blau harmoniert gut mit Tönen aus ihrer eigenen Farbfamilie, lässt sich aber auch wunderbar dramatisch inszenieren, wenn sie mit einer Kontrastfarbe kombiniert wird, ähnlich einer raffinierten Dissonanz in einem musikalischen Thema.

Dunkle Blautöne wie Indigo und Marine sind in der Welt der Mode sehr beliebt, weil sie klassisch und zeitlos sind. Indigogefärbte Denimjeans und Arbeitskleidung gibt es, seit die ersten Handelsbeziehungen zwischen Indien und Südfrankreich geknüpft wurden – daher stammt auch die ursprüngliche Bezeichnung Serge de Nîmes für den dafür verarbeiteten Stoff.

Ein gut sitzender, strenger, dunkelblauer Hosenanzug kann entweder als Ausdruck zurückhaltender Eleganz mit einem schlichten weißen Hemd getragen oder mit Glitzerschmuck und einem Schuss leuchtender Farbe zum auffälligen Blickfang stilisiert werden. Genauso verhält es sich auch mit den tiefen Blautönen in der Raumgestaltung. Sie sind ungemein vielseitig als Hintergrundfarbe und unterstreichen gleichsam die Wirkung anderer Farben.

Farbharmonie

Um einschätzen zu können, welche Möglichkeiten in der Farbgebung Blau stecken, gilt es, passende Farben zu finden, die die Grundfarbe harmonisch ergänzen oder wirkungsvoll kontrastieren. Eine Hilfe kann dabei der Farbenkreis sein. Der einfache Farbenkreis umfasst kreisförmig angeordnet die Farben des Regenbogens – Rot, Orange, Gelb, Grün, Blau, Indigo und Violett. Ein komplexerer Farbenkreis entsteht durch die Einführung mehrfach gemischter Farben oder Tertiärfarben zu jedem Segment des Kreises.

Wir sehen auf dem Farbenkreis, dass Blau Gelb diametral gegenüber liegt. Farben aus der Gelb-Orange-Palette passen damit zu Blau, und zwar als Kontrastfarben. Die Farben zu beiden Seiten der Hauptfarbe harmonieren wieder auf andere Weise mit ihr, weil sie dieselbe Grundfarbe haben. Neben Blau finden wir zum Beispiel auf der einen Seite Blaugrün und auf der anderen dunkles Violett.

In der Regel empfiehlt es sich, mit Farbvarianten aus der Familie der Hauptfarbe zu arbeiten. Man spricht dann von einer Ton-in-Ton-Farbgebung. Eine solche Zusammenstellung kann auch dabei helfen, sich überhaupt an dunklere Farben zu gewöhnen. Accessoires und Verzierungen in helleren Schattierungen der Grundfarbe lassen den Raum zum Beispiel heller wirken.

Eine Ton-in-Ton-Farbharmonie kann auf ganz unterschiedliche Weise erreicht werden. Ein frei von Hand auf die Wände oder eine entsprechend vorgedruckte Tapete aufgetragenes Streifenmuster in Dunkelblau, Hell- oder Mittelblau etwa kann sehr interessant wirken. Der dunklere Ton wird dabei durch den helleren abgemildert; umgekehrt unterstreicht der dunklere Ton die blassere Schattierung. Man kann sich das Ganze am besten anhand des Spiels von Licht und Schatten auf einer gleichfarbigen Fläche vorstellen.

Den gleichen Effekt haben Tapeten, die mit einem Ton-in-Ton-Muster, ähnlich einem Jacquardgewebe, bedruckt sind. Das Muster ist dabei entweder heller oder dunkler als der Hintergrund. Dadurch entsteht Tiefenwirkung und Spannung, ohne dass sich der Gesamteindruck der Farbe verändert.

Die Technik, mit hellen und dunklen Schattierungen einer Hauptfarbe zu arbeiten, lässt sich auch auf Kontraste übertragen. Die Kontrastfarbe zu Tiefblau zum Beispiel ist Gelborange. Die Kissenbezüge, Überwürfe und Decken, mit denen Sie einen dunkelblauen Raum dekorieren, müssen dabei keineswegs alle denselben Farbton haben. Solange Gelb als Grundton gewahrt bleibt, können Sie bräunliche und gelbliche Orangetöne einsetzen. Vielleicht werden Sie bedruckte Stoffe oder Webmuster einbeziehen, die das Blau und seine Kontrastfarben variieren.

Vielleicht möchten Sie aber auch, statt zu den Kontrastfarben Gold und Orange zu greifen, ein modisches Statement abgeben. Eine beliebte modische Kombination ist zum Beispiel Marine und kräftiges Pink. Mit Decken und Kissen in knalligem Rosa können Sie einen Raum nach dem letzten Schrei kreieren. Wenn diese Modelaune dann vorüber ist oder Sie die Farben ganz einfach satt haben, lassen sich solche Accessoires leicht austauschen oder durch welche in anderen Farben ersetzen.

Sind die Wände in einer einzigen, kräftigen Farbe gestrichen, kann man über Vorhänge, Rollos, Kissen und Polsterstoffe Muster und Motive einführen. Versuchen Sie jedoch, bei

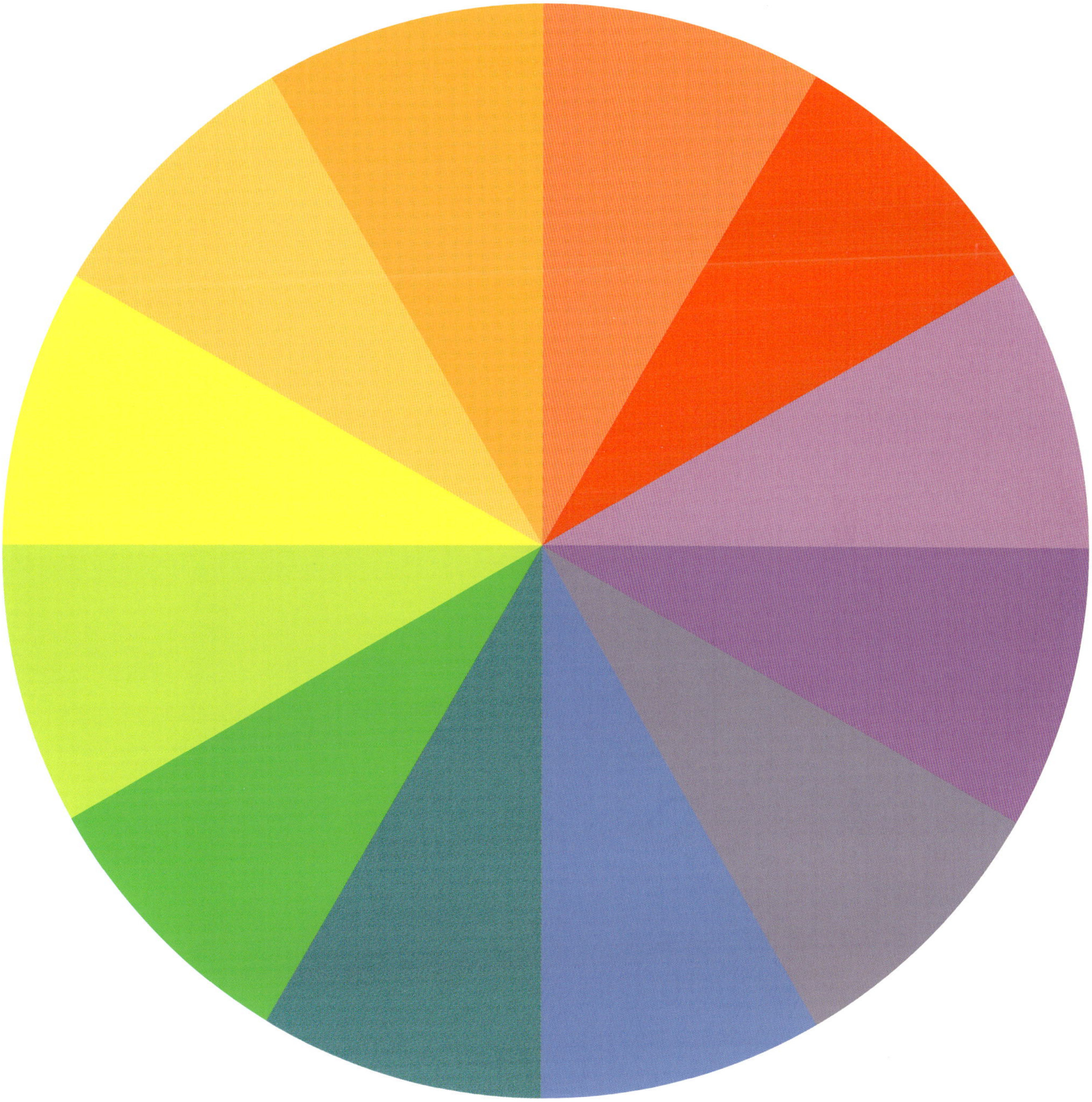

Der Farbenkreis ist eine nützliche Hilfe bei der Gestaltung von Räumen. Die Farben, die sich direkt gegenüber liegen, wie Rot und Grün, eignen sich für spektakuläre Inszenierungen in Kontrastfarben. Die Farben zu beiden Seiten der Hauptfarbe bilden zusammen mit dieser einen harmonischen Farbakkord. Rechts neben Gelb findet sich zum Beispiel ein Gelb mit einem leichten Orangestich, auf der anderen Seite ein Gelbton mit einem Hauch Grün.

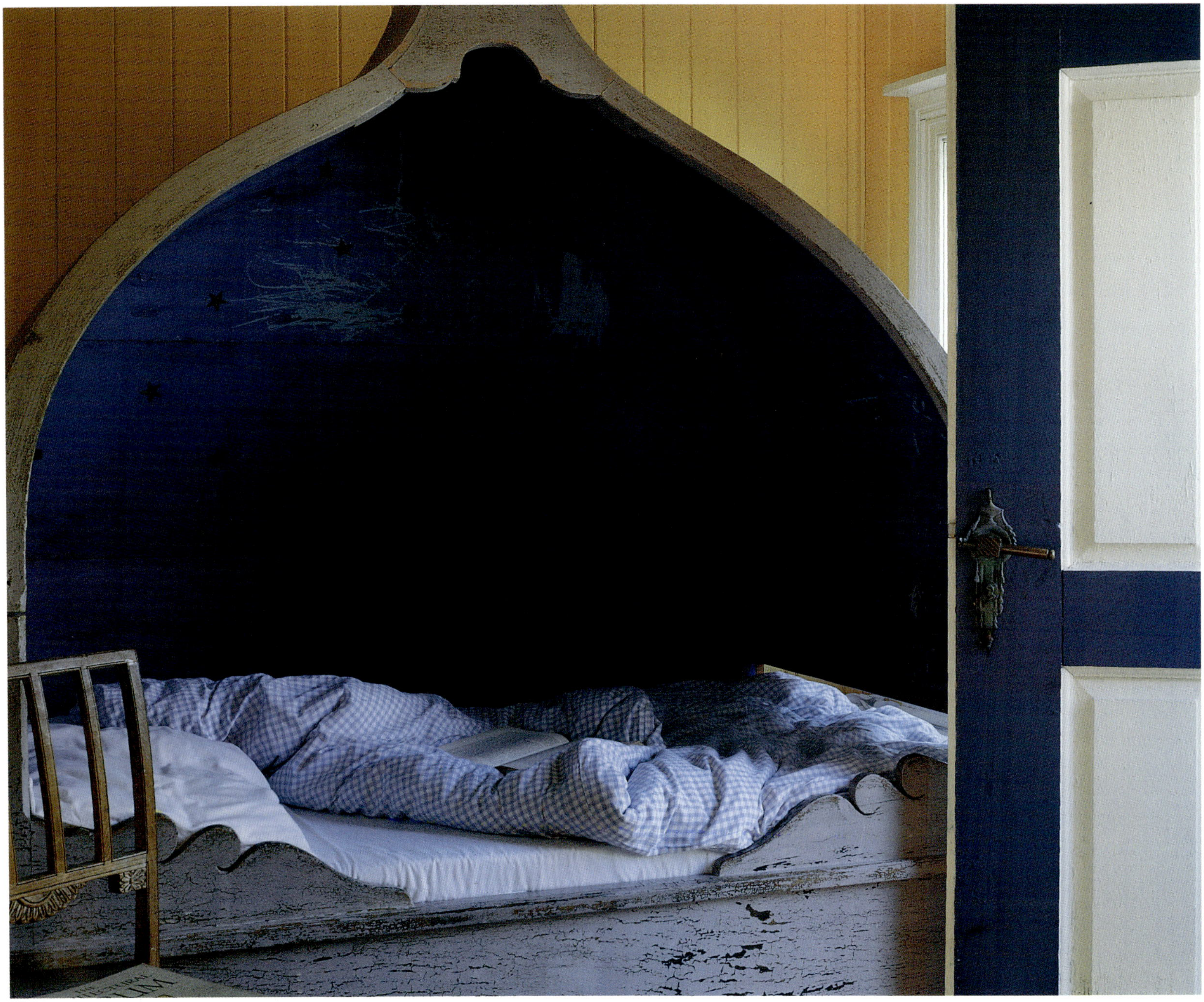

OBEN: *Die dunkle Farbe, die bei diesem Betthimmel verwendet wurde, schafft die Illusion von Tiefe und deutet zugleich an, dass dies ein Ort nächtlicher Erholung ist. Wie ein Nachthimmel wirkt eine Bemalung mit winzigen Sternen auf einem tintenschwarzen Hintergrund.*

RECHTS: *Traditionelle Ikatgewebe in Blau und Weiß können als Anregung für schlichte wie für üppigere Raumentwürfe dienen. Es gibt Ikats in Baumwolle für den täglichen Gebrauch und aus Seide für luxuriöse Wandbehänge. In Indien, besonders in der Region Andhra Pradesh, werden Ikatstoffe noch immer handgefärbt und -gewebt.*

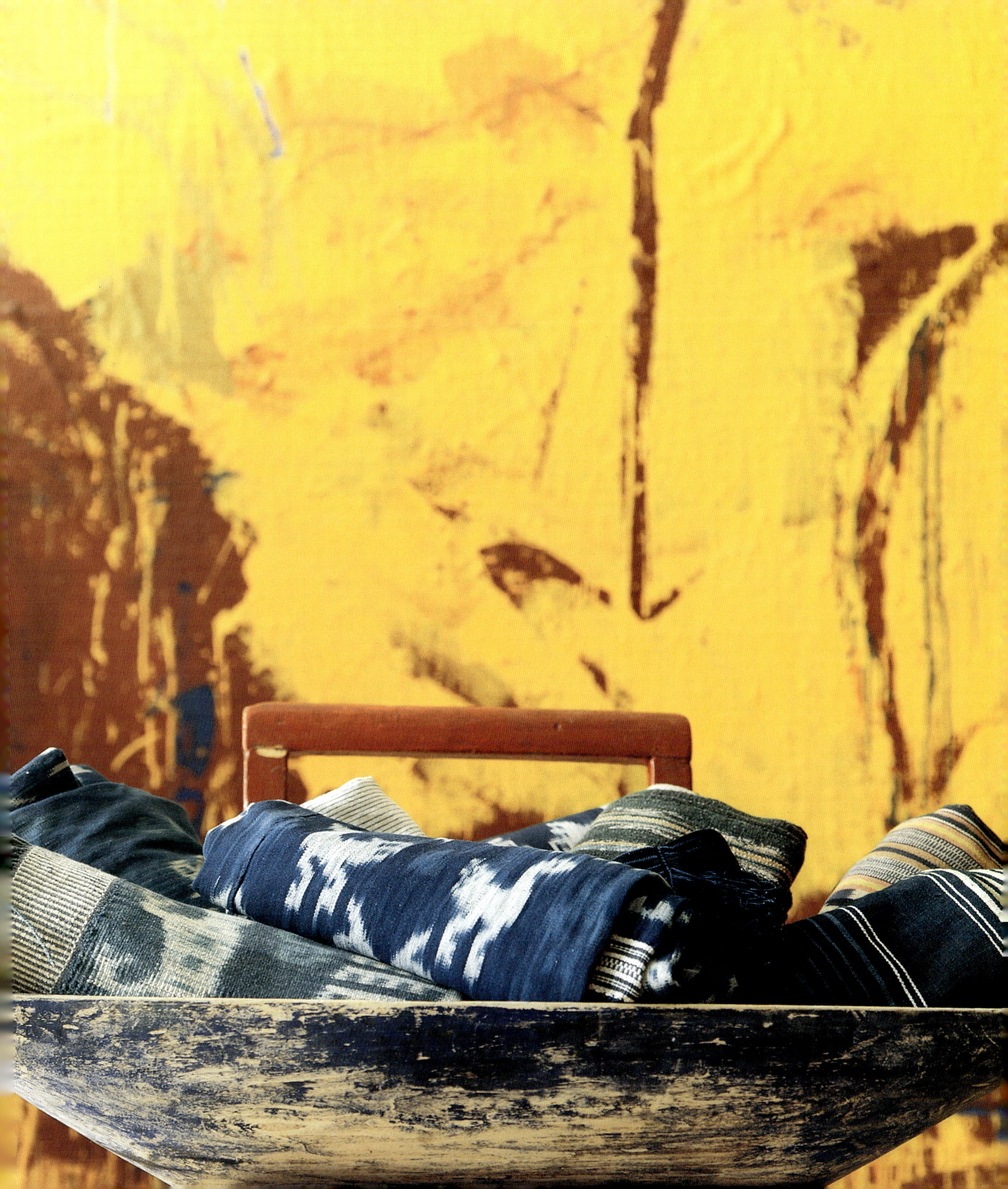

einem Thema zu bleiben, also etwa geometrisch oder floral, und bringen Sie nur wenige weitere Farben ins Zimmer, damit die Gestaltung einen inneren Zusammenhang verrät und nicht einfach zum kunterbunten Farbdurcheinander gerät.

Schön ist es auch, Kissenbezüge, Überwürfe und andere Stoffe in einem Raum je nach Jahreszeit zu wechseln, um dem Raum immer wieder eine neue Atmosphäre zu geben. Im Herbst und Winter wird man vielleicht wärmere, gemütlichere Farben wählen, während man im Frühjahr und Sommer lichte, frische Farbtöne bevorzugt. Doch nicht nur die Farbe, auch die Gewebestruktur lässt sich abwandeln. Verwenden Sie für den Winter üppige Brokat- und dicke Samtstoffe, für den Sommer kühles Leinen und feine Baumwolle.

Das richtige Gleichgewicht

Nicht alle Wände in einem Raum müssen gleichfarbig sein. Man kann auch zwei Wände in der Hauptfarbe, etwa einem dunklen Blau, streichen und die beiden anderen Wände in Blaugrün oder Violett – Farben mit derselben Grundnote, der jedoch eine andere Farbe beigemischt ist. Außerdem könnten Sie den Raum mit Accessoires in Grün- bzw. Rottönen dekorieren, um die Betonung zum Rot- oder Grünspektrum hin zu verlagern. Soll zum Beispiel Rot mehr in den Vordergrund gestellt werden – zwei Wände sind dunkelblau, zwei kräftig pflaumenfarben gestrichen –, dann können die Accessoires und Vorhänge ein Farbspektrum von einem dunklen Blaubeerblau über Pflaumenblau und Himbeer bis hin zu einem Lila-Rosa (das die blaue Grundnote in einer helleren Schattierung spiegelt) durchlaufen.

Nach einem ähnlichen Schema könnte man bei in den gleichen Farben gehaltenen Wänden vorgehen, indem man die kräftige Pflaumenfarbe statt in den Accessoires im Teppich oder in der Gestaltung der Decke aufnimmt.

Boden und Decke spielen überhaupt eine wichtige Rolle für das Gleichgewicht in einem Raum. Die Farbgebung und Gestaltung dieser beiden Ebenen sollten daher von Anfang an in die Planung miteinbezogen werden. Wenn der Raum bereits ein bestimmtes Farbelement mitbringt – etwa einen Stein- oder Terracottaboden –, dann orientieren Sie sich bei der Wahl des Anstrichs oder der Tapete daran. Bei einem Boden mit Terracottafliesen etwa ist das rote Element bereits vorgegeben. Der für die Wände gewünschte Blauton sollte daher ebenfalls warm sein oder in anderer Weise passen. Ist der Boden mit graugrünen Steinfliesen belegt, so wird der blaue Anstrich sehr von einem Hauch Graugrün als Entsprechung zum Bodenbelag profitieren.

Im Notfall kann die Bodenleiste eingesetzt werden, um die Kluft zwischen Wänden und Boden zu überbrücken. Wenn Sie zum Beispiel bei einem klaren Blau für die Wände bleiben wollen und kein Blau mit einem Rotstich verwenden möchten, können Sie die Bodenleiste in einem Farbton streichen, der dem Auge den Übergang von der Wand- zur Bodenfarbe erleichtert.

Böden aus hellem Holz, Parkett oder Holzdielen mit einem leichten goldenen Schimmer bringen ein aufhellendes Element in einen Raum mit tiefen, kräftigen Farben. Hüten Sie sich jedoch davor, ein Holz zu wählen, das einen allzu gesuchten Kontrast bildet. Teppichboden erweist sich häufig als Fehlgriff, vor allem, wenn er in derselben Farbe gehalten ist wie die Wände. Der Raum wirkt dadurch beengend, ohne erkennbare Ecken und Übergänge. Ein großer Läufer, der in der Mitte eines helleren Holzbodens liegt, oder eine kontrastfarben gestrichene Bodenleiste verleihen dem Raum klare Konturen.

Kaminumrandung, Bodenleisten, Türen und Fensterrahmen können in einer helleren Farbe, einer Kontrastfarbe oder in Weiß gestrichen werden. Das gibt dem ganzen Raum ein helleres und freundlicheres Aussehen. Zugleich erhält er dadurch klare Linien und Bezugspunkte. Bei dunklen Wänden und einer dunklen Decke schafft eine hell gestrichene Deckenleiste eine Unterbrechung zwischen Wand und Decke und sorgt dafür, dass die Decke nicht zu niedrig und erdrückend wirkt. Ähnlich günstig wirken, vor allem bei hohen Wänden, halbhohe Täfelungen oder Paneele. Sie durchbrechen die

RECHTS: *Eine Skala unterschiedlicher und kontrastierender Farben kann zu einem in sich schlüssigen Ganzen zusammengefasst werden. Hier vereinigt eine Sammlung von Kissen in allen Regenbogenfarben die wichtigsten Farben des Raums und belebt ein langes Sofa in einem hellen Ton, das sonst einen starken Kontrast zu den tiefen Farben von Wänden und Decke bilden würde.*

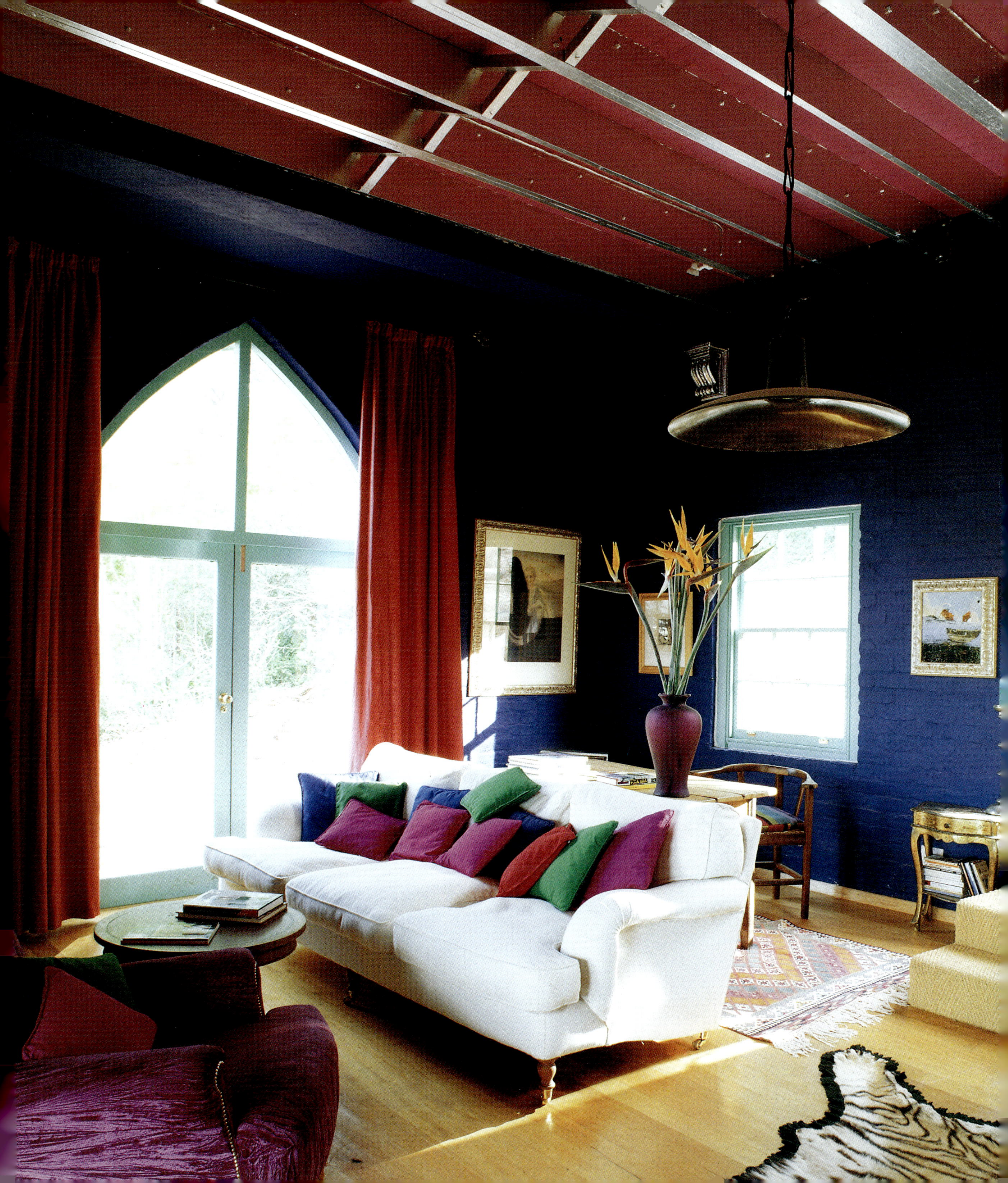

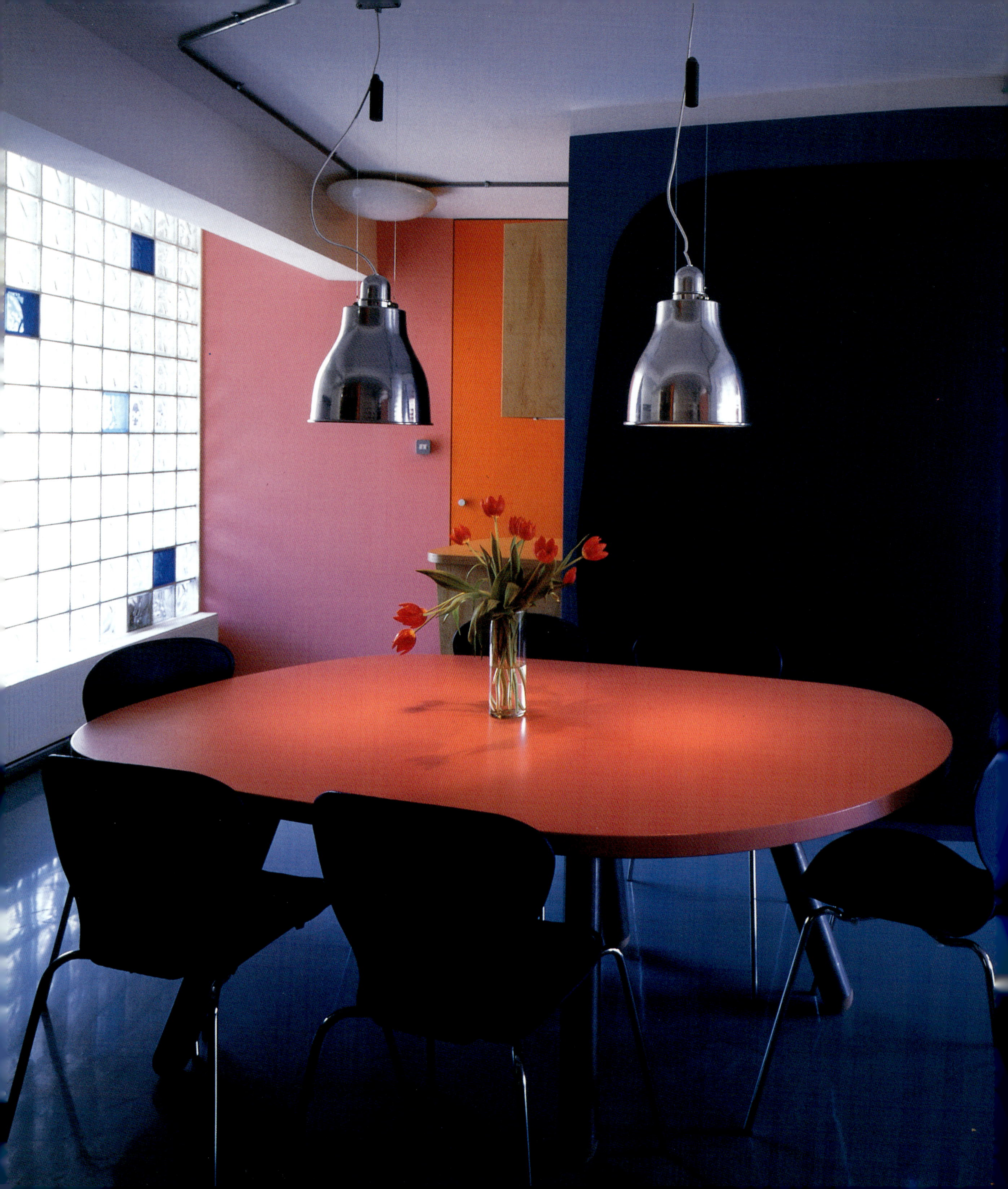

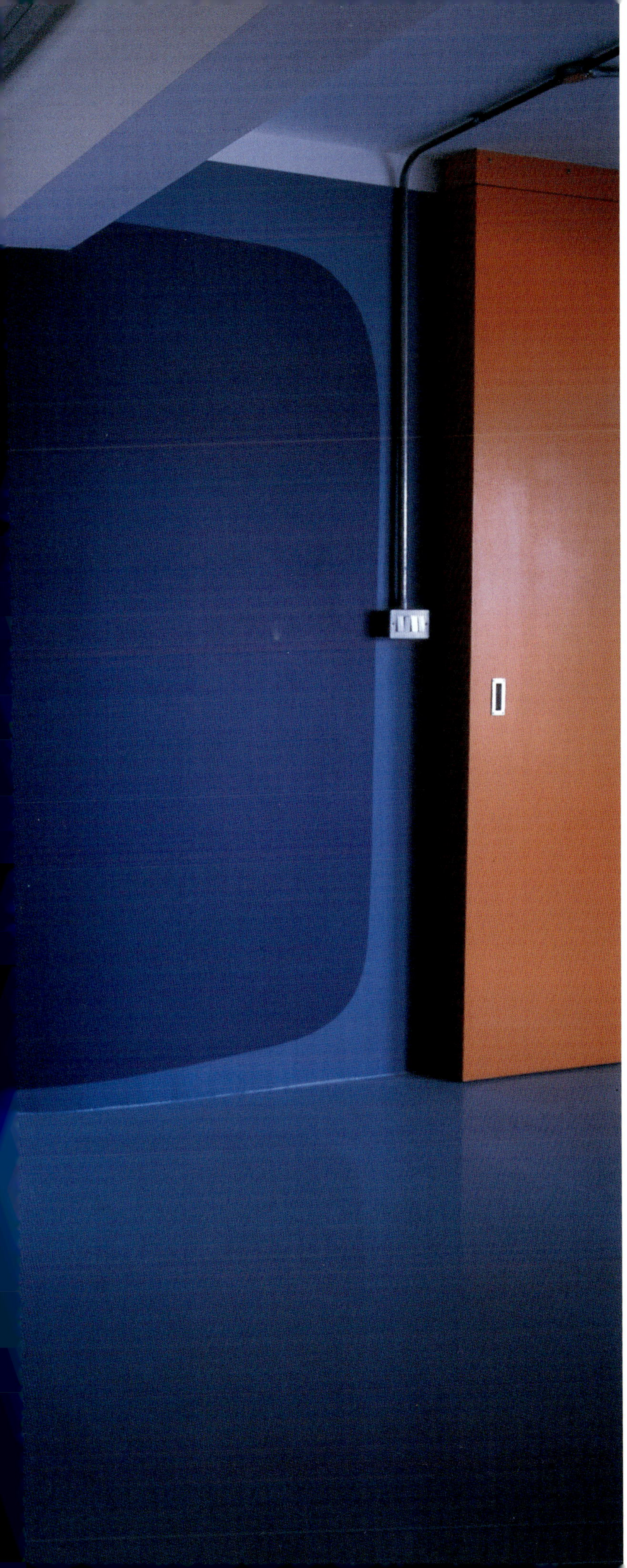

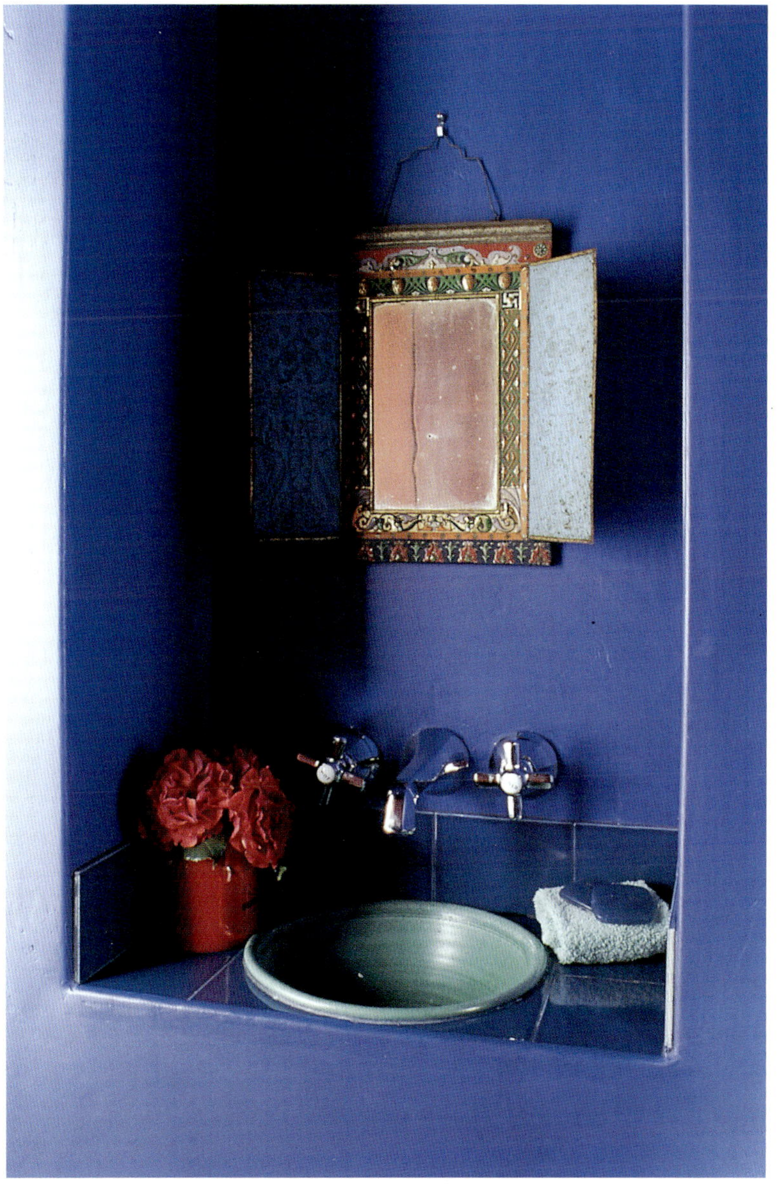

OBEN: *Ein warmer Ton verbindet das Blau, Purpur und Kupfer dieser eingelassenen Nische in einem Badezimmer. Blau, das vielfach mit Wasser assoziiert wird, ist eine beliebte Farbe für Badezimmer.*

LINKS: *Eine rote Grundnote verbindet das Pink, Orange und Blau in diesem interessant gestalteten modernen Raum. Die Farbe des Tisches steht in Kontrast zu der tiefblauen Trennwand im Vordergrund, verbindet sich aber harmonisch mit dem Paneel an der gegenüberliegenden Wand. Wie zufällig platzierte, bunte Glasbausteine greifen das Schema in der Fenstergestaltung wieder auf.*

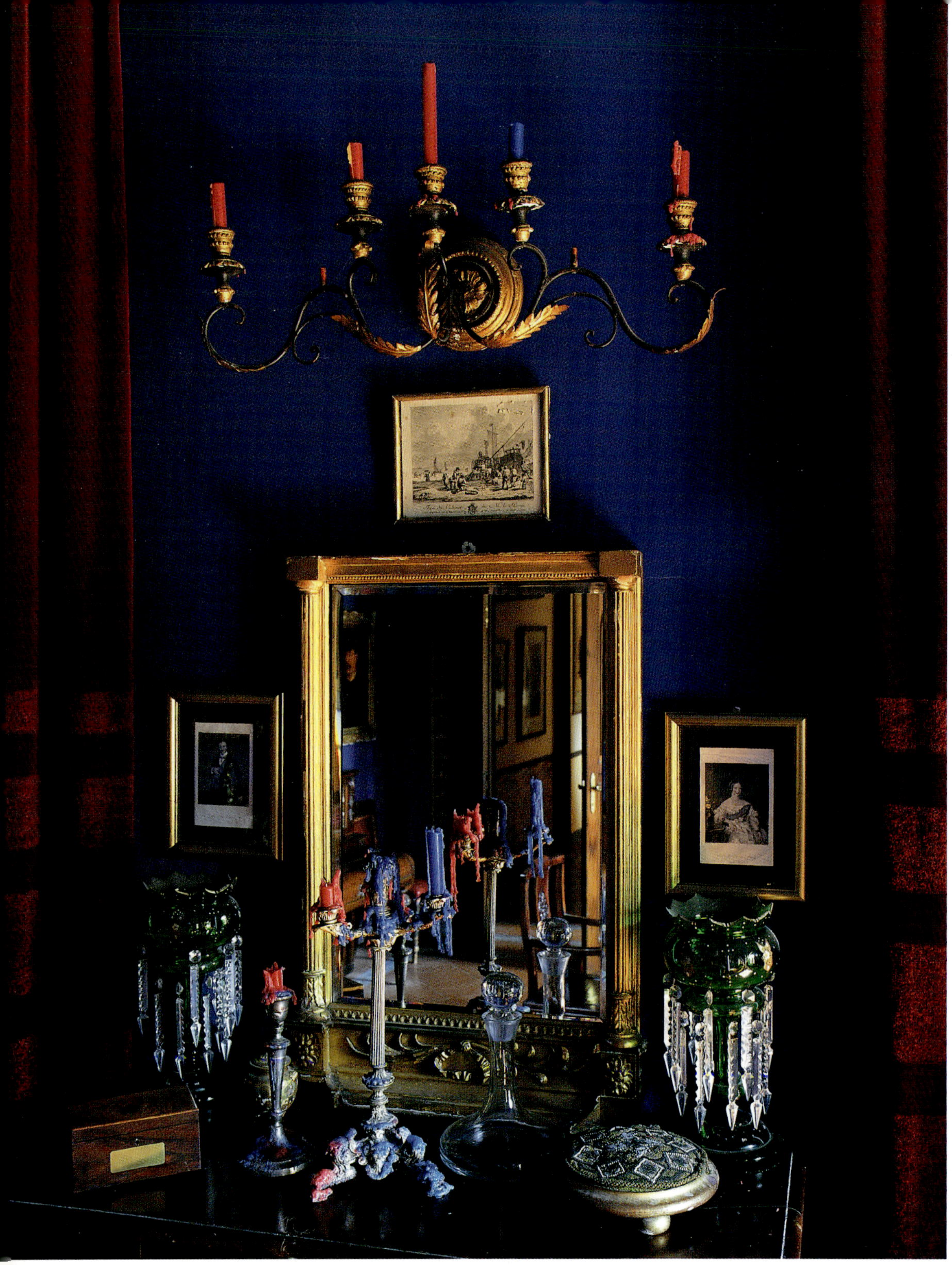

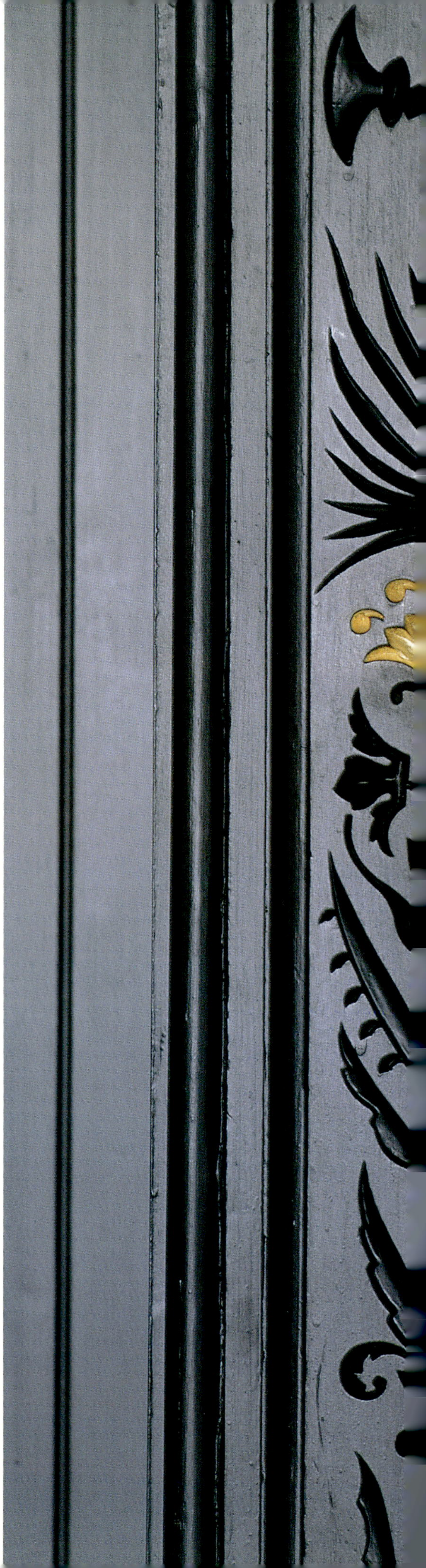

OBEN: *Dunkle Farben bilden einen wirkungsvollen Hintergrund für ein opulentes Arrangement wie hier für das Schimmern von Kristall, Gold und Silber. Die indigoblaue Wand wirkt als Folie für die Antiquitäten und Kunstgegenstände, die auf der Kommode angeordnet sind. Die einfarbigen Drucke in Goldrahmen heben sich kräftig von der dunklen Wand ab.*

RECHTS: *Wandoberflächen lassen sich mit ganz unterschiedlichen Materialien gestalten, von Stoff über Farbe bis hin zu glasierten Fliesen. Das Material wird die Tiefe und die Wirkung der Farbe immer mitbestimmen. Der Schimmer dieser glasierten, tiefblau kolorierten Fliesen wird durch das kleine Detail in Gold und eine Mosaikbordüre noch hervorgehoben.*

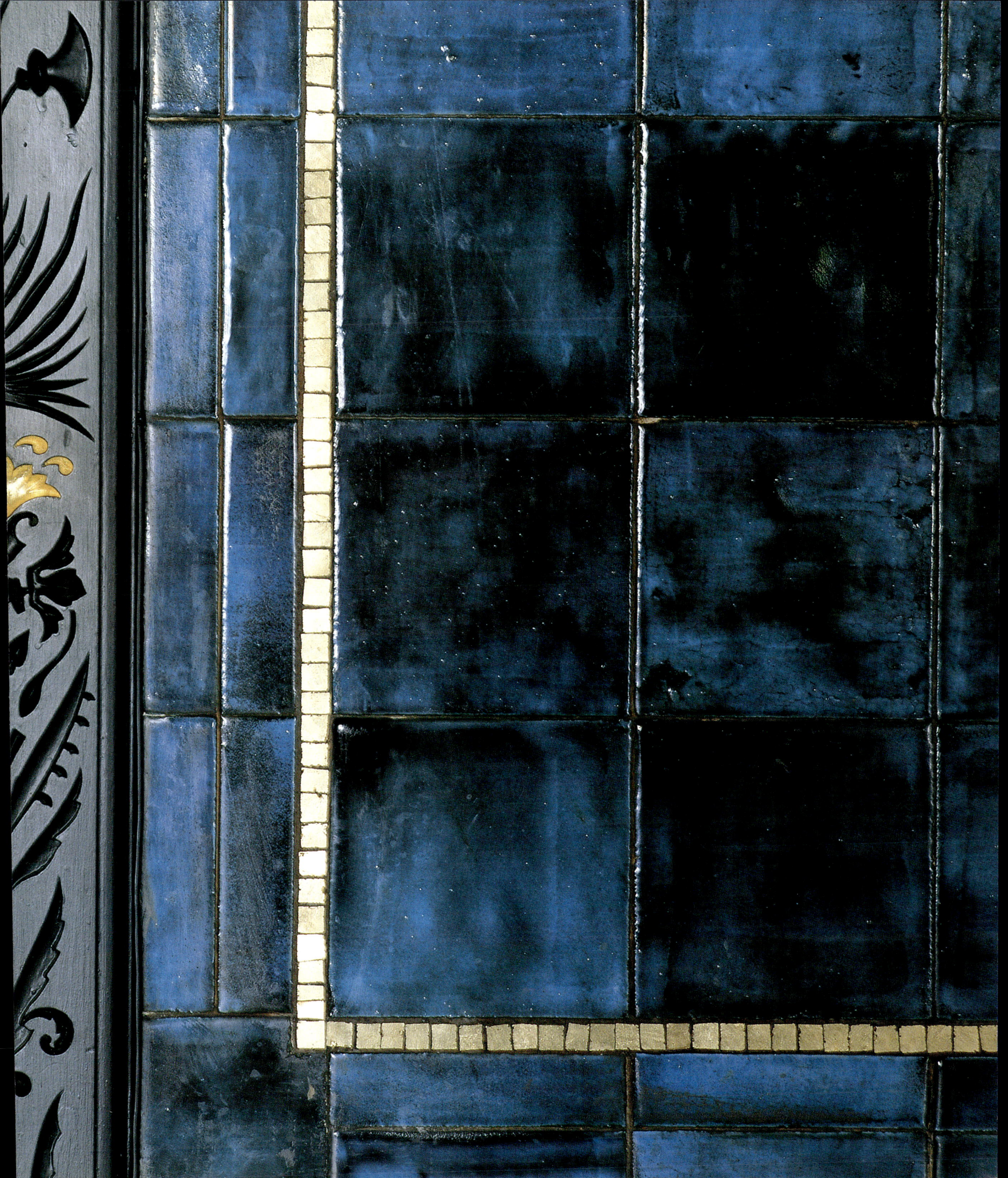

Einfarbigkeit des Raums und schaffen Abwechslung in einer sonst vielleicht allzu gleichförmigen Fläche.

Charakteristische Merkmale des Raums wie ein offener Kamin sollten in die Gestaltung integriert werden. Zu einer mit Fliesen mit einem floralen Motiv wie zum Beispiel grünen Blättern gekachelten Kaminumrandung passt eine Wand in einem leicht gelbstichigen Blau. Je nachdem wird man sich jedoch auch dafür entscheiden, eine neue Kaminumrandung einzubauen oder eine bereits vorhandene zu überstreichen.

Ein mit Schnitzereien oder Reliefs verziertes Kaminsims in einem in schlichtem blau-weiß gehaltenen Raum wird dunkelblau oder blaugrau grundiert und dann weiß überstrichen. Vorsichtiges Bearbeiten mit Schleifpapier lässt die erhabenen Kanten der Motive oder Schnitzereien durch das Weiß hindurchschimmern. Um dem Ganzen einen Hauch von Kostbarkeit zu geben, können die Verzierungen zusätzlich mit einer dünnen Schicht Blattsilber, die man entweder matt belässt oder glänzend poliert, überzogen werden.

Raumideen in Blau

Die Farbe Blau steht für Meer und Himmel, und ebendiese Elemente können denn auch zu einem Einrichtungsthema inspirieren. So eignen sich Räume, in denen Wasser benutzt wird, wie ein Badezimmer oder eine Dusche, besonders gut für eine Gestaltung in Blautönen. Aber auch ein Kinderzimmer kann von der beruhigenden Wirkung der Farbe Blau profitieren, etwa in Gestalt eines großformatigen Wandgemäldes, auf dem Strand und Meer dargestellt sind. Die Bildergeschichte kann auf der einen Zimmerseite damit beginnen, wie die Menschen am Morgen an den Strand kommen, und dann durch den ganzen Tag und seine verschiedenen Tätigkeiten führen bis zum Abend mit einem dunkelblauen Himmel, betupft mit silbernen Sternen und einem Mond, der Schatten auf den leeren Strand wirft, an der vierten Wand.

Wenn man zu einer der tiefsten Blauschattierungen greift, erhält man das Schwarzblau des Mitternachtshimmels. Der an Tinte erinnernde Farbton sollte allerdings mit äußerster Vorsicht verwendet werden, da schon ein Spritzer zu viel Schwarz oder ungünstig platzierte Beleuchtungskörper die Farbe schwarz statt blau wirken lassen. Mitternachtsblau ist eine raffinierte Farbe. Es sieht besonders schön aus in Verbindung mit Silber, wie Mond und Sterne, und mit Gold, der Komplementärfarbe von Blau auf dem Farbenkreis.

Ganz im Gegensatz zur landläufigen Meinung kann Tiefblau einen Raum sogar größer wirken lassen. Ein Raum mit dunkelblauen Wänden und dunkelblauer Decke, übersät mit winzigen Halogenstrahlern oder mit kleinen Goldsternchen bemalt, kann aussehen wie der Himmel bei Nacht, genauso zauberhaft wie unendlich.

Quellen der Inspiration

Für einen zeitgemäßen Ethnolook können ein Batik- oder ein Ikatstoff als Anregung dienen. Batik ist das javanische Wort für »Malen mit Wachs«. Dabei werden auf beide Seiten des Stoffes mit geschmolzenem Wachs Muster aufgemalt. Wenn das Wachs getrocknet ist, wird der Stoff in Farbe getaucht, die von den unbedeckten Flächen aufgesaugt wird, von dem Wachsmuster jedoch abperlt. Im Anschluss daran wird das Wachs durch Kochen oder Auflösen entfernt. Das Ergebnis ist ein helles Muster auf dunklem Hintergrund. Man kann diesen Vorgang viele Male mit jeweils anderen Farbbädern wiederholen. Die am häufigsten verwendeten Farben sind jedoch Blau und Braun.

Ein anderes ethnisches Muster, das beinahe überall auf der Welt anzutreffen ist, ist die Ikattechnik, die in traditionellen Geweben aus Afrika, Indien und Japan auftaucht. Ihr geometrischer Aufriss macht diese Muster zeitlos. Sie passen genauso gut zu einer minimalistischen Einrichtung wie in einen Raum im Basarstil oder ein konventionell möbliertes Zimmer. Der echte Ikat ist ein aus einzeln gefärbten Fäden gewebtes Muster. Der Faden wird teilweise eingefärbt, der Rest bleibt naturbelassen oder wird in einem Kontrastton ge-

RECHTS: *Es gibt viele traditionelle Stoffe in Indigoblau und Weiß. Sie reichen von der komplizierten Webtechnik des Ikat, die man in Indien und Japan findet, bis zu Färbetechniken wie Batik und Schnurbatik, bei denen bestimmte Partien des Stoffs fest zusammengebunden werden, sodass die Farbe an diesen Stellen nicht eindringen kann.*

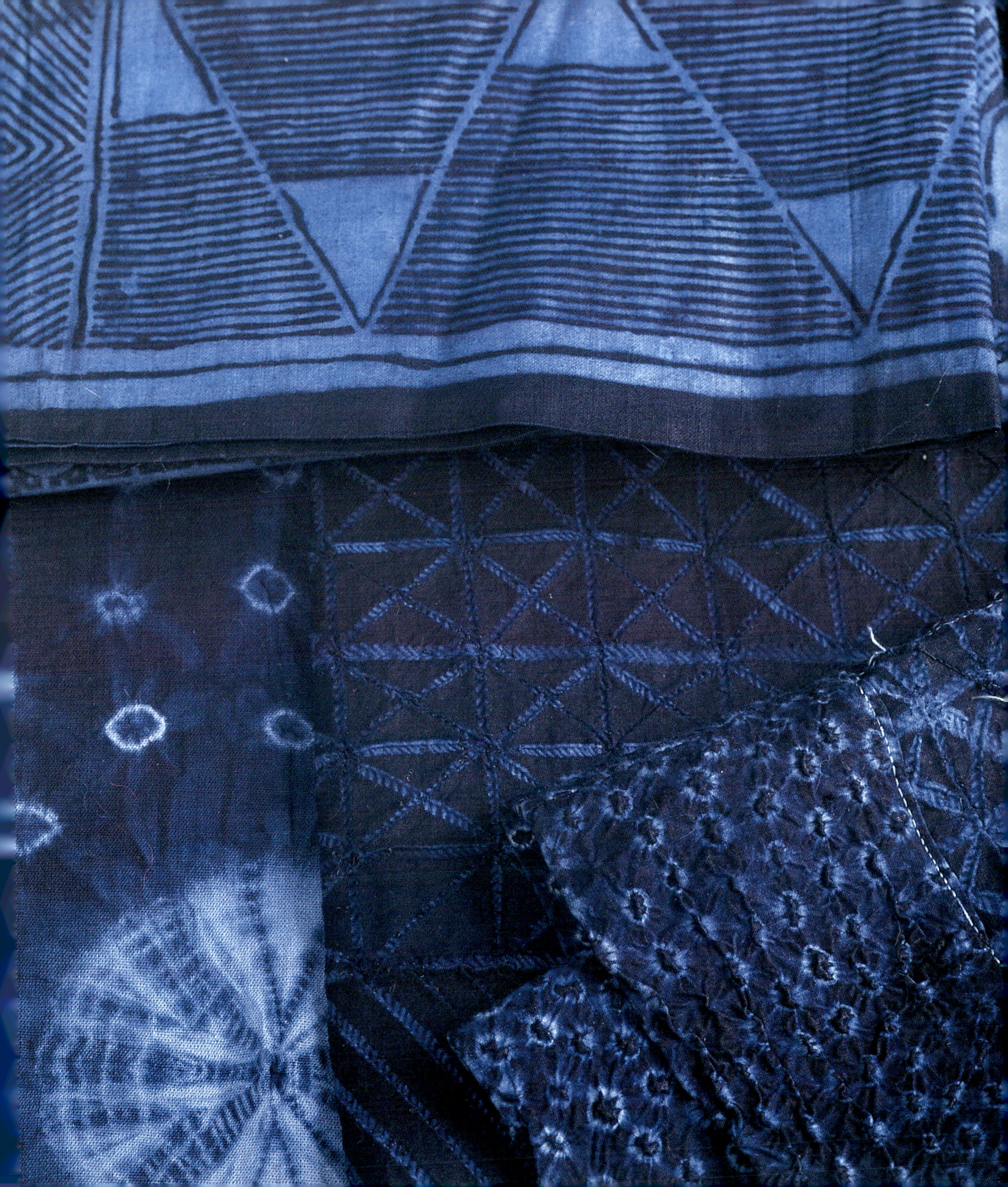

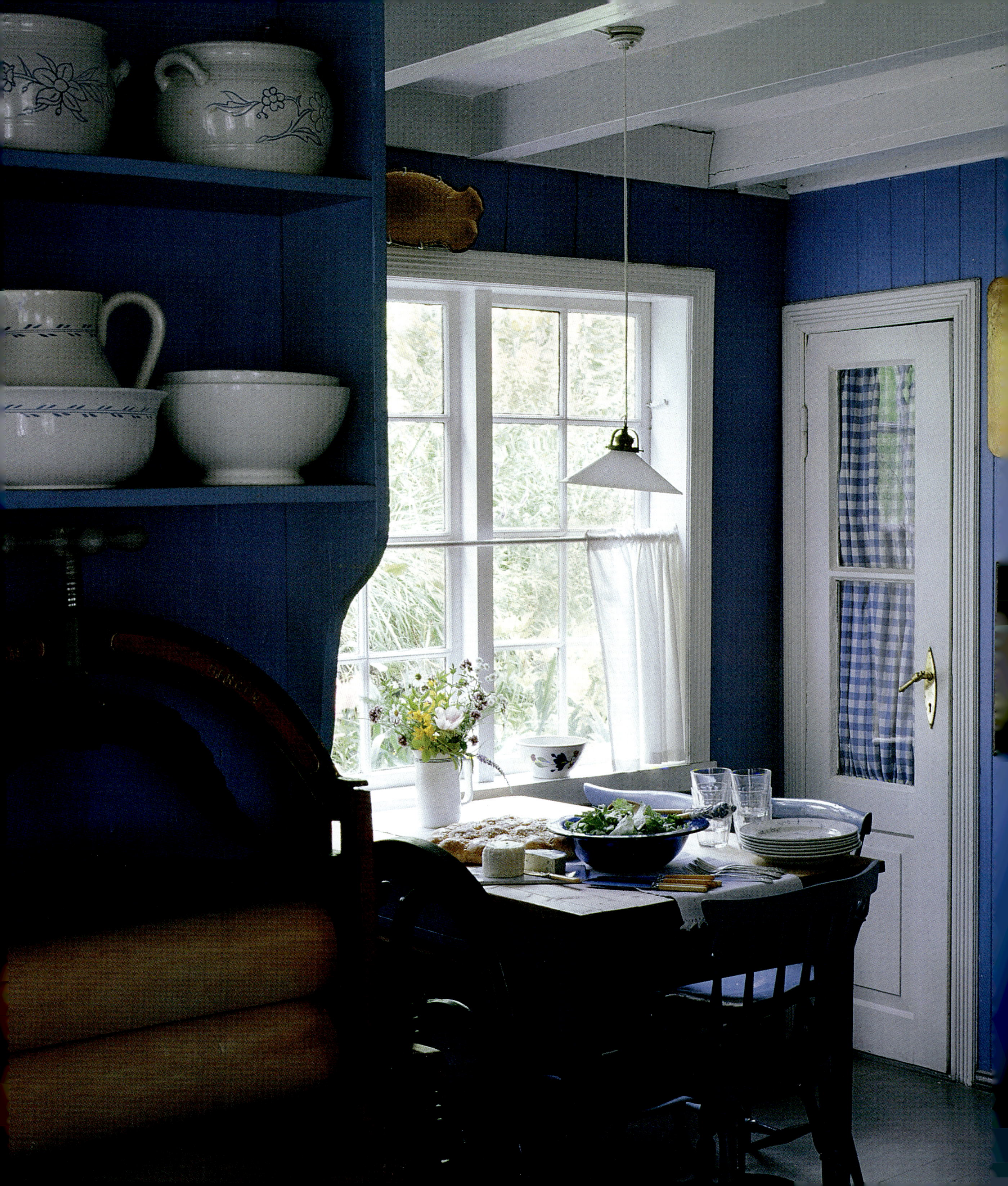

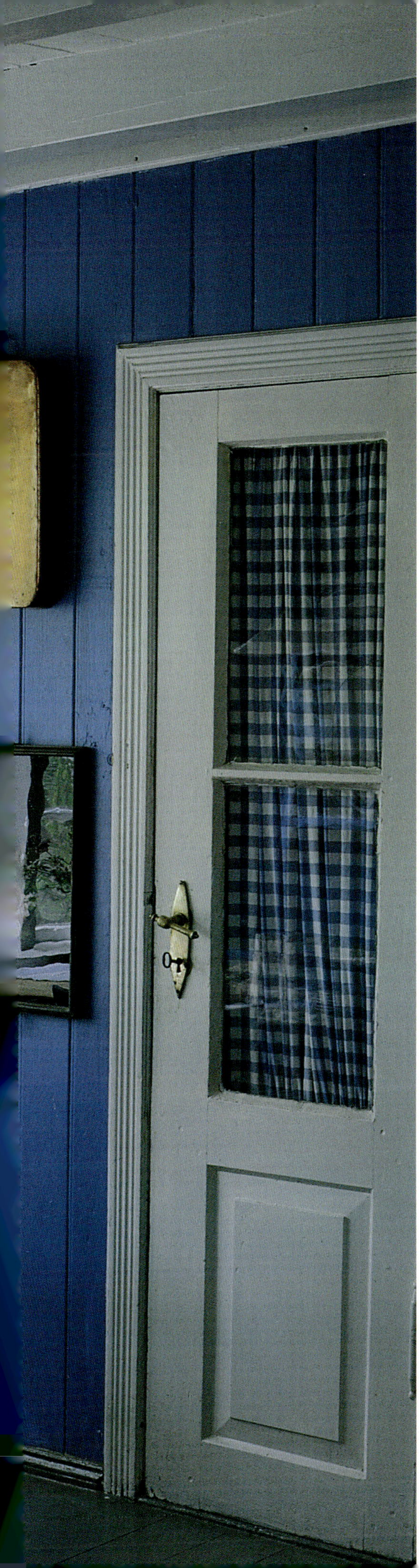

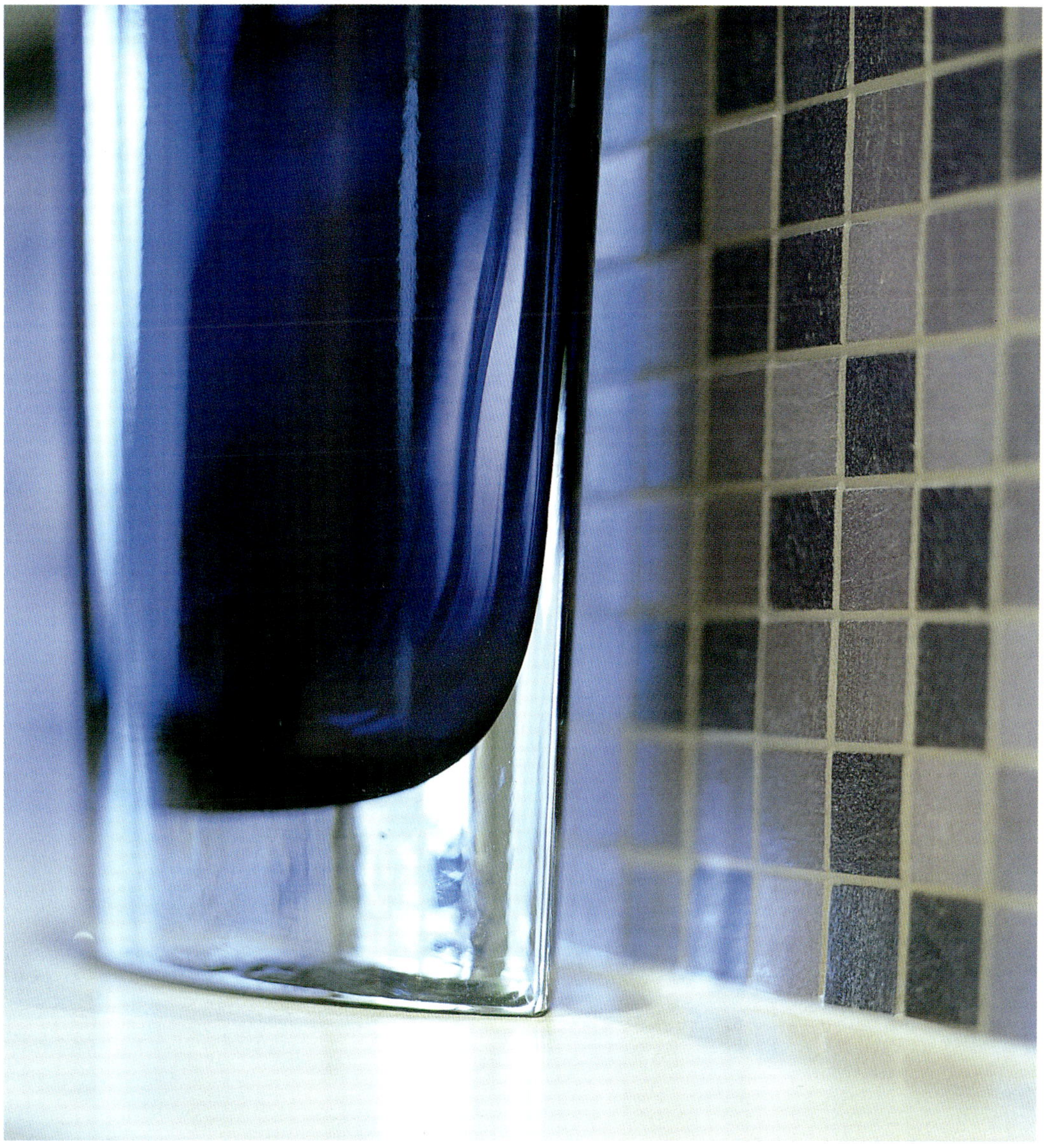

OBEN: *Blau und Weiß passen in traditionelle und moderne Räume. In dieser zeitgenössischen Wohnung sind blaue und weiße Mosaikfliesen weiß verfugt, was die Intensität des dunkelblauen Elements etwas mildert. Außerdem wurden dunkelblaue und blassblaue Fliesen mit den dunkleren versetzt verarbeitet.*

LINKS: *Blau und Weiß ist eine klassische Kombination, die von Skandinavien bis zum Mittelmeer anzutreffen ist. Das hier gezeigte tiefe Blau setzt einen deutlichen Akzent. Es handelt sich um eine eher warme Blauschattierung, die nicht am grünen, sondern am roten Spektrum des Farbenkreises angelehnt ist.*

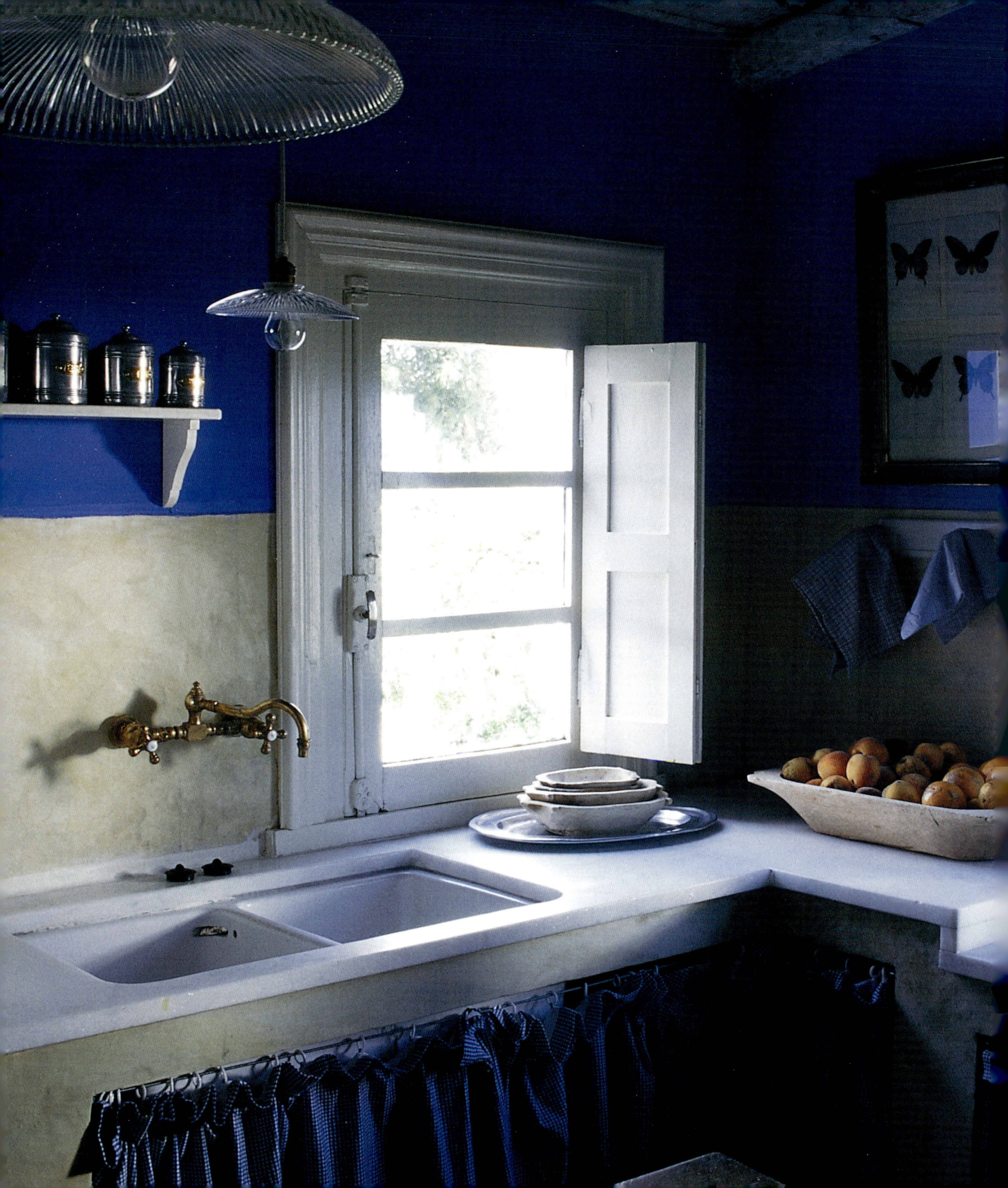

LINKE SEITE: *Die Wände in dieser Küche wurden in zwei Farben gestrichen. Die untere Hälfte ist in gedecktem Weiß gehalten, darüber leuchtet eine kräftigere, blaue Tönung. Die helle Blende erleichtert die Küchenarbeit, weil sie das Licht reflektiert.*

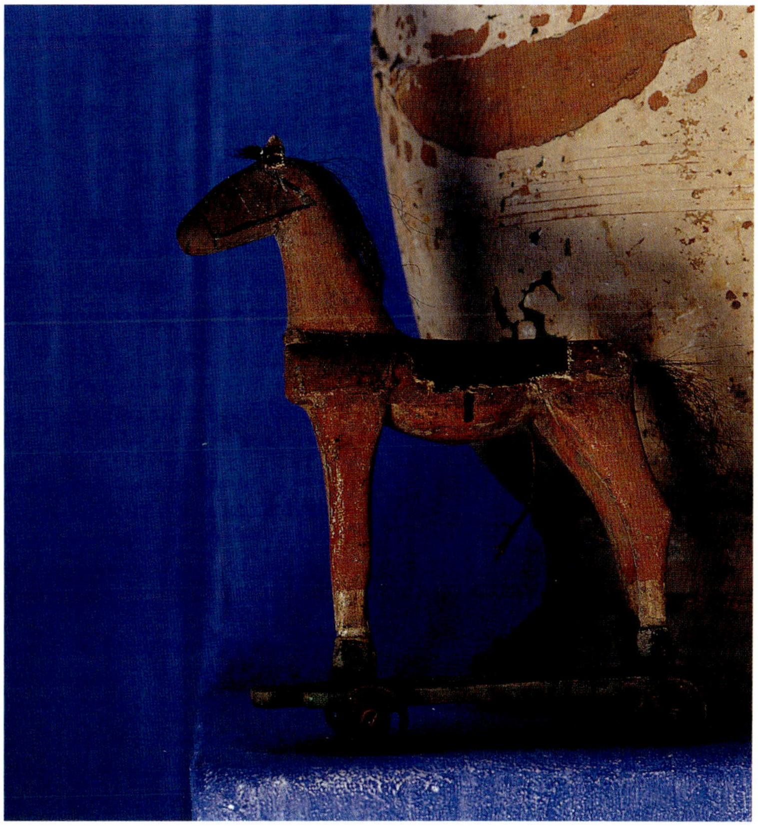

LINKS: *Wenn man Rot, Terracottafarben oder einen anderen warmen Ton mit Blau kombiniert, so schafft ein Spritzer Rot im Blau eine Harmonie zwischen den beiden so unterschiedlichen Farben. Bei Häusern im Mittelmeerraum sieht man häufig Terracottafliesen neben blau gestrichenen Wänden oder blauem Holzwerk.*

färbt. Das charakteristische Muster ergibt sich, wenn die Fäden miteinander verwoben werden, wobei bestimmte Segmente eine Farbe bilden, sodass ein zart sich abhebendes geometrisches Muster, gewöhnlich in Diamantform, entsteht.

Obwohl man manche Ikatmuster auch auf buntfarbigen Textilien findet, ist die schlichteste und reinste Form die Farbkombination Weiß und Indigoblau. Diese beiden Farben helfen dem Auge, sich ganz auf die kunstvolle Webtechnik und das dekorative Muster zu konzentrieren.

Ein blau-weißer Ikat kann als Blickfang einen einfach eingerichteten, dunkelblau-weißen Raum veredeln oder hohe Fenster schmücken. Ikats passen zu einem schlichten, japanisch inspirierten Raum ebenso gut wie zu einem multiethnischen, eklektischen Dekor.

Blau kann aber durchaus auch mit Prunk und Prachtentfaltung assoziiert sein. Es ist eine heilige, eine königliche Farbe. Viele Gewänder aus dem christlich-religiösen Bereich sind blau. So ist zum Beispiel die Jungfrau Maria als Statue und auf Gemälden häufig blau gekleidet. Blau erscheint auf königlichen Bannern und taucht als Hintergrundfarbe auf Schilden und Rüstungen auf. Die Farbe Königsblau, ein tiefes, reines, lebendiges Blau, wurde nicht umsonst eines königlichen Präfixes für würdig erachtet. Wenn wir uns eine Auswahl der Nationalflaggen der Welt anschauen, begegnet uns Dunkelblau unter anderem im Union Jack, in der Fahne der Vereinigten Staaten und in der Fahne Frankreichs. Doch Stoffe sind nicht die einzigen Inspirationsquellen für Einrichtungsentwürfe in Blau. Es gibt noch zahllose weitere Gestaltungsideen, die man überall auf der Welt und nicht zuletzt in der Geschichte entdecken kann. Die moslemischen Töpfer von Abbidad waren mit die Ersten, die zarte, glasierte, weiße Gefäße schufen, die mit blauen Mustern bemalt waren. Man geht davon aus, dass diese Keramiken das blau-weiße Porzellan Chinas inspiriert haben, das wiederum für das blau-weiße Delfter Porzellan Pate stand, welches nach seinem Hauptherstellungsort benannt wurde, nachdem die Porzellanmanufaktur Mitte des 17. Jahrhunderts von Antwerpen nach Delft verlegt worden war.

RECHTS: *Die hellen Farben und das direkte Licht lenken das Auge auf das Arrangement am Fuße dieses Treppenaufgangs. Die blauen Wände wirken wie ein Rahmen, die Säulen zu beiden Seiten des Podests greifen das Blau des tunnelartigen Durchgangs auf.*

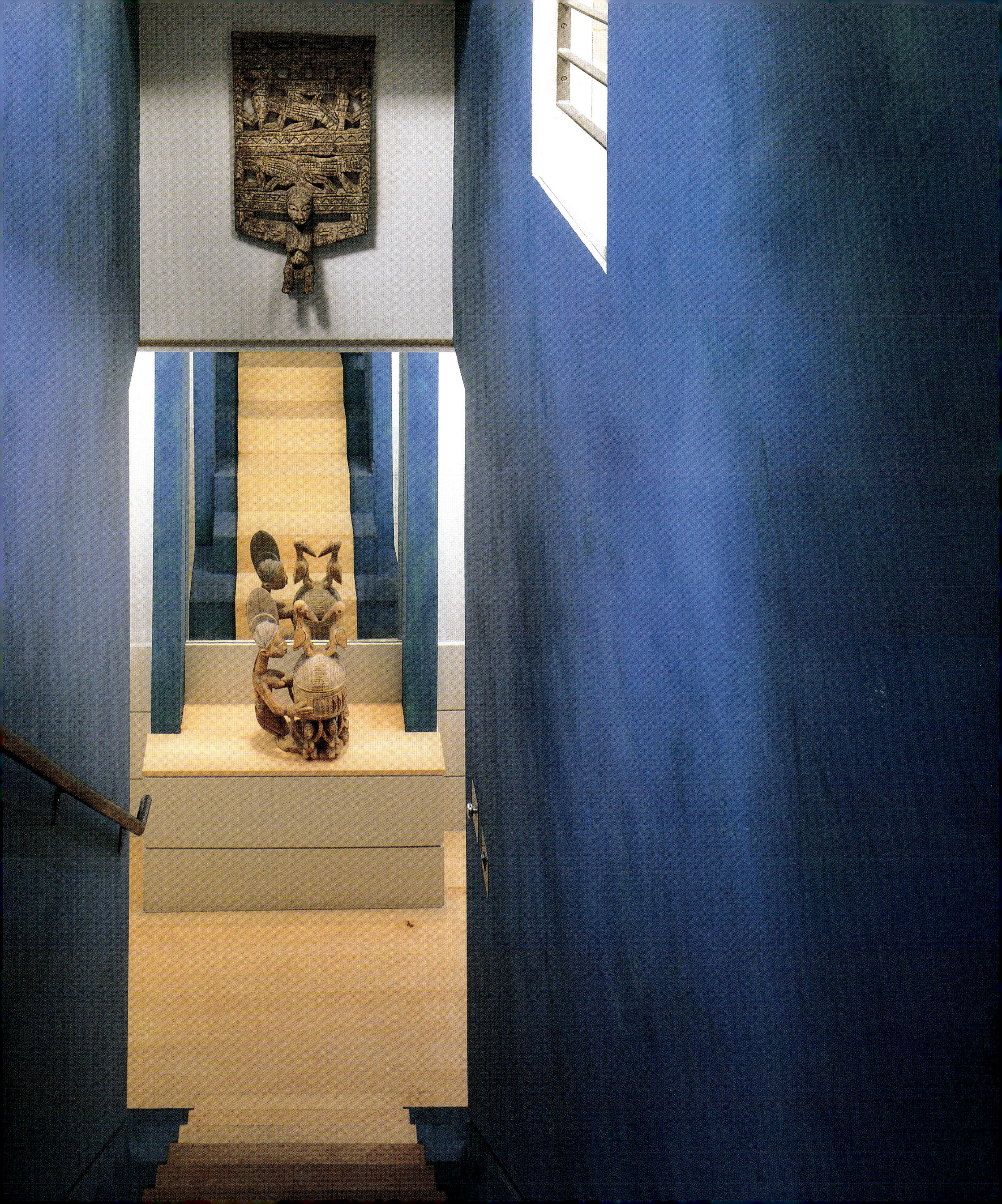

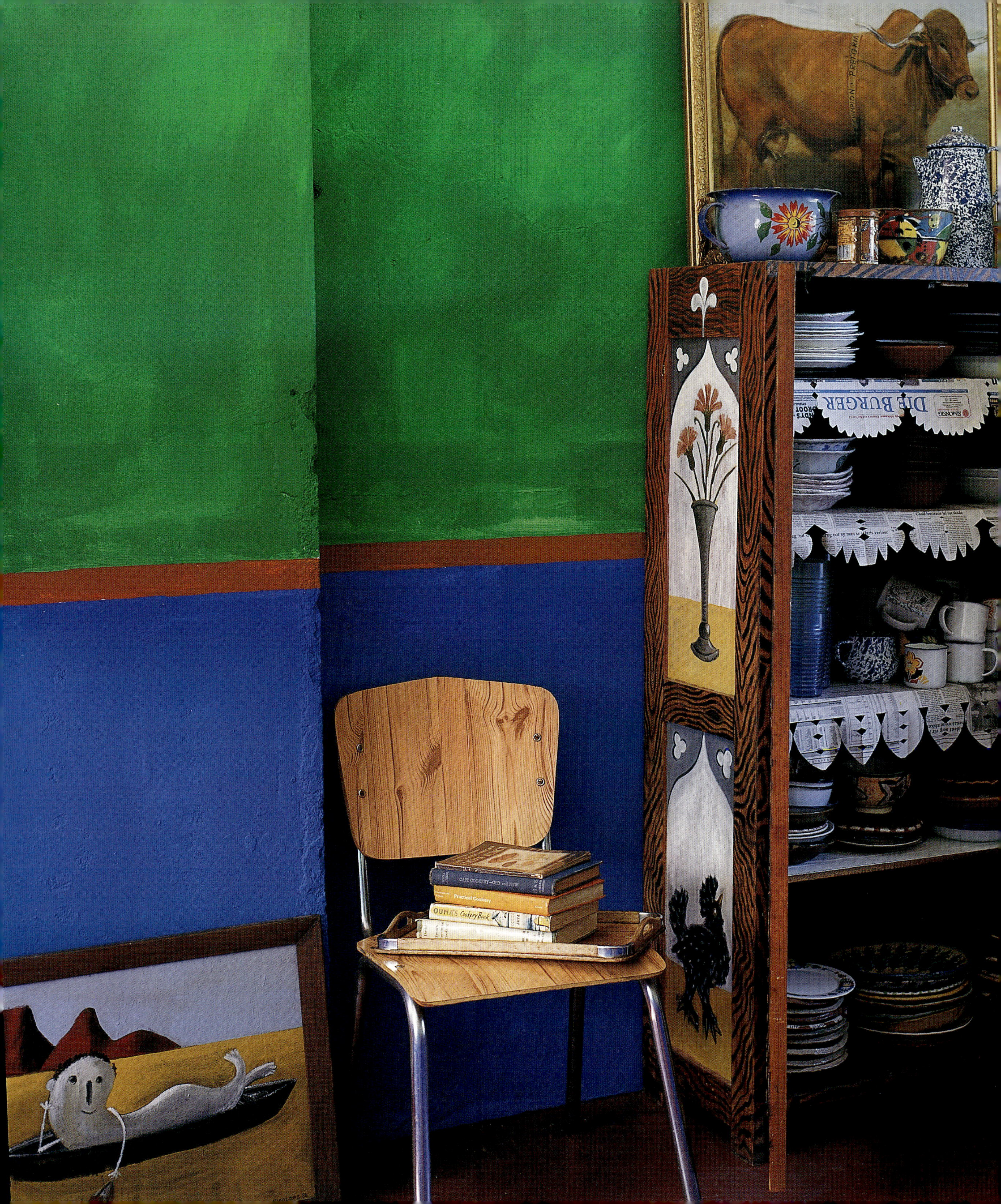
DIE BURGER
Practical Cookery
OUMA'S Cookery Book

LINKE SEITE: *Die Farben dieser Wand passen zusammen, weil Blau eine Grundfarbe von Grün ist und das Grün auf einem Gelb basiert, das in der gelbroten Borte wieder auftaucht. Diese Farbkombination ähnelt den Farben im Hause der Künstler Frida Kahlo und Diego Rivera in Mexiko.*

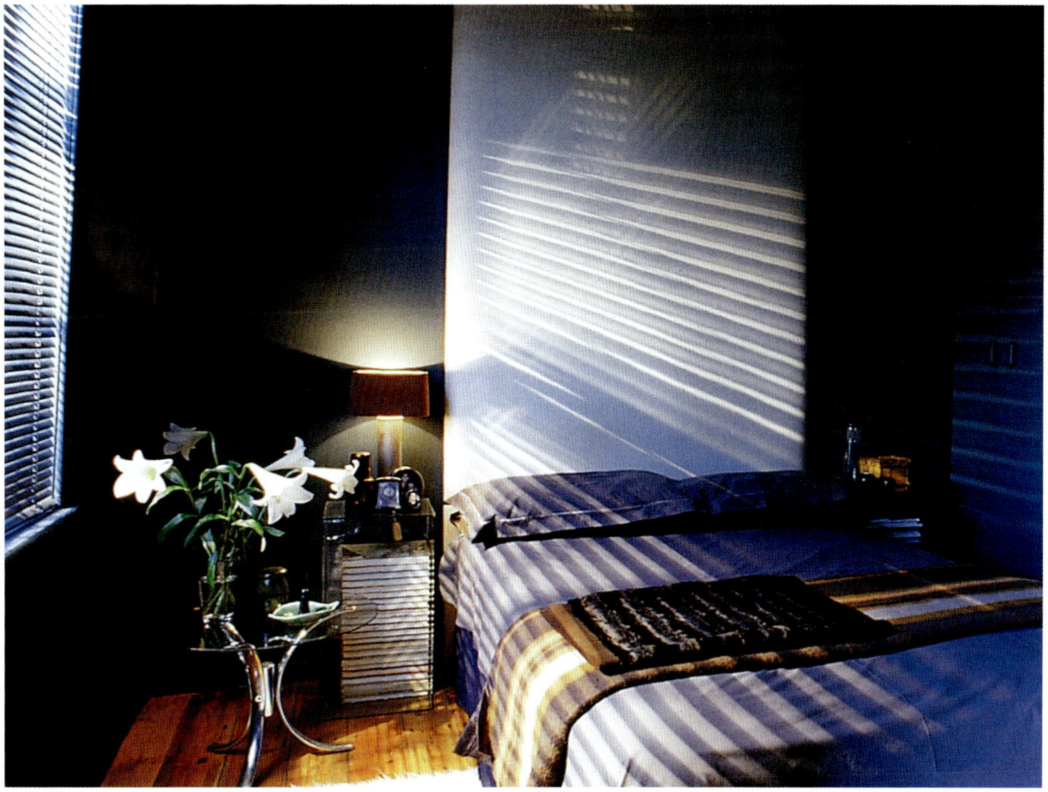

LINKS: *Die dunkle Farbe lässt die Fläche zu beiden Seiten des Bettes weiter zurücktreten und das weiße Paneel am Betthaupt stärker vorspringen. Die Verwendung heller und dunkler Farben kann interessante optische Täuschungen schaffen.*

Auch die englische Version, die in London, Liverpool, Bristol und in einer irischen Variante in Dublin hergestellt wurde, erhielt die Bezeichnung »Delfter Porzellan«. All diese bekannten Porzellanserien verwenden ein kräftiges Blau für das Muster, das gegen einen Hintergrund von klarem Weiß oder ganz blassem Blau abgesetzt ist. Diese kontrastierenden Farben passen in viele Räume, von der Küche im Landhausstil bis zu bürgerlichen Wohnzimmern und Salons. Das vielleicht bekannteste Dessin in dieser Farbkombination ist das »Weidenmuster«, das die Liebesgeschichte einer anmutigen Trauerweide und einer Brücke illustriert.

Aus dem wärmeren Klima des Mittelmeerraums – aus dem Süden Frankreichs und aus der Provence, wo der Lavendel auf riesigen Feldern blüht – kommt das Purpurblau. Diese Farbe wird häufig für Haustüren und Fensterrahmen verwendet und mit einem rosa angehauchten Terracottaton, der das Ganze wärmer wirken lässt und die Rotnuance im Lavendelblau aufgreift, für die Wände kombiniert. An der griechischen Mittelmeerküste wiederum sind Fensterläden und Türen, besonders in den Bergdörfern, in einem leicht grünlich schimmernden Blau gestrichen, das einen leuchtenden Kontrast zum unverfälschten Weiß der gekalkten Wände bildet.

Auch die Malerin Frida Kahlo und der Modemacher Yves Saint Laurent haben in ihren Häusern mit der Kombination aus lebhaftem Blau und rosagetöntem Terracotta gearbeitet. In Frida Kahlos und Diego Riveras Blue House in Coyoacan südlich von Mexico City taucht in vielen Räumen ein sattes, förmlich vibrierendes Blau auf; am auffälligsten ist es jedoch im Hof.

Die Wände des Innenhofs sind einfarbig blau, während Tür- und Fensterumrandungen in einem kräftigen Terracottarot erstrahlen. Die Tür selbst und die Fensterrahmen sind wiederum in einem kontrastierenden Minzgrün gestrichen. Die weißen Wände der meisten Räume des Hauses sind mit einem etwa sechzehn Zentimeter breiten blauen Streifen abgesetzt. Manchmal ist eine Nische oder ein Vorsprung im gleichen kräftigen Blau gestrichen.

Der Modezar Yves Saint Laurent und sein Geschäftspartner Pierre Bergé verwendeten für die Mauern, die die Majorellegärten in Marrakesch umschließen, ein intensives Kobaltblau, als sie den Garten restaurierten, der in den Zwan-

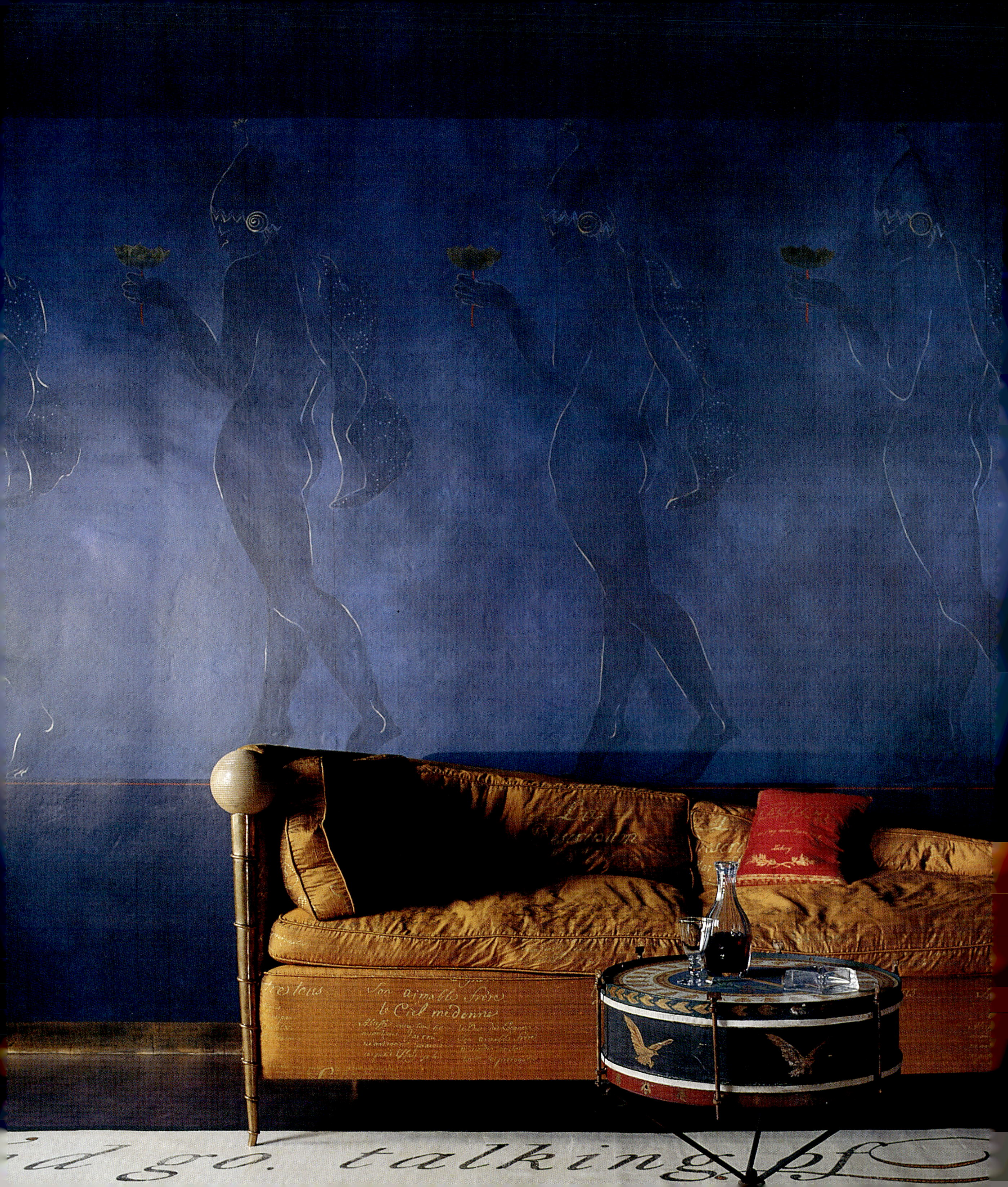

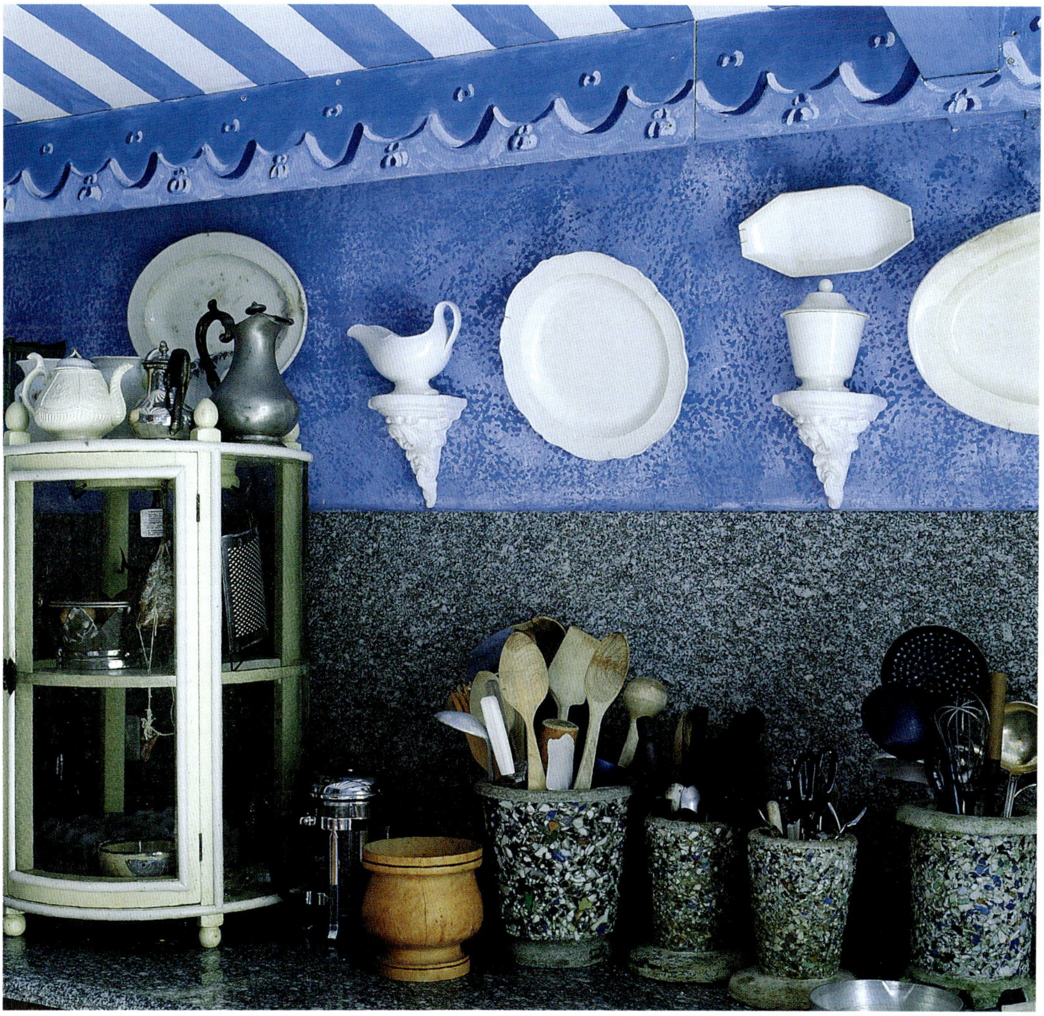

OBEN: *Gut abwischbarer, grau-weiß gesprenkelter Granit wurde in dieser Küche als Arbeitsplatte und Spritzschutz verwendet. Die zeltartige, blau-weiß gestreifte Decke und die blauen Wände mit Tüpfeleffekt und dem weißen Porzellan bringen eine beschwingtere, weniger formelle Note in das Ensemble.*

LINKS: *Spektralmuster in blassem Gold treiben über den Ozean einer dunkelblauen Wand und schaffen damit einen Blickfang, ohne der Hintergrundfarbe Abbruch zu tun. Die Möbel in dunklen Farben passen zum geheimnisvollen Flair des Raums.*

zigerjahren des 20. Jahrhunderts von dem französischen Künstler Jacques Majorelle angelegt worden war. Es heißt, dass das Blau von der Farbe der Overalls der französischen Arbeiter inspiriert wurde.

An dieser Stelle ist allerdings eine Warnung angebracht: Seien Sie vorsichtig, wenn Sie sich von der Erinnerung an Gegenden mit warmem Klima oder von Träumen von südlichen Gefilden dazu verleiten lassen, die Atmosphäre eines Ortes, den Sie in den Ferien besucht haben, einfangen zu wollen. Sie könnten eine Enttäuschung erleben. Kräftige Blautöne mögen im Urlaub in Griechenland, wo sie in heißem Sonnenlicht badeten, wundervoll ausgesehen haben. Doch an den dunklen, nassen Winterabenden eines nordeuropäischen Februar werden sie kaum denselben Zauber ausstrahlen.

Andererseits können kräftige Farben helfen, ein kaltes, dunkles Zuhause behaglicher und gemütlicher zu machen. Dunkle Farben können einhüllen, Geborgenheit vermitteln und Ruhe geben und dabei eine äußerst wirksame Barriere gegen den Krach, den Verkehr und das unfreundliche Wetter draußen bilden.

Wenn Sie also eine Farbe, die Sie bei Sonnenschein oder im Urlaub gesehen haben, gleich mit nach Hause nehmen möchten, denken Sie an die Wirkung der Dunkelheit und wählen Sie eventuell einen ein bis zwei Schattierungen kräftigeren oder helleren Farbton, um das veränderte Licht zu kompensieren. Bei Blautönen kann ein Spritzer warmes Rot in der Farbmischung helfen, die Kühle erfolgreich zu vertreiben. Oder verwenden Sie orangefarbene und goldene Accessoires statt Silber, Blassblau oder Weiß – Töne, die nur das kühle Element der Farbe Blau betonen würden.

Vergessen Sie auch nicht, ihre Wunschfarbe in natürlichem und in künstlichem Licht zu prüfen. Für eine dominierende Farbfläche wie etwa eine Zimmerwand empfiehlt es sich, versuchsweise einen großzügigen Abschnitt mit Farbe aus einer kleinen Probedose zu streichen. Schauen Sie sich die Farbe den ganzen Tag über immer wieder an, wenn das Licht sich bewegt und verändert, vor allem auch am Abend. Halten Sie zu unterschiedlichen Tageszeiten Stoffmuster und gewählte Accessoires neben die Farbe, um sicherzugehen, dass die Farben auch wirklich zusammenpassen und bei unterschiedlichen Lichtverhältnissen ansprechend wirken.

Kunstlicht ist selten weiß. Die Farbe, die es abstrahlt, wird sich zwangsläufig auf die Oberflächen auswirken, auf die das Licht fällt. Bestimmte helle Gelbschattierungen erscheinen zum Beispiel unter dem Licht einer normalen Standardglühbirne, die einen leichten Gelbstich hat, gleichsam neutralisiert. Fluoreszierendes Licht, das in Wohnräumen selten verwendet wird, sich aber häufig in Badezimmern und über der Arbeitsfläche in Küchen findet, hat einen blauen Einschlag, der kühles Blau noch kälter aussehen lässt. Wählen und platzieren Sie also die Kunstlichtquellen mit Bedacht.

Auch in der Wahl der Stoffe sollten Sie anspruchsvoll sein, nicht nur im Hinblick auf Farbe und Muster, sondern auch im Hinblick auf ihre taktile, sinnliche Qualität. Dunkelfarbige Gewebe mit Flor wie Samt absorbieren Licht, genauso wie dicke Wollstoffe. Gewebe mit reflektierender Oberfläche wie Satin oder mit eingewebten Metallfäden verstärken die Wirkung von Licht.

Wichtig ist natürlich auch das Mobiliar. Dunkle Holzmöbel, zum Beispiel aus Mahagoni, sind vor einer Wand in dunklem Marine- oder Indigoblau einfach verschwendet, wenn sie nicht sorgfältig ausgeleuchtet oder vor ein Paneel in einer helleren Farbe platziert werden. Möbel in sehr hellen Tönen, etwa weißlasierte Stücke im skandinavischen Stil, stellen für sich genommen einen zu starken Kontrast dar, doch wenn sie mit blau-weiß gemusterten Kissen oder Dekostoffen geschmückt sind, ist das Farbgleichgewicht wieder hergestellt.

Wo das Blau herkommt

Die blaue Farbfamilie bietet eine breite Palette an Farbnuancen für die Gestaltung von Innenräumen. Blautöne passen letztlich zu fast allen Räumen und Einrichtungsstilen, von rustikal bis modern und von traditionell bis Hightech. Heutzutage werden die meisten Farben synthetisch hergestellt, was sie dauerhafter und widerstands-

RECHTS: *In dunkel gestrichenen Räumen sollte die Fläche um die Fenster frei gehalten werden, damit so viel Tageslicht wie möglich einfallen kann. Hier wurden klassische Holzfensterläden so gestrichen, dass sie mit der Wand verschmelzen, wenn sie zurückgeschlagen werden. Vorhänge sollten nie glatt herunterhängen, sondern mit Bändern oder Kordeln zur Seite gerafft werden.*

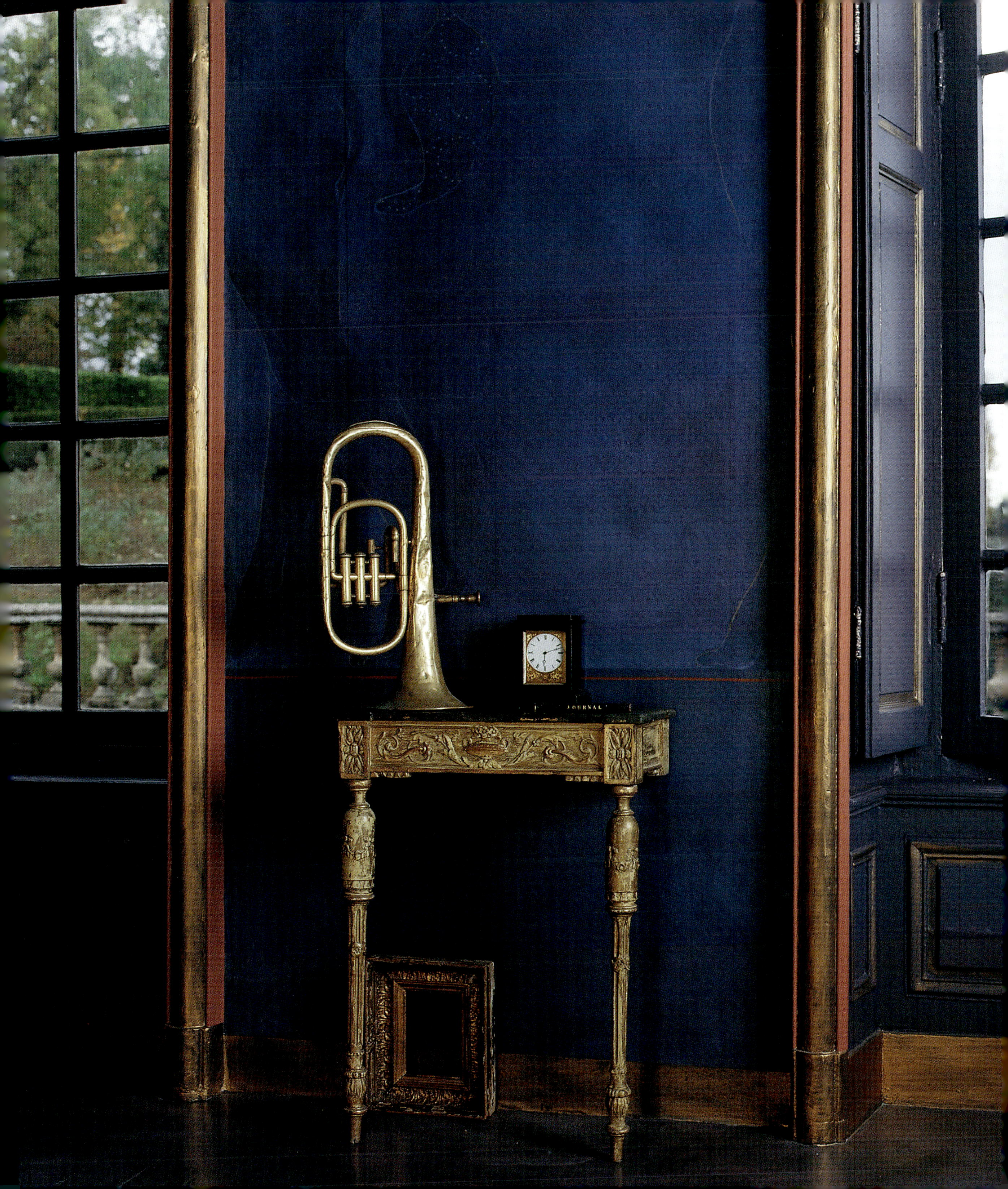
JOURNAL

fähiger macht. Es gibt jedoch immer noch einige wenige Hersteller, die an altüberlieferten Herstellungsverfahren und Inhaltsstoffen festhalten. Und es gibt nach wie vor Farben auf Kalk- oder Wasserbasis, denen Pigmente zugesetzt werden und mit denen sich Anstriche im traditionellen Stil realisieren lassen.

Einer der bekanntesten kräftig tintigen Blautöne ist wahrscheinlich Indigo, *eine Farbe, die ursprünglich von einer Pflanze stammt. Die Spezies Indigofera umfasst eine Familie von über siebenhundert Sträuchern und Kräutern, deren zarte, mauvefarbene, pink und weiße Blüten wenig von der tiefen Farbe ahnen lassen, die aus ihren Fruchtständen gewonnen wird. Die satte, dauerhafte Färbung mit Indigo wurde schon im Altertum in Indien, Ägypten und Rom genutzt und im 16. Jahrhundert in Nordeuropa eingeführt.*

Färberwaid, *eine Pflanze aus der Familie der Senfgewächse, lieferte ebenfalls einen blauen Farbstoff, der nicht nur für das Färben von Stoffen verwendet, sondern auch als Kriegsbemalung aufgetragen wurde, wie das Beispiel der britannischen Königin Boadicea und ihrer Truppen zeigt, die im Jahre 43 gegen die Römer kämpften.*

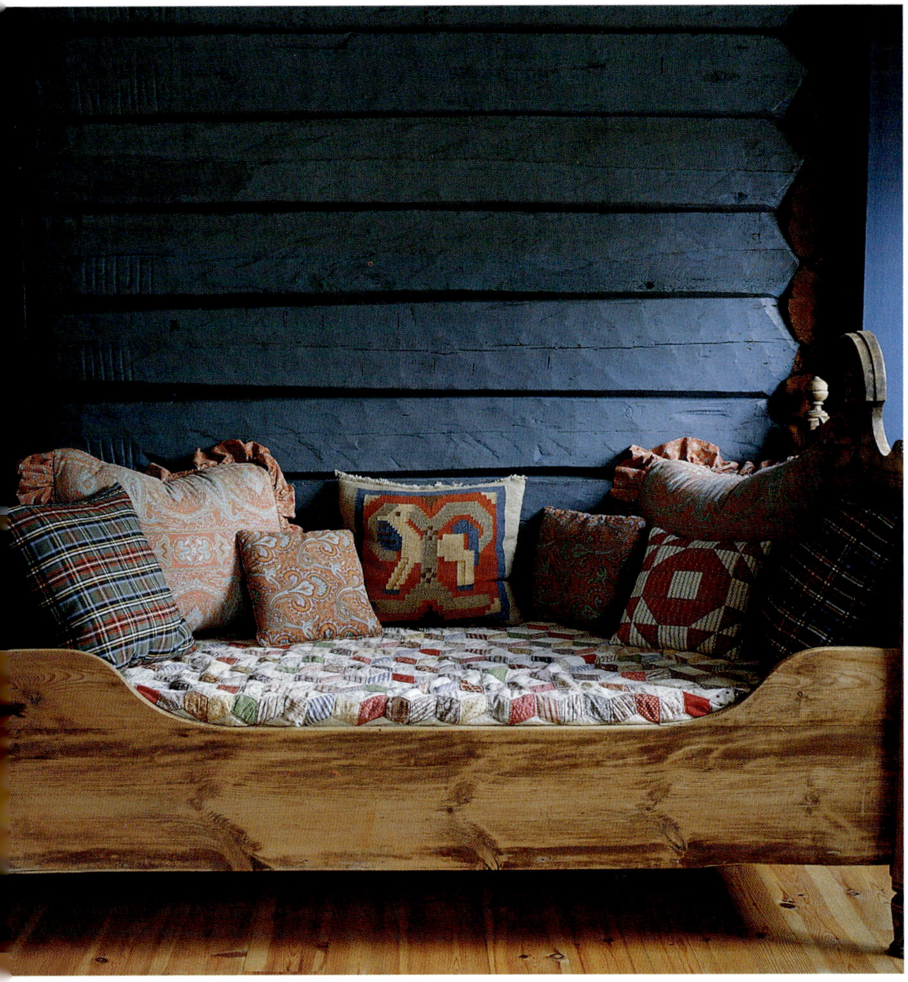

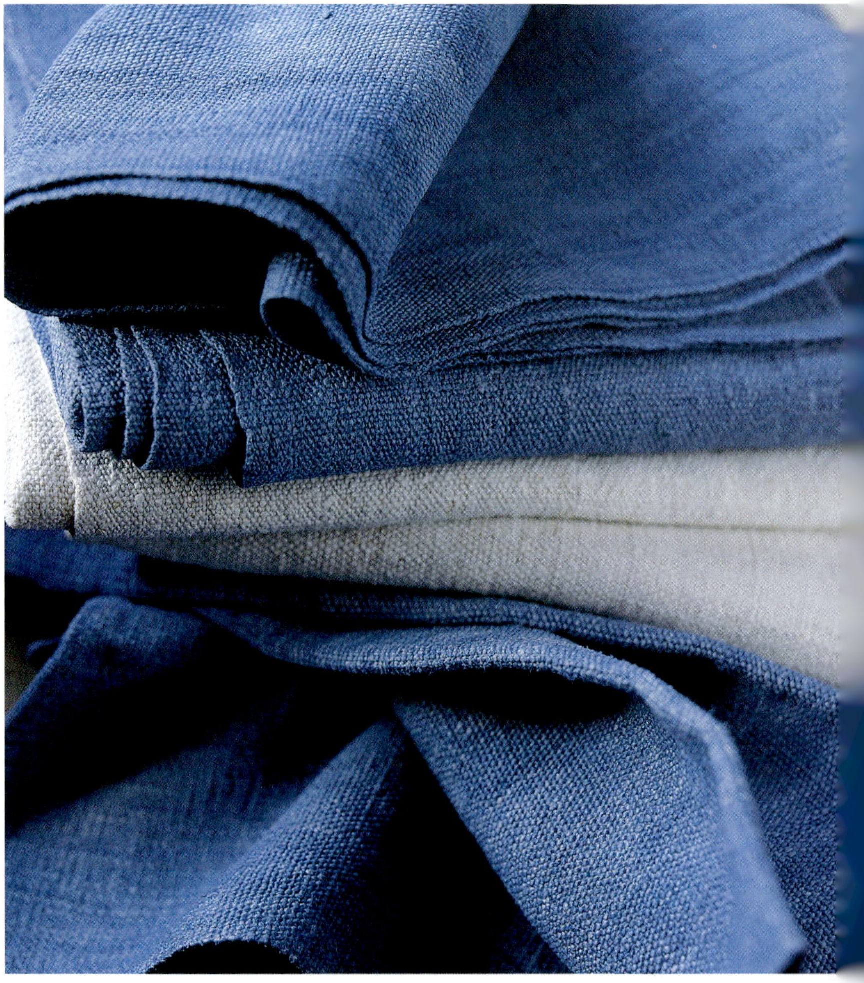

Preußischblau *ist ein chemischer Farbstoff, der ursprünglich aus einer Verbindung von Eisenionen und eisenhaltigen Ionen mit Zyanid und Zyanidbestandteilen hergestellt wurde und Anfang des 18. Jahrhunderts in Mode kam. Das Pigment, das sich bei der Reaktion der beiden Chemikalien miteinander bildete, wurde in der Malerei und zum Blaufärben von Wäsche verwendet und hat einen Stich ins Blaugrüne.*

Französischblau *oder* Ultramarin *wurde ursprünglich aus dem Halbedelstein Lapislazuli gewonnen und weist eine warme, violette Tönung auf. Lapislazuli wurde seit der Antike für Mosaiken und andere Einlegearbeiten, geschnitzte Ornamente, Vasen und dekorative Objekte verwendet. Eine künstliche Substanz, die sehr viel billiger in der Herstellung ist, hat den Stein mittlerweile weitgehend ersetzt.*

Kobaltblau *ist eine Zusammensetzung aus Kobaltoxid, Aluminiumoxid und Phosphorsäure, ähnlich wie Ultramarin, jedoch nicht so intensiv in der Farbe. Ein anderes Gemisch ist Himmelblau. Es wurde früher aus Zinn und Kobalt hergestellt. Das in der Herstellung sehr teure Pigment hat eine türkisgrüne Tönung.*

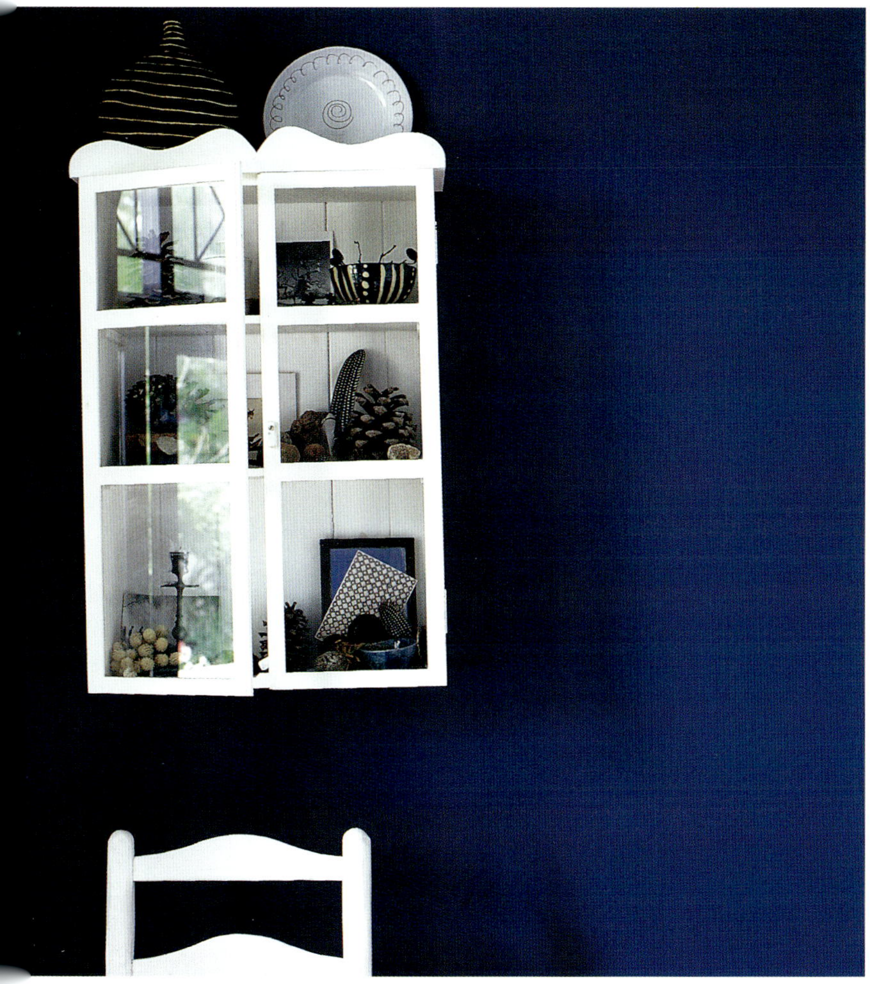

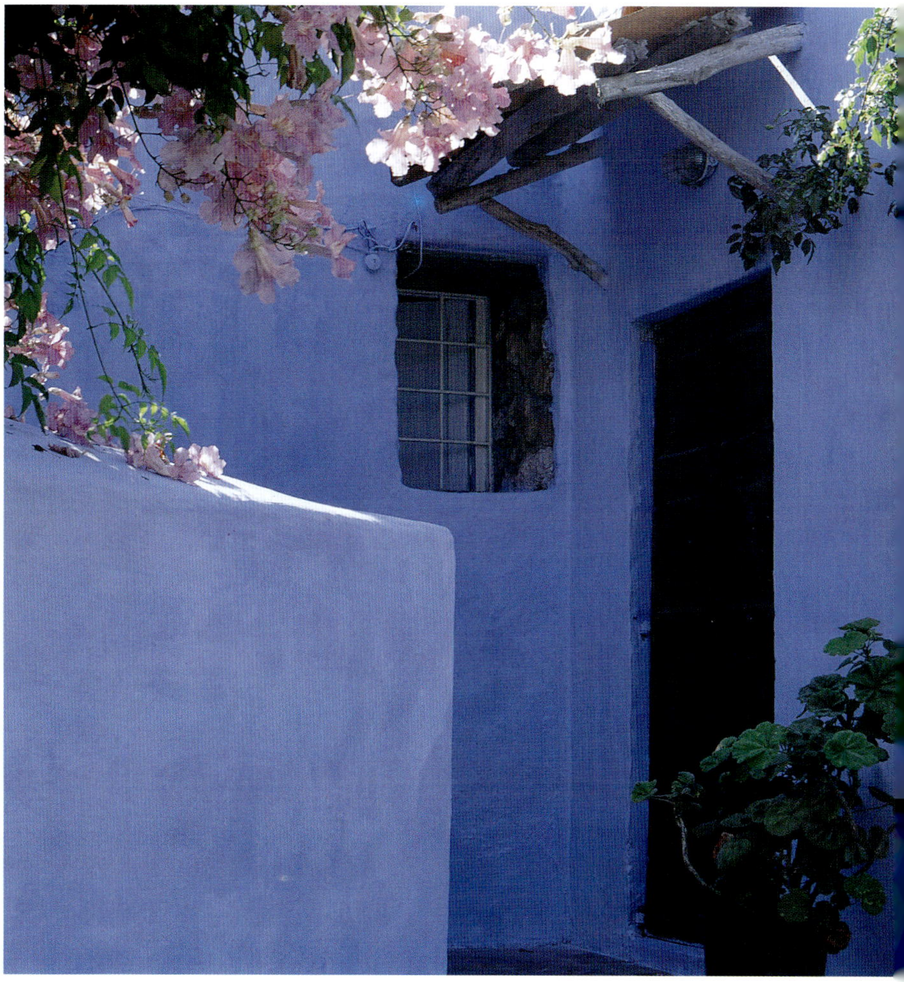

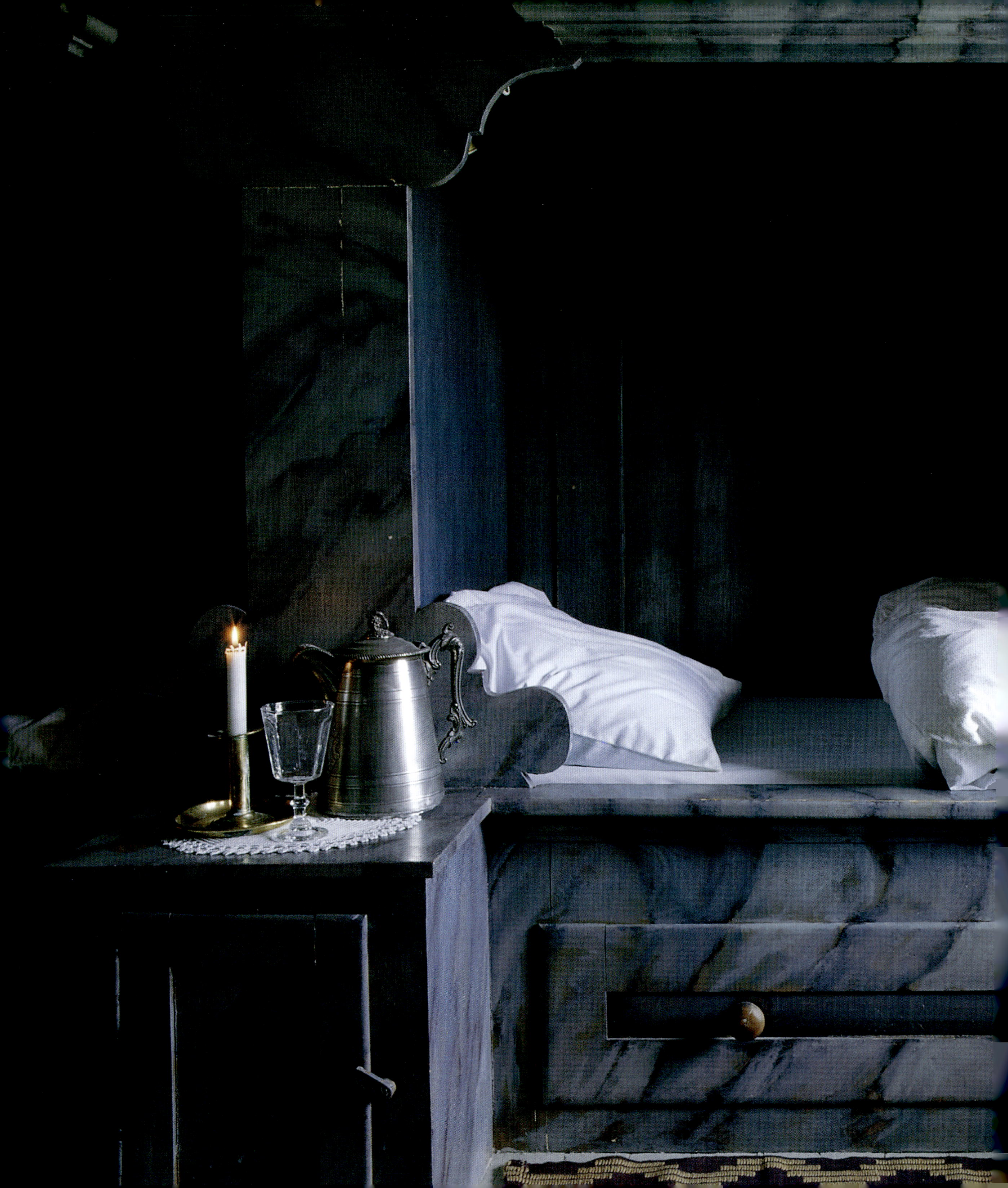

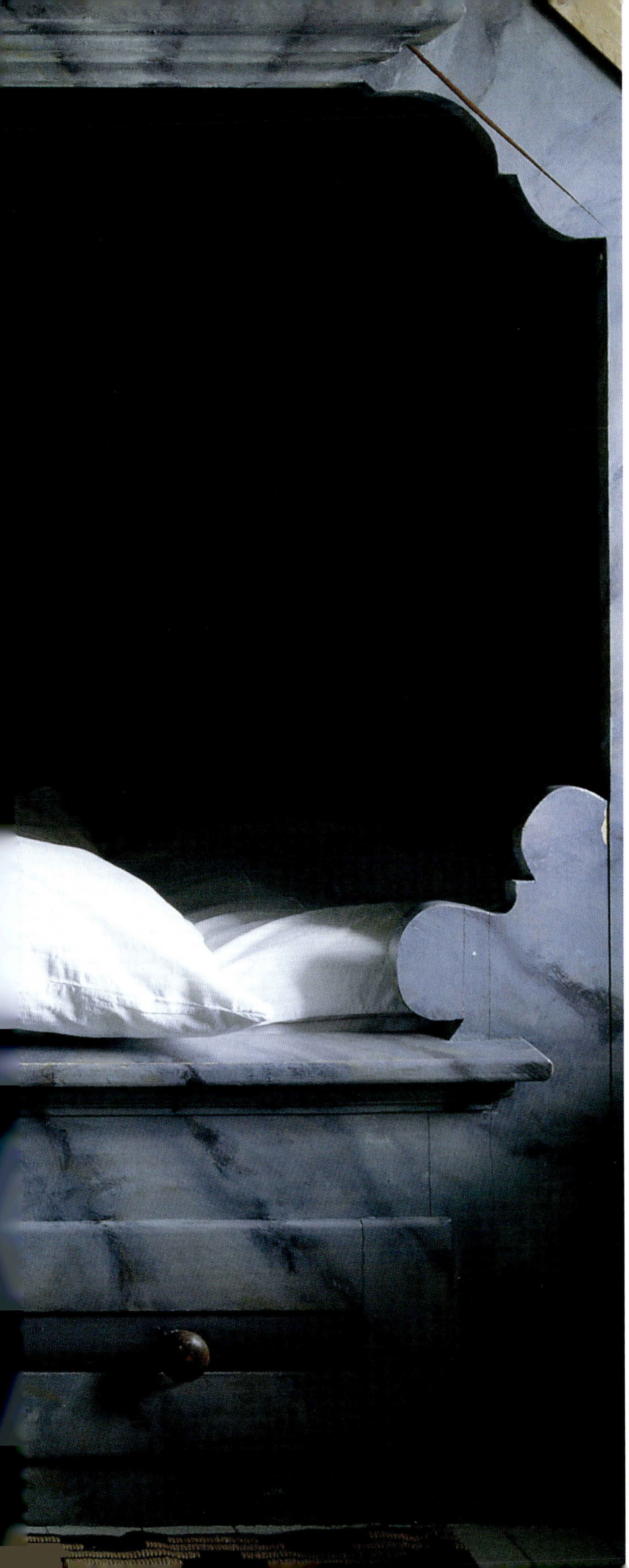

Stimmungsbilder in Blau

Blau ist eine der Farben, die für Ruhe und Kontemplation stehen. Sie wird mit den Elementen Himmel und Wasser assoziiert. Viele empfinden Blau als spirituelle Farbe, und oft wird ihm etwas Meditatives nachgesagt. Man geht davon aus, dass eine blaue Umgebung blutdrucksenkend wirkt und Schlaflosigkeit mildert, was Blau zur idealen Farbe für das Schlafzimmer macht.

Außerdem soll Blau die Erholung fördern, Heilung unterstützen und Schmerzen lindern, und last but not least wurde es mit funktionierender Kommunikation und klarem Denken in Verbindung gebracht. Manche Menschen lässt Blau jedoch frösteln, und wenn es sich um ein Blau vom dunklen Ende des Blauspektrums handelt, das zudem nicht durch hellere Farben gemildert wird, kann Blau auch depressive Stimmungen und das Gefühl der Einsamkeit auslösen.

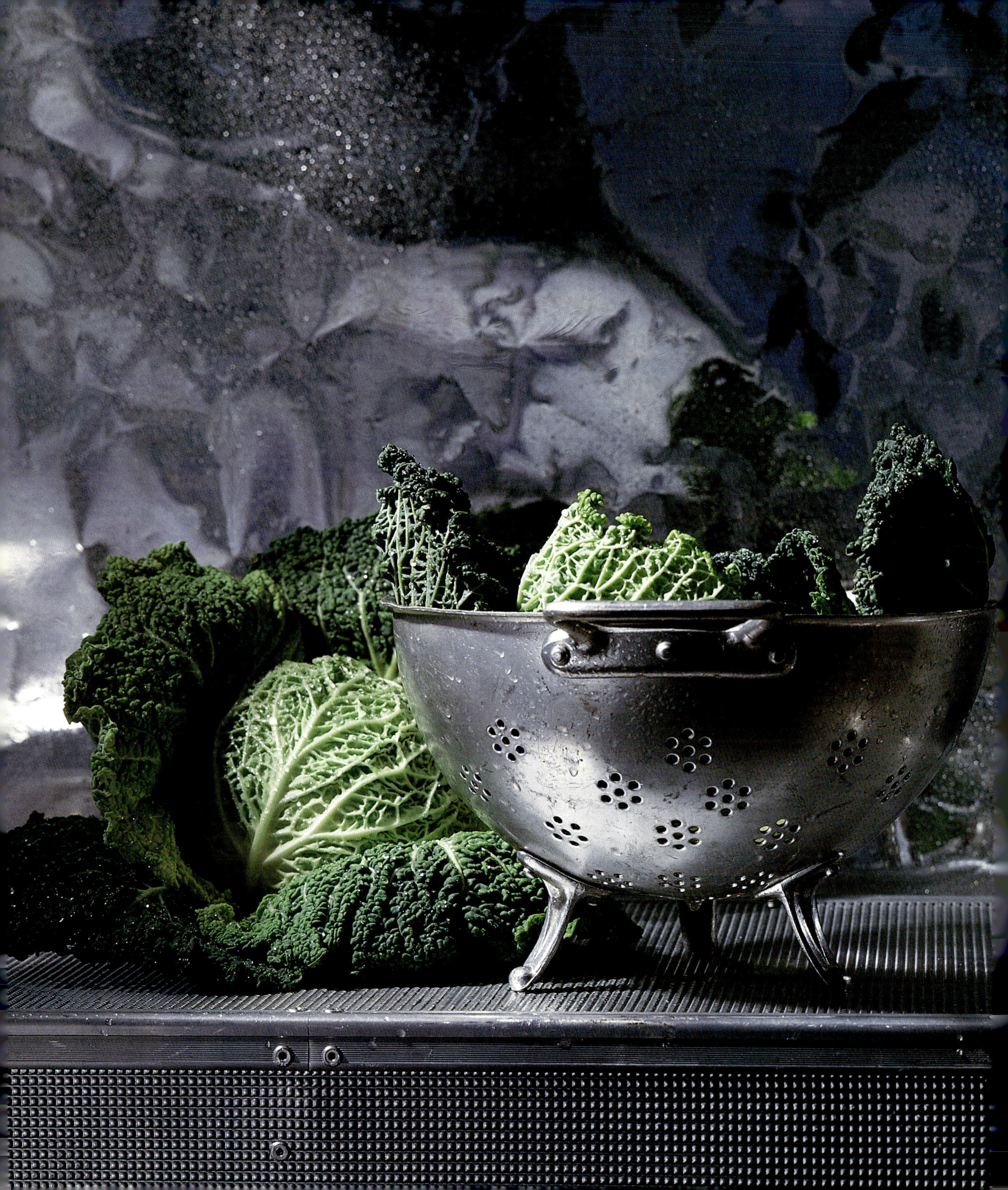

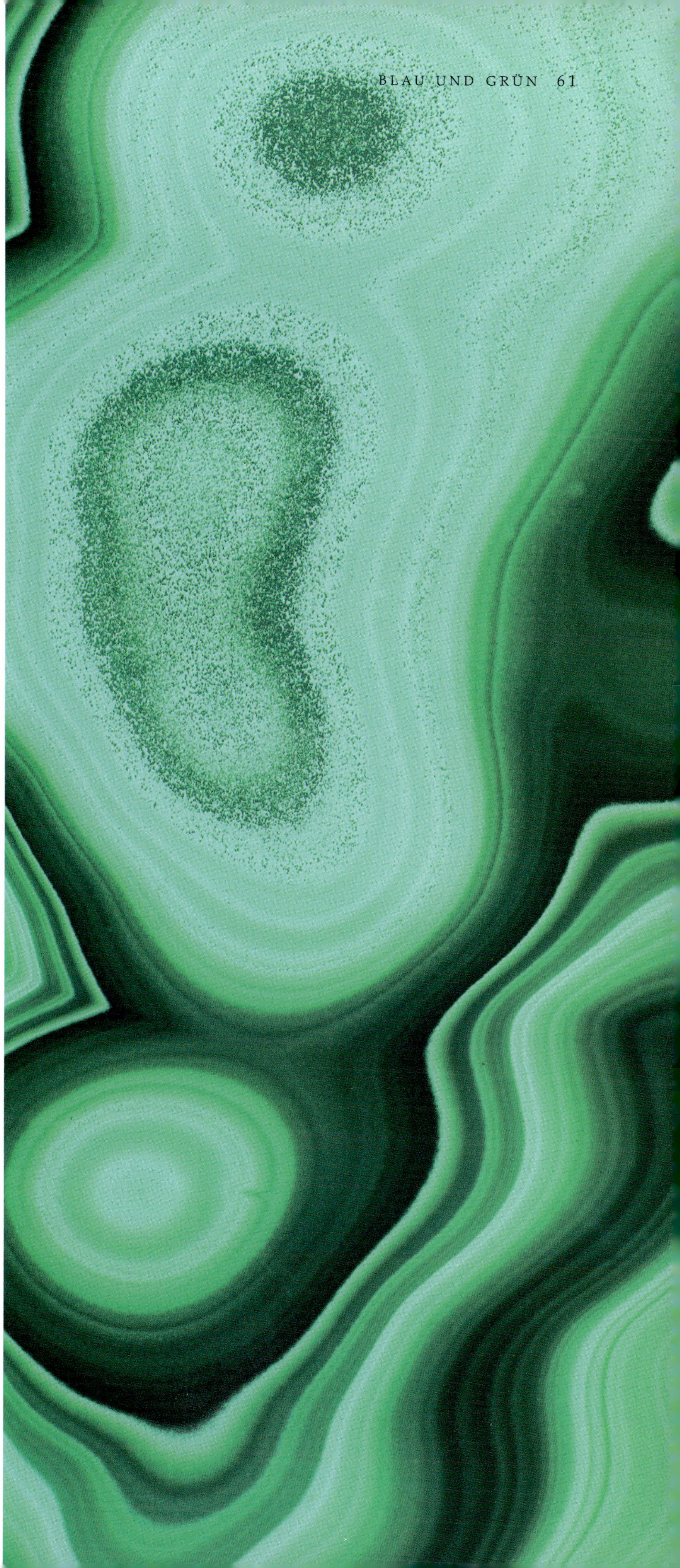

Grün ist vielleicht die wandlungsfähigste der dunklen Farben. Es kann problemlos mit Kontrastfarben und mit verwandten Nuancen ergänzt werden. Gleichermaßen passt es auch zu vielen anderen Farben aus dem Farbenkreis. Mit Grün lassen sich ganz unterschiedliche Einrichtungsstile zelebrieren, vom schlichten, rustikalen Landhausstil bis hin zu opulenten, in Gold und kostbaren Materialien erstrahlenden Prunkgemächern.

Die verschiedenen Grünschattierungen zerfallen in zwei Gruppen: die Grüntöne aus dem Pflanzenreich und Grüns, die die Farben kostbarer Gegenstände und Steine spiegeln. Apfel-, Kohl-, Farn-, Lind-, Efeu-, Oliv- und Erbsengrün stammen aus der ersten Kategorie, während Achat-, Malachit-, Jade- und Blassgrün in die zweite gehören. Schon die Bezeichnungen der verschiedenen Farbabstufungen lassen mannigfaltige Stilarten ahnen, die man mit dieser Farbe in Szene setzen kann, vom eher alltäglichen Tannen- und Flaschengrün bis hin zum luxuriösen Smaragd- und Jadegrün.

Wenn Sie ein kräftiges Grün, wie etwa Tannengrün, als Grundfarbe für einen Raum wählen und mit helleren Schattierungen wie Blassgrün und Minzgrün variieren, erzielen Sie einen eleganten Ton-in-Ton-Effekt, ohne es mit dem Grün zu übertreiben, was den Raum monoton oder klaustrophobisch wirken lassen könnte. Grün vermittelt im Allgemeinen eher ein Gefühl von organischer Stabilität als eine spektakuläre Botschaft. Deshalb ist es sehr wichtig, weitere Farben plus Schwarz und Weiß einzuführen, um einem in Grün gehaltenen Raum Leben und Tiefe zu verleihen.

Arbeiten mit Kontrasten

Auf der Suche nach dem Kontrast zu Grün stoßen wir auf der anderen Seite des Farbenkreises auf die Farbe Rot. Das mag zuerst ein wenig an eine Verkehrsampel erinnern, doch wenn

LINKS UND RECHTS: *Grünschattierungen variieren vom alltäglichen Kohl-, Erbsen- und Apfelgrün bis zu den luxuriöseren Farbtönen, die nach Edelsteinen benannt sind, wie Smaragd und Jade. Jede dieser Farben enthält eine große Bandbreite an Abstufungen, an denen man sich bei der Verwendung der Farbe für Innenräume orientieren kann – man denke etwa an die gelblich grünen Innenblätter des Kohls im Vergleich zu den kräftig grünen, äußeren Blättern, wie links zu sehen ist, und an die von dunkel- bis blassgrün reichenden Nuancen des rechts abgebildeten Malachit.*

die Farben in den richtigen Proportionen verwendet werden, können Rot und Grün durchaus Gegensätze sein, die sich anziehen. Mischt man rote und grüne Pigmente, so erhält man einen Braunton. Vielleicht ist Ihnen auch schon aufgefallen, dass selbst ein leuchtendes Rot ein wenig gedämpfter wirkt, wenn es neben Grün gesetzt wird.

Denken Sie auch an die grünen Blätter und roten Blumen oder Beeren in der Natur oder an exotische Früchte wie Wassermelonen oder Papayas mit grüner Haut und rotem oder rosafarbenem Fruchtfleisch. Die Farbpalette der Natur kann überhaupt eine nützliche Richtschnur bei der Raumgestaltung sein. Allerdings sollte man mit tiefen, leuchtenden Farben immer behutsam vorgehen. Achten Sie darauf, dass genügend Dunkelgrün und hellere Grünschattierungen der Hitze des Rot oder anderer lebhafter Farben, die Sie gewählt haben, Paroli bieten.

Bei gelblichen Grüntönen sollte das Kontrastrot ebenfalls von der orangefarbenen und nicht von der bläulichen Seite des Rotspektrums stammen. Ist das Grün dunkel, dann sollte auch das Rot eher gedämpft sein, sonst wird der Gegensatz zu extrem. Sie können mit schmalen Streifen in Nicht-Farben wie Weiß oder Schwarz arbeiten und zarte Trennlinien zwischen breiteren roten und grünen Streifen andeuten. Schwarz kann dabei als eine Art Schatten fungieren, der den verwendeten Farben Tiefe und Perspektive verleiht, während Weiß immer ein Gefühl von Leichtigkeit und Weite vermittelt.

Accessoires wie Kissen und Überwürfe können eingesetzt werden, um den Raum je nach Jahreszeit zu verwandeln. Im Winter bietet es sich an, die ganze Tiefe und den Farbreichtum von Grün voll auszuschöpfen, indem Sie beispielsweise Überzüge aus schwerer Seide oder Samt mit goldenen Fransen und Borten, rot-grüne Karokissen oder gestreifte Decken wählen. Im Sommer schaffen weiße und grüne Töne oder Zitrusfarben wie limonengrün und orange bei Decken und Kissen, ergänzt mit Vasen und frischen Blumen, einen kühlen, frischen Look. Denkbar wäre auch, ein florales Motiv zum

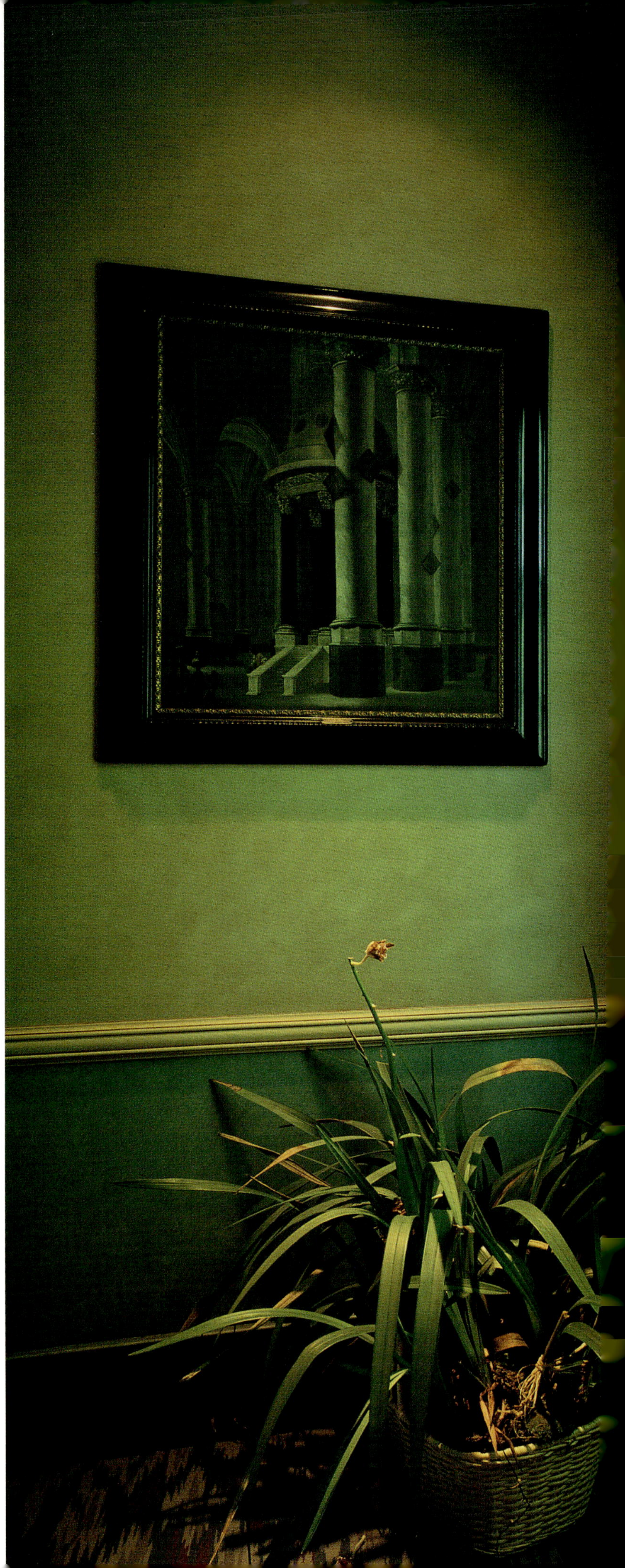

RECHTS: *In diesem Raum wurde über der Wandleiste ein blasser Grünton verwendet, während der untere Teil der Wand in einem tiefen, satten Grün gestrichen ist. Auf diese Weise lässt sich eine dunkle Farbe gut in die Farbgestaltung eines Raumes einführen, ohne dass der Raum erdrückend wirkt. Es ist auch eine geschickte Möglichkeit, um eine hohe Wand niedriger erscheinen zu lassen.*

Thema des Raums zu machen. Das bringt eine Muster- und Farbenvielfalt, die sich von den einfarbig grünen Flächen abhebt. Ein Pflanzenmotiv in sanften Pastellfarben kann durch einfarbige Kissen und Überwürfe in denselben Farben ergänzt werden.

Ein Blick in die Vergangenheit

Wie wirkungsvoll die Zusammenstellung von dunklem Grün und seiner Kontrastfarbe Rot ist, erfährt man, wenn man sich die Zeit nimmt, bei den Werken der großen Maler Farbstudien zu betreiben. Dabei wird auch deutlich, wie diese Farbkombination in früheren Zeiten eingesetzt wurde. Auf dem Porträt der Balbi-Kinder von Van Dyck hängt ein großes, tannengrünes Banner zwischen zwei klassischen Säulen. Die porträtierten Kinder sind in Schwarz und leuchtendes Rot gekleidet. Sie heben sich deutlich vom Hintergrund ab und harmonieren doch zugleich mit ihm. Das Banner wirkt als unaufdringlicher Blickfang, der das Auge des Betrachters auf den eigentlichen Gegenstand des Bildes hinführt und als Vermittler zwischen Hinter- und Vordergrund fungiert.

Grün war lange eine Lieblingsfarbe für Inneneinrichtungen. Entsprechend viele historische Beispiele dafür finden sich. Die Wände von Catherine de Medicis Studierzimmer im Märchenschloss Chenonçeau im Loiretal sind mit einem blattgrünen Jacquardstoff bezogen. Die Fenster des Zimmers blicken hinaus auf das Land und so vermittelt der Raum ein Gefühl des Gleichklangs von Raum und Landschaft.

Auch in viktorianischen Zimmern taucht Grün häufig auf. So ist zum Beispiel die Bibliothek des berühmten Sammlers Sir John Soane in Grün und Rot gestaltet. William Morris kombiniert in seinem mit Vogel- und Fruchtmotiven dekorierten Stoffentwurf »Strawberrythief« ein intensives Grün mit Blau und der Kontrastfarbe Rot. Stoffe und Tapeten in diesem Muster werden heute noch verkauft.

NÄCHSTE SEITE LINKS: *Der schimmernde schwarze Polsterstoff verleiht dem Sofa ein luxuriöses Flair und lässt durch seine reflektierende Oberfläche den Schwung und die Linienführung des Möbelstücks deutlicher hervortreten. Zugleich fungiert das Schwarz als kräftiger Kontrast zur mattgrünen Wand.*

NÄCHSTE SEITE RECHTS: *Die glänzende Oberfläche dieses gestrichenen Fußbodens verdoppelt gleichsam die Wirkung des Tageslichts, das durch das Fenster fällt. Ein dunkler, matter Teppichboden dagegen würde das Licht absorbieren und den Raum wesentlich dunkler erscheinen lassen.*

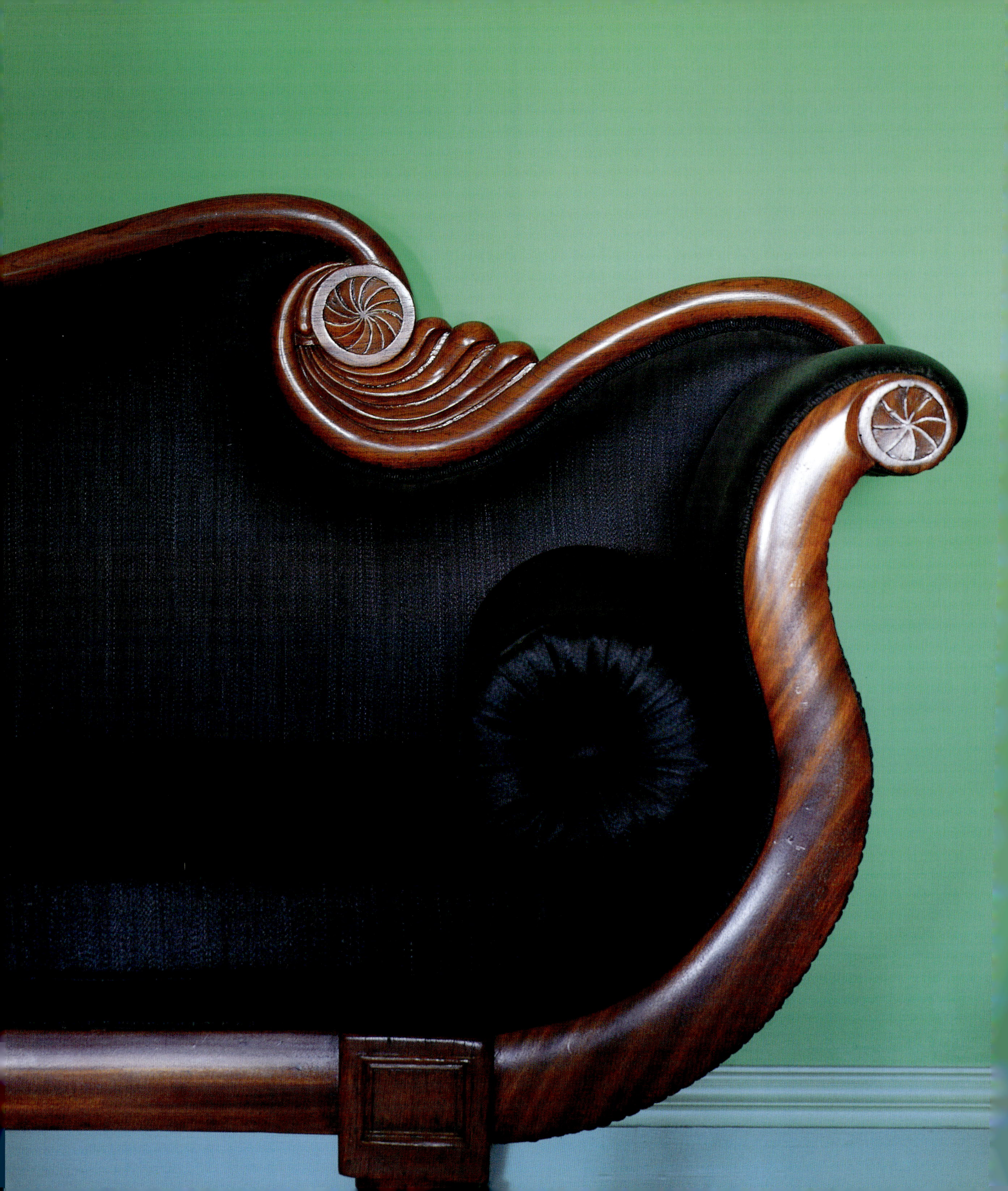

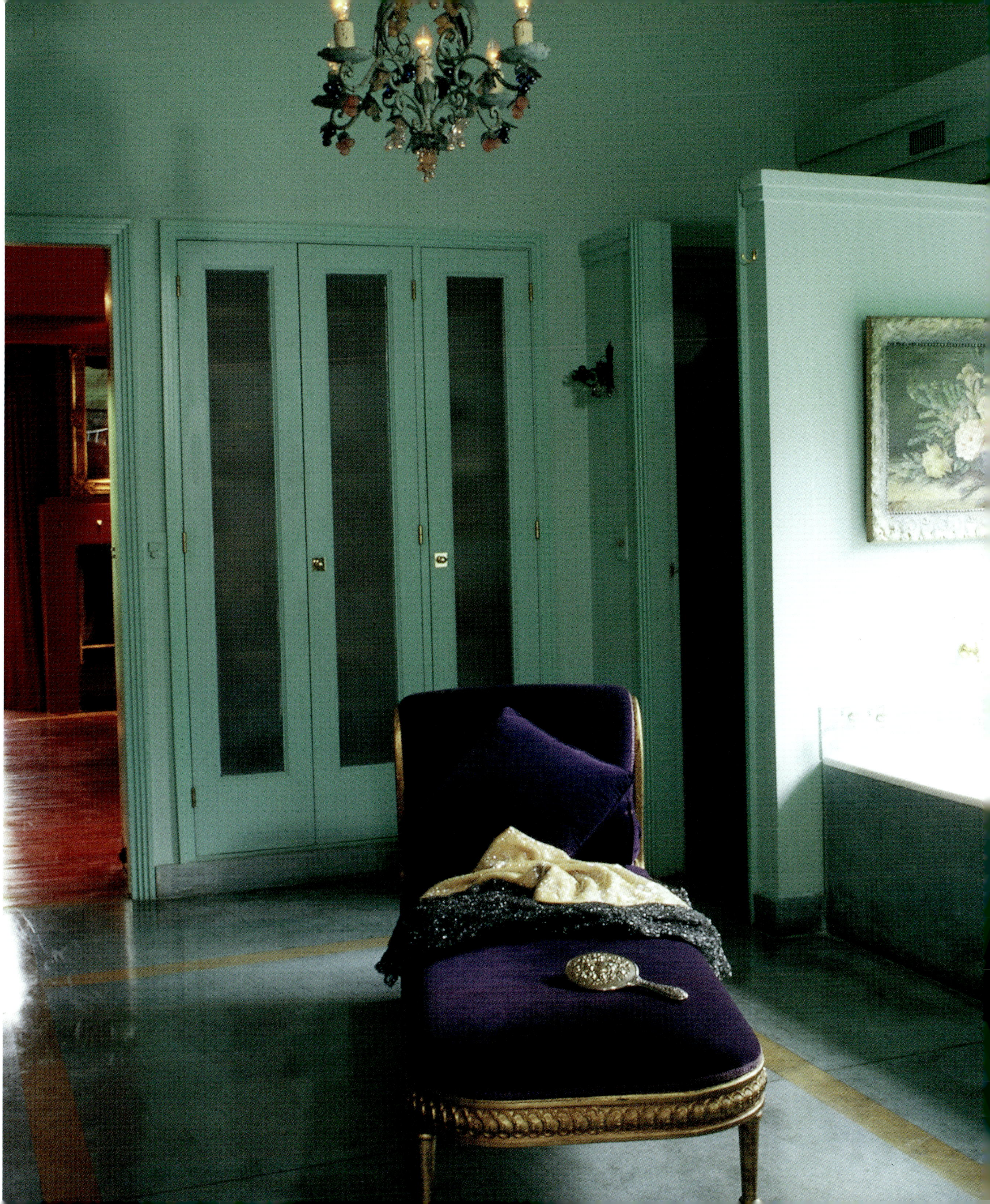

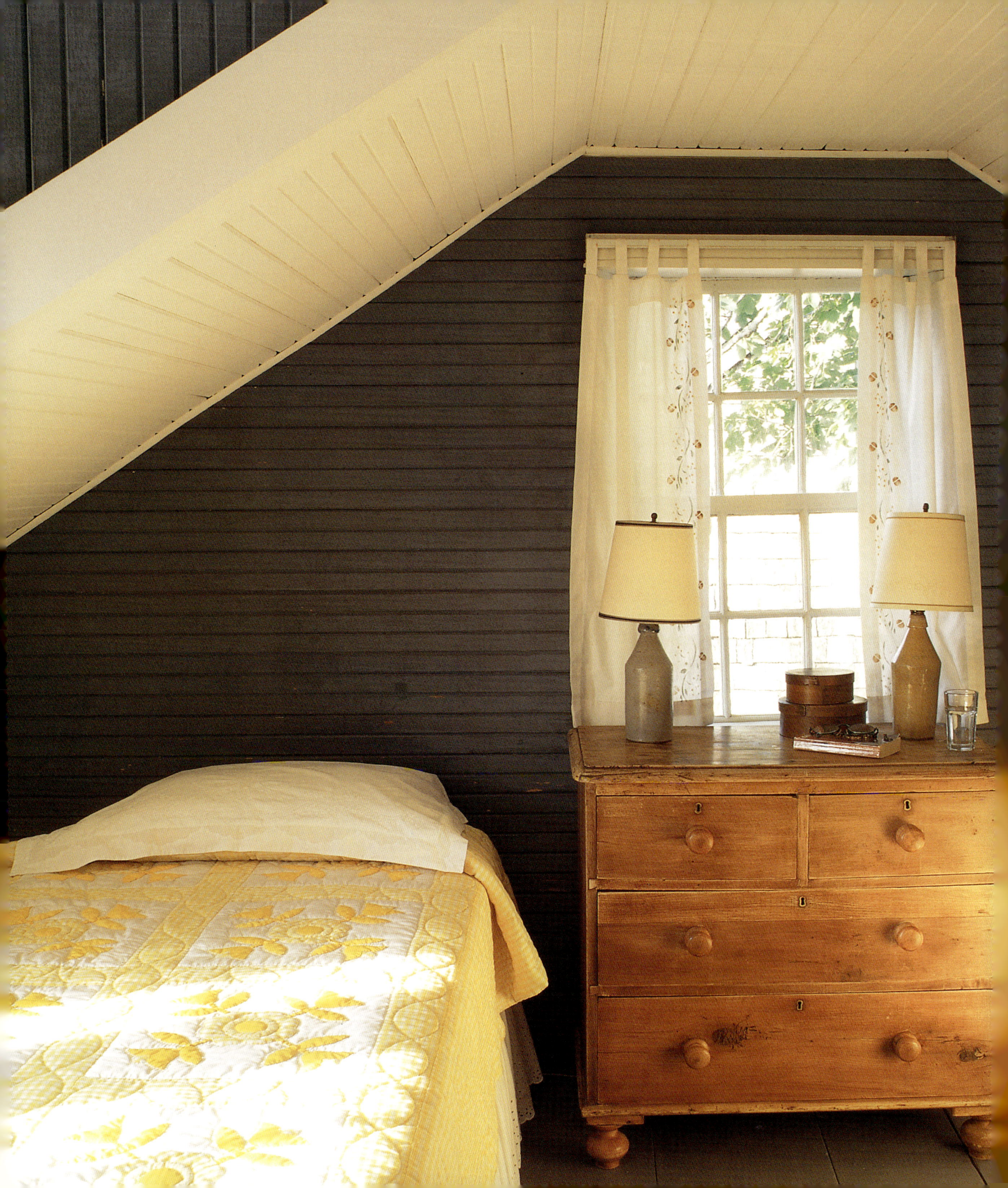

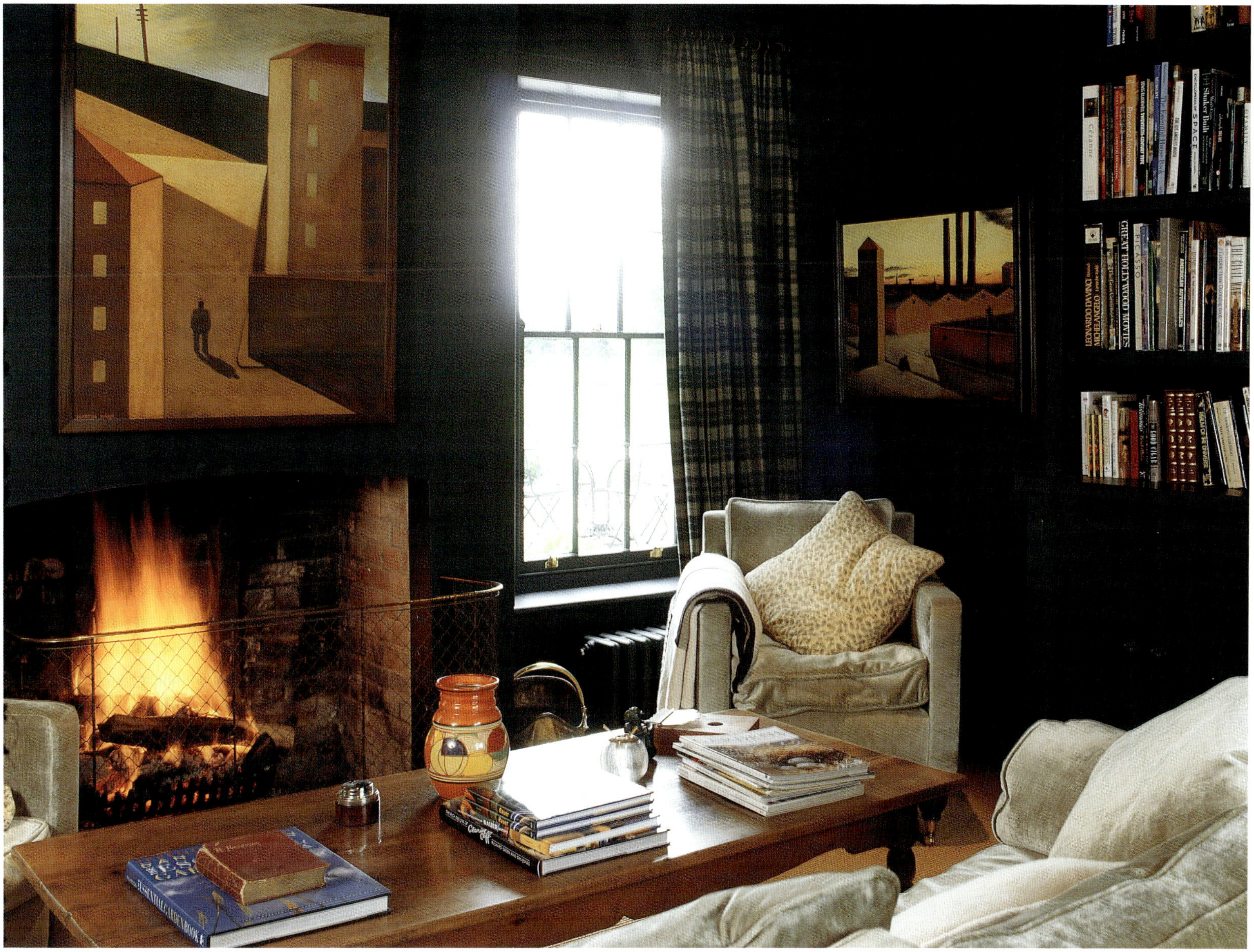

OBEN: *Dieser gemütliche Wohnraum wirkt intim und geborgen. Die hell bezogenen Polstermöbel sorgen dafür, dass man sich nicht beengt fühlt. Der helle Hafermehlton des Polsterstoffs wiederholt sich im Karo des Vorhangs und im Hintergrund des Gemäldes über dem Kamin.*

LINKS: *Helle Möbel und weiche Formen gewinnen vor satten Farben deutlichere Konturen. Der Kontrast von Hell und Dunkel betont zugleich die ungewöhnliche Deckenschräge und schafft eine Verbindung zwischen Boden und Täfelung, was die dunkle Wand höher wirken lässt.*

Paisley- und Schottenmuster

Weitere Einrichtungsideen, die auf Grün und Rot basieren, lassen sich mit Paisley- und Schottenstoffen realisieren. Ein bekanntes Paisleymotiv ist das so genannte Tropfenmotiv, das auf Schals und Stoffen so unterschiedlicher Länder wie Indien und Schottland auftaucht. Das Paisleymuster wurde für Wollschals verwendet, die in der Stadt desselben Namens in Schottland hergestellt wurden. Das gleiche Motiv findet sich in Gold gestickt auf Saris in Indien und in feinen Kaschmir- und Wollgeweben aus der Region Kaschmir. Darüber hinaus taucht das Tropfenmotiv auf manchen der Baumwolldrucke der Provence im Süden Frankreichs auf.

Die schottischen Paisleymuster, besonders jene, die in der viktorianischen Ära entstanden, als dieses Muster in Mode kam, arbeiten häufig mit tiefen, warmen Farben, Rot, Pflaume oder Himbeere, kombiniert mit dunklen Grün- und Blautönen. Die indischen Stoffe sind eher in hellen Farben oder in Creme gehalten. Auf einem einfarbig grünen Polstersofa wirkt eine Decke oder ein Kissenbezug in diesem Muster als willkommener Blickfang.

Schottenkaros, in denen die Farbe Rot vorherrscht, stammen im Allgemeinen von den Hochlandclans. Rot soll allerdings auch die Farbe vieler Familien sein, die dem katholischen Glauben angehörten. Zu den berühmtesten zählen die Stuart-, McBean und McClean-Tartans.

In anderen Tartans, die nur einen ganz dünnen Streifen oder gar kein Rot aufweisen, dominieren tiefes Grün und Blau. In den Mustern Johnston, Blackwatch und Gordon tauchen zum Beispiel durchgängig kräftiges Grün, Blau, Weiß und Gelb auf, wobei die dunkleren Farben vorherrschen. Die Jagdfarben der meisten Clans, auch die, deren Clanmuster auf Rot basiert, sind gewöhnlich dunkel und kräftig grün. Das diente zur Tarnung bei der Jagd auf Wild in den Wäldern oder beim Zug gegen die Feinde des Clans in den von Heidekrautfelsen und Adlerfarn geprägten schottischen Hochmooren.

Manchmal stößt man auch auf helle Gewebe mit Lichtblau, blassem Salbeigrün und ins Pinkfarbene gehendem Rot. Diese Farben stammen häufig von den Tartans, die eingemottet wurden, als der englische König das Tragen des Plaids nach der Schlacht von Culloden verbot. Die mit Pflanzen und Mineralfarben gefärbten Stoffe wurden damals vergraben oder versteckt. Als sie dann nach Aufhebung des Verbots im Jahre 1782 wieder hervorgeholt wurden, waren die Farben verblichen.

In einem dunkel- oder kräftiggrün eingerichteten Raum kann ein Tartanteppich einen kräftig schottischen Akzent setzen, ohne aufdringlich zu wirken. Schottenmuster gibt es auch bei Polster- und Gardinenstoffen. Andernfalls können wollene Läufer mit unterschiedlichen Schottenmustern in ähnlichen Farben verwendet werden, um einem Raum Hochland-Atmosphäre zu verleihen.

Farbverwandte

Auf der einen Seite des Grünspektrums findet sich Gelbgrün, auf der anderen Mittelblau. Grün entsteht aus der Mischung der beiden Primärfarben Blau und Gelb. Die Textildesignerin Tricia Guild hat die Kombination eng verwandter Farben höchst wirkungsvoll bei vielen der unverwechselbaren Stoffe eingesetzt, die unter dem Label »Designers Guild« produziert werden. Abstufungen der oben genannten Farbtöne schaffen ein frisches, helles, modernes Ambiente.

Die Mode- und Interiordesignerin Anoushka Hempel hat in ihrem Heim einen schwarz-grünen Raum gestaltet. Die Wände sind in einem kräftigen Malachitgrün gestrichen, das auf den ersten Blick gesprenkelt wirkt, in dem jedoch bei näherer Betrachtung die Blätter und Zweige eines abstrakten Waldes zu erkennen sind. Vor diesem Hintergrund sind Möbel und Accessoires in Schwarz und Gold arrangiert, die einen opulenten und dramatischen Raumeindruck schaffen.

Um genau den entgegengesetzten Effekt zu erzielen, sollte Grün mit Weiß kombiniert werden – eine Mischung, die frisch und adrett wirkt. Das Weiß bringt einen zusätzlichen Reiz, der ungebrochenem dunklem Grün fehlt. Grün-weißes Ginghamkaro in Verbindung mit Möbeln in hell- oder mittel-

RECHTS: *Bei dieser Vertäfelung wurde der obere Bereich hellgrün, der untere in einem kräftigeren Grünton gestrichen. Auf diese Weise lassen sich dunkle Farben einführen, ohne einen Raum erdrückend zu machen. Zugleich wirken hohe Wände dadurch niedriger.*

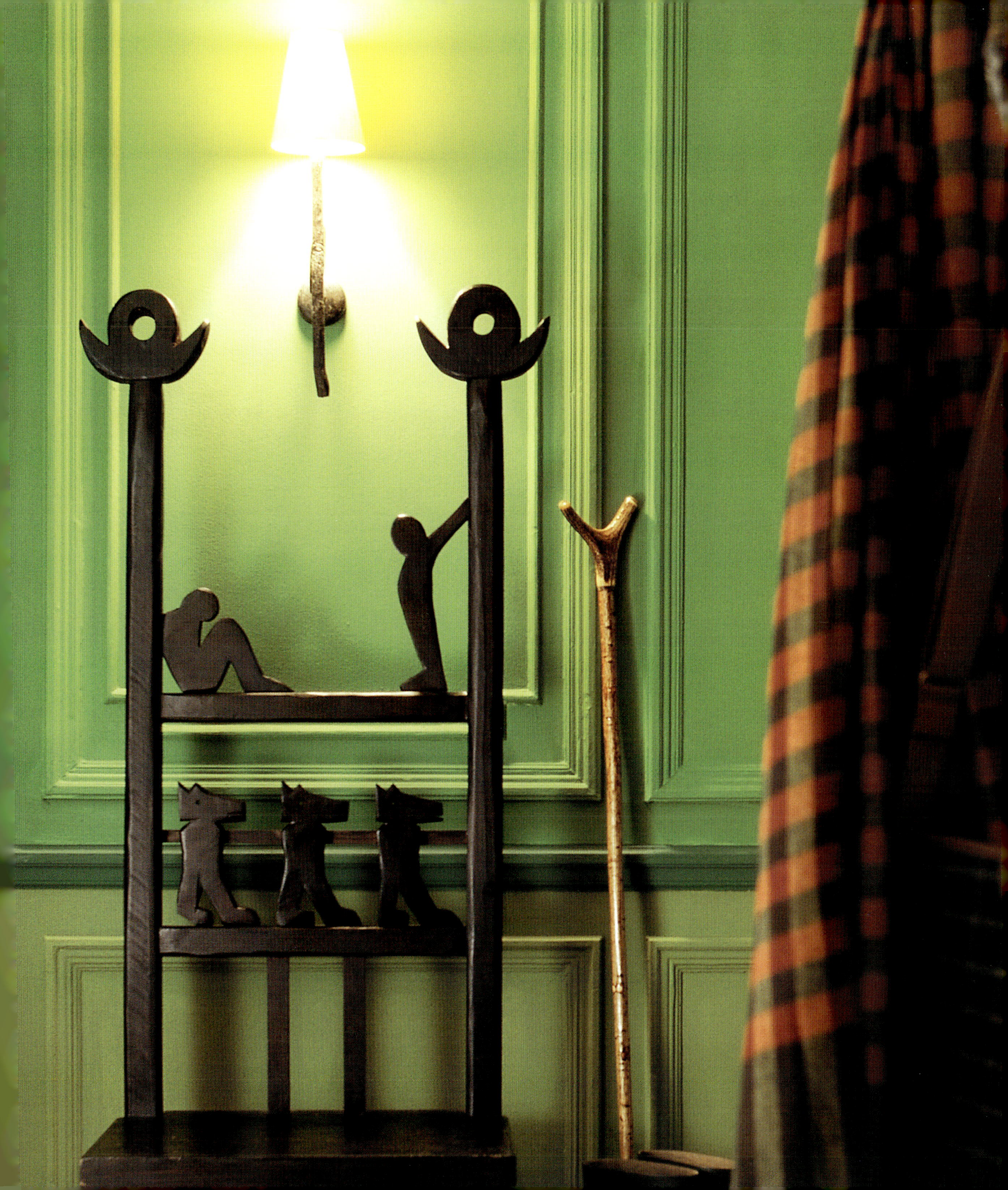

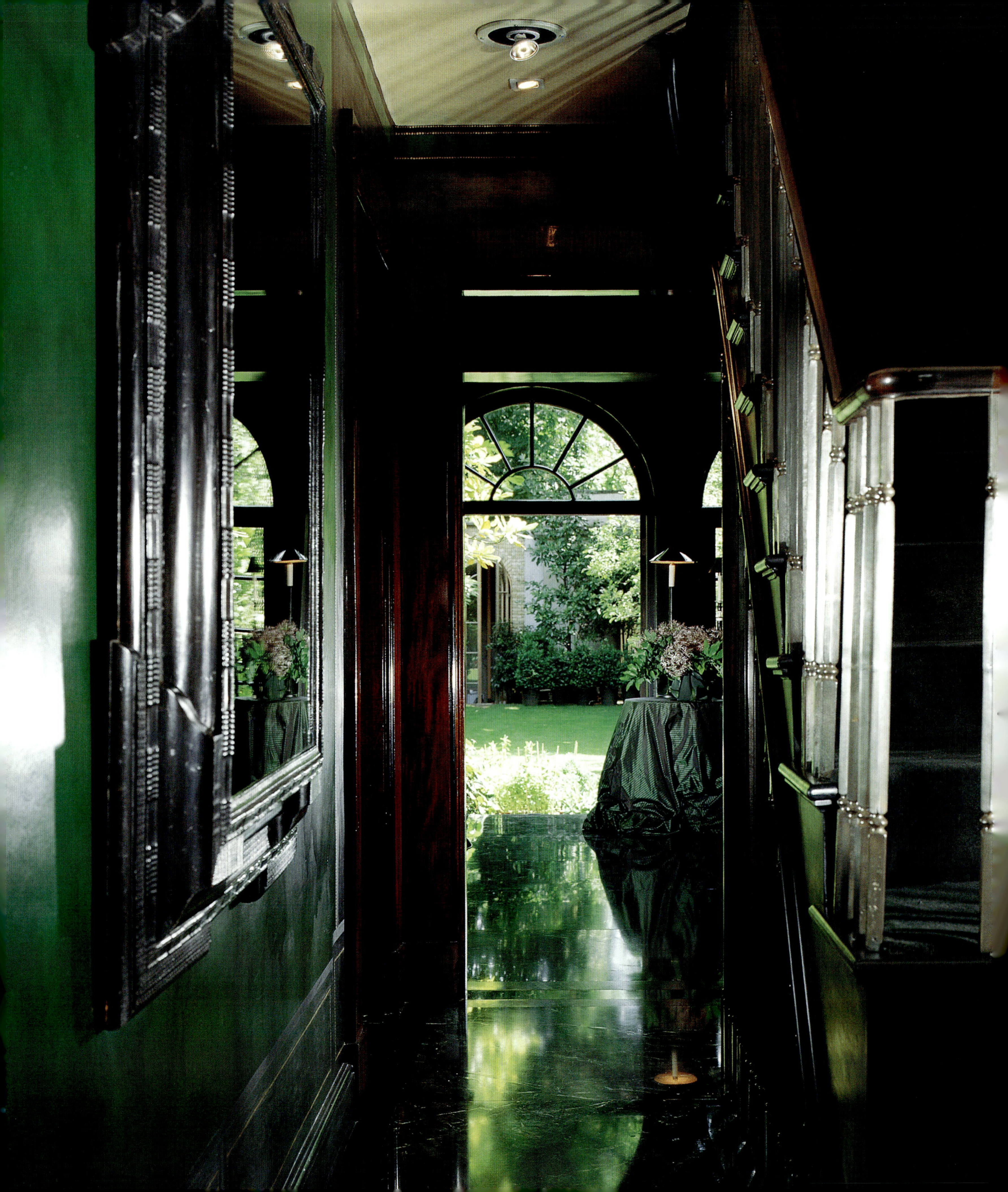

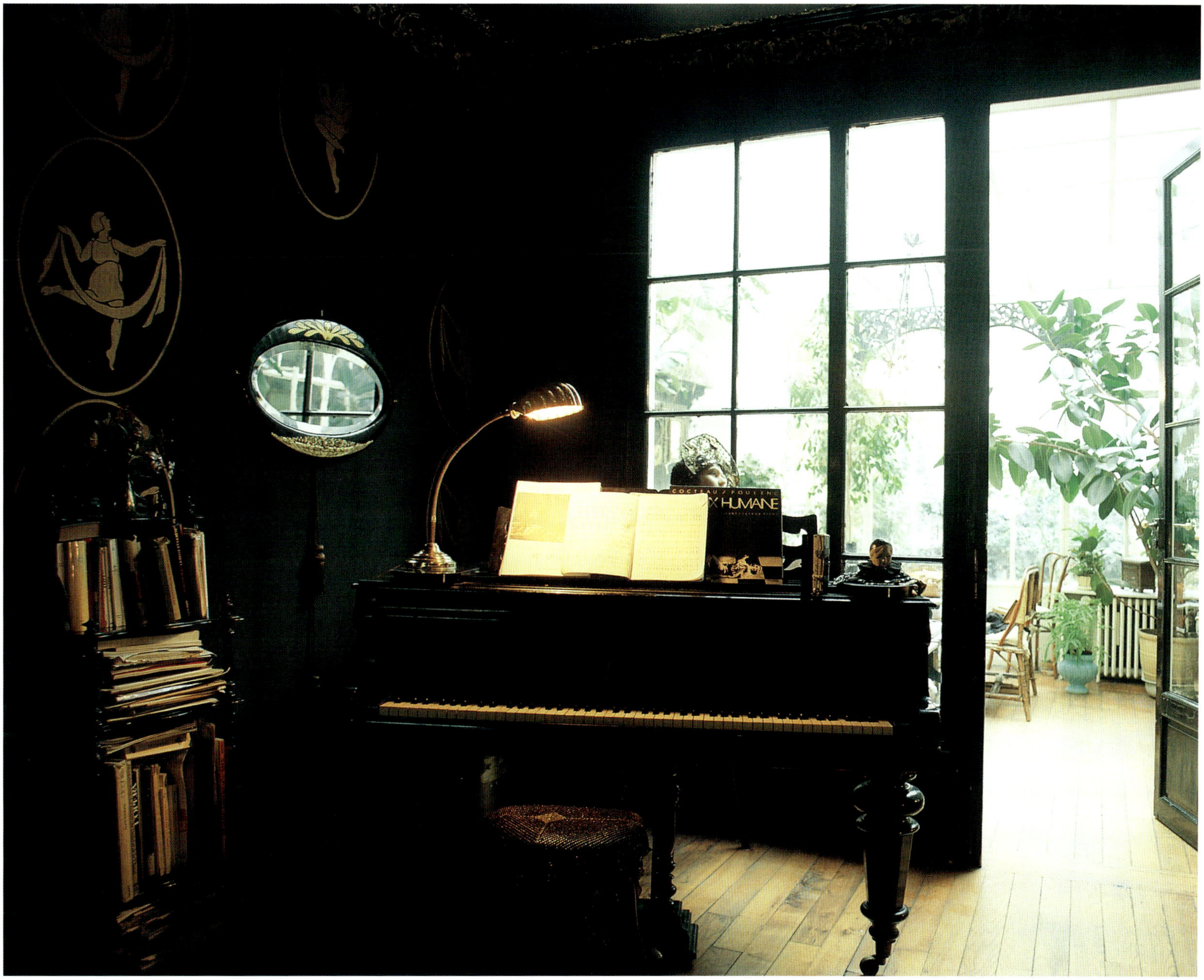

Oben: *Hohe französische Türen und ein kleines, rundes Fenster lassen viel Tageslicht in diesen Raum. Ein Arbeitslicht wie die verstellbare Muschelleuchte auf dem Klavier bringt einen zusätzlichen konzentrierten, goldenen Lichtkreis. Die dekorativen Kameenmalereien an der Wand lockern die schwarze Fläche auf.*

Links: *Bei intensiven Farben kann es entscheidend sein, ob die Oberfläche matt ist oder glänzt. Der Schimmer auf den Wänden dieses dunkel gestrichenen Flurs reflektiert das Licht und lässt den Gang dadurch weniger eng und erdrückend wirken. Das weiße Treppengeländer bringt zusätzliche Helligkeit, und der Spiegel wirft das Licht im Raum noch einmal zurück.*

braunem Holz, Korbmöbeln und Stein- oder Terracottafliesen als Bodenbelag eignet sich für rustikale Räume.

In einem Raum im nordischen oder im Regency-Stil macht sich ein grün-weißes Streifenmuster gut. Für den nordischen Stil sollten die Holzmöbel weiß lasiert werden, um dem Braunton des Holzes die Härte zu nehmen. Danach können sie mit zarten Linien und Motiven in Grün verziert werden. Der Boden könnte mit gekalkten Holzbohlen belegt werden, die wiederum am Rand mit einer Bordüre bemalt sind.

Für den Regency-Stil werden die Wände in der unteren Hälfte dunkelgrün und darüber weiß gestrichen. Schmale Goldstreifen akzentuieren Bodenleiste, untere Wandverkleidung und Deckenleiste. Ein eleganter Lüster und Wandleuchten mit Kristallen dienen als leichtes, aber luxuriöses Detail. Für Vorhänge und Polstermöbel empfiehlt sich ein strenger, grün-weißer Streifenstoff.

Der Vorteil tiefer Grüntöne wie Stechpalmengrün und Smaragdgrün liegt darin, dass sie nicht nur mit ihren Kontrast- und Komplementärfarben harmonieren, sondern auch mit vielen anderen Farben gut aussehen, weil Grün eine »natürliche«, fast neutrale Farbe ist. So kann man beispielsweise Purpurtöne wie Lila und Violett sehr wirkungsvoll mit einem kräftig dunkelgrünen Hintergrund kombinieren. Ebenso geeignet sind bestimmte Gelbtöne, wobei allerdings ein zu lebhafter Farbton neben Grün hart wirken kann.

Ton in Ton

Wenn Sie Ton in Ton arbeiten möchten, wirken unerwartete Farbtupfer als Blickfang und Unterbrechung. Schon kleine Farbflecke wie Kissen, Decken, Bordüren oder Vorhänge können einen Raum moderner und interessanter aussehen lassen.

Wenn Sie Farben wählen, die sich nach den Regeln der Farbmischung eigentlich nicht vertragen, probieren Sie ausgiebig. Tragen sie großflächig eine Probe der Grundfarbe und der anderen Farben auf oder verwenden Sie Stoff- und Tapetenproben und schauen Sie sich an, wie sie bei Tageslicht, morgens, am Nachmittag und in künstlichem Licht nebeneinander wirken. Auf diese Weise bekommen Sie eine gute Vorstellung davon, ob sie zusammenpassen, bevor Sie den gesamten Entwurf realisiert haben.

Vielleicht reichen Ihnen Accessoires in Kontrastfarben nicht, und Sie erwägen, die Wände in zwei verschiedenen Grüntönen zu streichen. Sie könnten zum Beispiel die Fensterwand und die den Fenstern gegenüberliegende Wand, an der sich möglicherweise der Kamin befindet, in einem Grün streichen, das ein paar Töne heller ist als der Grünton der übrigen Wände.

Die hellere Farbe an der Kaminwand wird das Licht vom Fenster reflektieren und einen Rahmen um den Blickpunkt des Raums schaffen. Derselbe Effekt entsteht an der Fensterwand. Die Vorhänge sollten mit Kordeln zusammengehalten werden, damit möglichst viel Wandfläche sichtbar bleibt. Wenn man die hellere Farbe an gegenüberliegenden Wänden einsetzt, entsteht durch die beiden anderen, dunkleren Wände ein Gesamteindruck von satter, kräftiger Farbgebung.

Es lassen sich auch hellere und dunklere Töne an einer einzigen Wand verbinden, wenn es etwa darum geht, die Höhe oder die architektonische Eigenart eines Raums zu betonen. Man könnte zum Beispiel die untere Hälfte der Wand in einem kräftigen, dunklen Ton streichen, die Wandleiste, die die Wand unterteilt, in klarem Weiß hervorheben und die Fläche darüber in einem mittleren Grünton gestalten. Die Deckenleiste und die Decke sollten in Weiß oder Weiß mit einem Hauch Grün gehalten sein. Dieser Farbaufbau lässt den

NÄCHSTE SEITE LINKS: *Das von Hand gemalte, nach oben strebende abstrakte Blattmuster harmoniert mit dem an die Natur angelehnten Grünton der Wände und kontrastiert mit dem großen, schwarz-goldenen geometrischen Objekt, das davor steht. Durch den zarten, filigranen Hintergrund wirkt das Paneel massiver und dominanter.*

NÄCHSTE SEITE RECHTS: *Die dunkle Wand lässt die helleren goldenen Objekte hervortreten und betont die Farben des Porträts an der Wand. Direkte Beleuchtung wie etwa ein Punktstrahler verstärkt diesen Effekt noch.*

RECHTS: *Eine weiße Stuckbordüre trennt die dunklen Wände und die Decke und schafft so eine optische Unterbrechung in der farbigen Fläche. Eine Bildleiste, die parallel zum oberen Ende des Bücherregals verläuft, schafft eine weitere Unterteilung. Leuchtend orangefarbene Polstermöbel, ein vergoldeter dekorativer Lüster und ein Spiegel machen den ganzen Raum freundlicher.*

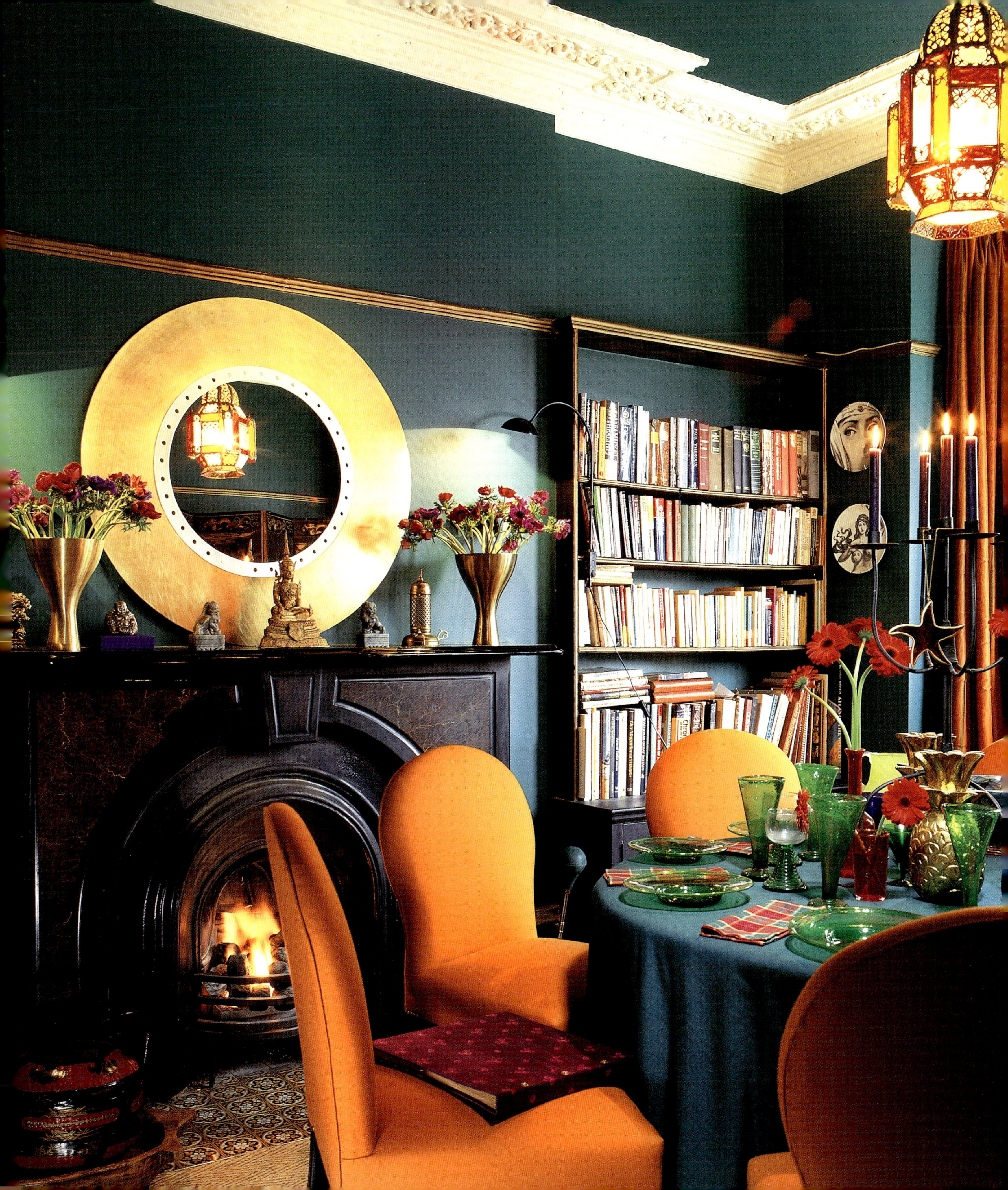

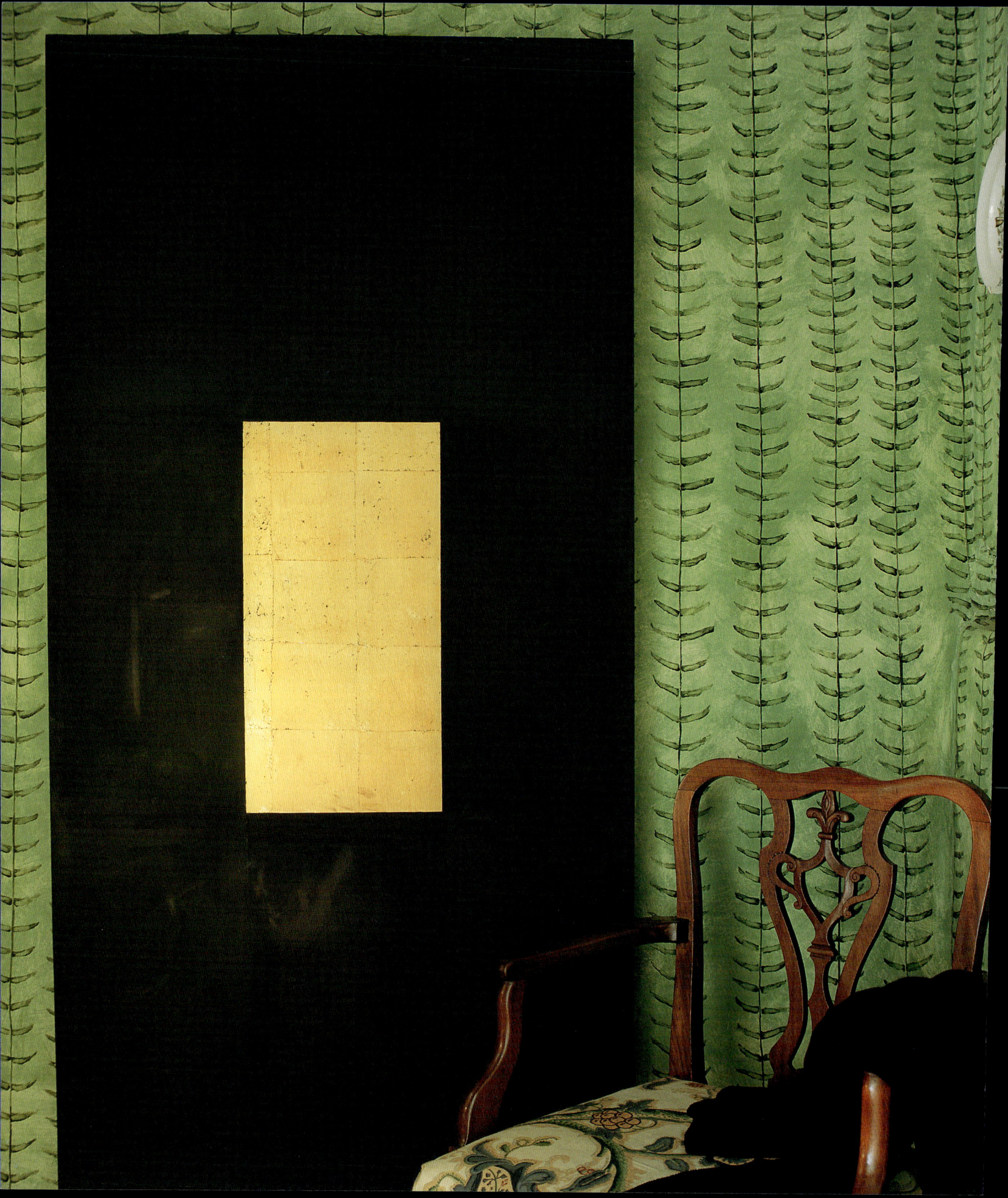

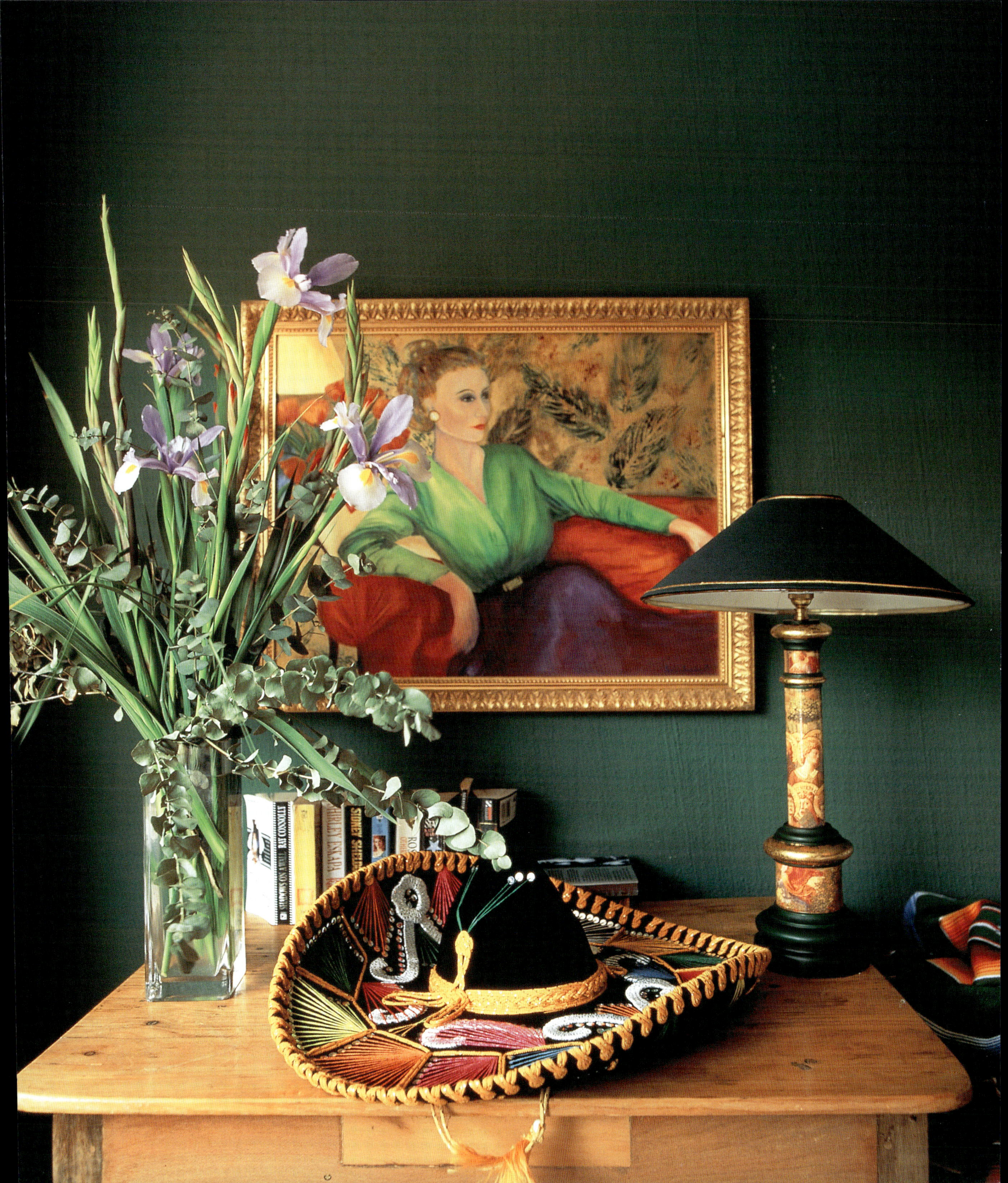

Raum höher und lichter erscheinen. Streicht man die Decke dunkelgrün und kehrte das Farbschema um, so wirkt die Decke niedriger und der Raum dadurch kleiner.

Grüne Domänen

Bestimmte Grüntöne sind mit bestimmten Landstrichen verknüpft. Lincolngrün und Kendalgrün sollen zum Beispiel nach den Farben der Trachten in diesen beiden ländlichen Regionen Englands benannt sein. Lincolngrün ist wohl am bekanntesten, weil es die Farbe ist, die der legendäre Robin Hood und seine Merry Men trugen, um sich in ihrem Waldversteck unsichtbar zu machen.

Grün als Tarnfarbe spielt auch bei der Militärausrüstung eine wichtige Rolle. Die mit einem unregelmäßigen Muster in Braun- und Grüntönen bedruckten Stoffe heben sich kaum von Unterholz oder Wald ab. Andere Tarnfarben wie Kaki schaffen phasenweise immer wieder einmal einen Sprung in die Modeszene, sind aber zu stumpf, gedämpft und erdfarben, um als dominante Farbe für einen Wohnraum in Frage zu kommen.

Kräftiges Tiefgrün wird häufig mit noblen Klubs und Vereinslokalen in Verbindung gebracht, weil Billard- und Kartentische mit grünem Filz bezogen sind. Der Farbe Grün wird eine beruhigende und entspannende Wirkung nachgesagt, Grün bildet aber auch einen guten Hintergrund für die leuchtend bunten Billardkugeln und die weißen Spielkarten mit ihren schwarzen und roten Markierungen. Die Lampen über den Spieltischen haben häufig Glas- oder Bronzeschirme, die den Lichtstrahl eingrenzen. Auf diese Weise bleibt der Rest des Raums in gedämpftes Licht getaucht, während die Tische und das Spiel, das gerade im Gang ist, hell beleuchtet werden.

Tonangebend mit Grün

Sanfte Grüntöne wie Bambus kombiniert mit sattem Grün wie dunkler Jade sind ideal für Räume im Zen-Stil. Dazu passen schlichte Bambusmöbel und blassgrün glasiertes Steingutgeschirr. Blassgrünes Geschirr aus China ist schon ein Klassiker. Das grünliche Grau, das diesem besonderen Farbton seinen Namen gegeben hat, wurde bevorzugt für Vasen und Räucherwerkhalter verwendet.

Wer den Edelsteincharakter von Smaragdgrün aufgreifen und einen kostbar wirkenden, opulenten Raum in klassischem Stil gestalten möchte, sollte besonders auf die Accessoires achten. Der Raumschmuck selbst kann einfach darin bestehen, Wände und Decke mit einem grünen Hochglanzanstrich zu versehen. Eine vergoldete Deckenleiste oder ein Stucksims sorgen für eine klare Deckenkontur.

Vor diesem Hintergrund heben sich ausgewählte Stücke aus glitzerndem Glas oder vergoldeten und versilberten Materialien wunderschön ab. Wenn sie zudem von Kerzenlicht oder Niedrigvoltspots angestrahlt werden, funkeln sie wie Juwelen. Schwarze und vergoldete Stilmöbel und Vorhänge in Jacquardgewebe mit Satinglanz oder eingewirkten goldenen Bordüren vervollständigen das Stillleben.

Neben dunkelgrünen Wänden oder Polstermöbeln in satten Tönen wirkt der Bodenbelag als wichtiges Gegengewicht. Sind die Wände tatsächlich in einem kräftigen Grün gehalten, dann sollte der Bodenbelag keinesfalls dieselbe Farbe haben; der Raum wirkt sonst konturlos. Wenn ein Teppich auf dem Boden liegt, sollte Grün darin vorkommen, allerdings sollte der Teppich nicht einfarbig und nicht zu groß sein.

Da Grün die Farbe der Natur ist, lässt es sich sehr gut mit natürlichen Materialien wie Stein-, Marmor- und Holzböden kombinieren. Ein gelblicher Bath- oder Yorksteinboden greift das Gelbelement in Grün auf. Kokos- oder Sisalteppichböden bieten sich ebenfalls an.

Grüne Holzbeize kann verblassten oder fleckigen Holzböden und -möbeln neues Leben einhauchen. Wegen seiner Verbindung zur Natur wirkt Grün als Auffrischung für dieses natürliche Material sehr gut. Mittlerweile sind viele Holzbeizen erhältlich, die sich beliebig verdünnen lassen, sodass man einen ganz dezenten Effekt erzielen kann und die Holzmaserung noch durchscheint, was gerade in rustikalen Küchen oder Arbeitszimmern sehr gemütlich wirken kann.

RECHTS: *Ein heller, natürlicher Bodenbelag, helle Möbel und eine gut durchdachte Fensterdekoration – eine Rollblende und um das Fenster herumdrapierte, zurückgeraffte Vorhänge – sorgen dafür, dass die kräftige Farbe der Wände den Raum weder klein noch dunkel wirken lässt, sondern ihm vielmehr einen Hauch von Luxus verleiht.*

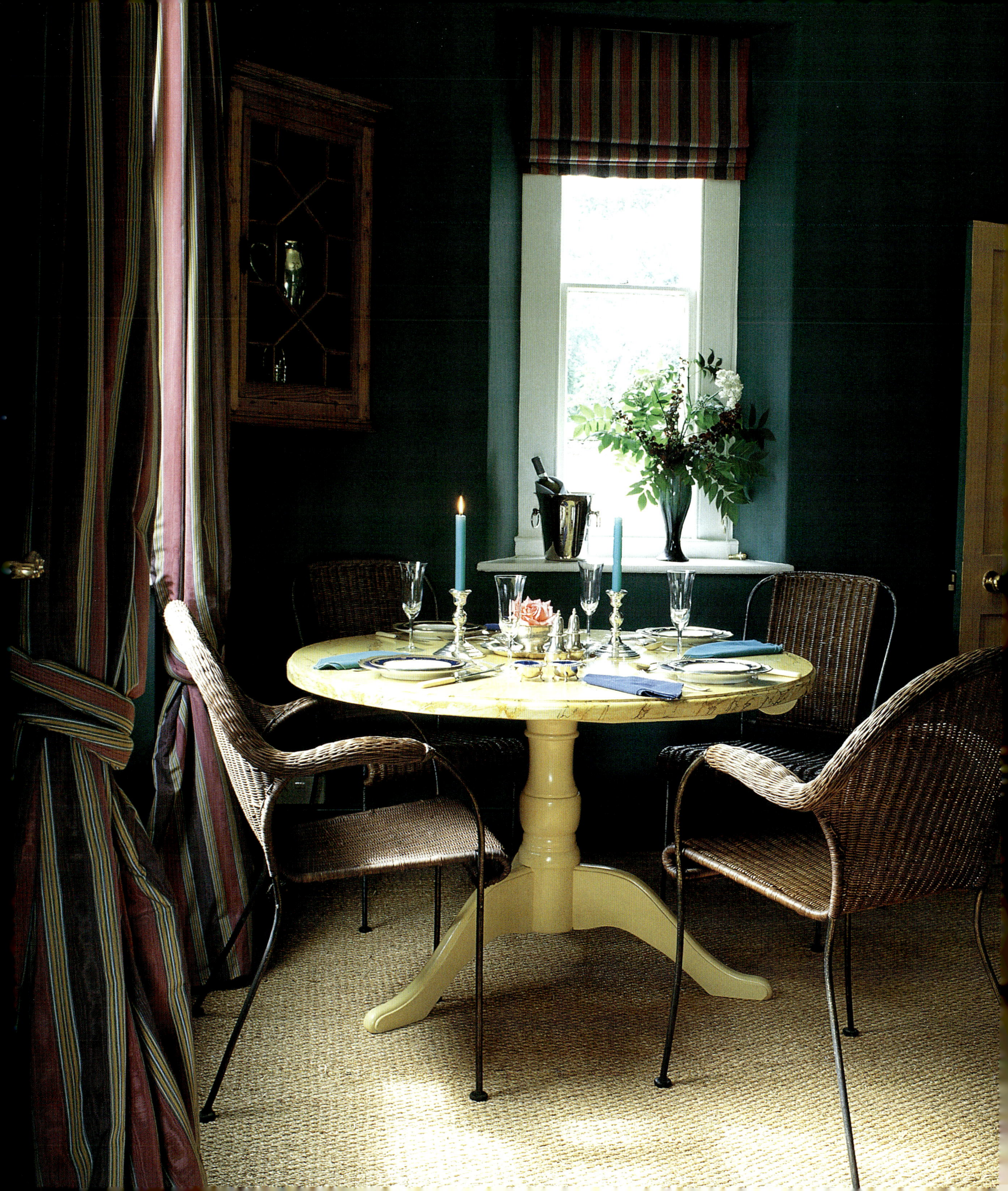

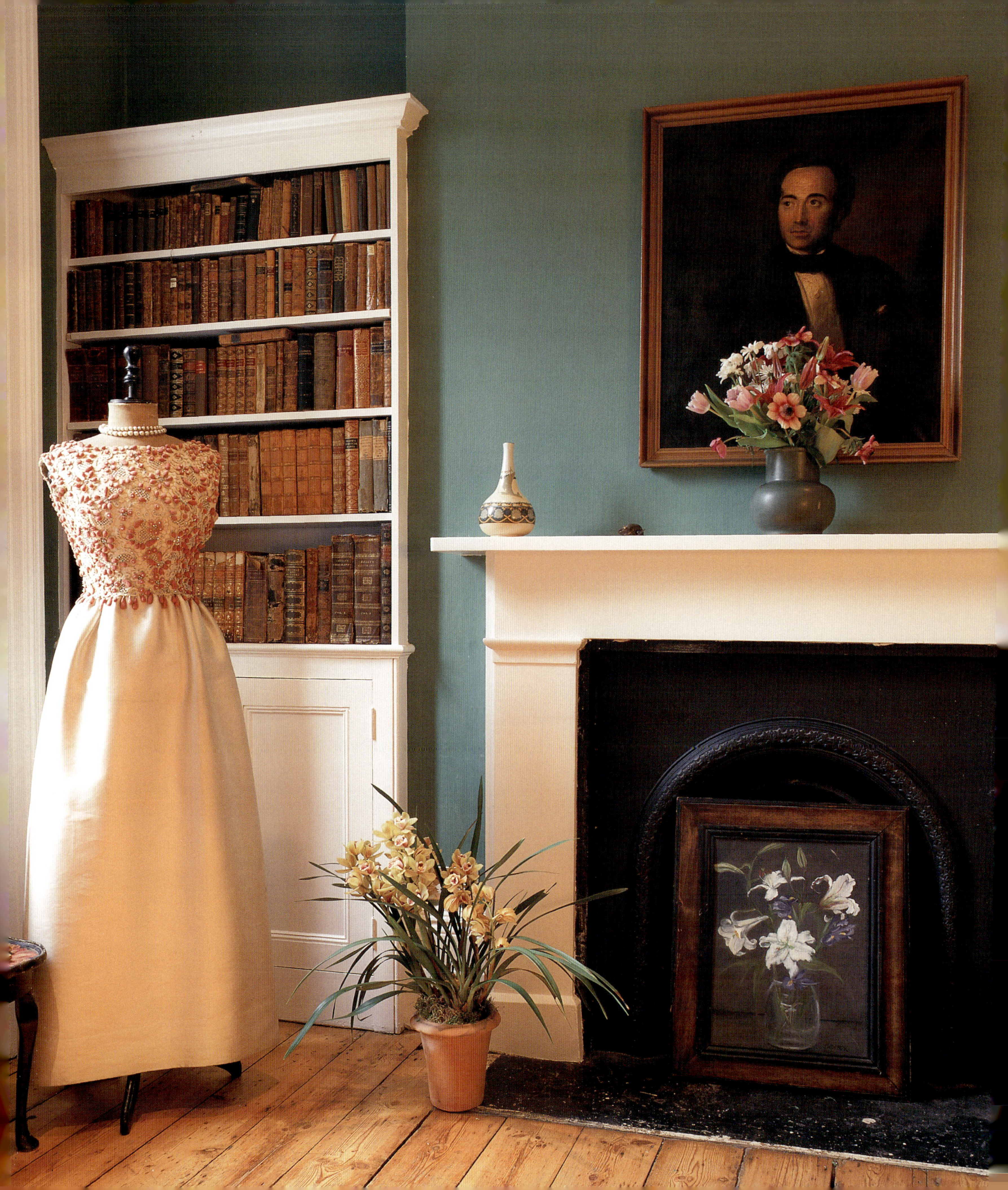

In alten Häusern findet sich häufig ein Zimmer oder ein Flur mit Vertäfelung. Auch hier kann eine kräftig grüne Beize belebend wirken. Wenn es keine vertäfelten Wände gibt, können Sie einen Trompe-l'œil-Effekt schaffen, indem Sie die Paneele und Leisten durch hellere und dunklere Linien auf dem einfarbigen Hintergrund vortäuschen.

Es werde Licht

Die Beleuchtung spielt bei der Raumgestaltung in tiefen Farben eine sehr große Rolle. Dunkle Farben schlucken das Licht; daher müssen die Platzierung von Beleuchtungskörpern und die Lichtstärke genau bedacht werden. Dunkle Töne mögen in einem opulenten Raum dramatisch wirken, sie mindern aber auch die Leuchtkraft einer Glühbirne.

Wenn Sie dunkle Lampenschirme haben, achten Sie darauf, dass sie innen eine reflektierende Beschichtung tragen. Ein schwarzer Schirm mit goldenem Futter zum Beispiel erzeugt einen strahlend gelben Lichtkreis auf der Oberfläche direkt unter der Lampe. Ein goldener oder ockerfarbener Glasschirm erscheint ohne Beleuchtung kräftig gelb, doch wenn das Licht angeschaltet wird, glüht er auf und lässt warmes Licht durch das Glas schimmern.

Für eine optimale Ausnutzung des zur Verfügung stehenden natürlichen Lichts haben sich Spiegel bewährt, die das Tageslicht reflektieren und so in seiner Wirkung verdoppeln. Wenn man Vorhänge und Blenden ein gutes Stück vom Fensterrahmen zurücksetzt, kann mehr natürliches Licht eindringen. Denken Sie auch immer daran, Kletterpflanzen und Zweige, die sich von außen ans Fenster legen, entsprechend zu beschneiden, da sie sonst den Lichteinfall beeinträchtigen können.

Die Qualität und Quantität der Beleuchtung in einem Raum, in dem Dunkelgrün vorherrscht, hängt wie bei der Farbe Blau auch mit der Beschaffenheit der Oberflächen zusammen. Filz, ein beliebter grüner Stoff, absorbiert Licht, genau wie Samt. Die schimmernde Oberfläche von Satin-, Seiden- und Chintzstoffen reflektiert dagegen einen bestimmten Betrag an Licht. Es empfiehlt sich daher, mit verschiedenen Stoffqualitäten zu arbeiten. Halbhohe Tischlampen, die den Bereich um einen Lehnsessel herum ausleuchten oder in Sofahöhe platziert sind, wo sich die meisten Kissen und Polsterstoffe befinden, sorgen ebenfalls für bessere Lichtverhältnisse.

Leder mit seinem leichten Glanz passt gut in einen kräftig grünen Raum und gibt einen hervorragenden, dauerhaften Bezug für Sessel und Sofas ab. Besonders stilvoll wirkt es bei Klassikern wie dem mit Polsterknöpfen versehenen Chesterfield-Sofa. Leder wird zudem mit dem Alter schöner; es wird mit wachsender Abnutzung weicher und bekommt Patina.

Wo das Grün herkommt

Blätter, Gräser, Wurzeln und Flechten lieferten einen Großteil der früheren grünen Farben. Heute steht durch die chemischen Farbstoffe eine sehr viel breitere Palette von Grüntönen zur Verfügung, die dazu eine Brillanz und Dauerhaftigkeit besitzen, die sich mit den eher gedämpften natürlichen Färbungen nicht erreichen ließ.

Welche Färbekraft Gras und Flechten haben, ist leicht an den weißen Hosen von Cricketspielern abzulesen, die nach einem Ball gehechtet sind, oder an sonntäglich gewandeten Kindern, die sich genussvoll einen Grashügel hinunterrollen ließen oder an einem schönen Sommertag einen Baum erkletterten. Um die Farbe aus Blättern, Gräsern und Flechten zu extrahieren, mussten ganze Körbe voll der Grundingredienzien gesammelt und dann gekocht oder zerstoßen werden. Beim Kochen wurde die äußere Schicht der Pflanze gelöst. Schließlich, nach vielen Stunden und viel verdampfter Flüssigkeit, blieb eine pudrige Substanz übrig, die man aufbewahren und zu einem späteren Zeitpunkt verwenden konnte. Andere Pigmente wurden durch Zerstoßen extrahiert. Die Flechte oder das Gras wurde dabei in einem Mörser zerstoßen oder in einem Steingefäß mit einem kleinen, handlichen Stein zerrieben.

***Erdgrün**, ein Naturpigment, das Mangan enthält, ist ein nicht sehr intensives Moosgrün. Diese Naturfarbe wird nur selten zum Bemalen oder Färben von Stoffen verwendet. Das synthetisch hergestellte Erdgrün eignet sich in erster Linie als Hintergrund-*

LINKS: *Ein nackter, heller Holzboden und ein altweiß gestrichenes Bücherregal samt Kaminumrandung kontrastieren mit dem tiefen Flaschengrün der Wohnzimmerwände. Alte Bücher und Gemälde machen sich gut zu dieser Farbe, ebenso wie die Blumen, die mit dem der Natur entlehnten Grün ja verwandt sind.*

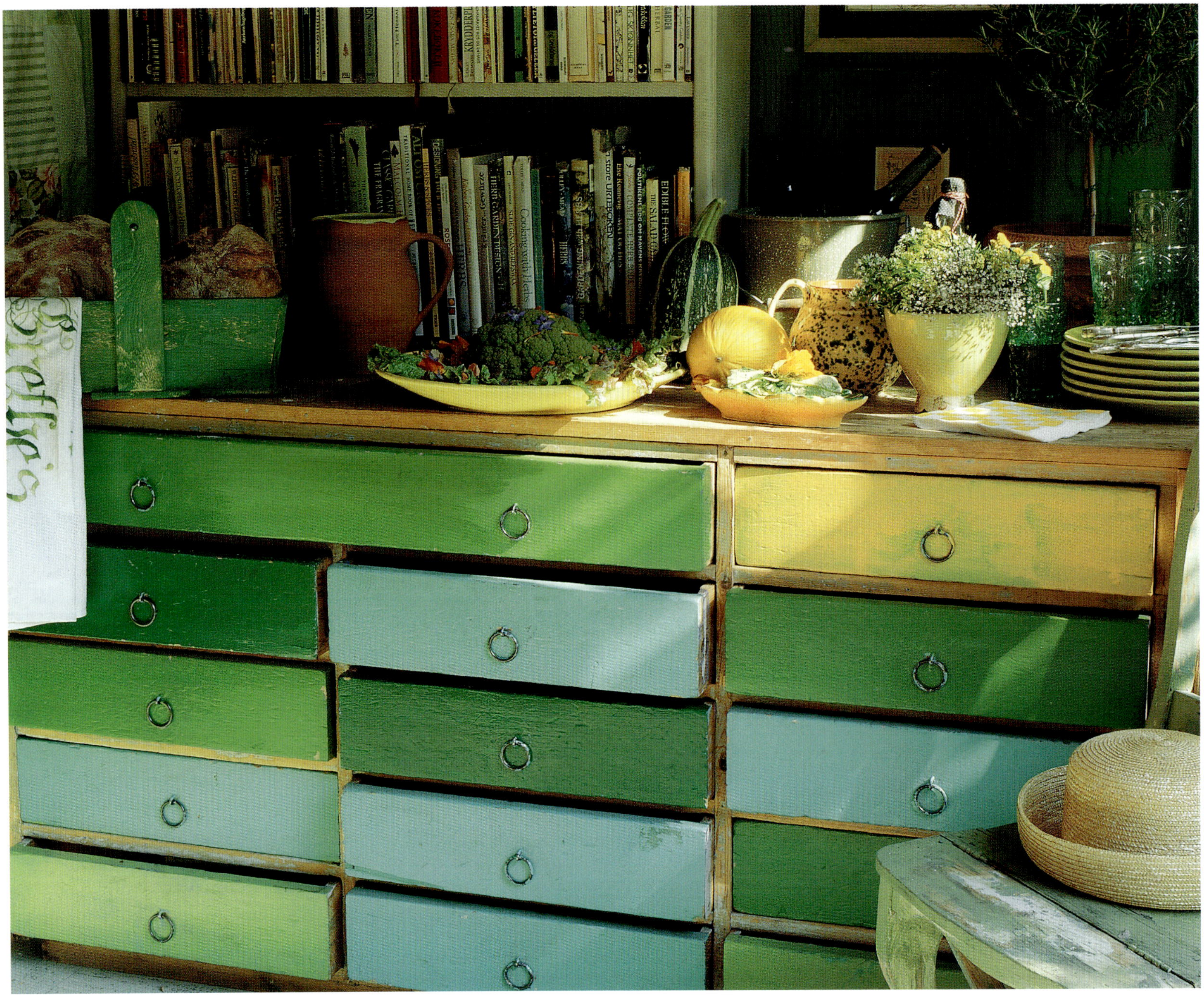

OBEN: *Viele Grünschattierungen und die Grundfarben von Grün – Blau und Gelb – sind hier wirkungsvoll kombiniert. Jede der Schubladenfronten wurde in einer eigenen Farbe gestrichen, um ihren Inhalt rascher identifizieren zu können. Der Anstrich macht die Kommode vom schlichten Gebrauchsmöbel zum Blickfang.*

RECHTS: *Ein transparent wirkender grüner Anstrich verleiht der mit breiten Holzpaneelen verkleideten Wand den Anschein einer antiken Patina, die gut zum Stil der Möbel und Objekte passt. Genauso schön sieht diese Art der Oberflächenbehandlung, bei der die Maserung des Holzes erhalten bleibt, bei Böden und Möbeln aus.*

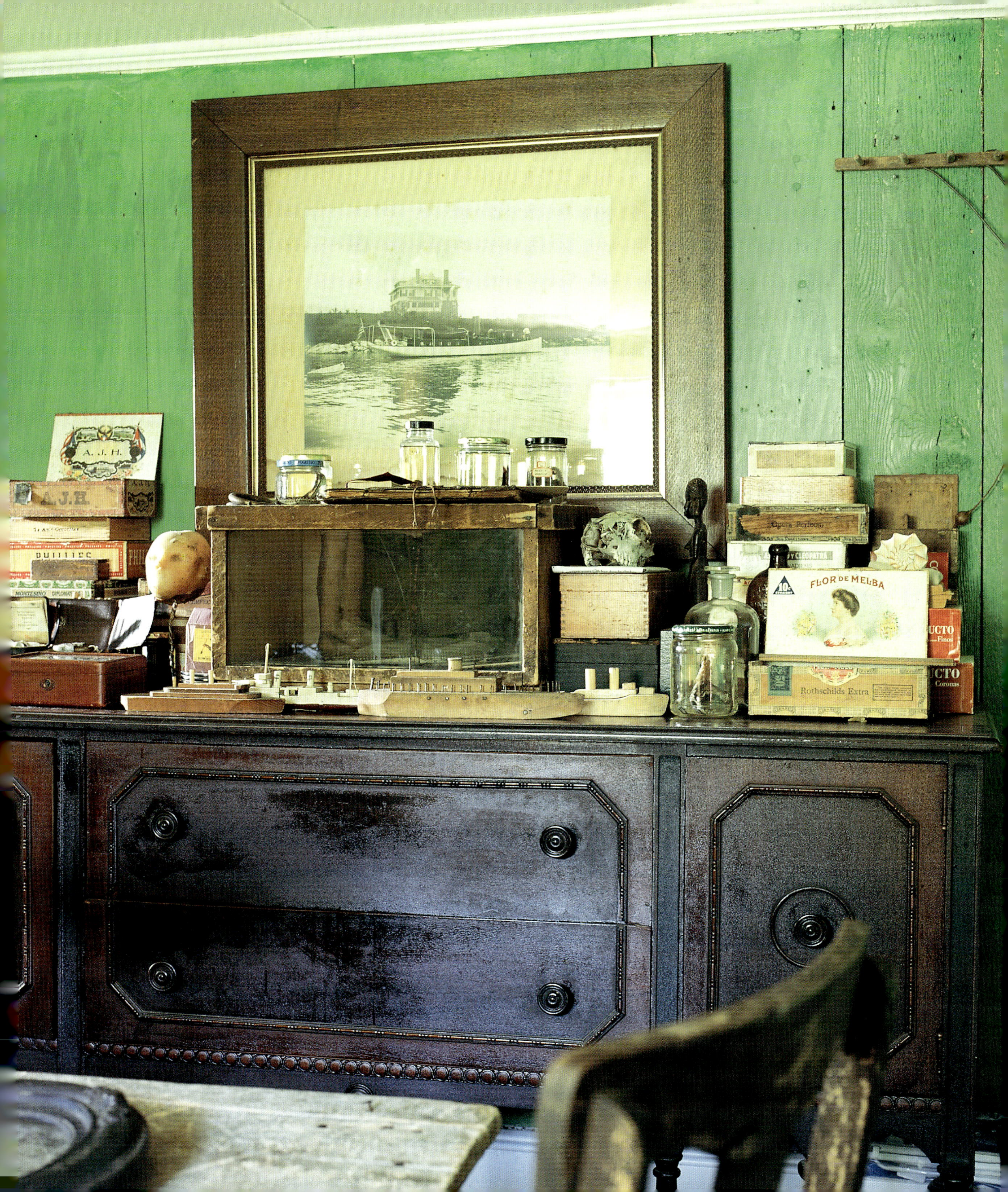
A. J. H.
A.J.H.
FLOR DE MELBA
Rothschilds Extra

farbe für einen Wandanstrich oder einen Teppich, weniger als Blickfang in einem Raum oder für ein besonderes Accessoire. Es ist eine ruhige, sanfte, aber auch ein wenig langweilige Farbe.

Chromgrün ist ebenfalls ein Blassgrün, jedoch kräftiger als Erdgrün. Es eignet sich als Hintergrund für goldene Rahmen und dunkle Holzmöbel. Die Farbe weist erdige Untertöne auf, kontrastiert jedoch gut mit Schwarz und Braun. Die lebhafteren Grüntöne wie Smaragdgrün und Tannengrün lassen sich auf der Grundlage von Phthalsäure herstellen. Es handelt sich bei diesem Farbstoff um eine relativ junge Farbentdeckung, die es erst seit 1938 gibt.

Stimmungsbilder in Grün

Viele kräftige, tiefe Grüntöne beschwören die Vorstellung von Wald herauf und erinnern an den Duft frischer Zedern und Tannen. Diese Bilder von Wald und Natur unterstützen Empfindungen der Ruhe, Stille und des Wachstums.

Wenn man sich weiter unter den Grünschattierungen umsieht, dann wirken die lebhaften, leuchtenden Grüntöne, wie wir sie von frischen Blättern im Frühling und unreifen Äpfeln kennen, anregend und belebend. Sie strahlen eine Atmosphäre der Sauberkeit aus und können eine optimistische Stimmung erzeugen. Da Grün sich genau in der Mitte des Farbenkreises und des Regenbogens befindet, wird ihm nachgesagt, dass es einen ausgleichenden Effekt hat und das innere Gleichgewicht wiederherstellen kann. Je nach Nuance und Farbtiefe lassen sich mit Grün also ganz unterschiedliche Stimmungen hervorrufen.

Das rauchige Celadongrün war in Thailand und China eine populäre Glasurfarbe für Porzellan und Steingut. Man glaubte, dass die blassgrüne Glasur sich verfärbe, wenn sie mit Gift in

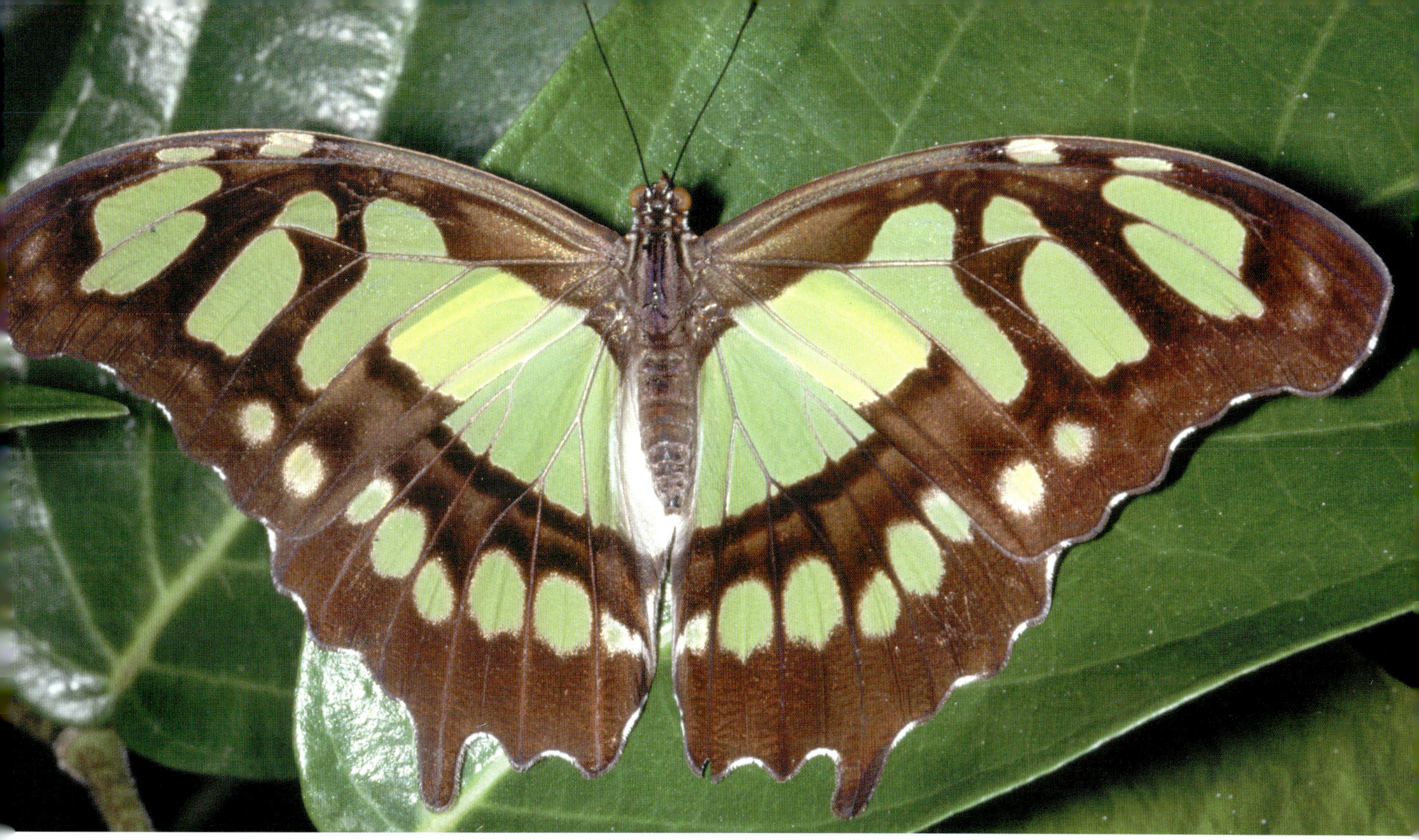

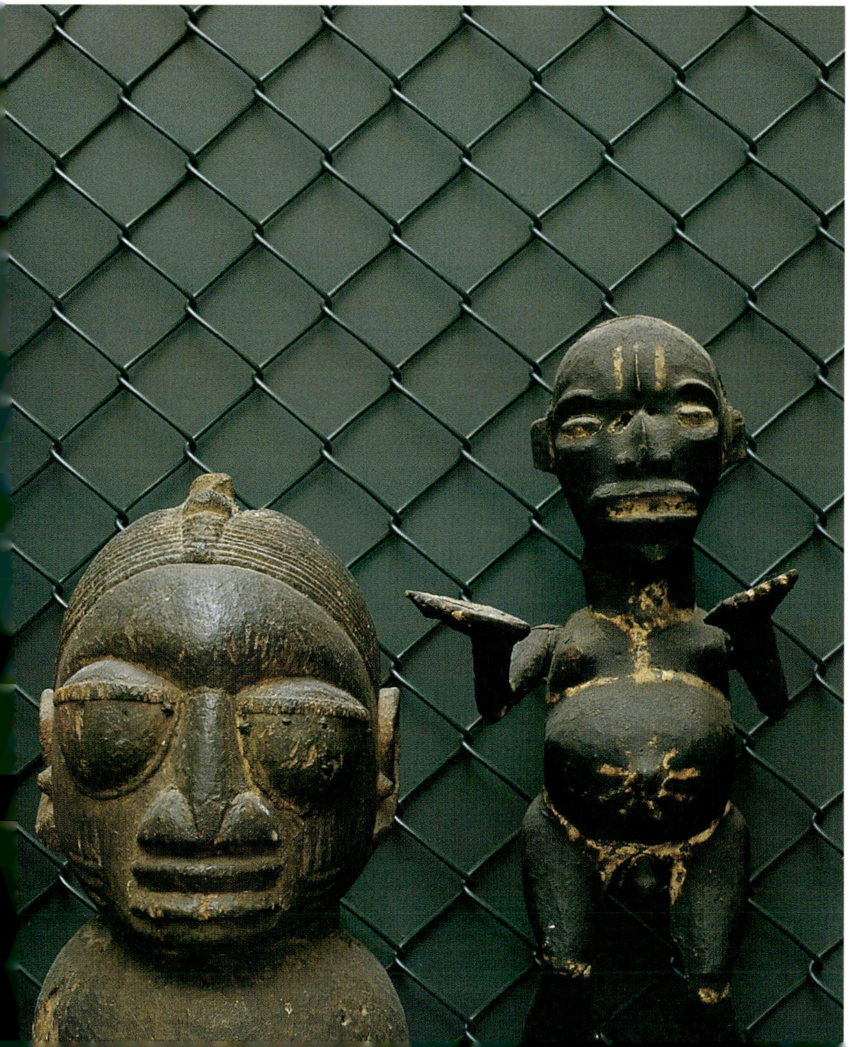

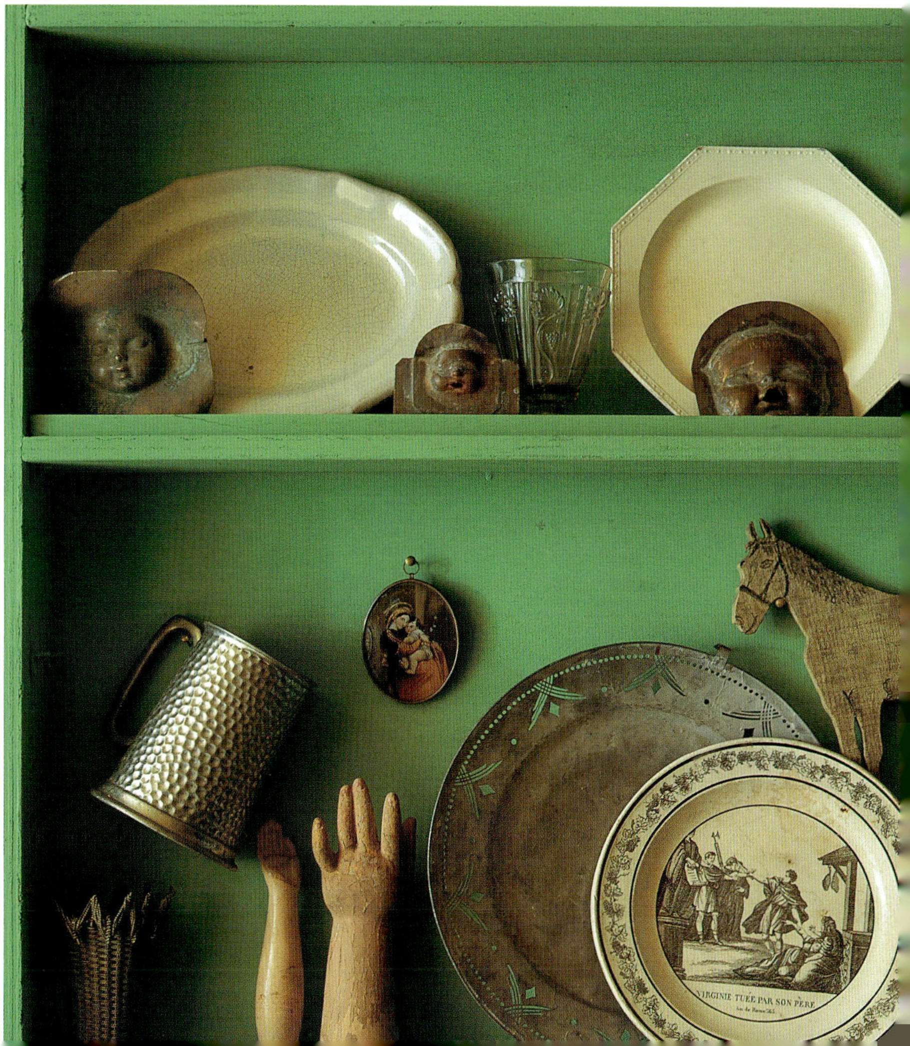
VIRGINIE TUÉE PAR SON PÈRE

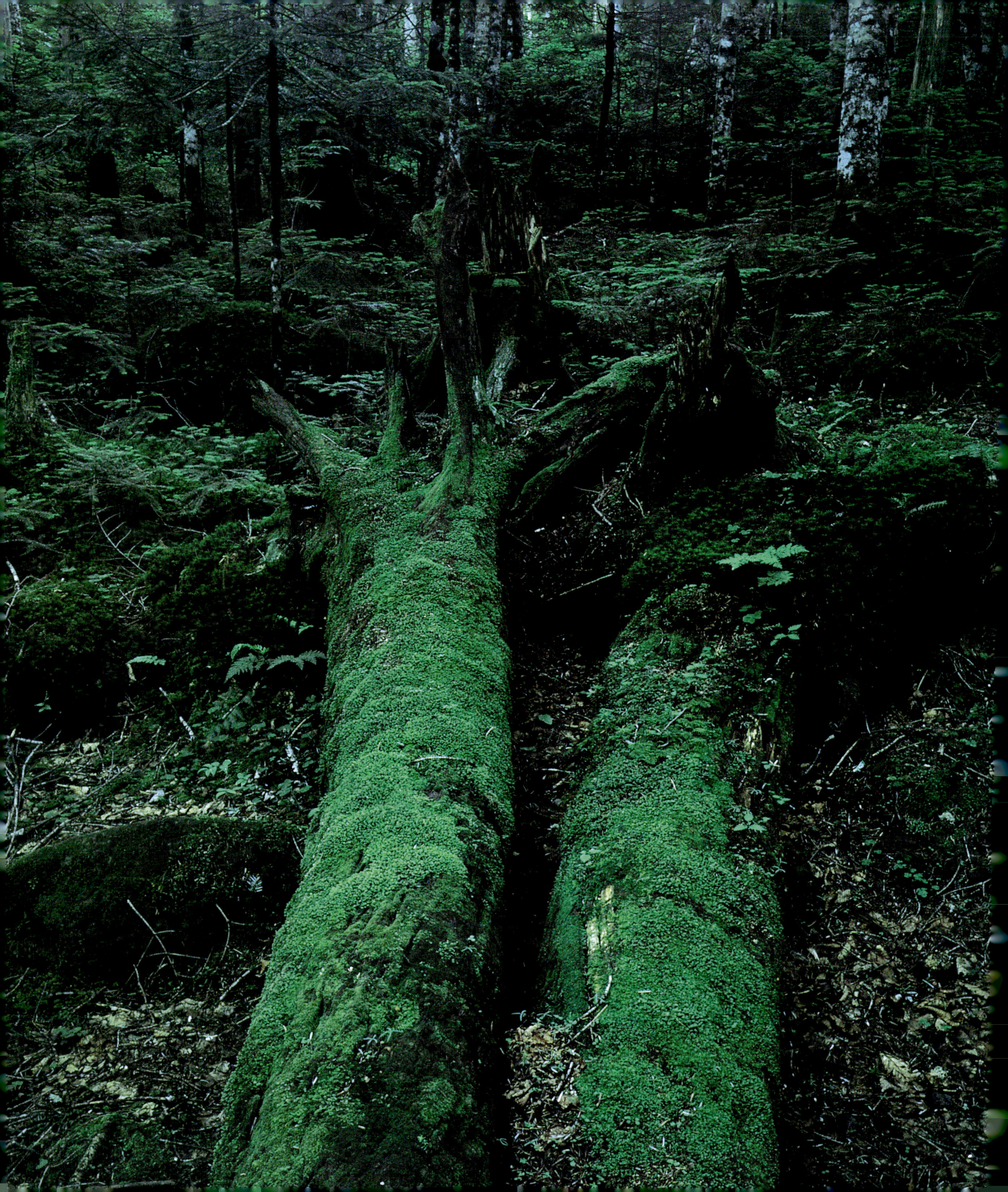

Berührung kam, deshalb wurde sie in den Häusern hoch stehender Beamter und Adelsfamilien verwendet, um die Unbedenklichkeit der gereichten Speisen sicherzustellen.

Jade kommt in ganz unterschiedlichen Schattierungen vor, von einem tiefen Moosgrün bis hin zu einem blassen, minzigen Hauch. Der Stein ist von einer weichen, fast stumpfen Beschaffenheit. Jade ist einer der ältesten und faszinierendsten Edelsteine. Seine Farbe wird mit Reichtum und Glück in Verbindung gebracht. In Indien gilt Jade als heilig, und in der Vergangenheit durfte grüne Jade nur von der königlichen Familie getragen werden. In China wird einem neugeborenen Kind ein Jadearmband um den Arm gelegt, das das ganze Leben lang getragen werden soll, um Glück zu bringen.

Die beruhigende Wirkung von Grün zeigt sich auch daran, dass es in Theatern oder Fernsehstudios immer einen grünen Raum gibt. Ursprünglich wurde der grüne Raum im Theater in dieser Farbe gestrichen, damit sich die Augen der Schauspieler vom grellen Glanz des Bühnenlichts erholen konnten. Heute ist es ein Raum, in dem sich Schauspieler, Gäste und Interviewer treffen, bevor das Stück oder die Sendung beginnt.

Die Farbe Grün ist zugleich stark symbolbefrachtet. Grün stand für Glück, Unsterblichkeit und Auferstehung. In der Heraldik ist Grün das Sinnbild für Liebe, Freude und Überfluss. Bei den Griechen und Mauren war Grün die Farbe des Sieges, und in manchen Kirchen und Religionen versinnbildlicht Grün Gottes Gnade. Es ist auch die Farbe des Planeten Venus und bei den Metallen der Indikator für Kupfer, das Grünspan ansetzt,wenn es verwittert.

Grün ist also eine Farbe mit vielen Gesichtern. Es kann als Hintergrund oder Accessoirefarbe eingesetzt werden, um eine ruhige, aber lebendige Atmosphäre in einen Raum zu bringen. Dabei passt Grün sich Gestaltungsideen der unterschiedlichsten Richtungen an, von opulent bis rustikal.

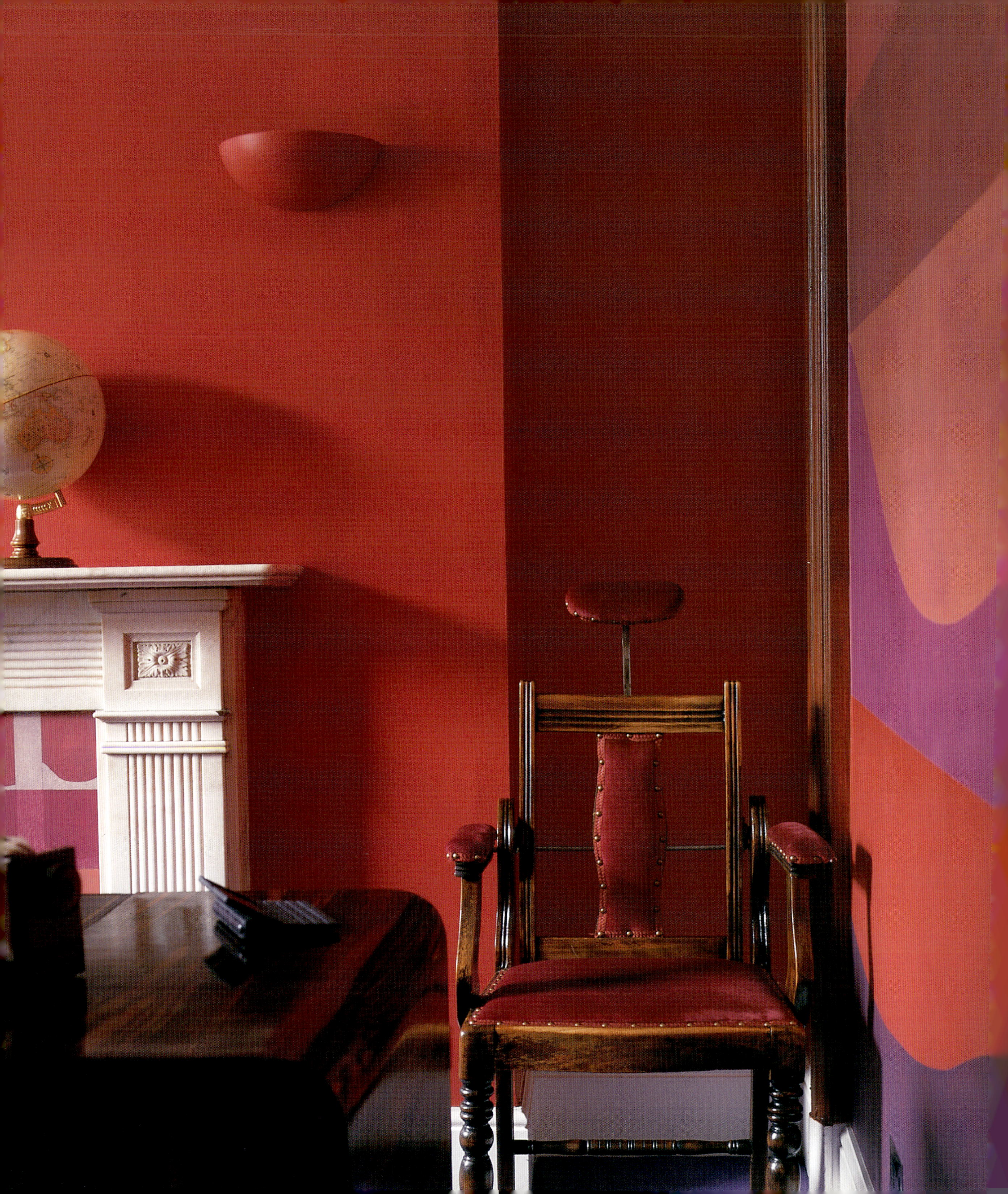

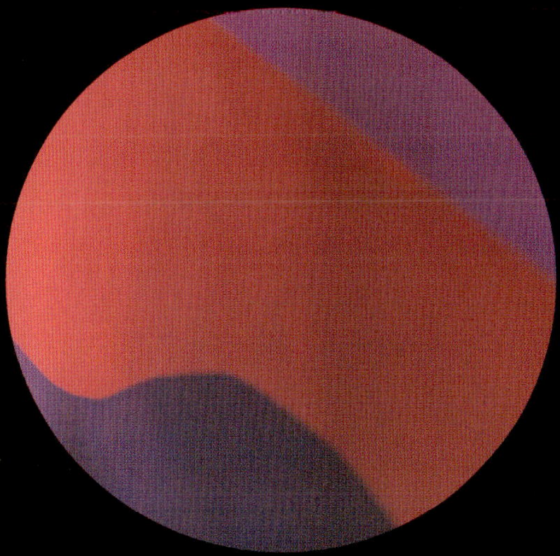

ROT UND PURPUR

Rot ist die Farbe der Leidenschaft und des Feuers, die Farbe der Warnung und des Zorns. Und doch kann Rot eine Wohnfarbe zum Wohlfühlen sein, ganz gleich, ob sie nur durch einen einzelnen Gegenstand wie etwa eine Vase mit dunkelroten Rosen vertreten ist oder durchgängig als rosiger Hauch über Wände und Decken verläuft.

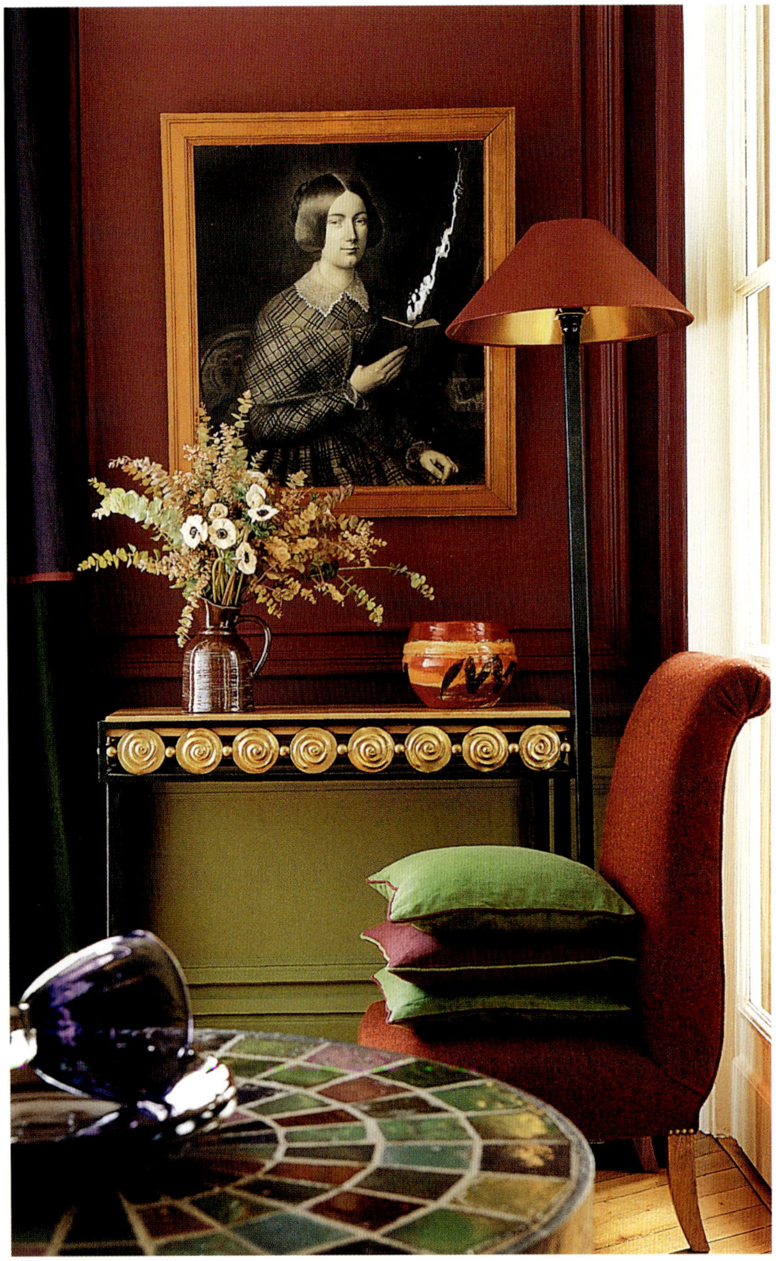

Rot ist die Farbe der Leidenschaft, des Blutes, der Rose der Liebenden und des süßen Beerenweins. Es ist aber auch die Farbe der Gefahr, der Revolution und der Wut. Es ist in jedem Fall eine dramatische, starke Farbe, nichts für schwache Nerven.

In Einrichtungen sollte Rot behutsam eingesetzt werden, da besonders die leuchtenden Rotvarianten wie Zinnober- und Scharlachrot förmlich Wärme abzustrahlen scheinen und die im Raum Befindlichen sich dadurch schnell überhitzt und gereizt fühlen können. Manche Menschen werden von Rot eingeschüchtert, doch in Verbindung mit anderen Farben, die seinen wärmenden Effekt etwas mildern, kann Rot eine elegante und äußerst variable Raumfarbe sein.

Die Rotpalette reicht von kräftig rotbraunen Terracottatönen bis zu tiefem Beerenrot. Rot kann als Knallrot, Scharlachrot oder subtiler als Himbeerrot daherkommen. Seine Kontrastfarbe auf dem Farbenkreis ist Grün, wie schon im vorhergehenden Kapitel erwähnt. Die nächsten Verwandten zu Rot sind gelbliche Rottöne – Orange oder Gold – und Blaurot wie Karmin.

Bei Ton-in-Ton-Raumgestaltungen in Rot ist Vorsicht geboten. Die helleren und dunkleren Nuancen der Hauptfarbe sollten grundsätzlich die gleiche Basisnote haben. Wenn Sie zum Beispiel ein Blaurot als zentrale dunkle Farbe wählen, sollten alle vorkommenden helleren Schattierungen ebenfalls Blau enthalten. Sollten Sie sich jedoch für helle Töne aus dem gelbroten Spektrum des Farbenkreises entscheiden, würden sich diese Farben mit dem bläulichen Grundton beißen.

Wenn Sie dennoch gelbrote und blaurote Elemente mischen möchten, so gelingt dies über eine allmähliche Farbabstufung. Eine Kissenreihe könnte zum Beispiel mit leuchtendem – blaustichigen – Pink beginnen, daneben ein Kissen in hellem Lavendelpink, gefolgt von einem einfarbig blauen Kissen, dann ein blaugrünes oder türkisfarbenes, ein einfarbig

OBEN: *Rot und Grün tauchen in traditionellen Schottenmustern, aber auch in modernen Karostoffen häufig nebeneinander auf. Auf dem Farbenkreis liegen sie einander diametral gegenüber. In einer ausgewogenen Kombination setzen sie einen frischen, lebendigen Akzent. Dabei wirken dunkle, moosige Grüntöne abkühlend und neutralisierend auf die lebhafteren Rotnuancen.*

RECHTS: *Man sollte meinen, dass Pink, Rot und Orange sich nicht miteinander vertragen, doch wie man sieht, können sie einen spektakulären, aber durchaus harmonischen Dreiklang bilden. Entscheidend ist, dass alle verwendeten Nuancen eine ähnliche Grundnote haben und dass man die Elemente, wie hier bei den Kissenbezügen und den Gardinen, miteinander mischt.*

NÄCHSTE SEITE LINKS: *Die Blütenblätter einer Rose zeigen, dass ein Farbton in der Natur in vielen Variationen vorkommt und dass diese dunklen und hellen Kontraste helfen können, in einem Farbkonzept lichtere und schattigere Bereiche zu schaffen.*

NÄCHSTE SEITE RECHTS: *Wie ein Gewebe bei unterschiedlichen Lichtverhältnissen wirkt, hängt von seiner Struktur und Zusammensetzung ab. Die glatte, schimmernde Oberfläche von Seide reflektiert das Licht, während die matte Oberfläche von dunkelfarbigem Filz Licht schluckt. Entsprechend sehen mit dem jeweiligen Gewebe bespannte Flächen glänzend oder stumpf aus.*

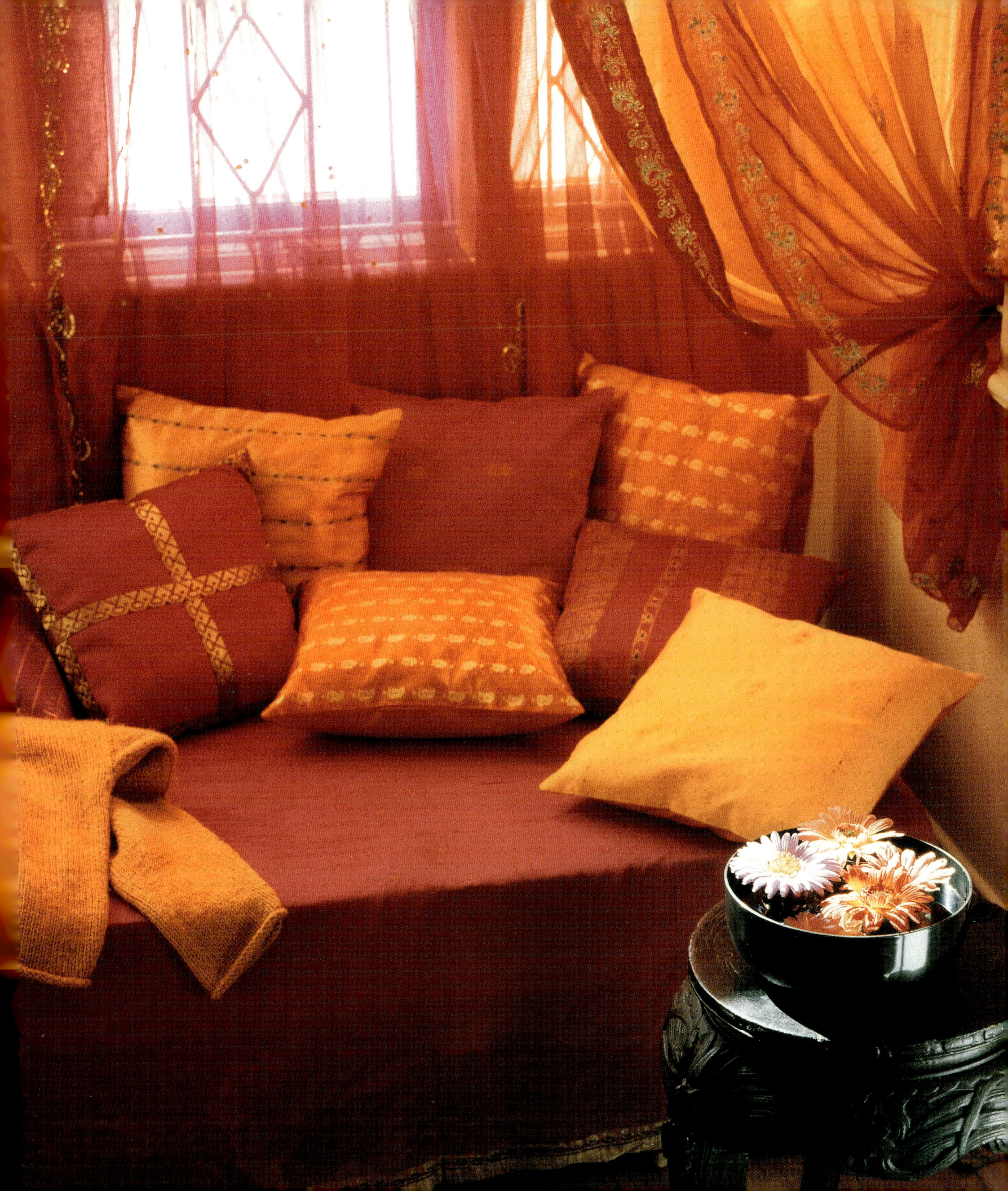

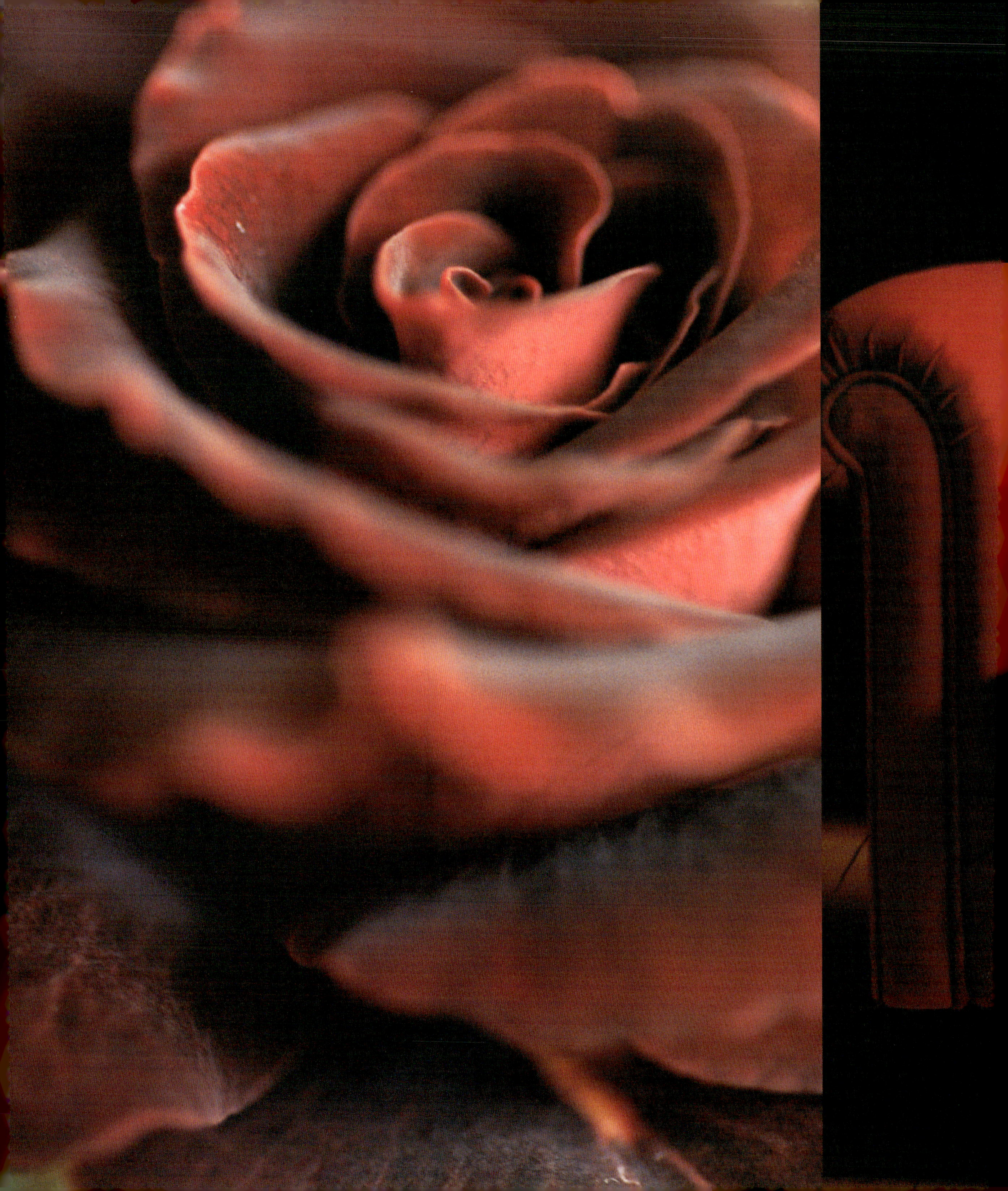

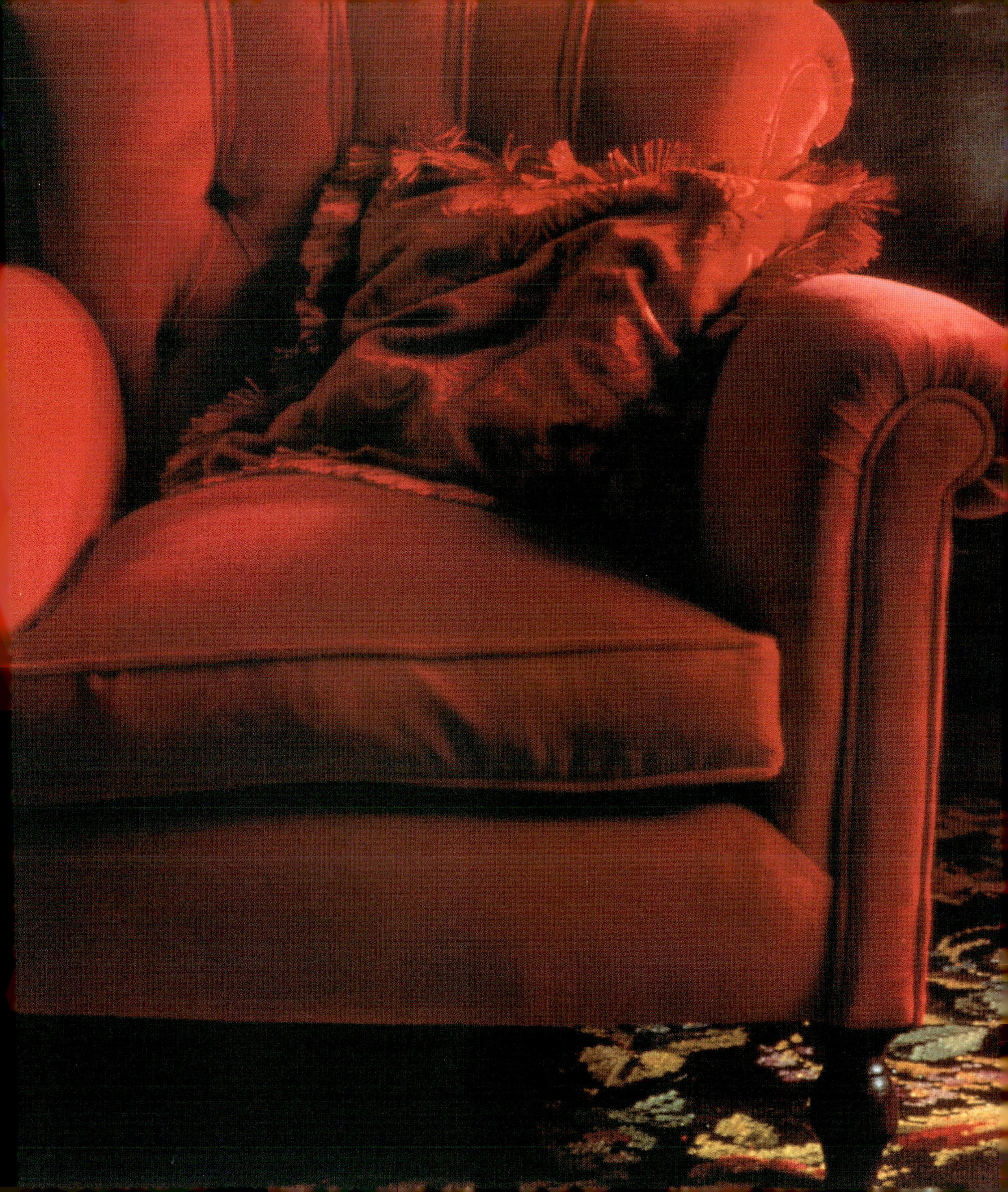

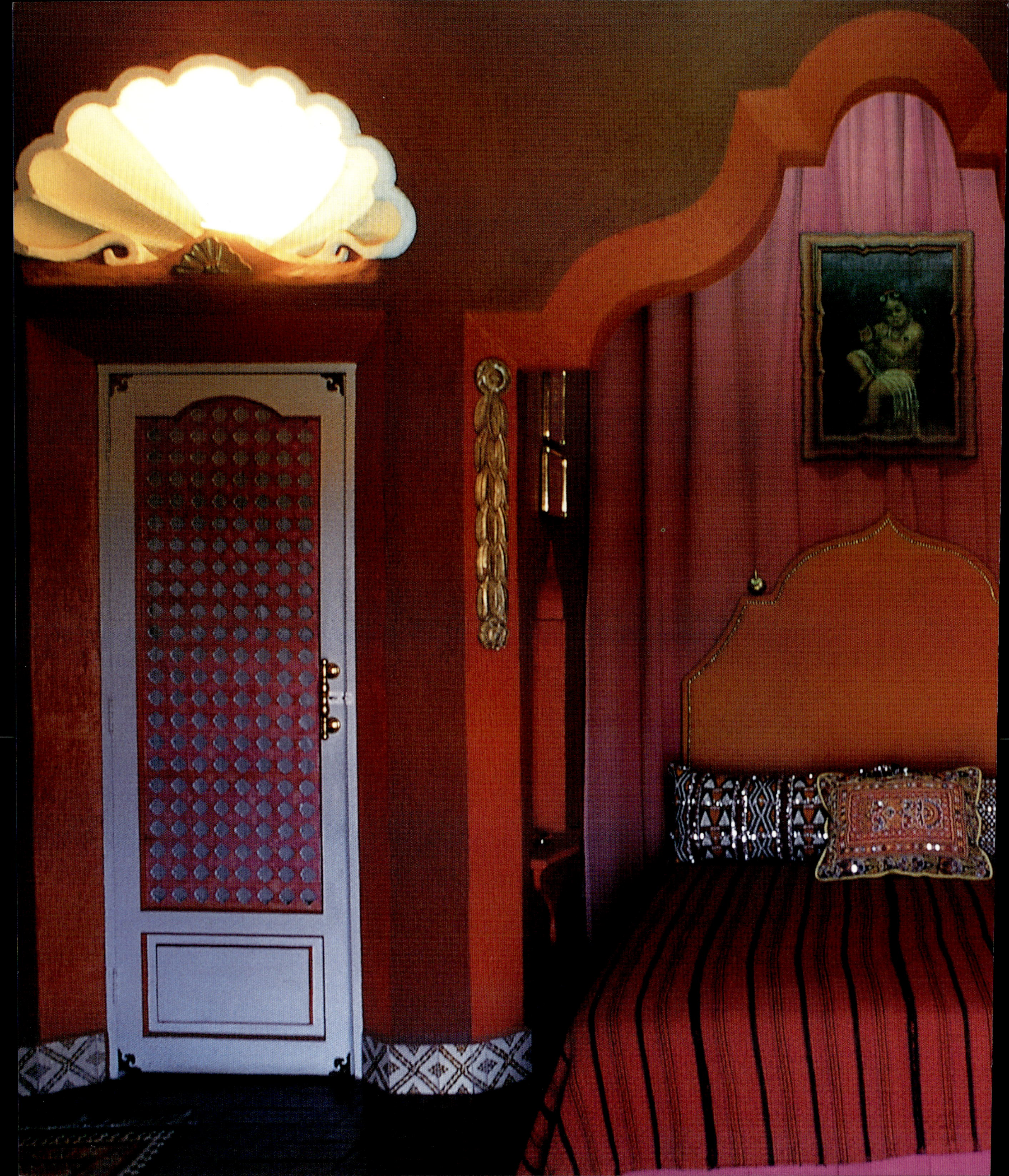

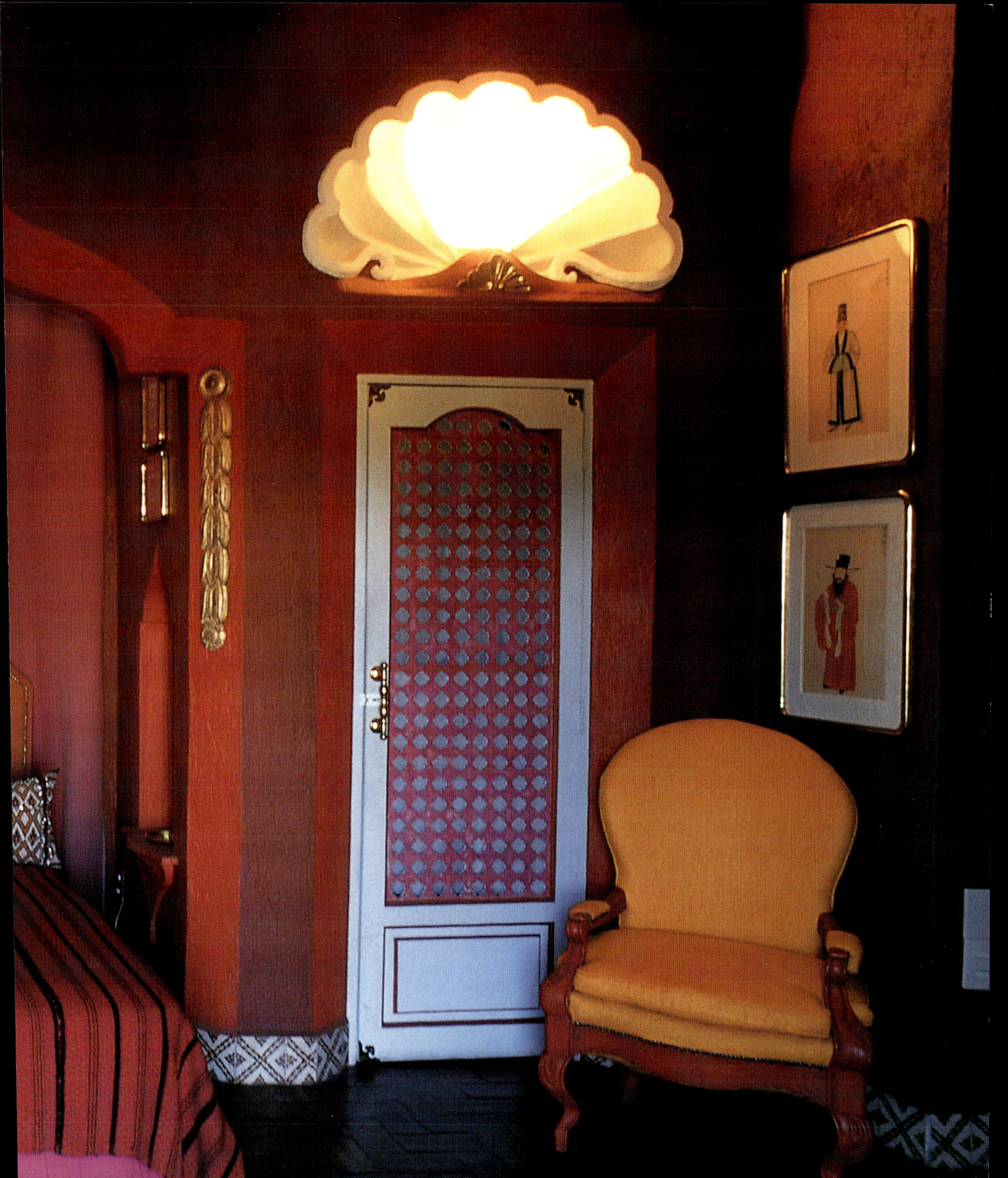

gelbes und schließlich ein orangerotes Kissen. Dieser Regenbogen schafft eine Grundnote für beide Seiten des Farbspektrums. Auch ein bunter Überwurf oder eine Decke, die dasselbe Farbengemisch enthält, kann die verschiedenen Farbelemente miteinander vereinigen.

Manchmal kann aber auch ein bewusster Misston in der Farbharmonie interessant und witzig wirken. Kräftig gelbrot gepolsterte Möbel vor dem neutralen Hintergrund einer weißen Wand können zum Beispiel mit Kissen und Decken in leuchtendem Orange, kräftigem Grün und Gelb herausgeputzt werden. Das Rot liefert dabei die konstante Hintergrundfarbe, vor der die einzelnen Farben wie bunte Kleckse wirken.

Harmonisches Zusammenspiel

Bei der Suche nach Farben, die zu bläulichen Rottönen passen, können Sie sich von der Natur und ihren kulinarischen Gaben anregen lassen, von überreifen Himbeeren zum Beispiel, vollmundigen Burgunder- und Bordeauxweinen und von der rundlichen Köstlichkeit saftiger Pflaumen. Denken Sie an die Dinge, die zu diesen Früchten und Getränken passen: Himbeeren schmecken mit Schlagsahne, besonders mit einer gelben, dicken Creme. Bordeaux und Burgunder werden zum

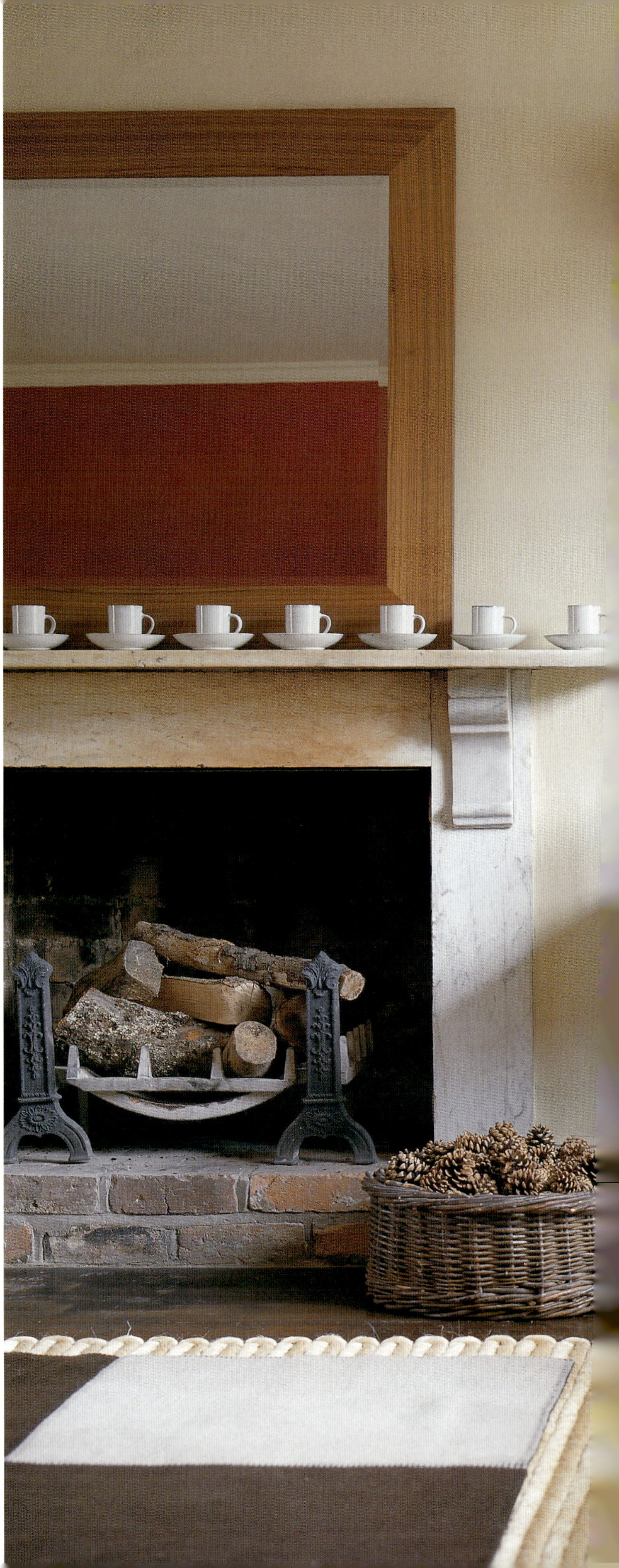

VORHERGEHENDE SEITEN: *Dieser elegante Schlafraum bedient sich des Ton-in-Ton-Effekts, indem ein und dieselbe Farbe in unterschiedlicher Intensität kombiniert mit unmittelbar verwandten Farben auftaucht. Durch den Einsatz unterschiedlich strukturierter Gewebe und Oberflächen entsteht ein harmonisches Ganzes.*

RECHTS: *Diese rote Wand wirkt gleichsam weiß umrahmt. Das Weiß begrenzt die Farbe und lässt sie weniger intensiv erscheinen. Ein rotes Kissen dient als Bindeglied zwischen der in neutralen Farben gehaltenen Einrichtung und der dominanten Farbe der Wand.*

GANZ RECHTS: *Schwarz, Rot und Gold ergeben einen fürstlichen Farbakkord. Hier sind Boden, Wände, Vorhänge und ein Teil der Polstermöbel in Rot gehalten. Die eingearbeiteten Goldtupfen an Wänden und Vorhängen verhindern, dass das Ganze langweilig wirkt, und die markante Rückenlehne des Stuhls schafft zusätzliche Konturen.*

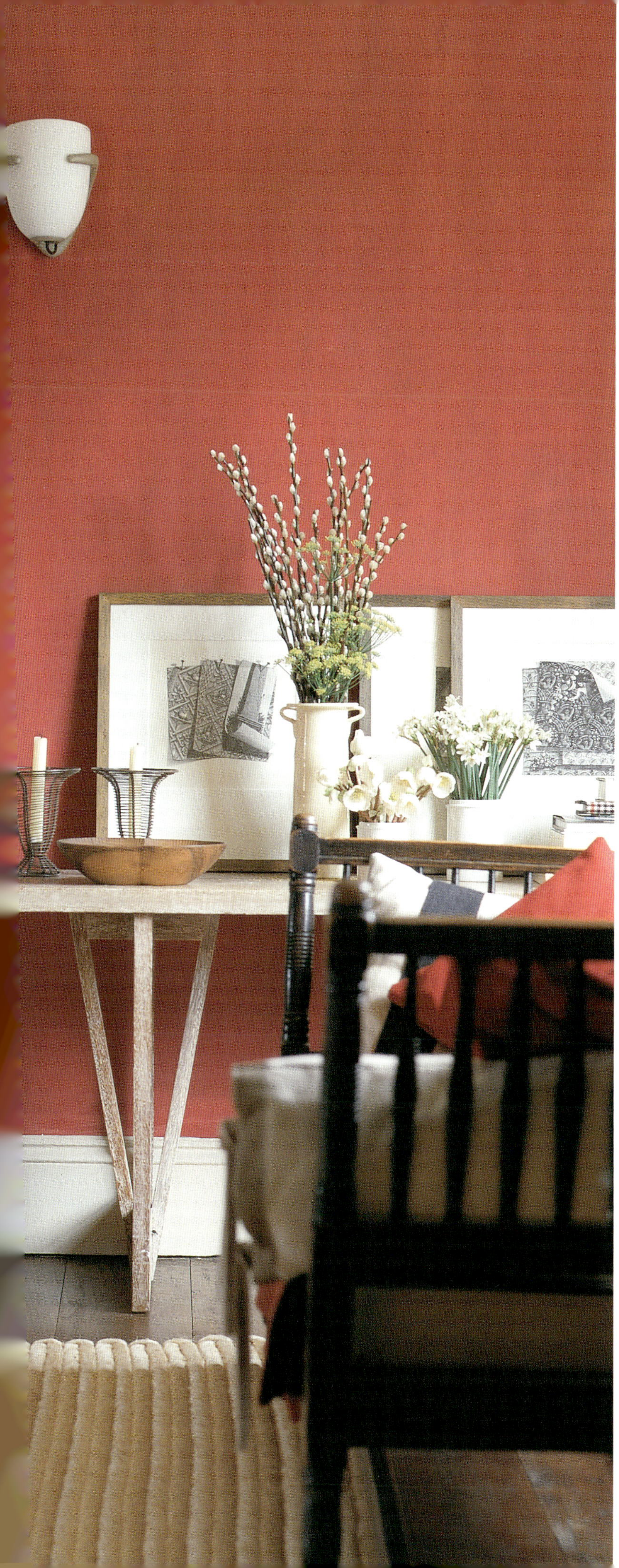

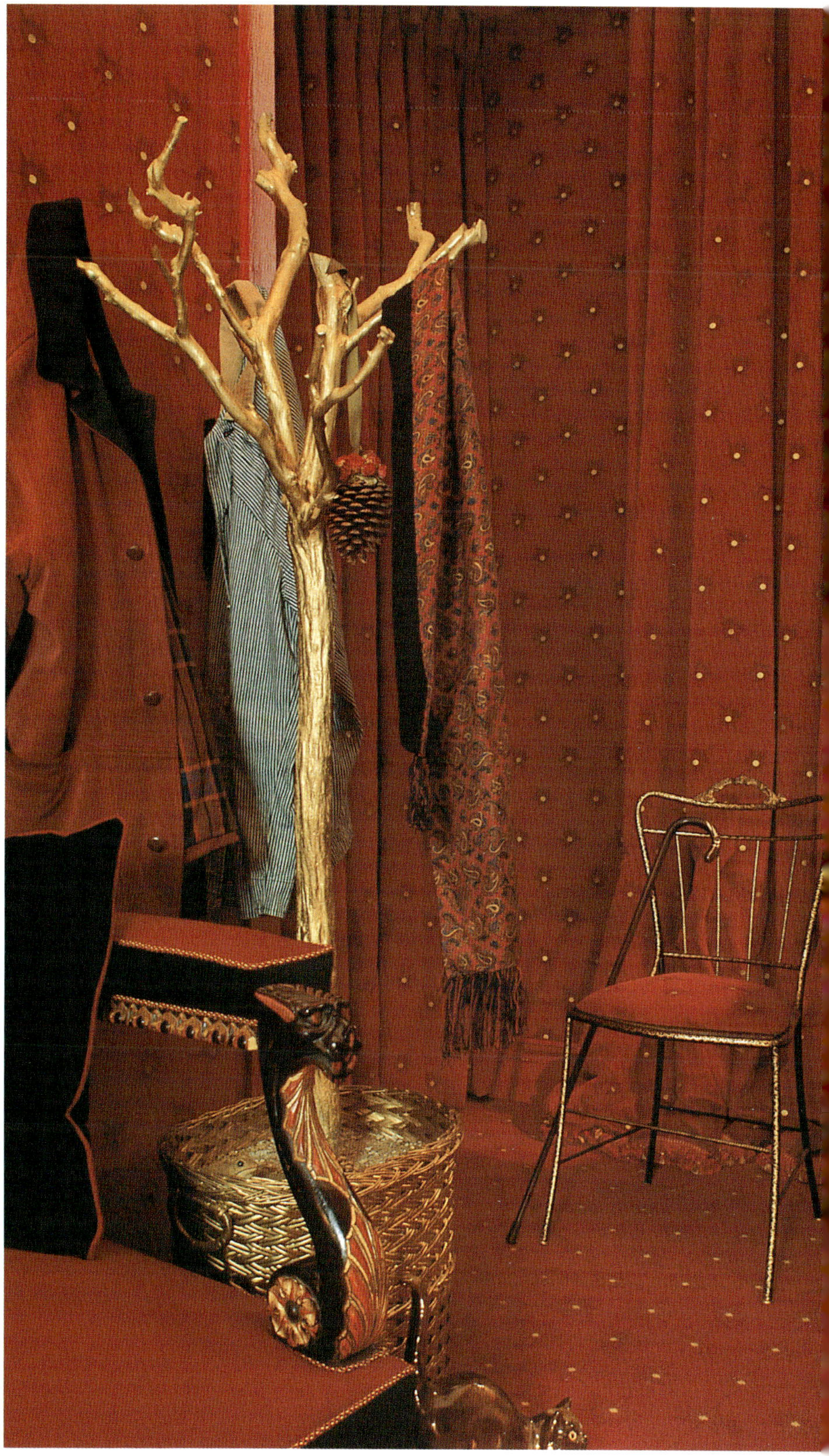

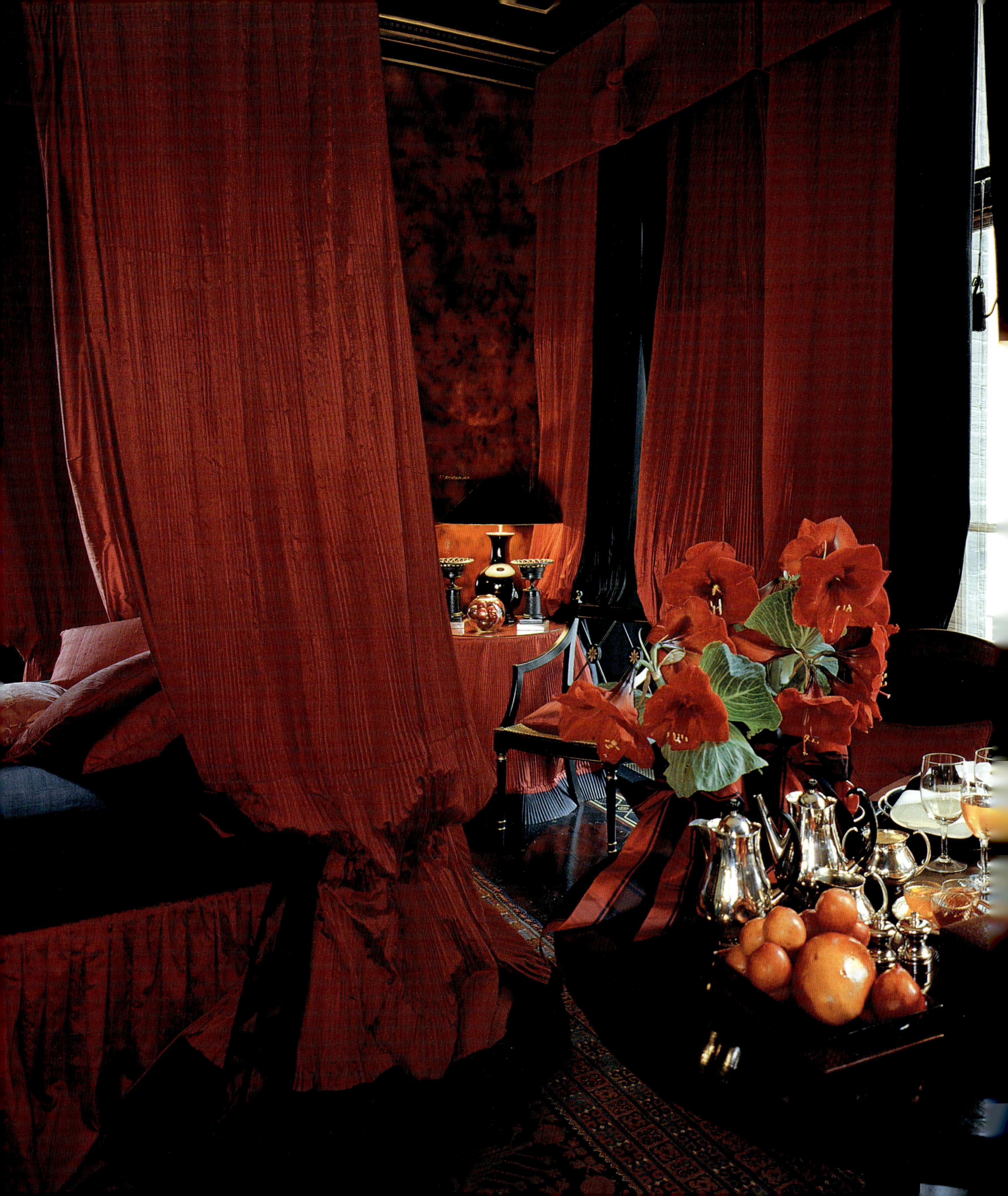

Käse getrunken, der ebenfalls cremefarben oder gelblich ist. Und wenn Sie in die dunkelrote Haut einer Pflaume beißen, kommt goldgelbes Fruchtfleisch zum Vorschein.

Für den Prachtlook großen Stils wird Rot gewöhnlich mit Gold kombiniert, das zur orangefarbenen und gelbroten Seite des verwandten Farbspektrums gehört. Silber wirkt neben dem Feuer der Farbe Rot blass, kann aber auch ein wenig erwünschte Kühle in den Raum bringen, wenn es mit goldenen Accessoires gemischt wird. Schimmerndes Kristall, Kerzenleuchter und reich gemusterte, kostbare Stoffe runden ein prachtvolles Bild ab.

Im üppig ausgestatteten Café Marly am Louvre in Paris wurde auf die Wände über einer schwarzen Grundierung ein mattes Tomatenrot aufgetragen. Anschließend wurde die oberste Farbschicht stellenweise abgerieben, bis der dunklere Farbton durchschimmerte. So entstand ein antiker Effekt, der die Intensität des Rot etwas abmilderte und der großen Wandfläche, die sonst vielleicht leicht monoton wirken würde, mehr Tiefe verlieh. Türen und Holzwerk sind in Schwarz und Gold gehalten, was den Eindruck von Kostbarkeit noch erhöht.

Mit Erdtönen wie Grau und Braun lässt sich Rot ein wenig abkühlen. Graue Wände mit weißem Holzwerk und roten Möbeln entsprechen dem minimalistischen Stil und sind trotzdem ausdrucksstark. Reich verzierte Mahagoni- und Kirschholzmöbel oder polierte Dielen bilden eine harmonische Ergänzung zu hellrot gestrichenen Wänden und wirken zugleich beruhigend neben der leuchtenden Farbe.

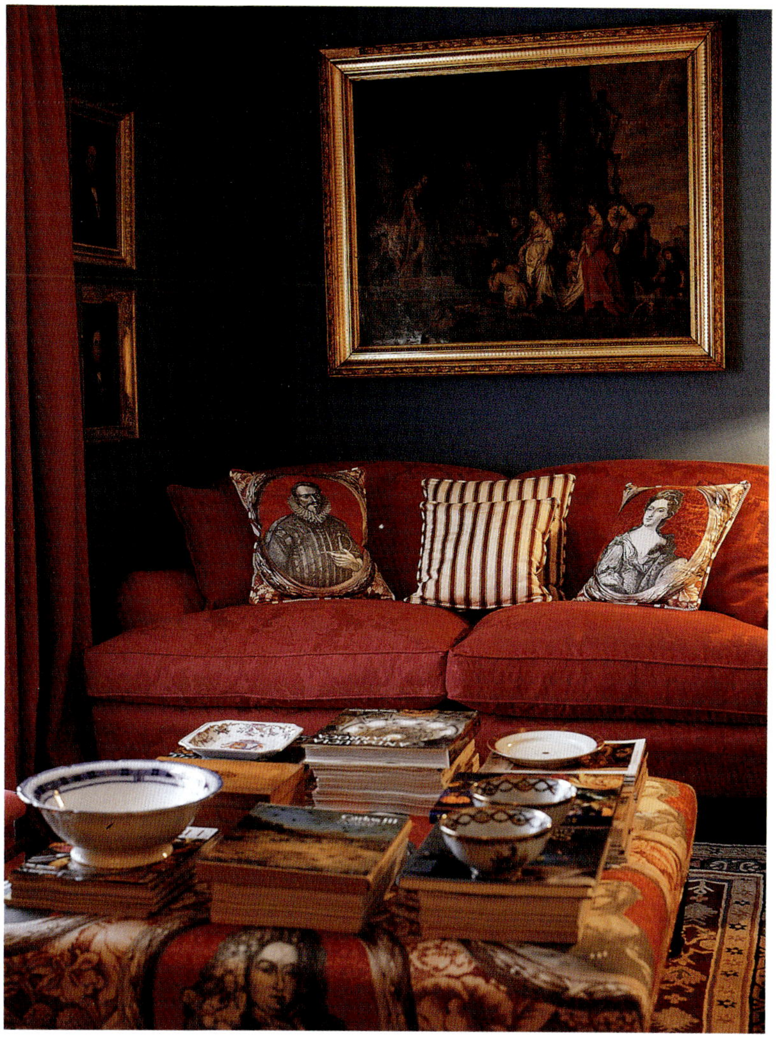

OBEN: *Rote Polster und Vorhänge kontrastieren mit dunkleren Wänden und lassen den Raum lebendig wirken. Dieselbe Farbe wurde für den Bezug der Ottomane und die Kissen gewählt, sodass die Accessoires mit dem wichtigsten Möbelstück im Raum harmonieren.*

LINKS: *Rot kann Geborgenheit vermitteln und wirkt in einem Schlafzimmer mit gedämpfter gelblicher Beleuchtung warm und beruhigend. Schwarz ist ein dramatischer Partner für Rot, übt zugleich aber auch einen kühlenden, beruhigenden Einfluss auf eine Zimmereinrichtung aus, die von dieser feurigen Farbe dominiert wird. Hier tragen bauschende Vorhänge zusätzlich zum luxuriösen, kostbaren Gesamteindruck bei.*

NÄCHSTE SEITE LINKS: *Die rote Note dominiert in den meisten Farben dieses Zimmers, auch wenn manche Töne einenstark blauen Einschlag haben. Der Gesamteindruck ist zeitgemäß, aber luxuriös, was durch die Vertäfelung der Wände und die kräftig strukturierten Polsterstoffe noch unterstrichen wird.*

NÄCHSTE SEITE RECHTS: *In diesem schlichten, aber interessant gestalteten modernen Raum taucht dasselbe Rot an den Wänden und in den Polstern auf, sodass die Sitzbank wirkt, als ginge sie in die Wand über. Die anmutig geschwungene Form des Sitzmöbels wird durch den schlichten Bezugsstoff noch betont, der, wenn er gemustert wäre, das Auge zu sehr auf sich ziehen würde.*

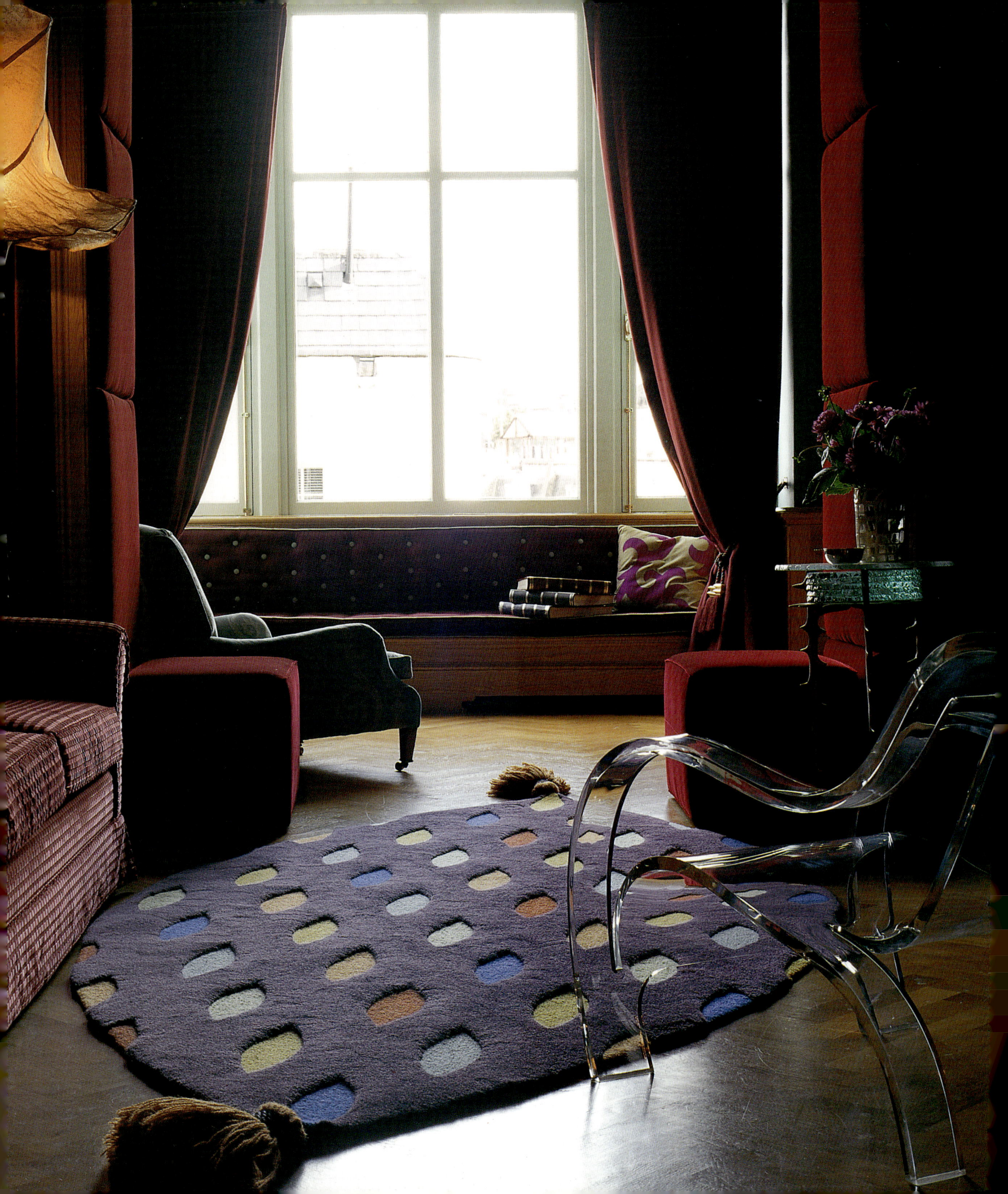

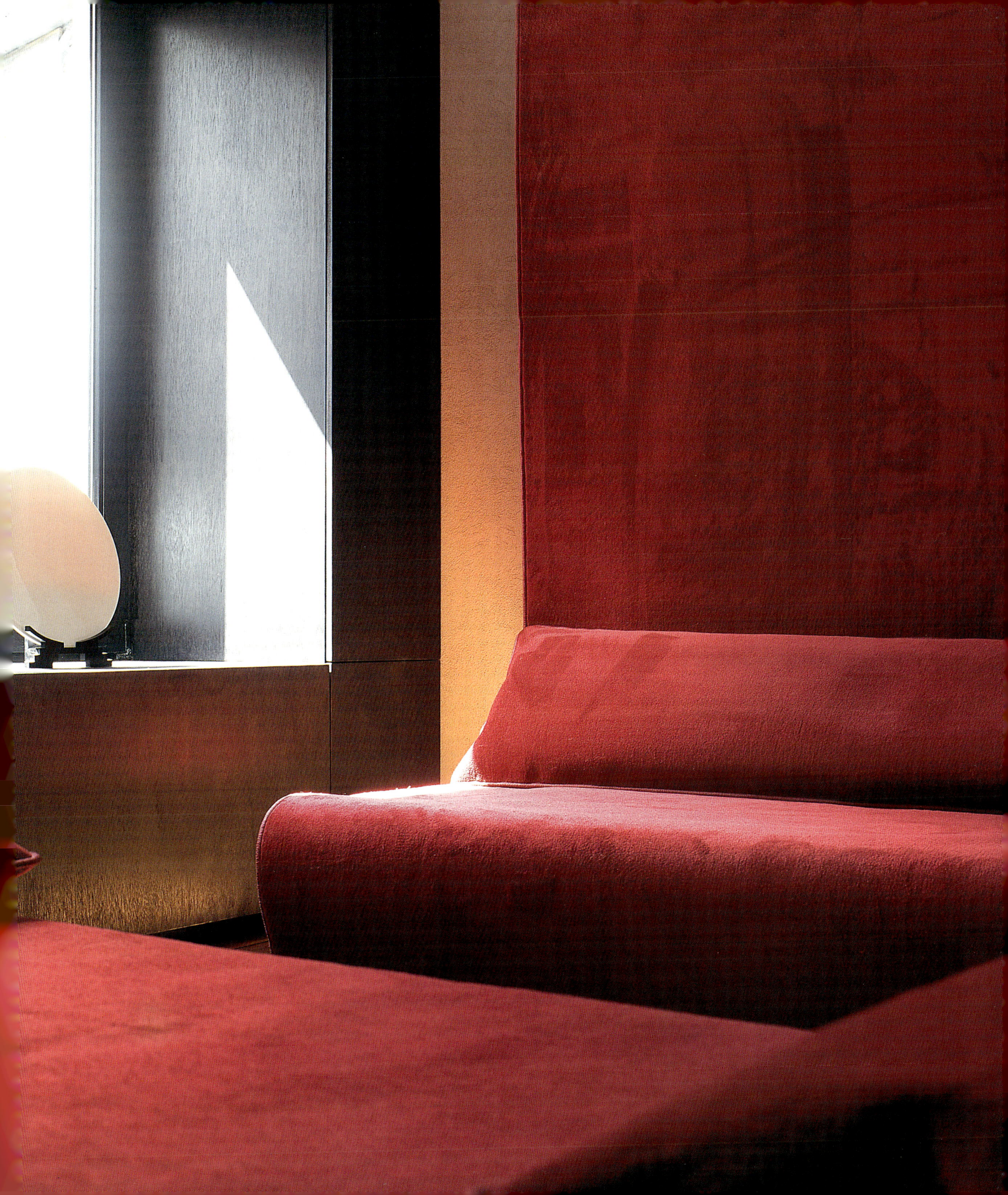

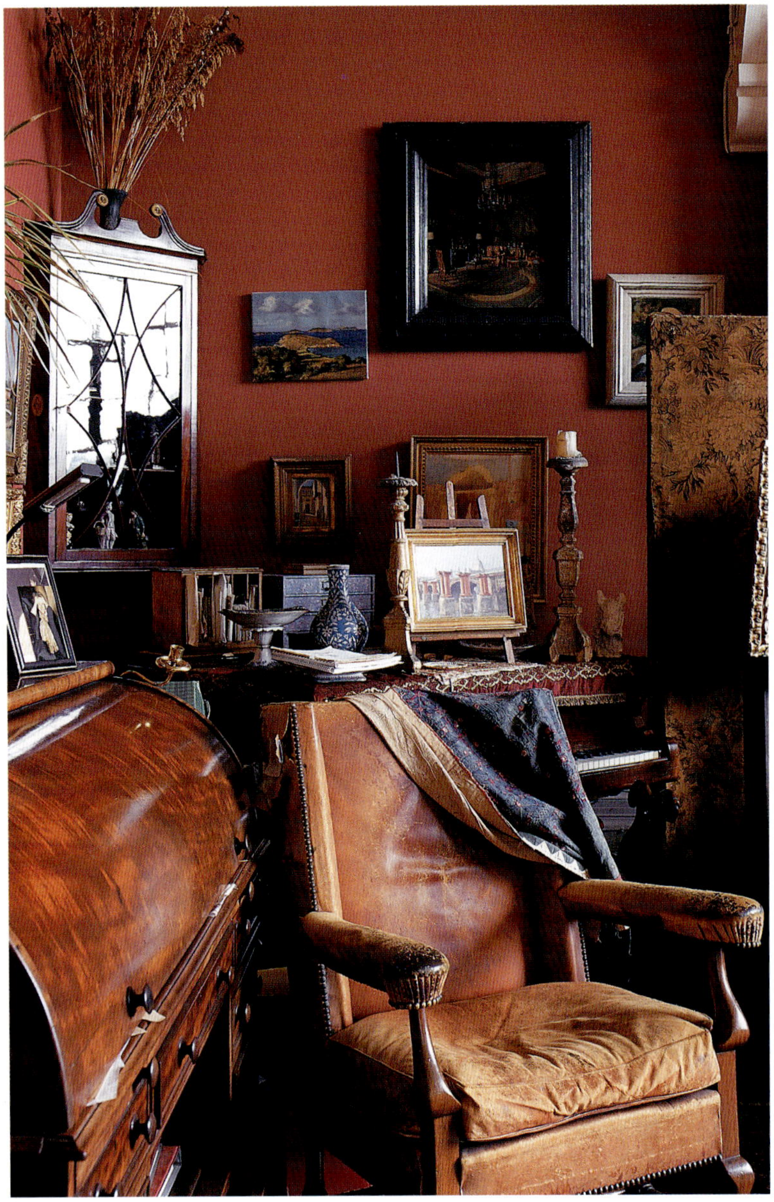

OBEN: *In diesem Wohnzimmer eines Künstlers bildet ein üppiges Terracottarot den Hintergrund für verschiedene Gemälde, manche gerahmt, manche ohne Rahmen. Die Wandfarbe lässt den großen, luftigen Raum ein wenig kleiner und intimer wirken.*

RECHTS: *Die Farbe Rot war lange Zeit die klassische Farbe der Gemäldegalerien, da viele Gemälde sich gut vor einem roten Hintergrund machen. Vor allem Goldrahmen heben sich vorteilhaft von Rot ab und bringen dadurch ein Gemälde oder einen Spiegel noch besser zur Geltung.*

Die ganze Kraft des Rot

Es gibt bestimmte Räume, die durchaus die ganze Intensität und vibrierende Kraft von Rot vertragen können. Ein kräftiger Schuss Rot ist ein Segen für kalte Korridore in alten Landhäusern oder für dunkle Räume, die wenig direktes Sonnenlicht bekommen. Zimmer, die nur nachts genutzt werden, oder offizielle Gesellschaftsräume eignen sich ebenfalls gut für Rot.

Jahrelang war Rot eine beliebte Farbe für Speisezimmer. Es gibt sogar eine eigene Rotnuance mit dem Namen »Speisezimmerrot«, die Mitte des 19. Jahrhunderts nach der Entdeckung neuer Pigmente hergestellt wurde und sehr populär war. Der Farbton sieht am besten abends bei Kerzenschein oder in gedämpftem elektrischem Licht aus, das ihn zu intensivem Leben erweckt. Am Tag wirkt die Farbe zwar immer noch ansprechend, hat aber nicht die Tiefe wie bei künstlicher Beleuchtung.

Dunkelrote Wände oder Möbel in einer Hotellobby oder in Gesellschaftsräumen sollen eine warme, intime Atmosphäre schaffen, in der sich die Gäste entspannen und behaglich fühlen. In einem Büro oder im Empfangsbereich einer Firma wären rote Wände wohl ein wenig übertrieben, doch schon eine rote Fußmatte, eine Vase mit roten Blumen oder ein paar verstreute rote Kissen können den Raum einladender und weniger steif wirken lassen.

Da die Farbe Rot immer auch mit königlicher Prachtentfaltung verbunden wird, können eine rote Wandverkleidung oder rote Polstermöbel ein einfacher und vergleichsweise billiger Weg sein, um einem schlichten Raum einen Anschein von Wohlhabenheit zu verleihen, selbst wenn dieser Eindruck gar nicht der Wahrheit entspricht. Die Farbe vermittelt diese Assoziationen ganz nebenbei, weil rote Flächen durch ihre warme Aura grundsätzlich kostbar wirken.

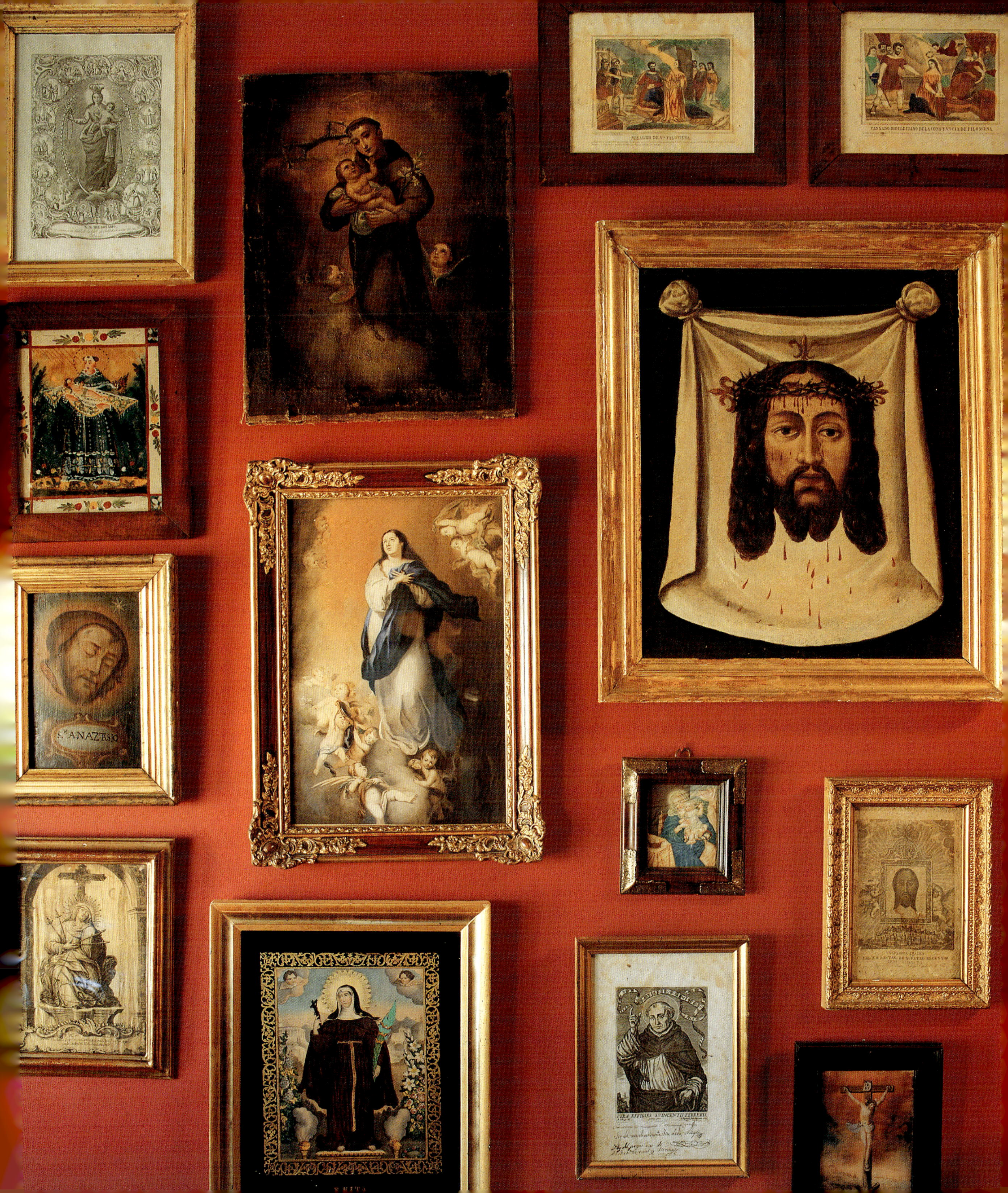
MILAGRO DE Sta FILOMENA
CANSADO DIOCLECIANO DE LA CONSTANCIA DE FILOMENA
S. ANAZTASIO

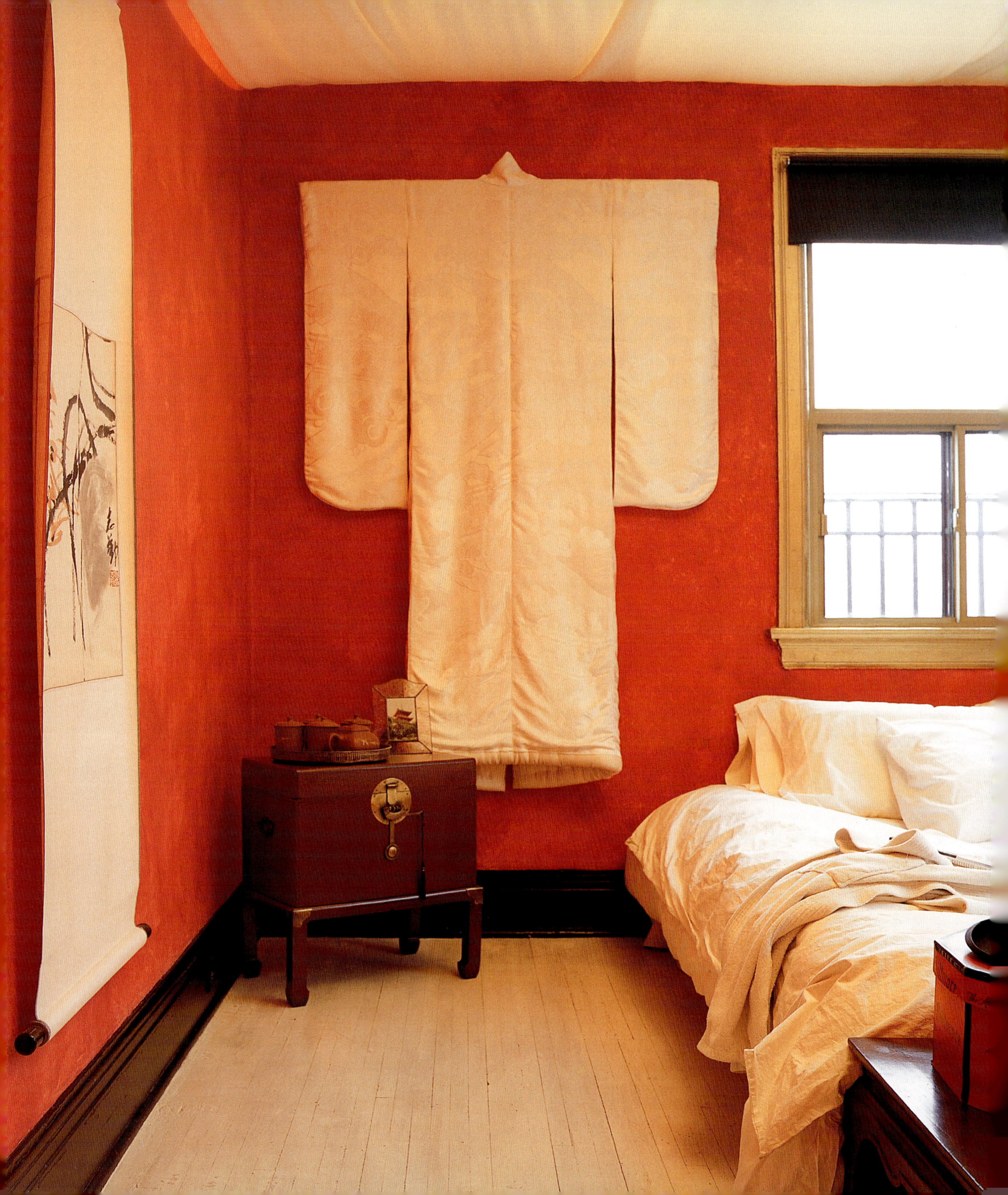

»Gemäldegalerienrot« ist eine weitere Rotnuance, die sich jahrhundertelang großer Beliebtheit erfreute und die Wände weiter Hallen und Bibliotheken zierte. Die Haupträume der Royal Academy of Arts am Londoner Piccadilly haben rote Wände, die einen perfekten Hintergrund für die schwarz und gold gerahmten Gemälde bilden. Portraits, Landschaften, Skulpturen – besonders in weißem oder grauem Marmor – heben sich höchst vorteilhaft vom sanft gedämpften Farbton der Wände ab.

Der Landschaftsmaler Julian Barrow, der in einem um die Jahrhundertwende gebauten Haus in Chelsea logiert, in dem Künstlerateliers untergebracht sind, ließ die Wände in seinem Wohnstudio rot streichen. Er ist der Überzeugung, dass diese Farbe einen perfekten Hintergrund für nahezu alle Malstile abgibt. Außerdem macht das Rot sein geräumiges, nach Norden gehendes Studio mit dem großen Fenster wärmer und intimer.

Glatte, schmucklose Wände, die in einem einzigen Rotton gestrichen sind, lassen sich mit wenig Aufwand durch angebrachte Leisten in eine vorgetäuschte Vertäfelung verwandeln. Die Wände werden mit einem seidenmatten Firnis überstrichen und die Leisten mit Hochglanzfarbe, sodass ein Kontrast in der Oberflächengestaltung, nicht aber in der Farbgebung entsteht. Man kann auch Bilder so in die Füllungen der echten oder falschen Vertäfelung hängen, dass die Leisten zu einer Art zweitem Rahmen des Gemäldes werden, was das Bild noch einmal besonders hervorhebt.

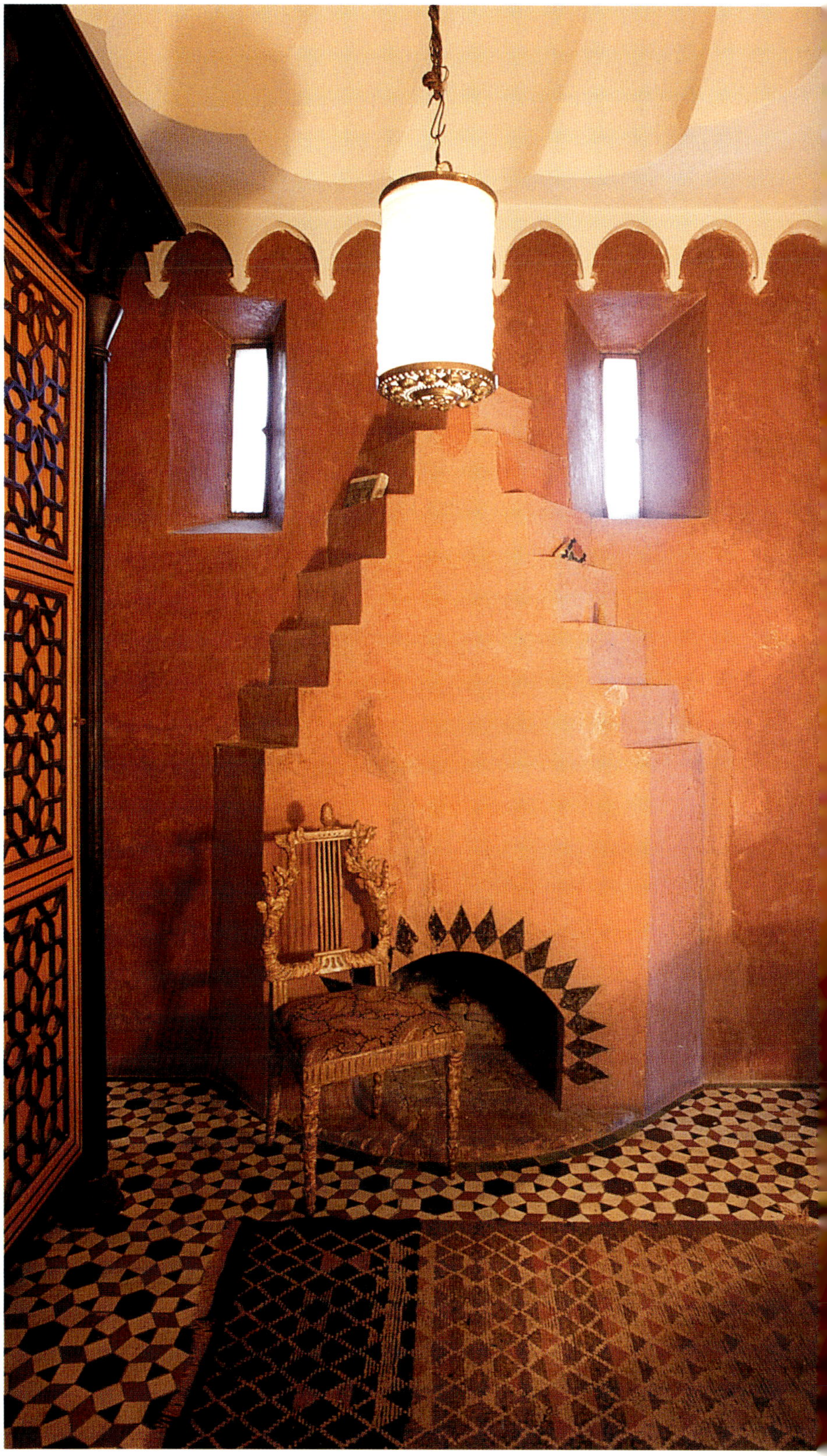

LINKS: *Rot ruft Assoziationen zu Asien wach. Rot und Schwarz sind untrennbar mit kostbaren Lackarbeiten aus dem Fernen Osten verbunden. In diesem Fall werden die roten Wände von einer schwarzen, hochglänzenden Bodenleiste abgeschlossen. Ein schlichtes schwarzes Rollo begrenzt das Fenster. Dekorationsobjekte sind bewusst sparsam eingesetzt, trotzdem wirkt der Raum vollständig.*

RECHTS: *Terracottarot kennen wir vor allem von Töpferwaren und Keramiken, weil es in vielen Regionen die natürliche Farbe des dort abgebauten Tons ist. Der Ton kann auch zur Verkleidung von Wänden benutzt werden. In diesem Fall wird das natürliche Tonpigment zur Farbe des Raums. Hier kontrastieren die schlicht belassenen Wände mit den dekorativen Bodenfliesen und dem mit Gitterwerk geschmückten Schrank.*

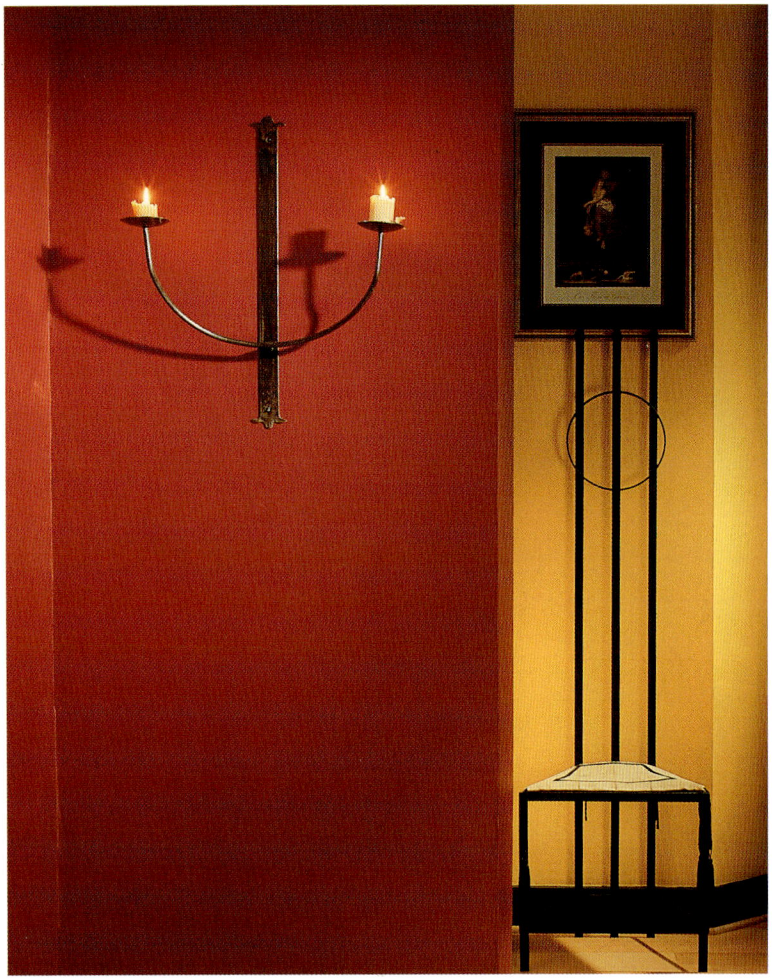

OBEN: *Die gelbe Wand harmoniert mit dem Rot, wirkt zugleich aber auch als Gegengewicht zur Intensität der Farbe. Die beiden Flächen sind auch optisch durch den breiten Wandleuchter aus Metall und den strengen Metallstuhl sowie durch den hellen Holzboden miteinander verbunden.*

RECHTS: *Geschickt platzierte Beleuchtungskörper sind in dunkelfarbigen Räumen äußerst wichtig. In diesem Fall werfen kleine, in den Boden eingelassene Spots Licht nach oben auf die rote Wandverkleidung und schaffen damit ein interessantes Spiel von Licht und Schatten. Deckenstrahler und eine Tischlampe beleuchten das Stoffrollo am Fenster und die weiße Wand daneben, die einen Kontrast zum Rot bildet.*

Ethnostil

Rot im Verein mit Schwarz passt ideal zu einem asiatisch angehauchten Ambiente, vor allem, wenn die Wand- und Möbeloberflächen lackiert oder hochglänzend sind. Besonders eindrucksvoll wirkt eine solche Kombination in einem minimalistisch gestalteten Raum, der nur sparsam mit einigen wenigen, sorgsam ausgewählten Objekten möbliert ist, wie schlichten schwarzen Lackmöbeln und niedrigen Kästchen und Tischen. Dieser Einrichtungsstil erinnert an die Lackwaren aus China und weist dasselbe Gleichgewicht von heiß und kalt, von Gegensätzen, die sich anziehen wie das Yin- und Yangsymbol.

Eine ethnisch inspirierte Wohnumgebung anderer Art lässt sich mit Orientteppichen schaffen. Die dominierende Farbe vieler Kelims und Brücken aus der Türkei, Nordafrika und Nordindien ist Rot. Ein roter Teppich ist eine gute Möglichkeit, einem kalten Steinfußboden ein wärmendes Element beizugesellen. Die Farbe ist dabei genauso wichtig wie die weiche, strukturierte Oberfläche des Teppichs unter den Füßen.

Dazu passen Kelims oder Stoffe mit Kelimdruck als Polsterstoff für Stühle, Sofas und Fußbänkchen sowie für Bodenkissen und kleine, feste Nackenrollen. Wenn Sie den maurischen, türkischen oder eklektisch ethnischen Mix noch weiter treiben möchten, stellen Sie polierte Messinggefäße und -tische in den Raum – Messing als goldähnliches Element ergänzt sich gut mit Rot – und hängen Brücken an die Wände. Die Wände werden in einem matten, tiefen Rot, das sich an der Farbgebung der Wandbehänge orientiert, gestrichen, und die Raumbeleuchtung kommt von Wandleuchtern aus gehämmertem Metall, die faszinierende Schattenmuster an Wände und Decken werfen.

Ein rustikaler Touch

Am völlig entgegengesetzten Ende des Verwendungsspektrums von Rot wird die Farbe zum Stichwortgeber für ein rustikales Ambiente. In französischen Bistros und italienischen Pizzerien und Pastarestaurants liegen rot-weiß karierte Tischdecken auf den Tischen. In Frankreich wird dieser Look durch malerische Halbgardinen aus Spitze vervollständigt, in Italien durch die obligatorische, zum Kerzenhalter umfunktionierte

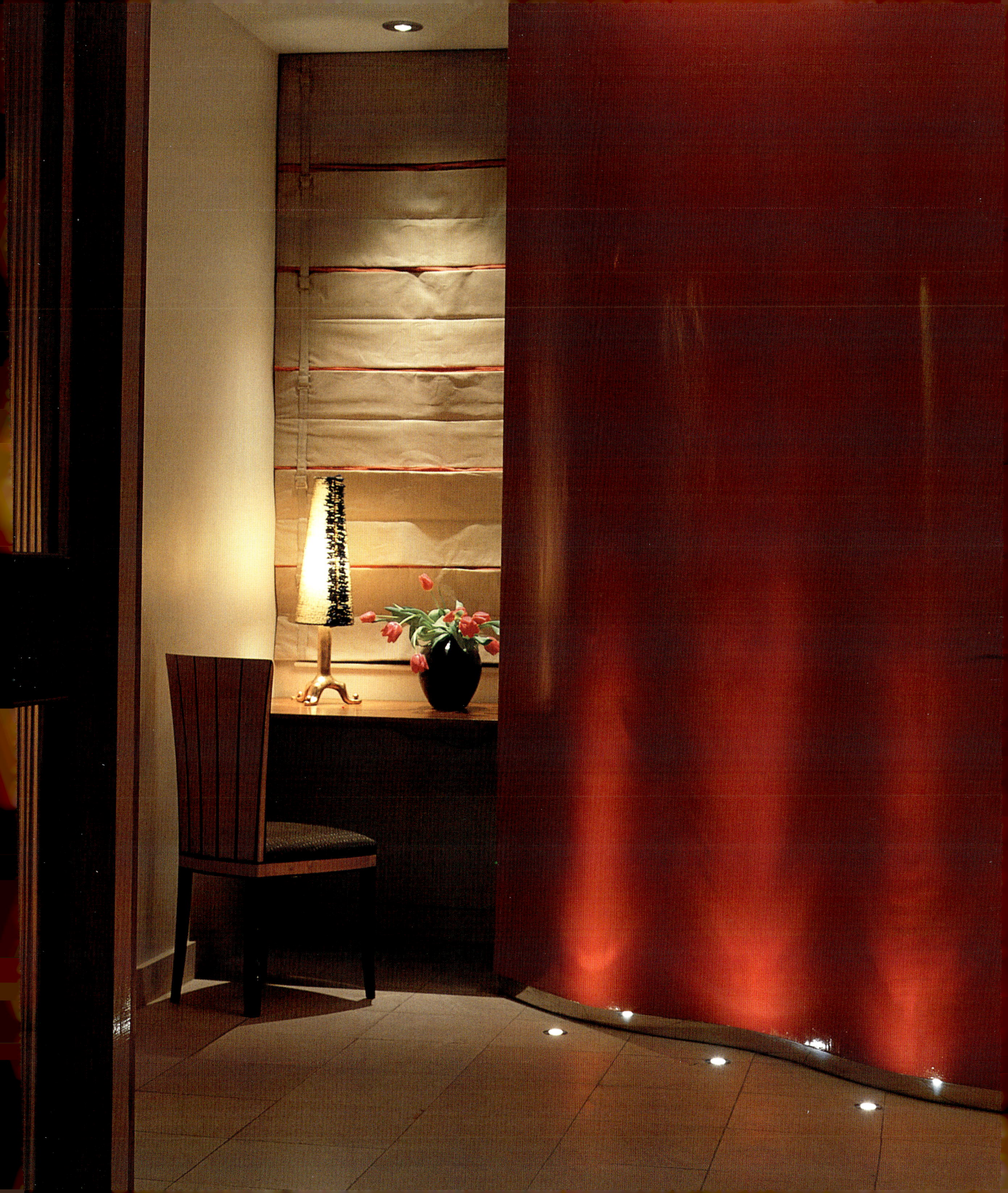

Chiantiflasche. Beide Lokalitäten haben entweder einen Boden aus Terracottafliesen oder schlichte Holzdielen.

Ein regional weniger gebundener Landhausstil lässt sich mit rot-weißen Baumwollgardinen und Kissenbezügen und hellrot gestrichenen Möbeln vor weißen Wänden erzielen. Ein paar Tupfen Grün, etwa grünes und weißes Porzellan auf einer Anrichte und Pflanzen auf dem Fensterbrett, geben dem Ganzen einen Hauch von Frische und Leichtigkeit. Das ist besonders wichtig für eine Küche, in der ein Aga oder ein anderer großer Herd die Raumtemperatur hochtreibt und zu viel Rot überhitzend wirken würde.

Der Fussboden

Natürliche Bodenbeläge wie Sisal und Kokos enthalten ein gelb- bis goldfarbenes Element, das sich sowohl zu gelblichen wie zu bläulichen Rottönen gut macht. Teppiche im Stil von Tierhäuten passen ebenfalls hervorragend zu dieser tiefen Farbe, und angesichts der vielen exzellent nachgemachten Pelz- und Lederreplikate, die man heute in Läden findet, besteht keinerlei Notwendigkeit mehr, zur Ausrottung irgendwelcher gefährdeter Spezies beizutragen. Das dramatische Schwarzweiß von Zebrastreifen und das Goldbraun von Leopardenflecken bringen einen exotischen Akzent in ein rotes Zimmer.

Der Ausdruck »den roten Teppich ausrollen« besagt, dass jemand als VIP, als jemand ganz besonderes, behandelt wird. Man kann sich dieses erhebende Gefühl jeden Tag selbst verschaffen, indem man einen roten Teppich in den eigenen vier Wänden auslegt. Allerdings sollte man sich darüber im Klaren sein, dass ein einfarbiger Teppich empfindlicher ist als ein gemusterter. Zumal wenn Ihr Prunkstück der leuchtend gelbroten Farbverwandtschaft angehört, wird es schneller Abnutzungsspuren tragen als ein Exemplar in Tiefdunkelrot oder Blaurot. Ein einfarbig roter Teppich sollte daher grundsätzlich mit einer Schmutz abweisenden Imprägnierung versehen sein.

Ein einfarbig roter Teppich vor einer einfarbig roten Wand könnte zu viel des Guten werden, besonders in einem geräumigen Zimmer, wo beides im Großformat auftritt. Ansprechender wirkt in diesem Fall eine Auflockerung der Fläche durch ein Muster oder Streifendessin. Die Wände könnten zum Beispiel in einem rot-schwarzen Streifenmuster tapeziert oder gestrichen werden, dann könnte der Teppich einfarbig rot sein. Oder aber die Wände sind einfarbig rot, und der Teppich weist ein Schottenmuster mit Rot als Grundfarbe auf.

Wenn Sie Wände und Boden unbedingt einfarbig haben möchten, schafft eine schwarze bzw. kontrastfarbene Bodenleiste eine Unterbrechung zwischen den beiden Flächen. Schwarze Decken- und Wandleisten unterteilen die Wände in kleinere, weniger dominante Segmente.

Die Verwendung von Stoffen

Es gibt viele Möglichkeiten, Muster in einen Raum zu integrieren. Am leichtesten gelingt dies jedoch in der Regel mit Textilien. Vorhänge, Fensterblenden, Kissenbezüge, Decken und Überwürfe tragen gewebte oder bedruckte Dessins. Eine vielseitig einsetzbare Stoffvariante sind Tartans, die es nicht nur mit Grün, sondern auch mit Rot als Grundfarbe gibt. Paisleystoffe sind meistens in eher bläulichem Rot gehalten.

In sich gemusterte Damast- und Jacquardgewebe fühlen sich kostbar an und passen besonders in klassisch eingerichtete Räume. Man kann damit etwas Textiles ins Zimmer bringen, ohne eine andere Farbe oder ein auffälliges Muster einführen zu müssen. Am üppigsten wirkt roter Samt. Auf roten Samtkissen werden im Märchen Königskronen und Glaspantoffeln aufbewahrt.

Es gibt ganz unterschiedliche Samtqualitäten, vom luxuriösen, teuren Seidensamt bis zum weniger kostspieligen Synthetiksamt. Samt kann einfarbig oder gemustert sein, wobei das Dessin auf den Flor aufgedruckt, aufgeprägt oder durch Ausbrennen erzielt wird. Um einen besonders verschwenderischen, üppigen Eindruck zu schaffen, kann man

RECHTS: *Das Gestalten mit Farben beschränkt sich nicht auf die Wände. Hier gibt ein hochglanzlackierter roter Fußboden einem weißen Raum warme Bodenhaftung. Die Objekte und Möbelstücke auf diesem Boden wirken stark und rein. Das kräftige Rot wärmt das kühle Weiß der Wände, die sich in ihm spiegeln.*

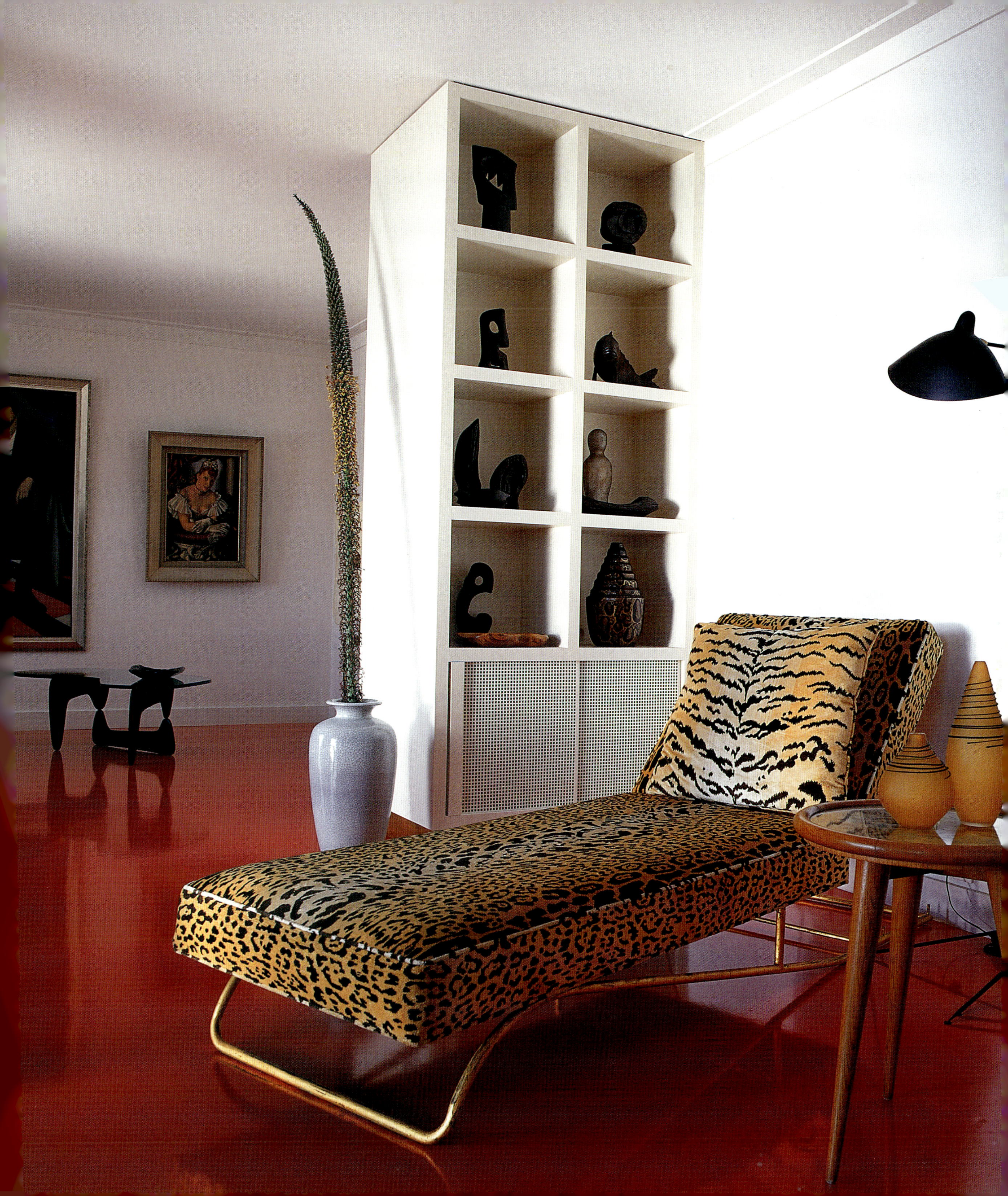

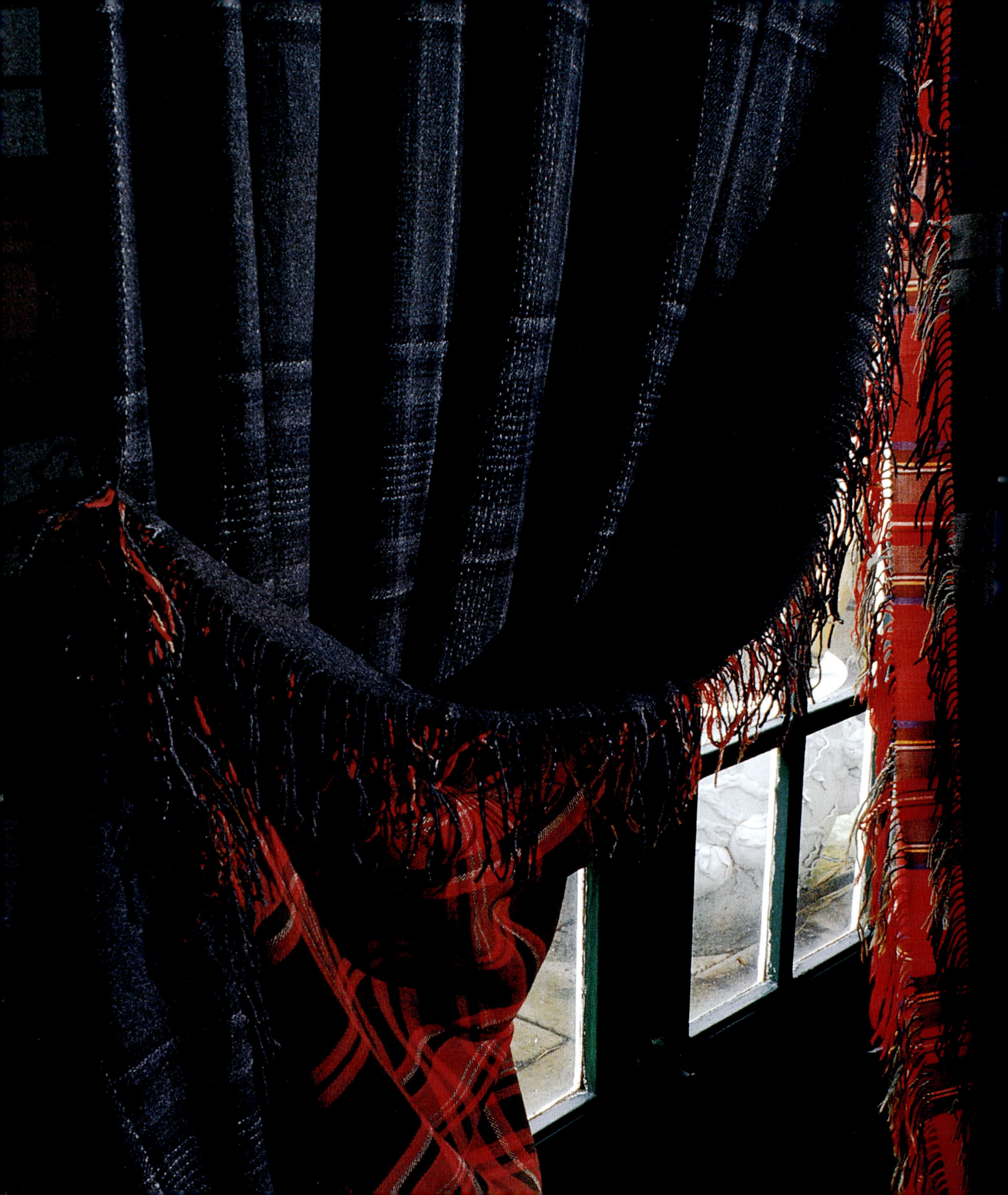

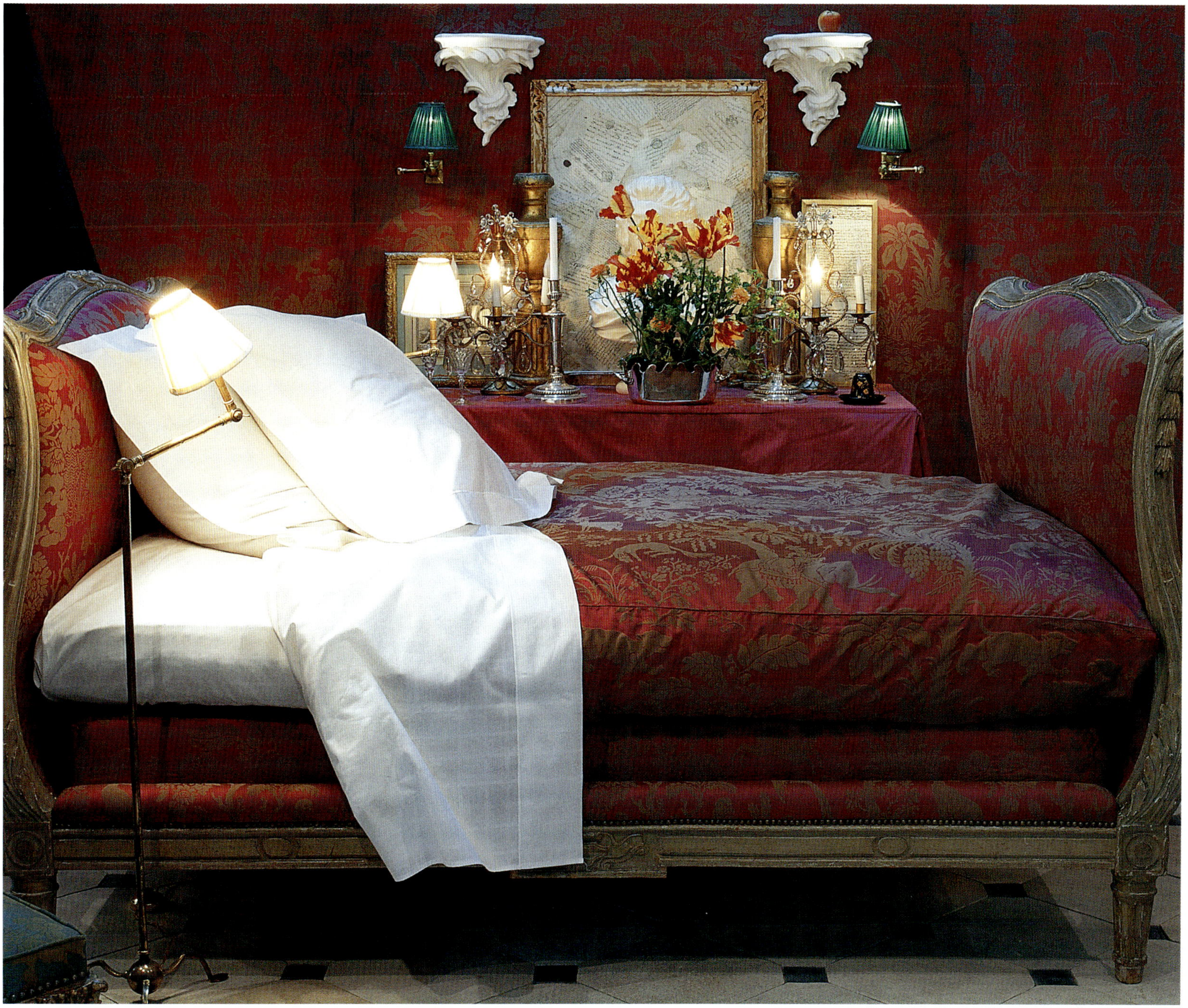

OBEN: *Hellere Rottöne wie Himbeer- und Damaszenerrot haben eine beruhigende und Geborgenheit spendende Wirkung. Ihr kühler Blaueinschlag macht sie vor allem für Schlafzimmer geeignet. Sie lassen sich gut mit Silber und anderen blaugetönten, silbrigen Metallen kombinieren.*

LINKS: *Manche Schottenmuster weisen eine ganze Skala von Farben wie Gelb, Blau, Grün, Schwarz und Weiß vor rotem Hintergrund auf. Wenn Sie mehrere Farben mit Rot kombinieren möchten, kann ein rotgrundiger Tartan die Lösung sein. Als Gardinen oder Polsterstoff oder als Teppich verbindet er die Farbelemente im Raum miteinander.*

Kissen all dieser veschiedenen Samtqualitäten auf einem Bettsofa oder Sofa arrangieren.

Rote Möbel sind gewöhnlich gestrichen oder lackiert. Erdig braune und bläuliche Rottöne finden sich bei den Stühlen und Schränken der amerikanischen Shaker wie bei vielen Gebrauchsmöbeln in skandinavischen Häusern. Das Esszimmer im Heim des schwedischen Künstlers Carl Larsson ist mit Möbeln ausgestattet, die tiefrot, grün und in einem helleren, eher orangefarbenen Rot gestrichen sind. Wenn sich draußen Schneeberge auftürmen, schaffen solche Farben eine Atmosphäre der Wärme.

Trotz aller Warnungen vor Rot in Wohnräumen ist Rot eine Farbe, die durchaus Wohlgefühl vermitteln kann. Viele Leute, die einmal ein rotes Zimmer hatten, möchten es nicht mehr missen. Rot hat alle Moden und Trends überdauert und ist in traditionellen wie in modernen Einrichtungen gleichermaßen zu Hause, auch wenn die Wahl des Farbtons und die Farbzusammenstellung unterschiedlich sein mag.

Die Beleuchtung von Räumen, in denen Rot dominiert, bringt gewöhnlich weniger Schwierigkeiten mit sich als die von Räumen in dunkleren Blau- und Grüntönen, weil Rot nicht so viel Licht absorbiert. Das gilt ganz besonders für die leuchtend gelblichen Nuancen. Die bläulichen Rottöne schlucken allerdings ähnlich viel Licht wie Blau.

Gelbrot ist der Farbton der Wahl für Räume, die am Tag genutzt werden. Das Gelb im Rot bringt Helligkeit und macht den Raum lebendig. Außerdem spricht es sehr gut auf natürliches Licht an. Die blaue Seite des roten Farbspektrums wirkt in natürlichem Licht schnell stumpf und braucht selbst während der Tagesstunden zusätzliches künstliches Licht.

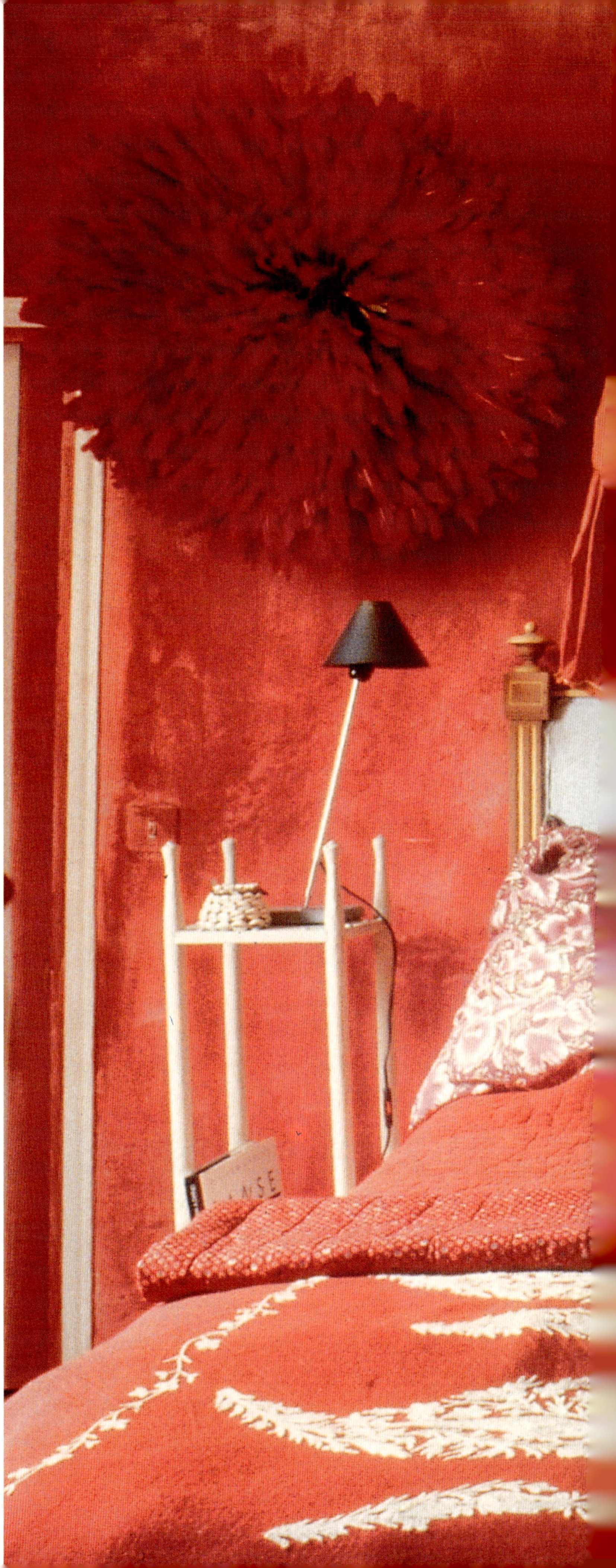

RECHTS: *Man kann verschiedene Rottöne nebeneinander in einem Raum einsetzen. Es empfiehlt sich allerdings, bei derselben Farbfamilie zu bleiben, also entweder bei gelbstichigem oder aber blaustichigem Rot, damit die verschiedenen Nuancen untereinander harmonieren. Gelbliche Rottöne wirken sehr feurig und intensiv und bleiben daher am besten einzelnen Dekorationsobjekten und öffentlichen Räumen oder Zimmern, die am Tag genutzt werden, vorbehalten.*

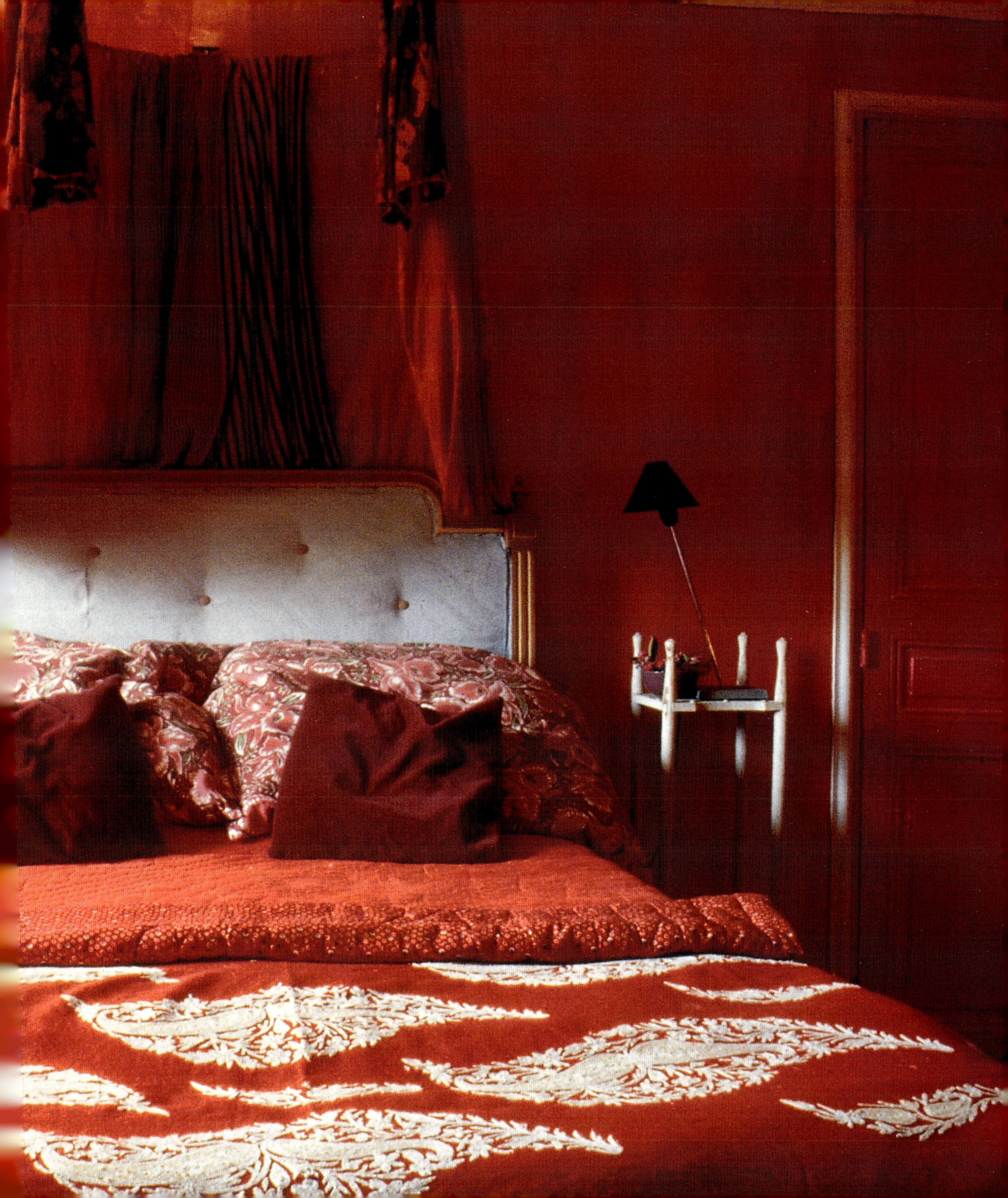

Dagegen passen die bläulichen Rottöne sehr gut zu künstlichem Licht und Räumen für den Abend und die Nacht. Das Licht kann hier eingesetzt werden, um bestimmte Aspekte im Raum auszuleuchten und vor den dunkelfarbigen Wänden hervortreten zu lassen. Dieser plastische Effekt lässt sich bei den gelblichen Rottönen nicht so leicht erzielen, weil sie heller sind. Direkt auf vergoldete Bilderrahmen, Bronze oder andere glänzende Gegenstände gerichtete Spots verfehlen allerdings auch hier nicht ihre Wirkung.

In guten Einrichtungs- und Elektrogeschäften gibt es farbige Glühlampen, darunter einen warmen Rosaton, der sich hervorragend eignet, um einer rot gehaltenen Einrichtung zusätzliche Tiefe und Wärme zu verleihen. Lassen Sie sich jedoch nicht von wirklich roten Glühlampem in Versuchung führen; sie geben zu wenig Licht. Aus diesem Grund eignen sie sich allenfalls als Weihnachtsschmuck und für Partys, aber nicht zur Verschönerung eines Wohnraums.

Wo das Rot herkommt

Schon im alten Ägypten, in Persien, China und Indien wurde rot gefärbt. Der Farbstoff stammte aus Erdpigmenten und Pflanzen, zum Teil auch aus Tierblut. Im Laufe der Zeit kamen immer neue Nuancen hinzu. Diese komplexeren Pigmente wurden aus Insekten, Schellfisch und Mineralien hergestellt. Zu den bekanntesten und bewährtesten Naturpigmenten gehörten ein aus den Panzern der Koschenille-Schildlaus hergestellter Farbstoff und das aus der Krappwurzel gewonnene Krapprot.

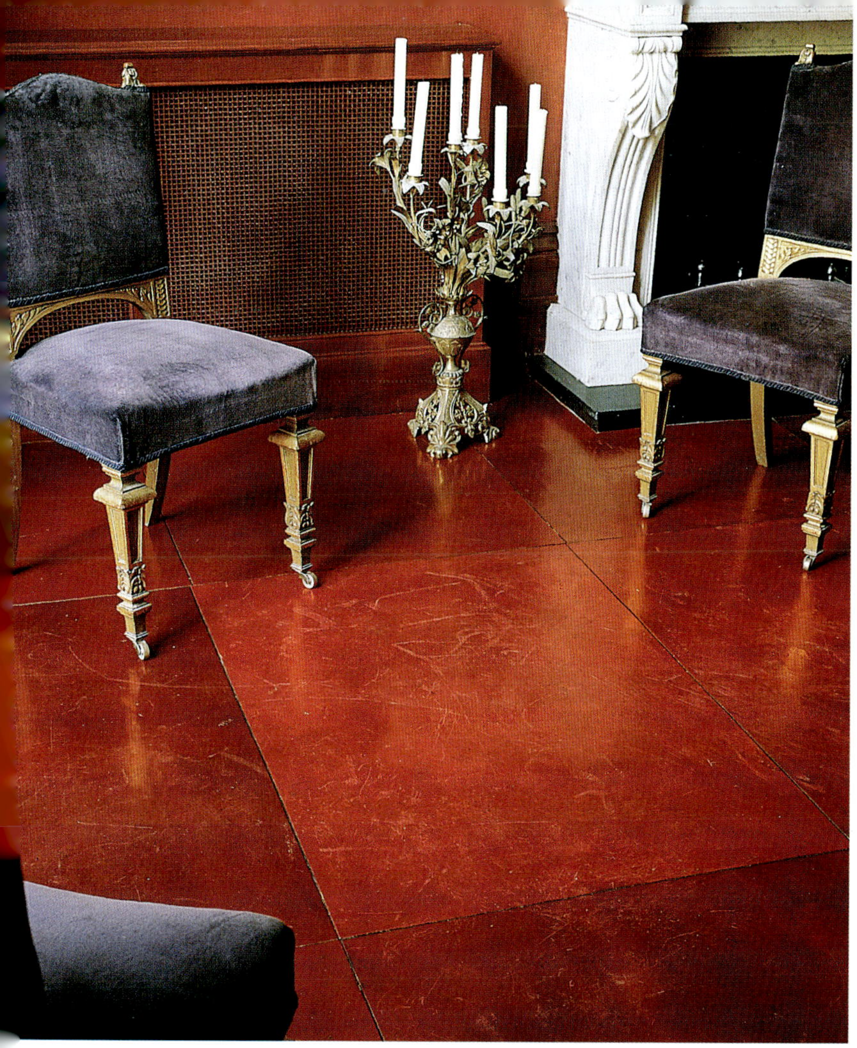
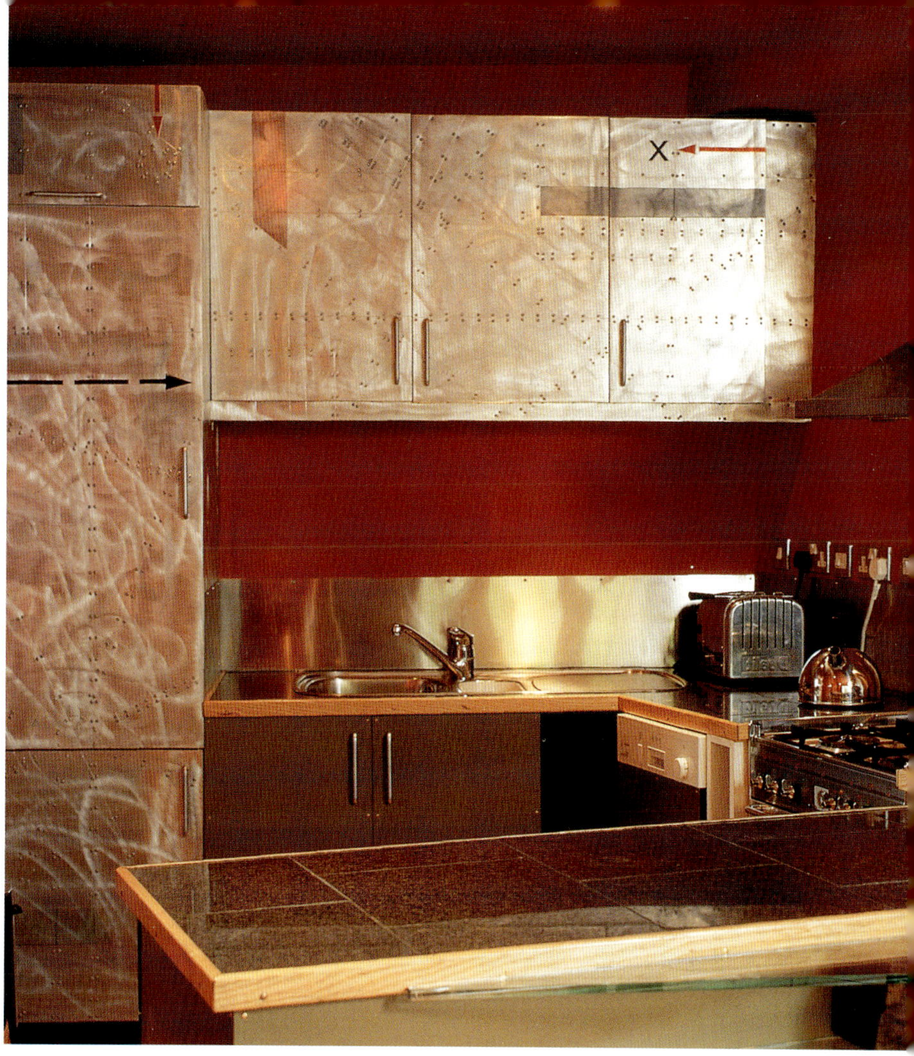
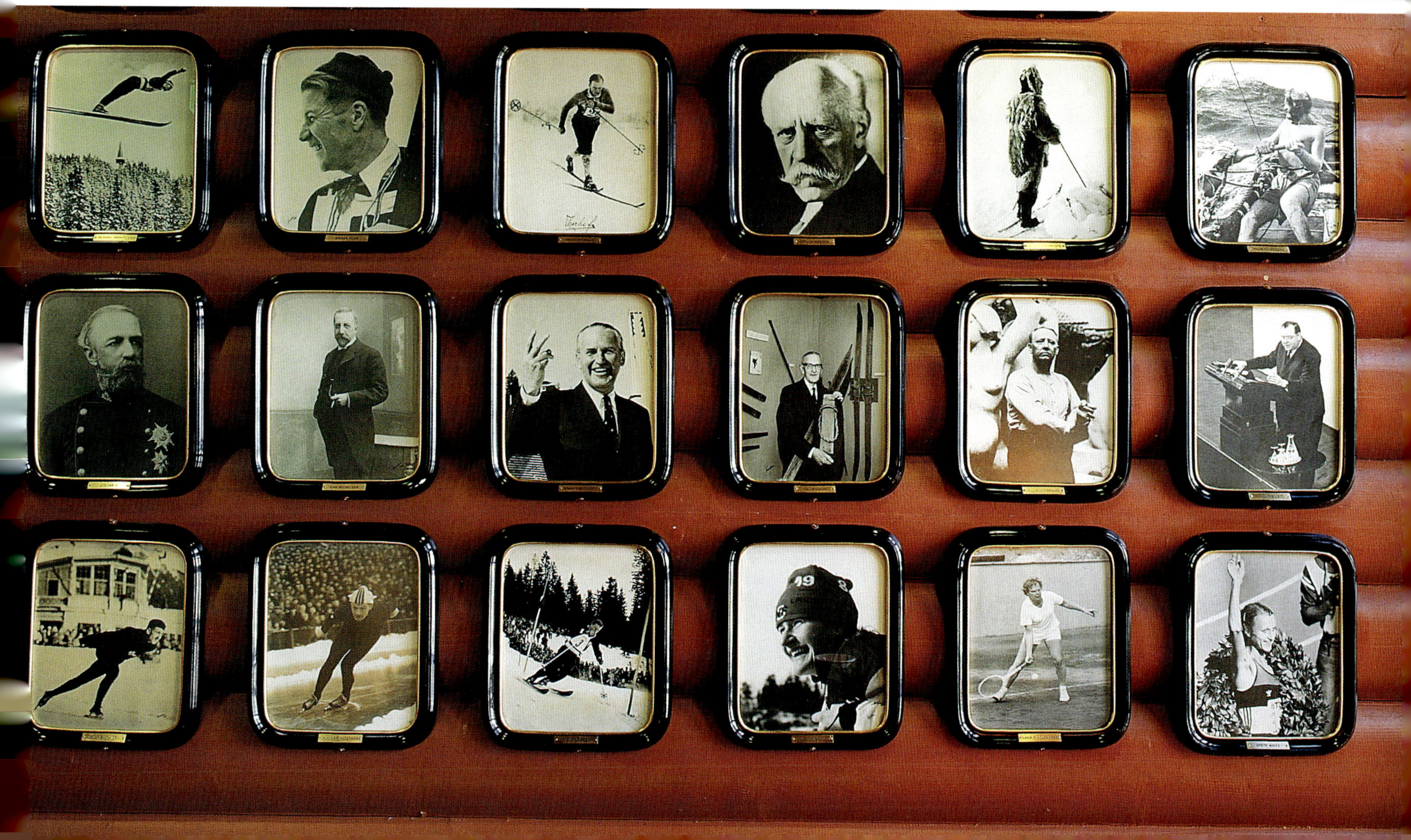

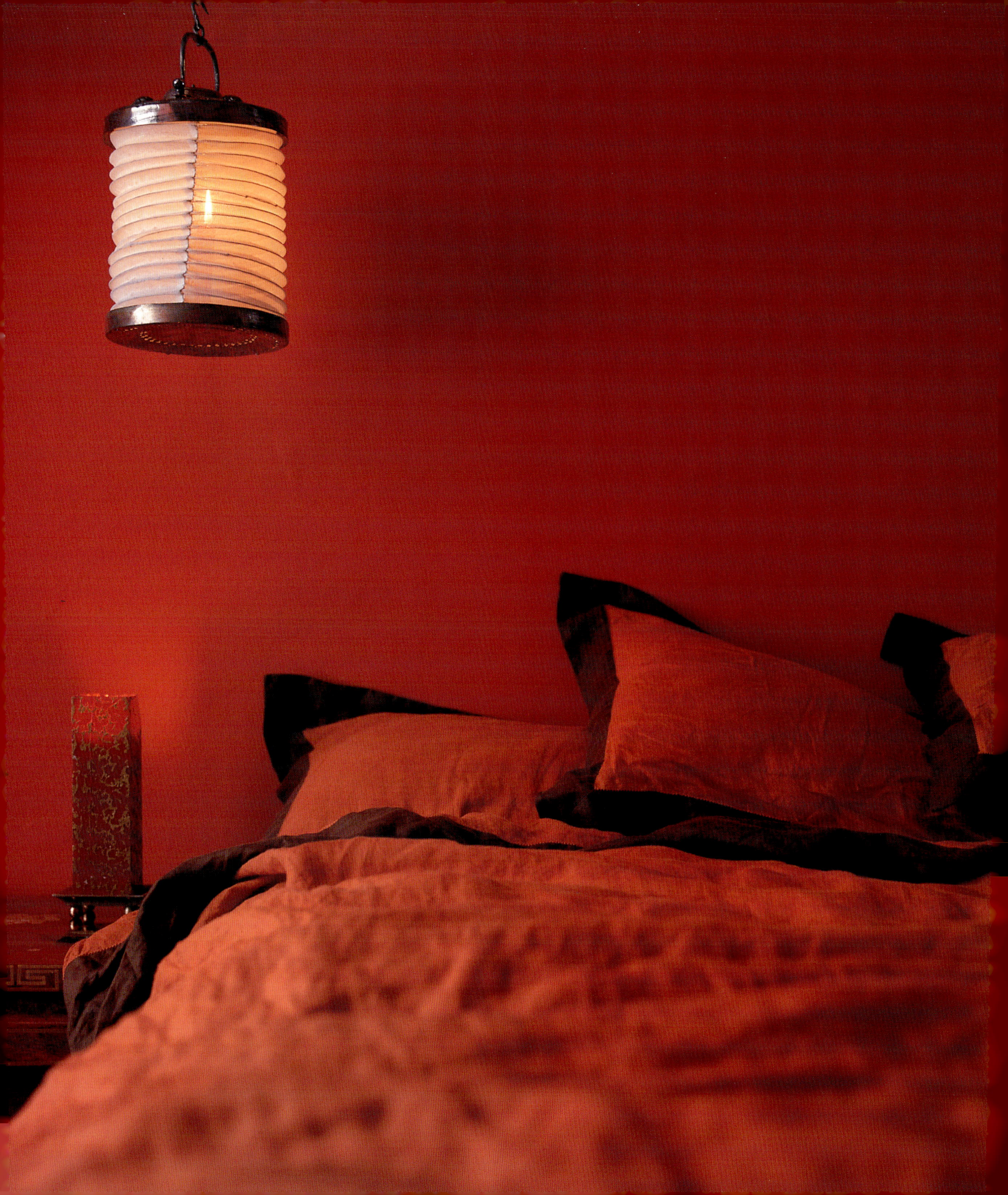

Der Pinkton der Koschenille *entstand aus den zerquetschten, getrockneten, weiblichen Insekten, die auf Kakteen in Mexiko gezogen wurden. Die Farbe war sehr teuer in der Herstellung. Mit Koschenillerot gefärbte Stoffe erzielten hohe Preise.* Krapp *stammt von dem gelb blühenden Kraut* Rubia tinctorum *und war sehr viel leichter zu beschaffen. Zudem lässt sich der eigentliche Farbstoff relativ problemlos aus der Wurzel der Pflanze gewinnen.*

Zinnober *war in Europa seit dem 18. Jahrhundert in Gebrauch. Es ist eine leuchtende Farbe mit einem leichten Orangestich. Die ursprünglichen Zinnoberpigmente waren allerdings wenig lichtbeständig, das leuchtende Rot dunkelte oft mit der Zeit zu Schwarz nach.*

Nach 1856 wurden mehr chemische Farben hergestellt und Farbtöne wie Mauve, Magenta und Karmin tauchten auf. Das 1886 zum ersten Mal hergestellte Färberkarmin *ersetzte Krapprot und Karminbeize. Der kräftige, dauerhafte Farbstoff eignete sich gut für glänzende Anstriche. In den Zwanzigerjahren des 20. Jahrhunderts wurde* Cadmiumrot, *ein Gemisch aus drei Teilen Cadmiumsulfit und zwei Teilen Cadmiumselenit, entwickelt. Es ergibt ein Rot mit einem grellen, orangenen Unterton.*

Stimmungsbilder in Rot

Rot ist mit Vorsicht zu behandeln. Nicht umsonst werden die grellen Rottöne wie Zinnober- und Scharlachrot mit »rot sehen vor Wut« oder »Gefahr« assoziiert. Wenn sie in einem Raum zu stark vertreten sind, können sie die Bewohner ins Schwitzen bringen, sie gereizt, ja ärgerlich machen. Mit Schwarz oder Blau gemischt wird die Farbe jedoch ruhiger und weicher und kann Gefühle des Wohlbehagens und des Aufgehobenseins auslösen, die an die Geborgenheit im Mutterleib erinnern.

Rot soll außerdem bei Kreislaufstörungen helfen. In einem roten Zimmer zu sitzen oder sich in eine leuchtend rote Decke zu wickeln, gibt psychologisch Wärme und Sicherheit. Darüber hinaus soll Rot Menschen, die sich träge fühlen, neu beleben und ihnen mehr Energie verleihen.

Wenn Sie Ihre Eingangstür rot streichen oder eine rote Matte oder einen roten Läufer in den Flur legen, dann heißt das, dass

Ihnen Gäste und Besucher willkommen sind. In der Feng Shui-Lehre kann ein Läufer oder eine größere Matte als symbolische Brücke zwischen der Haustür und dem privaten inneren Heiligtum des Heims fungieren.

Rote Blumen oder eine rote Kerze gelten als günstiges Vorzeichen. Allerdings sollte man dem Vernehmen nach niemals rote und weiße Blumen mischen, weil das an Blut und Verbandszeug erinnert. Insofern ist diese Farbe besonders ungeeignet für einen Krankenhausbesuch oder für einen Genesenden.

Rot ist eine Primärfarbe und damit neben Gelb und Blau eine der drei »reinen« Farben, die nicht durch Mischung mit anderen Pigmenten entstehen. In der Heraldik steht Rot für Heißblütigkeit, Großmut und Tapferkeit. Im kirchlichen Kontext symbolisiert es Märtyrertum und spielt eine wichtige Rolle am Weißen Sonntag. Unter den Metallen repräsentiert Rot Eisen, das Metall des Krieges. Unter den Edelsteinen ist der Rubin die Verkörperung von Rot. Und unter den Planeten repräsentiert Rot den Mars, der zugleich der Gott des Krieges ist. Im volkstümlichen Brauchtum ist Rot die Farbe der Magie. Rot ist aber auch die Farbe des Radikalismus, des Sozialismus und der Revolution.

Purpur entsteht durch Mischung einer bestimmten Menge von sattem Rot und Blau. Die Farbtöne, die dabei herauskommen, können von Aubergine und Amethyst bis hin zu Blaubeer und Brombeer variieren. In der Regel ruft Purpur starke Empfindungen hervor und ist eine Farbe, an der sich die Geister scheiden.

Auf der dem Purpur gegenüberliegenden Seite des Farbenkreises findet sich reines Gelb, eine Primärfarbe. Verwandte Farben von Purpur sind Karmin und Violett. Doch auch Grün, obwohl es nicht im strengen Sinn zur Familie der verwandten Farben gehört, erweist sich als guter Gesellschafter für Purpur. Wie schon im Kapitel über Grüntöne ausgeführt, ist Grün als Farbe aus der Natur gleichsam neutral. In der richtigen Dosierung eingesetzt ergibt Grün mit Purpur ein durchaus ungewöhnliches, aber sehr elegantes, geschmackvolles Bild.

RECHTS: *Die Pink- und Purpurtöne dieses Stilllebens sind ein Beispiel für ein so genanntes Ton-in-Ton-Arrangement. Die Farben weisen alle dieselben Grundnoten auf – Rot und Blau –, allerdings in unterschiedlichen Mischqualitäten, sodass einige eher zur Blauseite des Farbenkreises tendieren, andere mehr zur roten.*

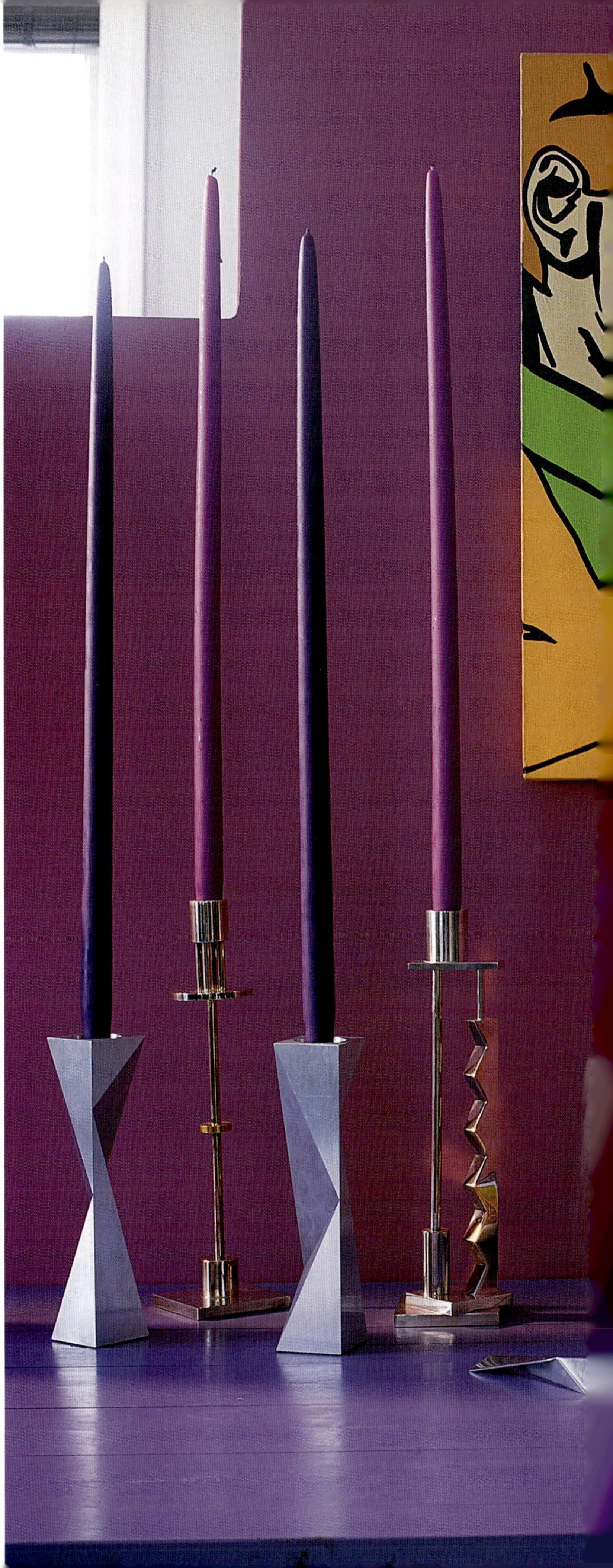

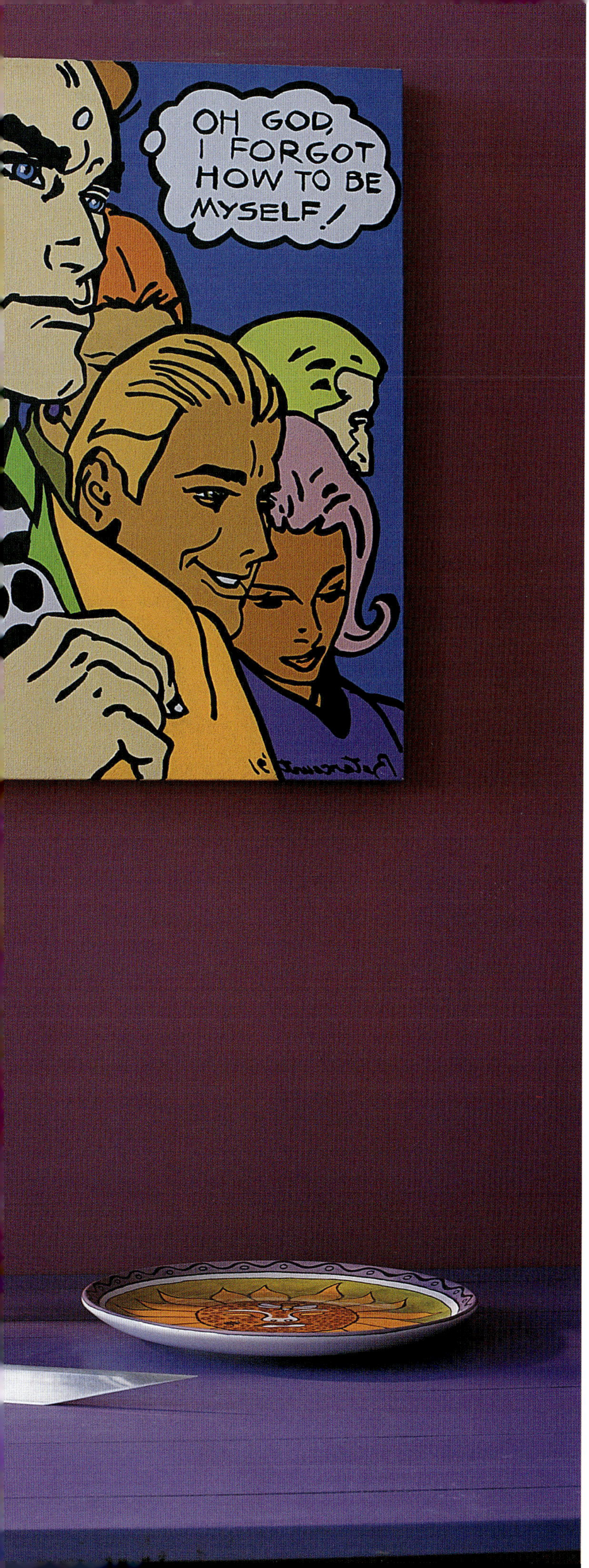

Da Purpur eine dominante, intensive Farbe ist, eignet es sich eher für Akzente, zum Beispiel für einzelne Paneele, als Farbe für eine Wand oder für eine textile Nebenrolle, als Polsterstoff, Kissenbezug oder Überwurf. Um einen eleganten Täfelungseffekt zu erzielen, können Sie die Füllungen in einem kräftigeren Ton streichen und für den Rest der Wand eine hellere Farbe wie Lila oder Creme wählen.

Die blasseren Verwandten von Purpur wie Lavendel und Lila sind oft mit bestimmten Moden gekoppelt, zum Beispiel mit der Flowerpower-Zeit der Sechzigerjahre des 20. Jahrhunderts. Echtes, sattes Purpur dagegen genoss und genießt unter den Liebhabern kräftiger Farben immer die gleiche Beliebtheit. Purpur hat die Wärme von Rot, ist aber durch die Beimischung von Blau weniger erdrückend. Es ist eine luxuriöse, festliche Farbe, die man jedoch leicht mit helleren Nuancen abmildern oder auflockern kann.

Purpur hat auch etwas Bohèmehaftes. Es taucht häufig in den Häusern und Arbeitszimmern von Schriftstellern, Künstlern und Menschen mit unkonventionellem Lebensstil auf. Und schließlich sind Purpurtöne charakteristisch für böhmisches Kristall aus Tschechien.

Historische Bezüge

Purpur ist die Farbe der Zwanzigerjahre des 20. Jahrhunderts, der so genannten »roaring twenties« mit den modisch gekleideten »Flappergirls« und Cliquen – ein dramatisch-opulentes Sinnbild der Zeit nach dem Ersten Weltkrieg, als das Pendel von strenger Sparsamkeit zu Luxus und Überfluss umschlug.

Auch in der viktorianischen Ära war Purpur allgemein beliebt. Das erste synthetische und damit billigere Mauve wurde 1856 von William Henry Perkin entwickelt. Nun konnte sich jedermann einen Mauve-Anstrich leisten. Die Farbe wurde nicht zuletzt deshalb so populär, weil Queen Victoria sie favorisierte, als sie 1861 nach dem Tod von Prinz Albert im Alter von nur zweiundvierzig Jahren in tiefer Trauer war, ein Zustand, in dem sie praktisch für den Rest ihres Lebens verharrte. Obwohl ihre Untertanen den Kummer der Monarchin nicht im selben Maße teilten, sah man die Farbe dadurch allenthalben.

In georgianischen Zeiten kam ein interessanter, purpurbrauner Farbton in Mode, der an reife Feigen erinnerte und der noch heute an manchen der alten Häuser im Londoner Eastend zu bewundern ist. Die Farbe wurde sowohl für

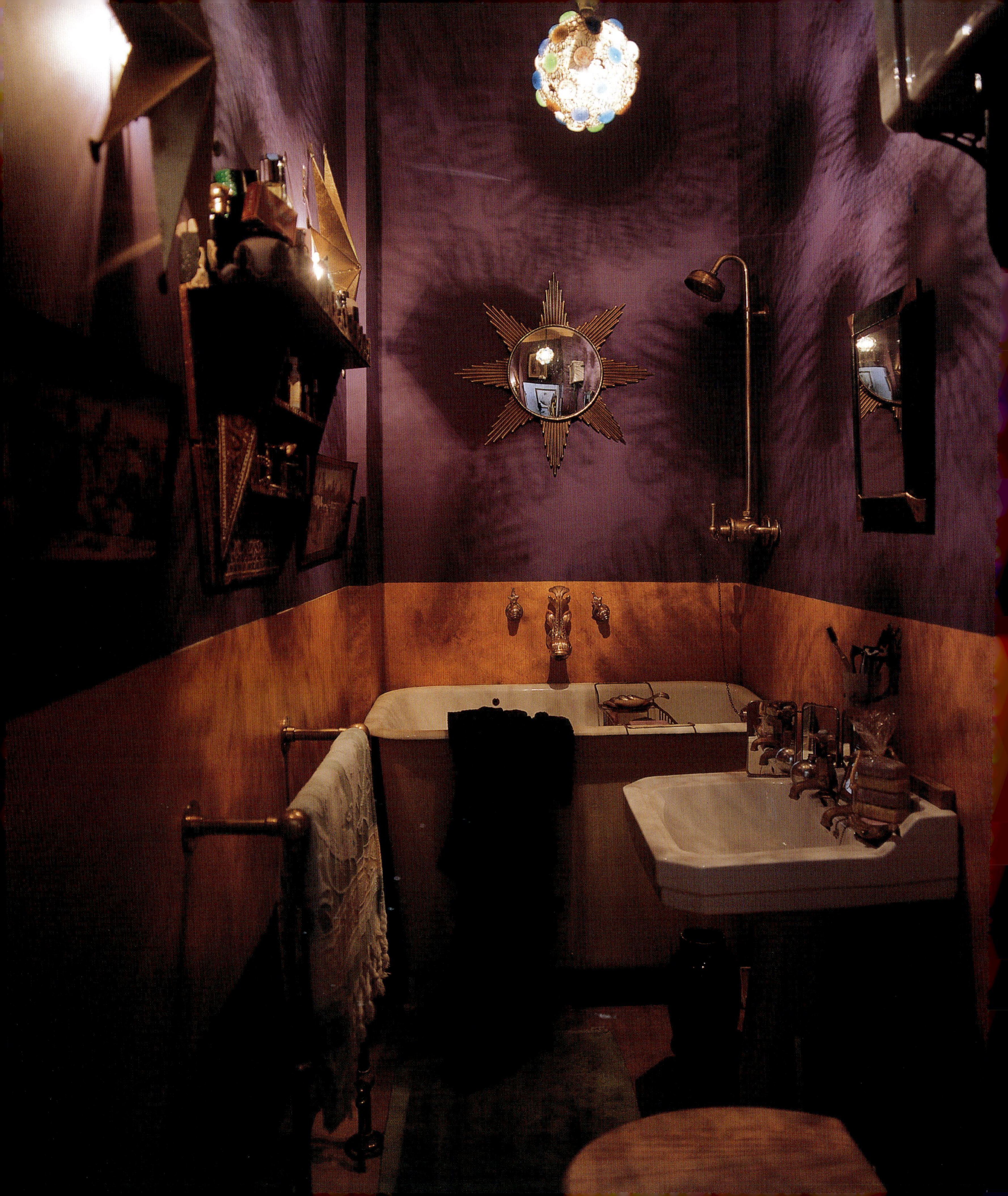

Innenräume als auch für Außenwände verwendet und aus verschiedenen Pigmenten gemischt. Zu einem alten Schrank oder einem Einbauregal in dieser Farbe wirken Accessoires in Zinngrau und das ins Pink gehende Rot von altem Cranberry-Glas besonders schön.

Bei den Römern war Purpur eine Statusfarbe, nachdem Gaius Julius Cäsar verfügt hatte, dass sie nur von der kaiserlichen Familie und Mitgliedern des Senats und des Adels getragen werden durfte. Dabei war Purpur so teuer und kostbar, dass die meisten Togen nur mit einem Purpurstreifen eingefasst waren, um den Status des Trägers deutlich zu machen.

Farbvariationen

Doch Purpur ist keineswegs bloß eine historische oder modische Farbe. Es kann eine kräftige, moderne Note bekommen, wenn es mit lebhaftem Gelb (einer Variante seiner Komplementärfarbe), Limonengrün und orangefarbenen Accessoires kombiniert wird. Diese reizvollen Farben werden durch den Grundton Gelb geeint und heben sich gut von der satten Hintergrundfarbe ab.

Besonders königlich erstrahlt Purpur in Verbindung mit helleren Rottönen. Ungewöhnlich und zugleich sehr geschmackvoll wirken rote Kissen auf einem purpurnen Sofa oder Sessel.

Kühles Silber statt warmer Gelbgoldtöne neben Purpur sieht sehr vornehm und leicht dekadent aus. In der Zusammenstellung von Silber oder Chrom und Purpur halten sich Schwer und Leicht, satte und kühle Farbe die Waage, ein Gleichgewicht, das gut zu einem zurückhaltenden, aber extravaganten Raum in exquisitem, minimalistischem Stil passt.

Zum Beispiel könnte man zwei Wände des Raums tief purpur streichen und die gegenüberliegenden Wände weiß. Vor den weißen Wänden wird ein Sofa mit einem losen Überwurf aus blauroten Leinen platziert, vor der purpurnen Wand steht sein Pendant, diesmal jedoch in silbriges, weißgraues Leinen gehüllt. Die übrigen Möbel können aus Chrom, Glas oder schwarz lackiert sein. Eine Schale mit tief purpurnen Anemonen schmückt das Kaminsims oder die schwarzweiße Kaminumrandung.

Der schottische Architekt und Designer Charles Rennie Mackintosh schuf Anfang des 20. Jahrhunderts mit ebendieser Farbkombination eine eigene Version eines puristischen Einrichtungsstils. Seine oft auffällig großen, geradlinigen

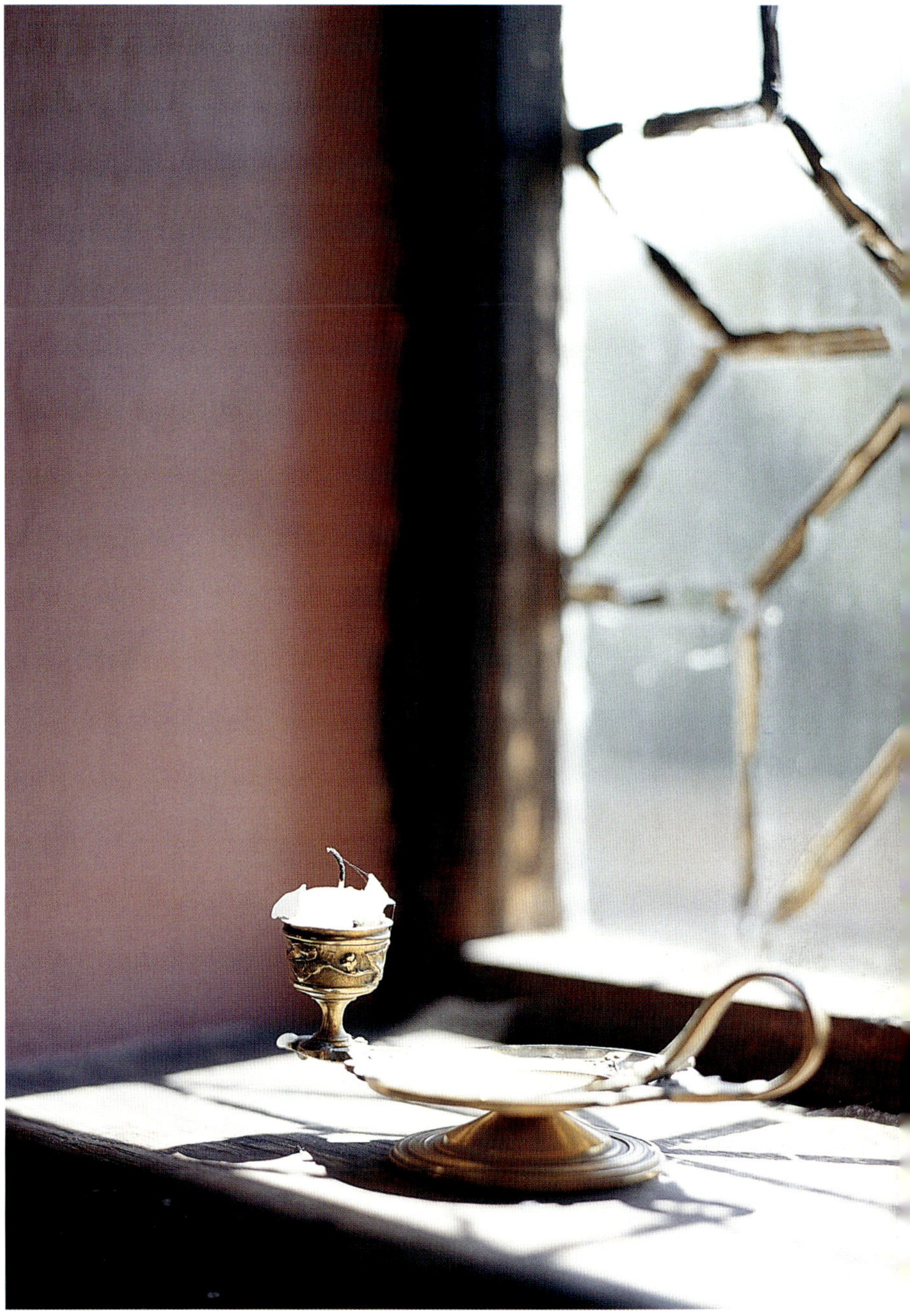

OBEN: *Die Intensität einer roten Wand wechselt je nach Lichtquelle. Überprüfen Sie Ihre Farbwahl daher sowohl bei Tageslicht als auch bei Kunstlicht, um die Unterschiede abschätzen zu können, bevor Sie Ihre Wände in der ausgewählten Farbe streichen.*

LINKS: *Die Wände dieses Badezimmers wurden unterteilt. Der untere Bereich ist in einem rotgrundigen Orange gestrichen, darüber erscheint eine tiefere, eher pflaumenrote Schattierung. Abends wird der Raum zum perfekten Ambiente für ein entspannendes Bad.*

Möbel waren gewöhnlich weiß oder schwarz lackiert und gelegentlich mit einem stilisierten Blumenmotiv aus wenigen zartfarbigen Stängeln und eingelegtem purpurnem Amethystglas geschmückt. Obwohl Mackintoshs Arbeiten häufig als Art Nouveau bezeichnet werden, haben sie nichts von der Überladenheit, die manche Entwürfe aus dieser Zeit aufweisen. Mackintosh verwarf den schwülstigen viktorianischen Stil zu Gunsten einer sparsamen Einfachheit, die sich in geometrischen Formen und schmucklosen Oberflächen niederschlug.

Für einen eher konventionell gestalteten, üppigen Purpurlook können zwei Wände in einem Purpurton mit stärkerer Rotnuance und zwei in einem bläulichen Purpurton gestrichen werden. Die Farben sollten jedoch miteinander harmonieren. Befestigen Sie reich verzierte goldene Wandleuchter an den Wänden, hängen Sie einen goldenen Lüster an die Decke und drapieren Sie Vorhänge mit einem auf blassgoldenem Hintergrund aufgeprägten Purpurmuster um die Fenster. Die Stühle könnten französisches Empire sein, mit kunstvoll geschnitzten Rückenlehnen. Wenn es sich um ein Speisezimmer handelt, kann der Tisch mit feinen, papierdünnen weißen Porzellantellern mit Purpur-Goldrand gedeckt werden – eine wahrhaft fürstliche Tafel, an der Napoleon hätte dinieren können.

Purpur wird unter anderem eine kontemplative Ausstrahlung nachgesagt, besonders die bläulichen Purpurtöne sollen einen entspannenden, therapeutischen Effekt haben. Deshalb ist Purpur eine gute Farbe für einen Schlafraum oder einen Raum, in dem man sich entspannen möchte. Ein Schuss Purpur lässt zudem Blaunuancen wärmer wirken. Ein Badezimmer, das in der unteren Wandhälfte mit purpur-, lavendel-, dunkel- und hellblauen Fliesen gekachelt und in der oberen Wandhälfte lavendelblau gestrichen ist, wirkt wärmer als ein Bad nur in Hell- und Dunkelblau. Die verwendeten Farben haben einen gemeinsamen Grundton und der Rotstich des Purpur wirkt der Kühle im Blau entgegen. In Küchen ist Purpur kaum anzutreffen. Auch bei Geschirr ist die Farbe selten, ausgenommen als Rand oder kleinformatiges Dekor.

Eine weitere Farbe, die gut zu Purpur passt, ist Grau. Wie Silber und Zinn bildet es einen harmonischen, attraktiven Begleitakkord zu den intensiven Rottönen. Die Kombination Purpur/Grau wirkt besonders schön im Verein mit nicht glänzenden Oberflächen wie Seide und matten Wandfarben, die den Farben eine pudrige, fast textilähnliche Beschaffenheit verleihen.

Alles hängt von der Oberfläche ab

Wenn Sie Purpur wirklich lieben, dann versehen Sie Ihre Wände mit einem hochglänzenden purpurnen Anstrich. Der harte, schimmernde Glanz wird die Farbe noch dunkler und tiefer wirken lassen. Testen Sie zunächst an einer Probefläche, ob Sie auch wirklich genau die Nuance getroffen haben, die Sie um sich haben möchten, wenn die Farbe getrocknet ist. Etwas abmildern können Sie eine kräftige Purpurtönung, wenn Sie die Farbe mit Weiß kombinieren. Man kann zum Beispiel bestimmte Maltechniken verwenden, um die Intensität der ursprünglichen Farbe zu erhalten, ihren Gesamteindruck aber etwas zu dämpfen. So kann man tief purpurne Farbe mit einem trockenen, zusammengeknüllten Tuch auftupfen oder einen breiten Malerpinsel mit harten Borsten über einen weiß gestrichenen Hintergrund ziehen, sodass die dunkle Farbe nur dünn aufgetragen wird und das Weiß an vielen Stellen hindurchschimmert. Auf diese Weise wirkt die Deckfarbe nicht so massiv.

Wenn Ihnen Weiß ein zu harter Kontrast ist, versuchen Sie es mit einem gebrochenen Weiß oder Creme, das etwas wärmer ist als Weiß. Wenn Sie einen rötlichen Purpurton verwenden, achten Sie darauf, dass die Cremefarbe ebenfalls einen warmen Rotstich hat.

Die Wischtechnik ist eine andere gute Möglichkeit, einer satten Farbe mehr Leichtigkeit zu geben. Das Geheimnis besteht darin, den Schwamm oder Pinsel möglichst trocken zu halten und die Farbe von der Stelle aus, an der sie aufge-

RECHTS: *Purpur ist eine Farbe, die immer wieder einmal in Mode und aus der Mode kommt und an der sich die Geister scheiden. Hier betont sie eine sanft geschwungene Wand und wird begrenzt von einem schlichten, aber deutlich abgehobenen schwarzen Bodenbelag und einer neutralen weißen Wand. Da Purpur keine ganz unproblematische Einrichtungsfarbe ist, empfiehlt es sich, sie nur für eine einzelne Wand oder für Wohnaccessoires einzusetzen.*

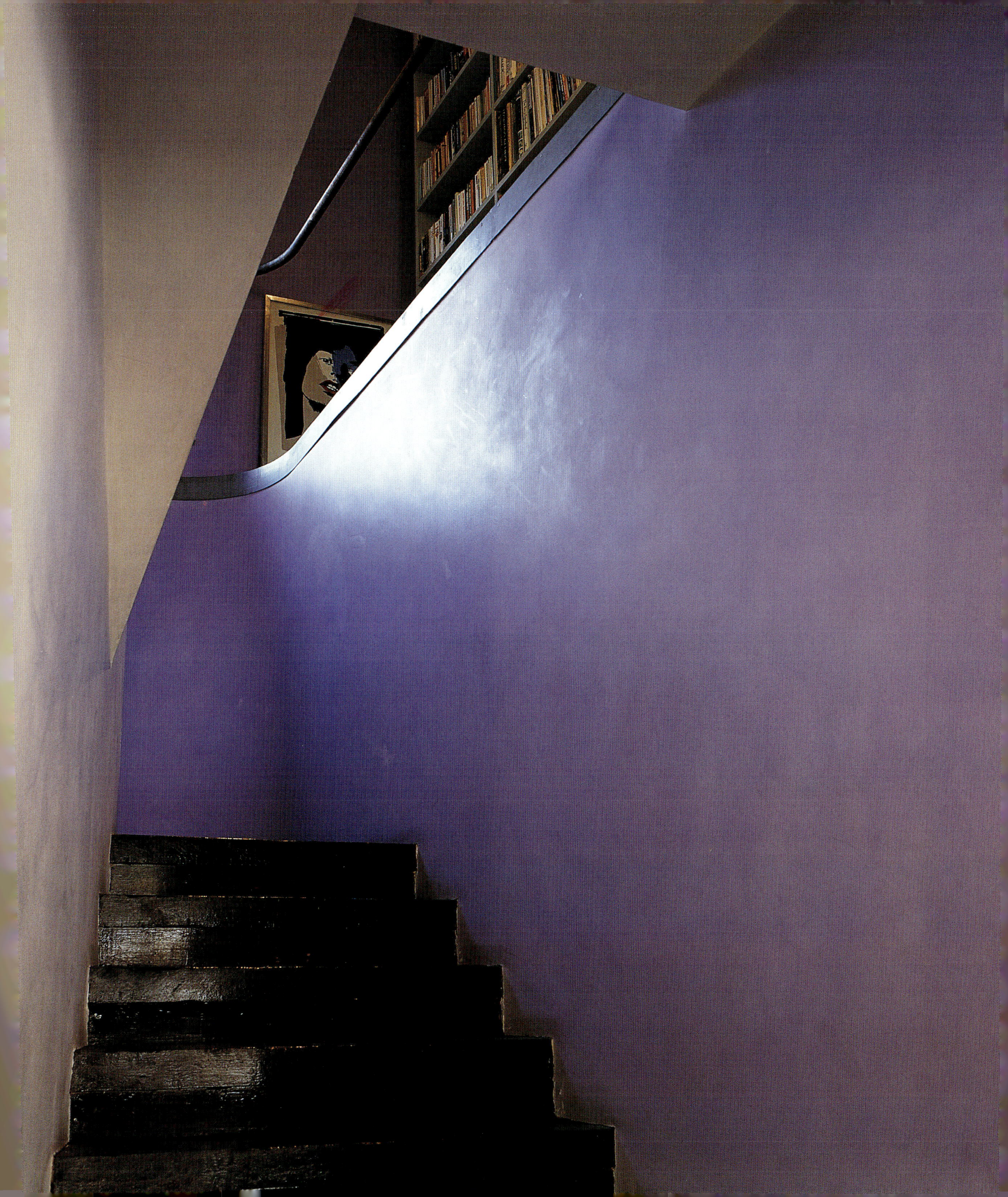

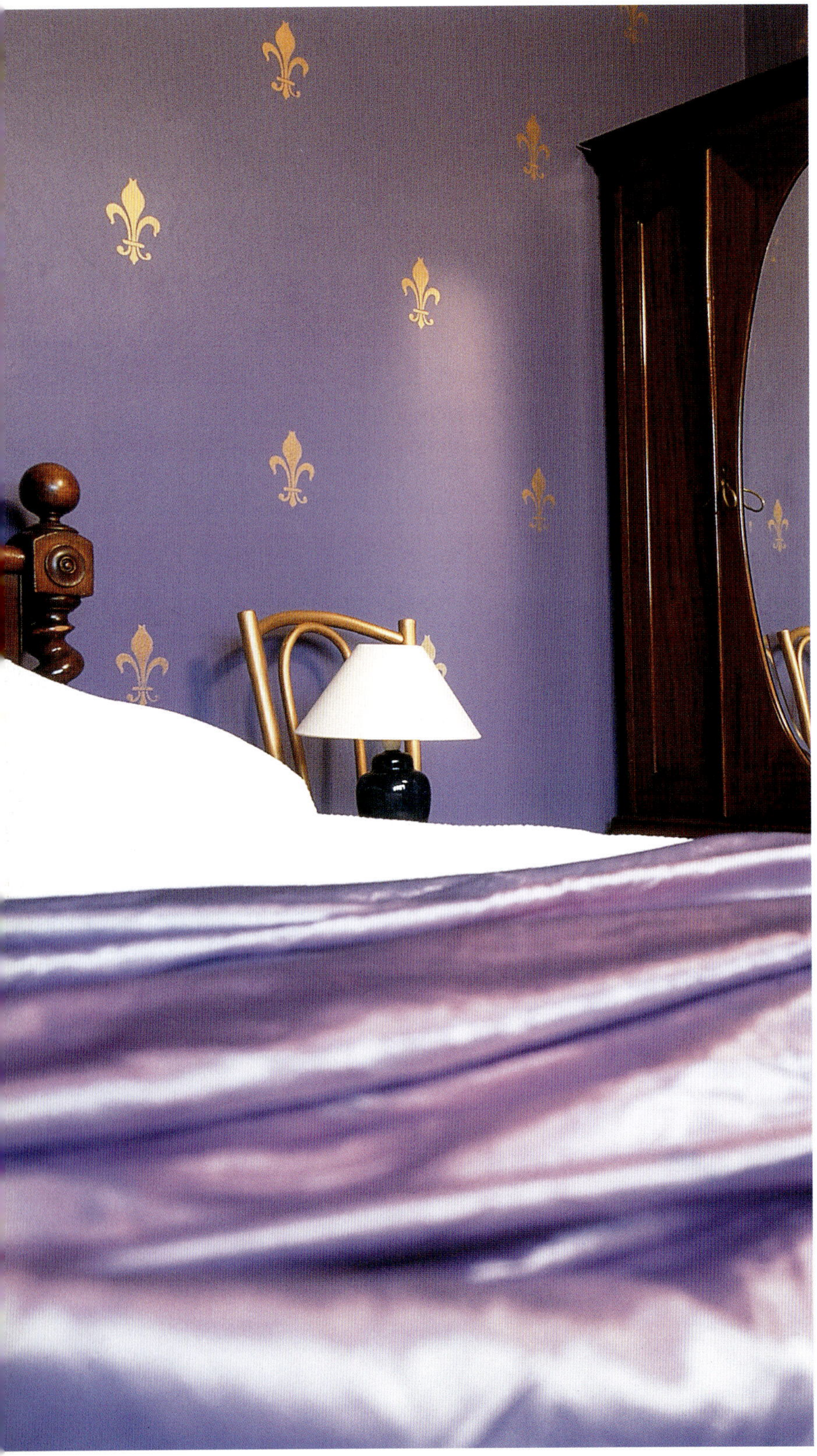

bracht wurde, mit wiederholten Strichen in die Wand einzuarbeiten. Drücken Sie die Farbe sanft von diesem Punkt weg, sodass sie immer transparenter wird. Man sollte dabei unbedingt weich arbeiten, damit keine sichtbaren Linien oder harten Konturen zurückbleiben. Der Anstrich sollte wolkig wirken und aussehen, als ob er alt und leicht verwittert wäre. An bestimmten Stellen wird die Farbe in voller Leuchtkraft sichtbar, an anderen dagegen ist sie sehr viel blasser und weniger intensiv.

Die Auswahl der Textilien

Gewebe wie Hochflorsamt für Vorhänge und Polstermöbel maximieren das Gefühl der Wärme. Seide passt besonders gut zu Purpurtönen, weil die Weichheit des Gewebes, etwa von Seidensatin, mit der Üppigkeit der Farbe harmoniert. Zur Zeit des römischen Reiches waren Seidenstoffe und die Farbe Purpur ausschließlich der kaiserlichen Familie und dem Adel vorbehalten.

In schlichteren Räumen fungieren leichte weiße Voile- und feine Baumwollstoffe als Kontrast. Eine weiße Lichtblende oder weich fallende Vorhänge können zum Beispiel mit einer Kante aus purpurnem Satinband oder einer breiten Baumwollbordüre gesäumt werden, um eleganter zu wirken und sich besser in den Raum einzufügen. Weißer oder cremefarbener Mousselin kann mit einem unregelmässigen, einfachen Motiv wie der Bourbonenlilie oder großen Tupfen bedruckt werden, damit die Farbe der Wände in den Gardinen wieder auftaucht.

Schwere, dunkelpurpurne Vorhänge eignen sich allenfalls für Räume mit vielen grossen Fenstern, da der Stoff das Licht absorbiert und die Falten den Lichteinfall behindern. Wenn Sie das Thema Purpur unbedingt in den Gardinen aufgreifen möchten, wählen Sie einen mehrfarbig gemusterten Stoff, in

LINKS: *In diesem Schlafzimmer bekam eine einfarbig gestrichene Wand durch mit der Schablone aufgemalte, goldene Bourbonenlilien einen Hauch von königlicher Pracht, die in dem schimmernden Satinbettüberwurf wieder aufgegriffen wird.*

RECHTS: *Rotstichiges Purpur wird hier zum warmen Pflaumenrot. Das Prägemuster der Samtkissen greift die Wandfarbe vor der tiefblauen Nackenrolle im Hintergrund auf. Das Purpurmotiv wird im Bettüberwurf weitergeführt, hier aber mit einer Skala von Regenbogenfarben gemischt.*

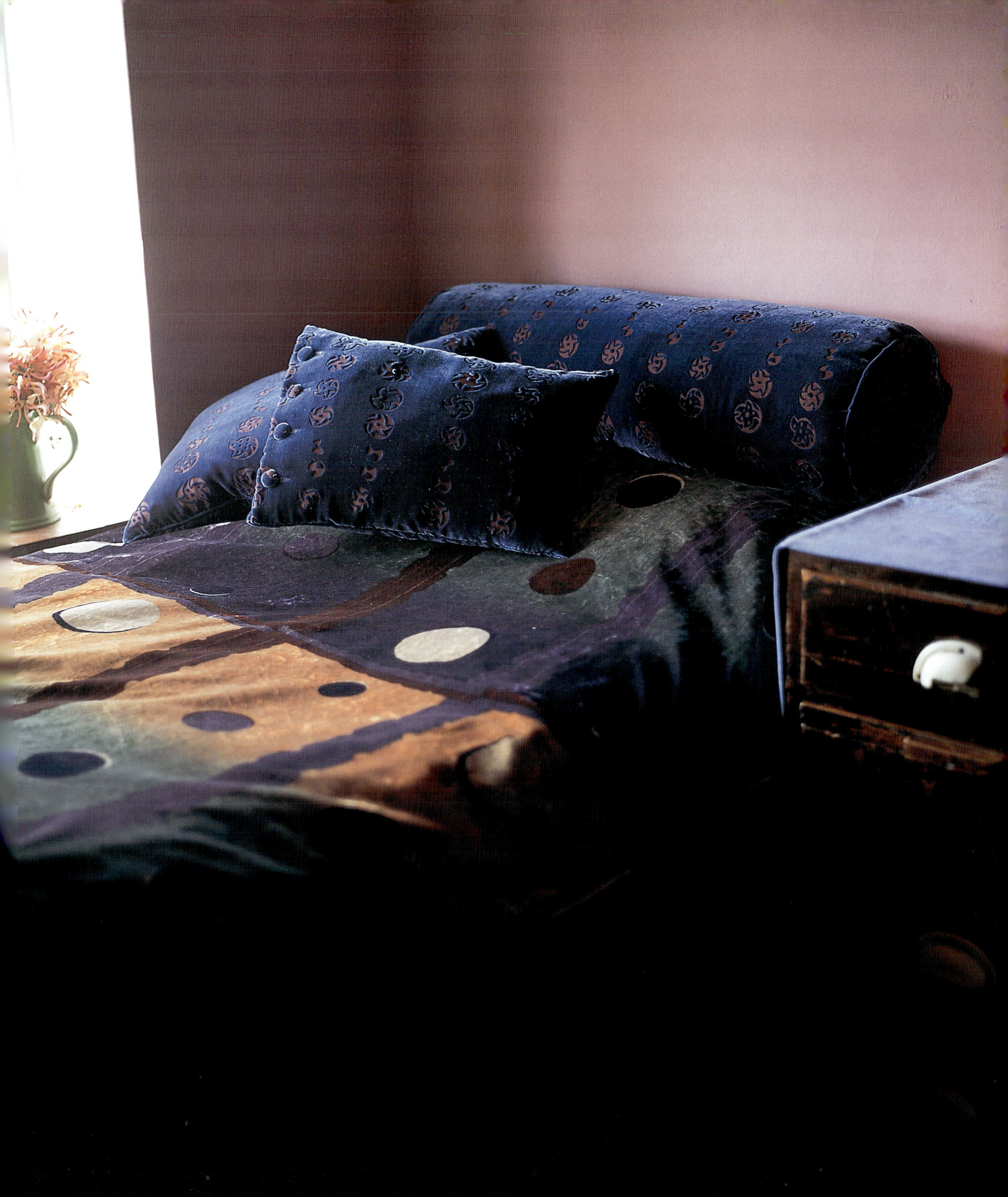

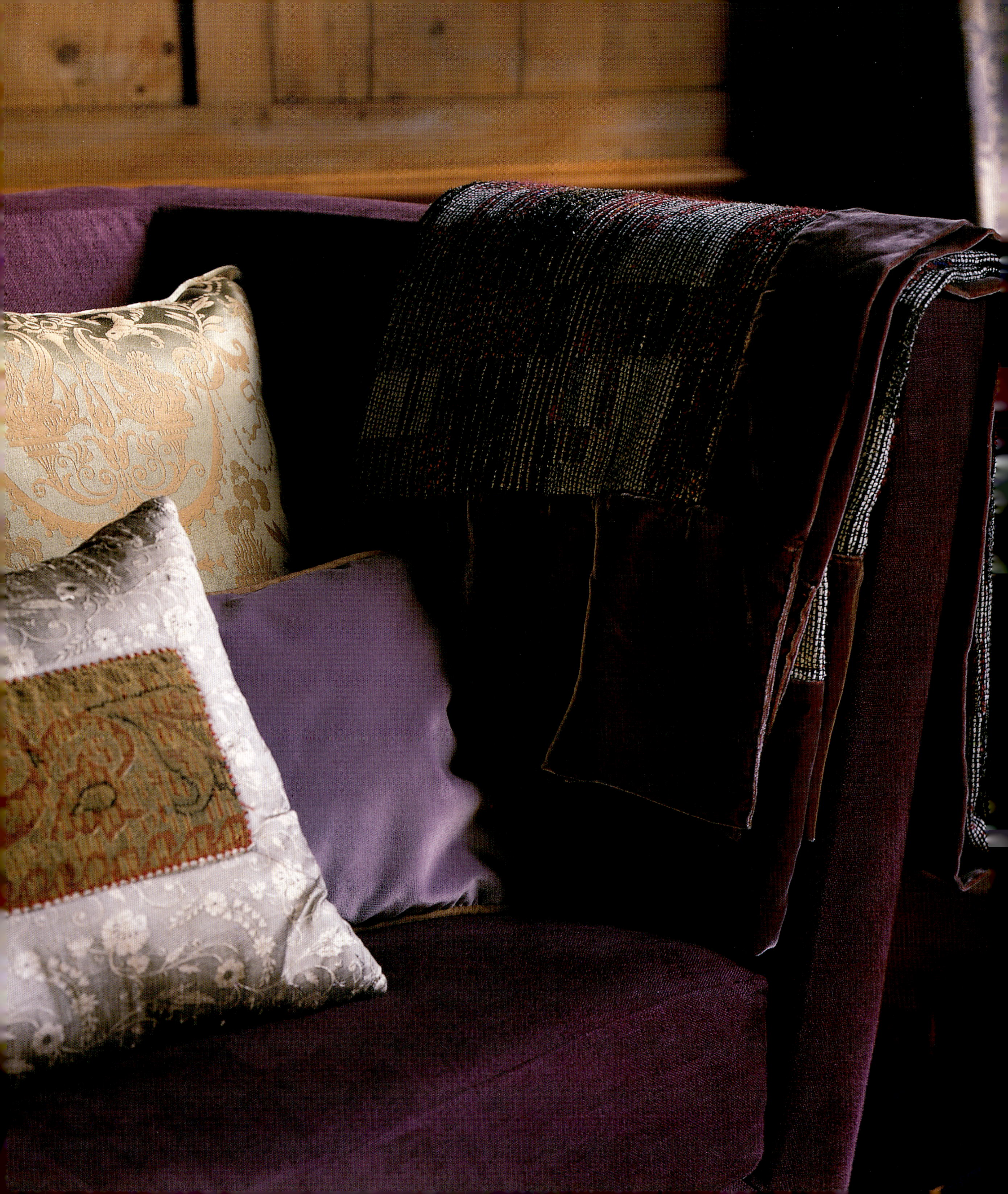

dem zwar Purpur als verbindendes Element vorkommt, aber nicht dominiert. Für elegante Räume kann Purpur mit Gold oder Silber durchwirkt sein oder einen eingewebten Goldfaden in einem Satinstreifen tragen. Weniger formell ist dunkles Purpur, das durch eine hellere Schattierung derselben Grundfarbe, wie etwa Lila, abgemildert oder mit frischem Weiß abgesetzt ist.

Mit tiefdunklem, königlichem Purpur bezogene Polstermöbel machen sich gut vor goldenen Holzvertäfelungen. Purpurfarbene Ledersessel vertragen sich mit hellen, honiggoldenen Holzstühlen ebenso wie mit einer formelleren Möblierung in Schwarz. Möbel purpurfarben zu streichen ist ein dramatischer Schritt. Sie passen gut in Räume, in denen Purpur in Nebenrollen vorkommt. Purpurne Stühle und Tische vor purpurnen Wänden wären zu erschlagend. Außerdem würden die Möbelstücke gleichsam mit den Wänden verschmelzen.

Beleuchtung

Ein in rötlichem Purpur gehaltenes Zimmer kann durch hellblaue Accessoires etwas kühler wirken, und ein kühles, blaustichiges Purpur kann durch rötliche Accessoires Wärme gewinnen. Farbabstufungen von Himbeer über Lila und Lavendel bis zu Kirschrot können dazu eingesetzt werden, das Gleichgewicht zwischen warmen und kühlen Farben wieder herzustellen und einen dunklen Hintergrund durch lichte Elemente aufzulockern.

Bei den bläulichen Purpurtönen muss die Beleuchtung besonders sorgsam durchdacht werden, da das Blau dazu tendiert, Licht zu absorbieren, und der Raum daher unbedingt gut ausgeleuchtet werden muss. Je mehr Rot das Purpur enthält, desto wärmer wirkt es und schluckt damit weniger Licht, auch wenn sich das blaue Element bei Purpur nie ganz ausschalten lässt.

In einem in Purpur eingerichteten Raum kommt es darauf an, die richtigen Glühlampen zu verwenden. Glühlampen mit einem starken Gelbstich lassen dunkle Purpurschattierungen

LINKS: *Einige dunklere Schattierungen von Purpur und Pflaume wirken fast braun, was gut zu Cremefarben und anderen Milchkaffeetönen passt. Ein dunkles Amethystpurpur macht sich besonders gut in Samt, Satin und ähnlich sinnlichen, kostbaren Stoffen.*

OBEN: *Als königliche Farbe taucht Purpur in vielen Staats- und Hofgewändern auf, geschmückt mit kostbar bestickten Bordüren und Zierraten. Eine Vorhangkante, ein Kissen oder ein Stuhlbezug können ohne weiteres Thronsaalqualitäten erlangen, wenn man ihnen ein gesticktes Gold- oder Silberdetail appliziert oder sie mit Fransen oder Kordeln verziert.*

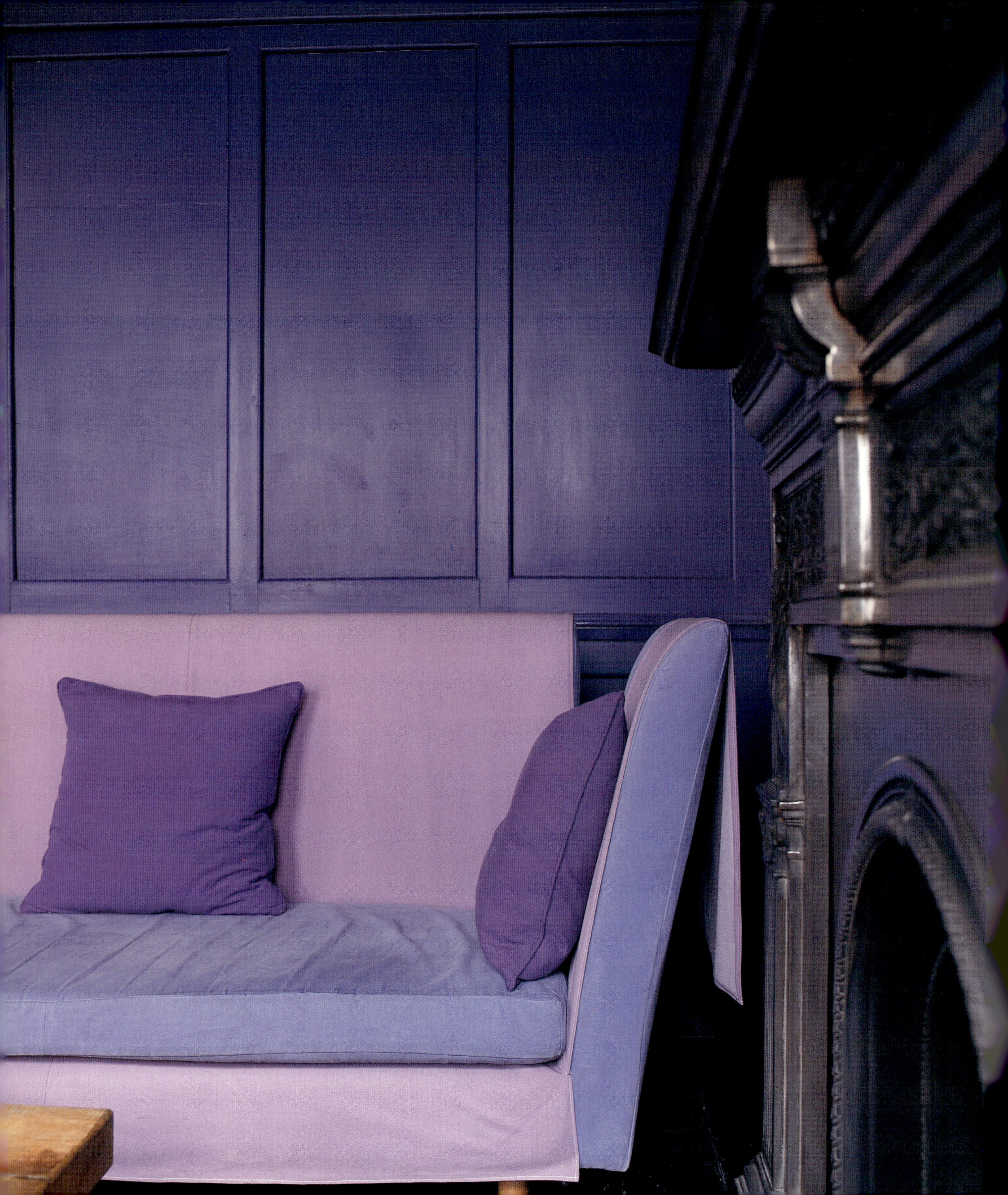

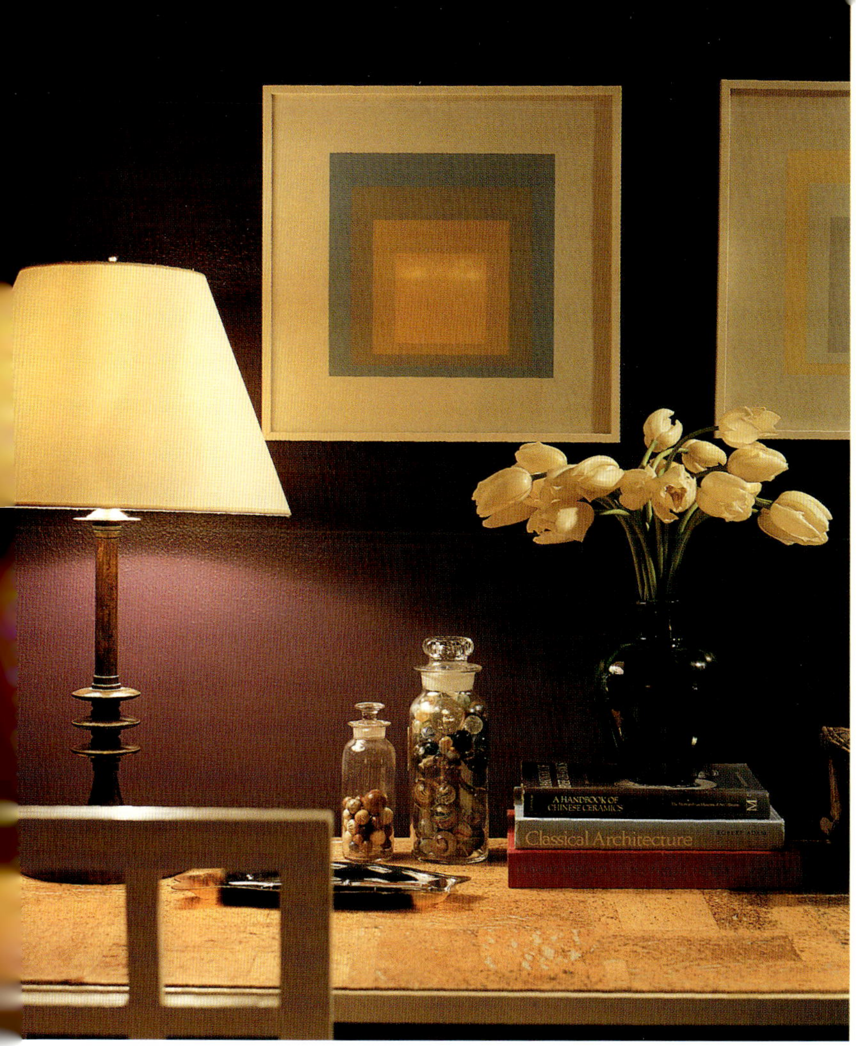

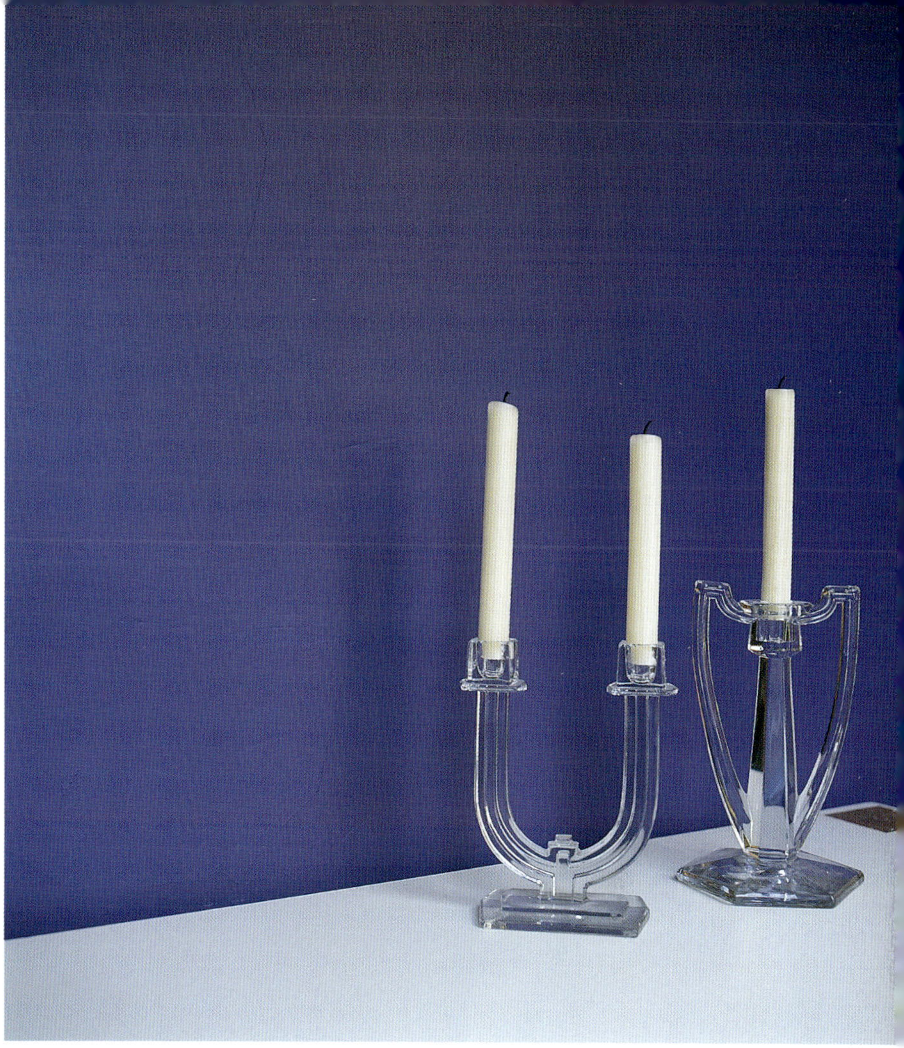

leicht schwarz wirken, während Glühlampen mit Blaustich eine allzu kühle Atmosphäre schaffen. Die Lösung für dieses Problem sind Tageslichtlampen, die ein Licht ausstrahlen, das die Farben im Raum so ursprünglich wie nur möglich belässt.

Zu tief purpurfarbenen Wänden sollte man eine helle Bodenfarbe wählen. Ein dunkler Boden würde den Raum wie ein Gefängnis wirken lassen und die Wände gleichsam näher zusammenrücken. Wenn der Raum bereits einen dunklen Holzboden hat, sollten die Bodenleiste und das übrige Holzwerk im Raum eine helle Tönung aufweisen. Es muss nicht unbedingt Reinweiß sein; sehr geeignet ist auch ein warmes, gebrochenes Weiß, Creme oder eine helle Purpurnuance, die die Farbe des Holzes aufgreift und sowohl zum Holz als auch zu den Wänden passt.

Wo das Purpur herkommt

Im römischen Kaiserreich trugen die kaiserliche Familie und der Adel Gewänder, die mit tyrischem Purpur *gefärbt waren, einer Farbe, die aus einer Schellfischart des Mittelmeers gewonnen wurde. Der Farbstoff soll von den Phöniziern entdeckt und aus der heute unter dem Namen Sidon bekannten Hafenstadt im südwestlichen Libanon exportiert worden sein.*

Im 15. Jahrhundert wurde in Norditalien eine Purpurfarbe aus einer dort vorkommenden Flechte hergestellt. Die Region wurde damals zur Färberei Europas. Die Kermesbeere (Phytolacca americana)*, die drei Meter hoch wird und purpurne Beeren trägt, die einen starken Purpurfarbstoff enthalten, war in Amerika, vor allem in den Oststaaten, ein beliebtes Färbemittel.*

Es war jedoch William Henry Perkin, der Anilin *oxidierte und damit die erste synthetische Farbe, bekannt als Anilinpurpur oder*

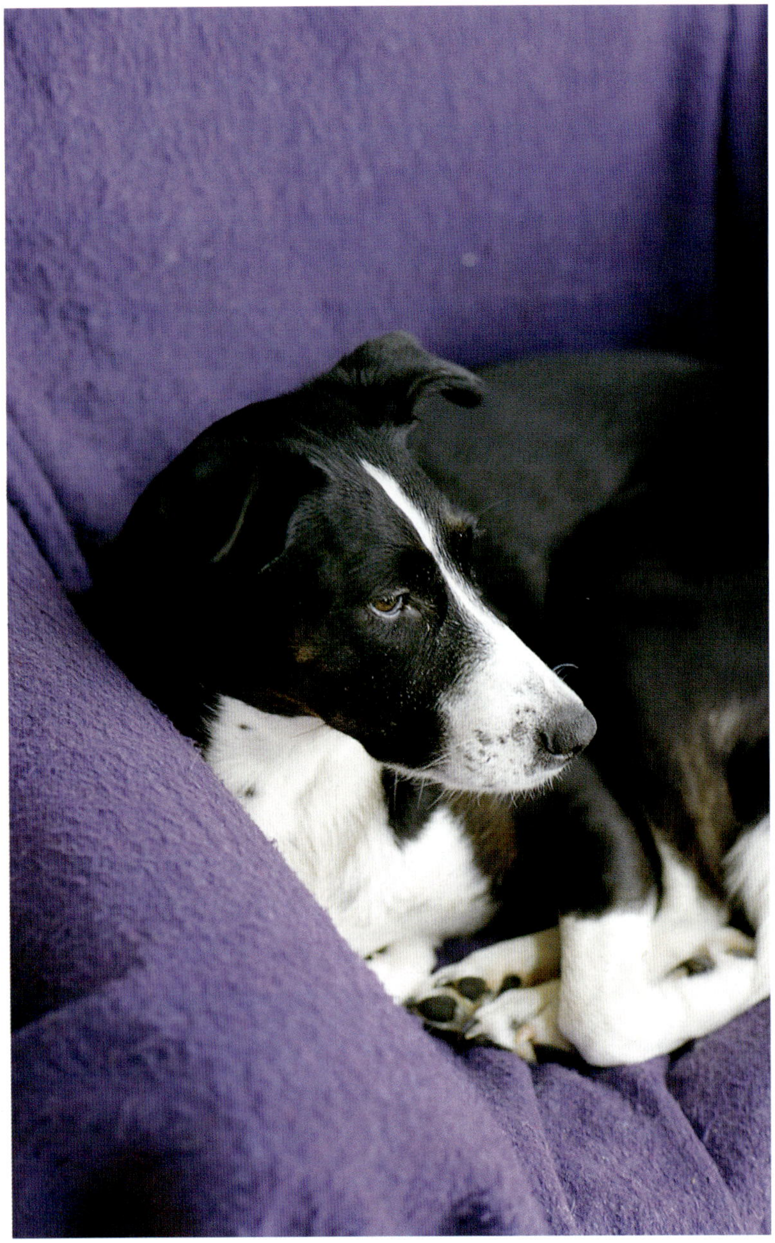

Mauve, entwickelte. Gemeinsam mit seinem Vater und seinem Bruder baute er eine Farbenfabrik auf. 1906 wurde Perkin geadelt.

Unter den heute verwendeten chemischen Stoffen für Purpurfarben ist Mangansulfat *zu nennen, eine pinkfarbene, kristalline Masse, die unter Einwirkung von Schwefelsäure entsteht. Der Farbstoff wird hauptsächlich zum Einfärben von Baumwolle verwendet. Eine andere Chemikalie, die einen Purpurton liefert, ist* Pottasche. *Sie wird für Textilien und auch für Leder eingesetzt.*

Stimmungsbilder in Purpur

Welche Stimmung ein purpurner Raum ausstrahlt, hängt in erster Linie davon ab, ob die Farbe eher blau- oder eher rotstichig ist. Bläuliches Purpur ist eine kühle, ruhige Farbe. Rotes Purpur dagegen bringt Leidenschaft in einen Wohnraum.

Purpur soll anregend auf das Gehirn wirken und die kreative Energie zum Fließen bringen. Daneben werden ihm spirituelle Qualitäten nachgesagt, die die Selbsterfahrung unterstützen und die Farbe für Kontemplations- oder Meditationsräume prädestinieren.

Als Napoleon I. im Exil war, wurde das Veilchen zu seinem Emblem. Sein Spitzname war Pair de Violette, und in den Häusern der Franzosen, die die Sache ihres Helden unterstützten, hingen kleine Veilchensträuße von der Decke. Bis heute wird diese Blume und die Farbe Violett mit der Familie Bonaparte assoziiert.

Purpur ist die Farbe des Königtums und der Gerechtigkeit. In der Heraldik steht sie für Mäßigung. Unter den Metallen repräsentiert Purpur Quecksilber, und bei den Edelsteinen ist es die Farbe des Amethyst. Unter den Planeten wird Merkur mit der Farbe Purpur in Verbindung gebracht.

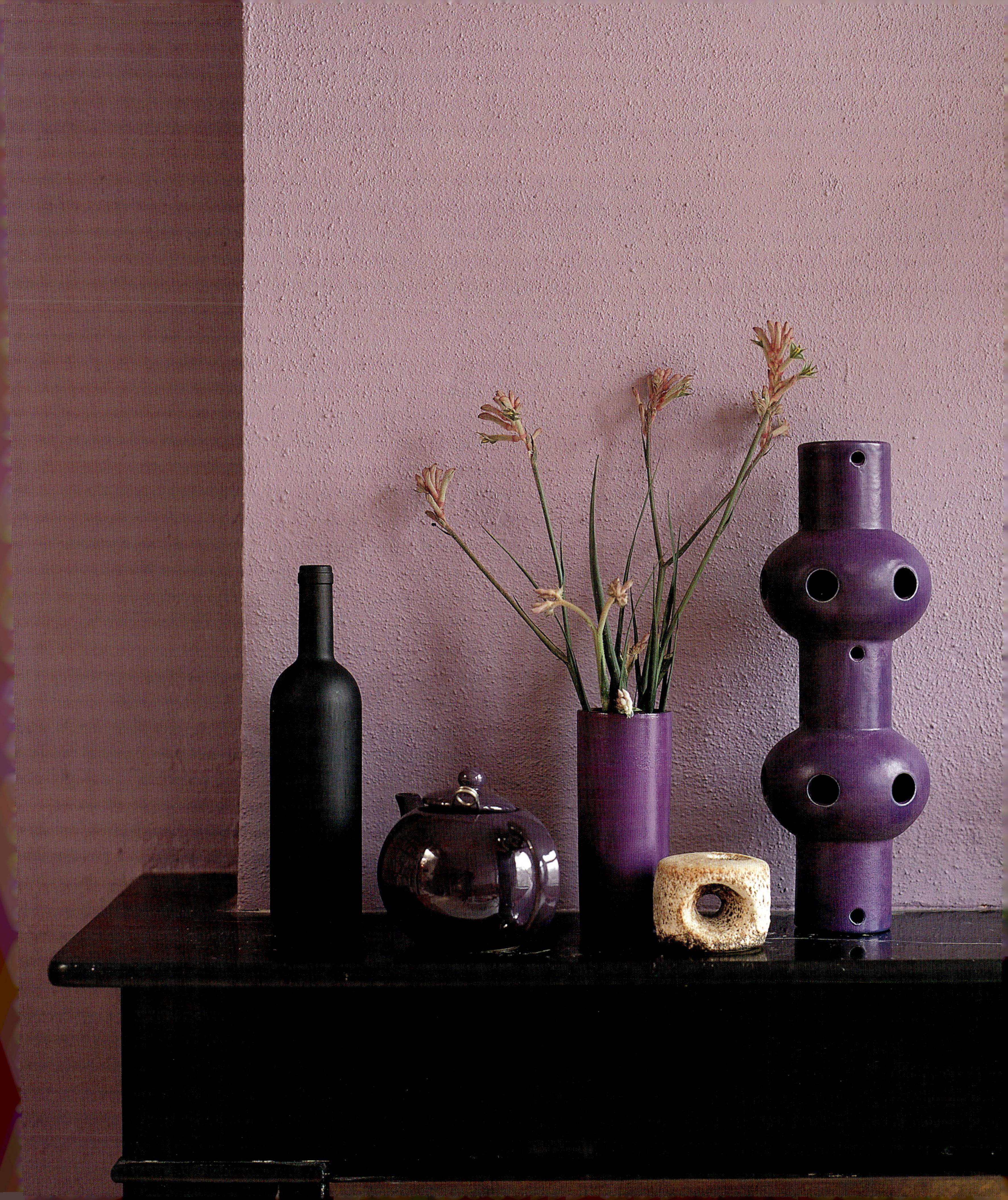

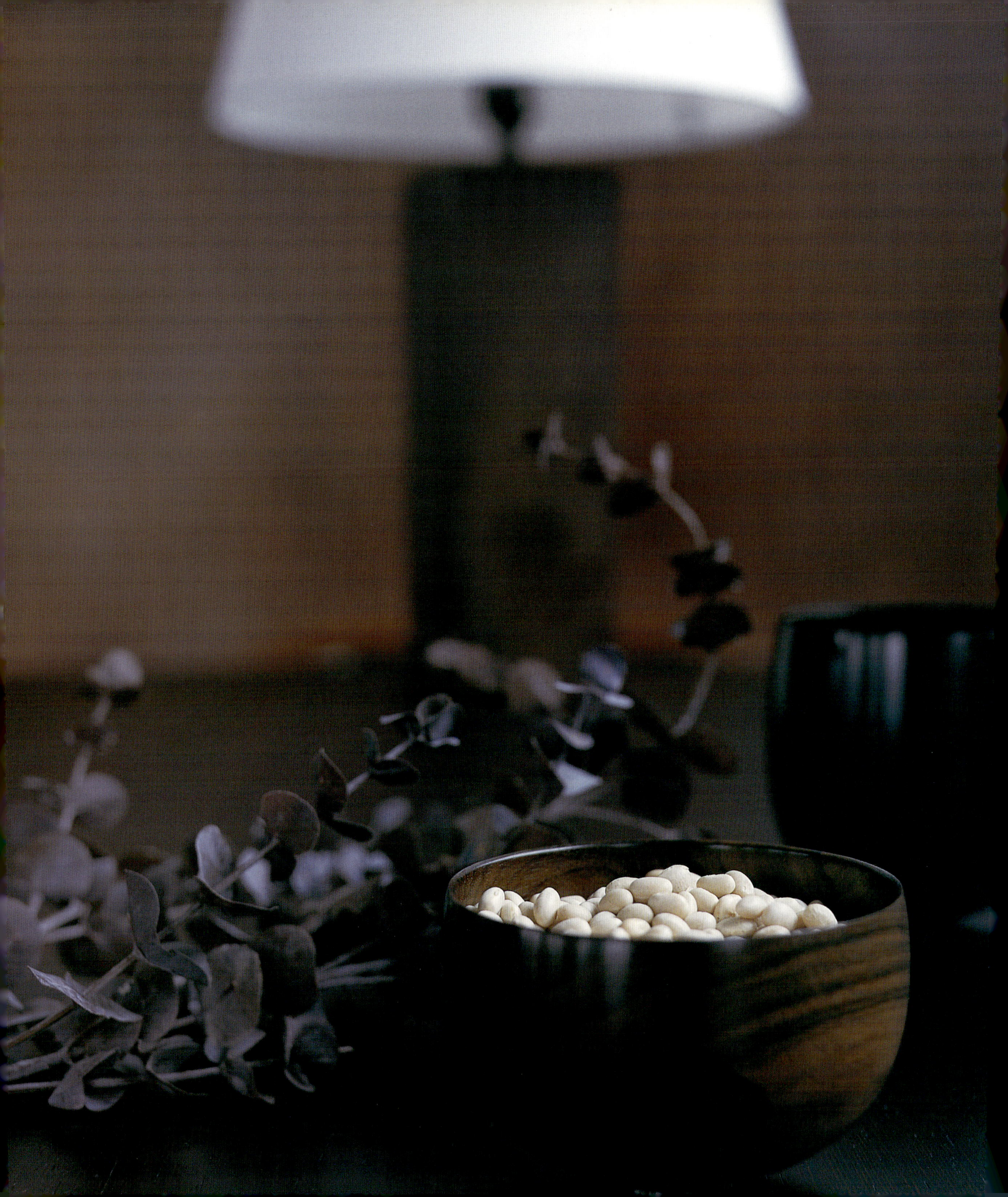

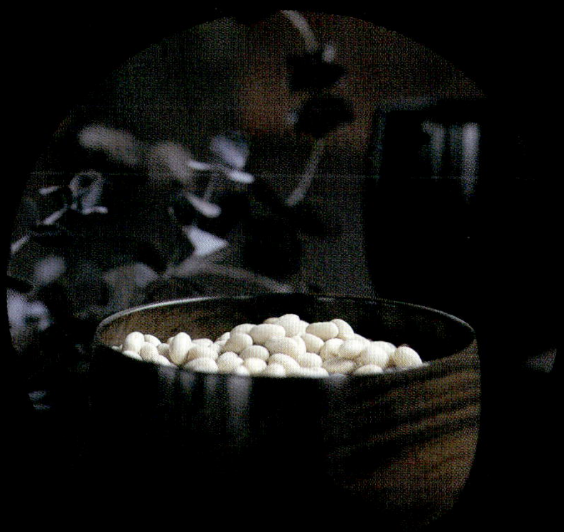

BRAUN

Als Naturfarbe, die sofort an Holz denken lässt, ist Braun in unseren Wohnungen allgegenwärtig. Allerdings wechseln die Moden für helle und dunkle Hölzer, von der Leidenschaft für unbehandelte Kiefer in den Sechziger- und Siebzigerjahren des 20. Jahrhunderts bis zur Begeisterung für Wenga-Holz und die fast schwarzen Tropenhölzer in den Neunzigern.

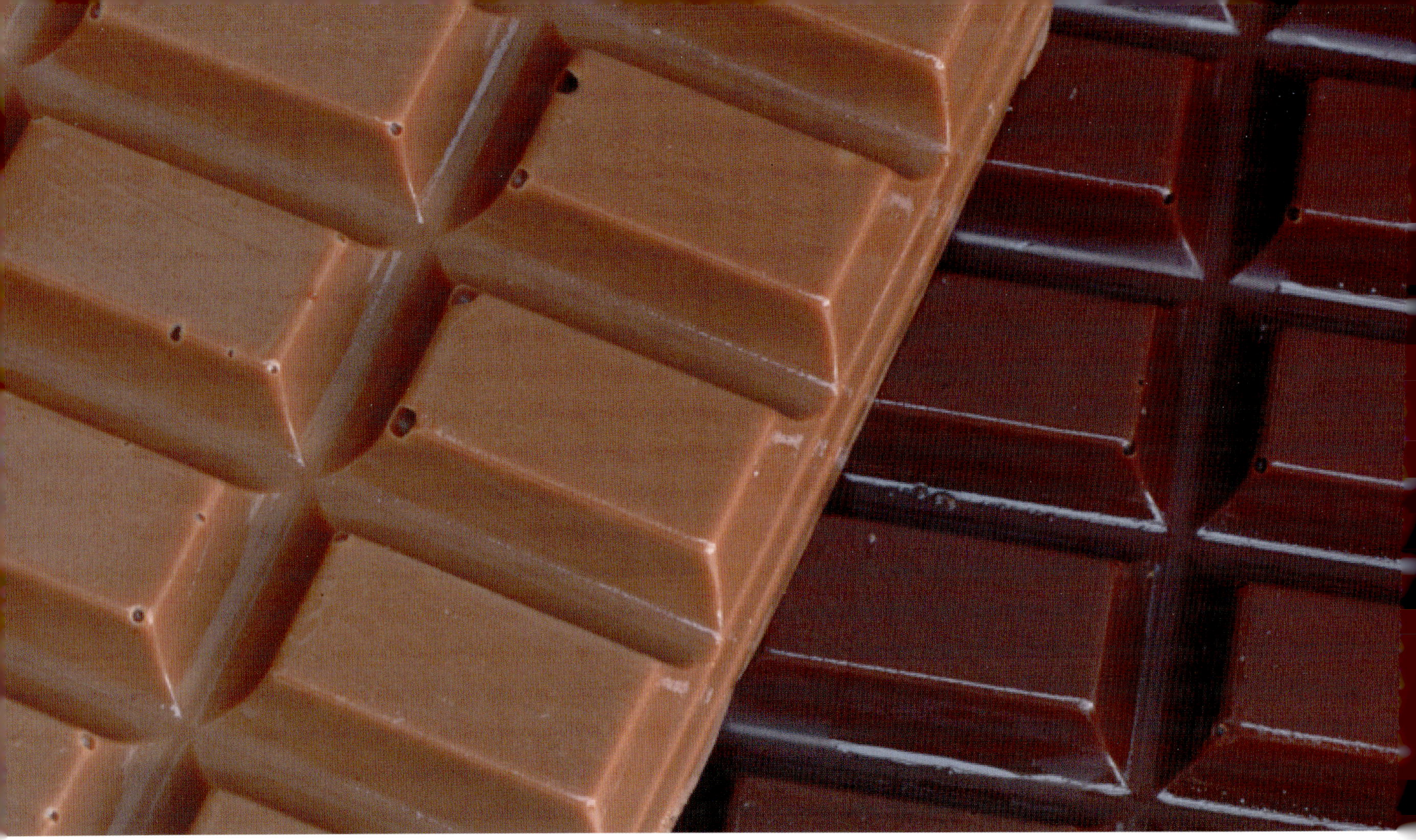

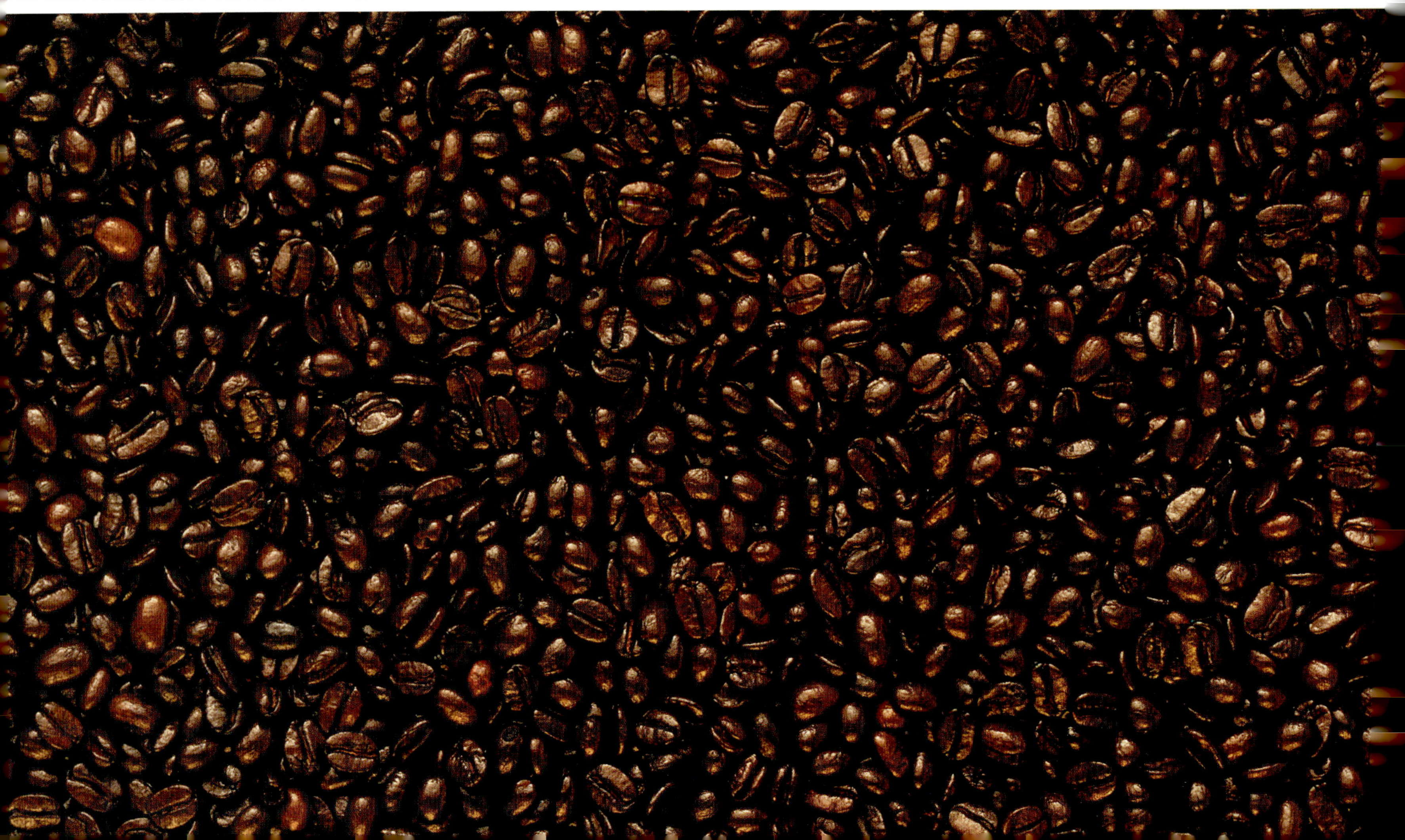

Braun ist wie Grün eine Farbe aus der Natur. Es kann erdig und stumpf wirken oder glamourös und kräftig. Die Farbabstufungen variieren von so köstlich klingenden Farben wie Schokoladen- und Toastbraun bis zu braunem, gebrannten Umbra. Eine ganze Skala von Braunnuancen erinnert an die Farben von Hölzern und Wäldern – Mahagoni, Teak, Kirsch, Zeder und Redwood. Daneben begegnen uns, besonders bei den helleren Brauntönen, Bezeichnungen, die einem das Wasser im Mund zusammenlaufen lassen, wie Toffee-, Milchkaffee-, Nugat- und Mokkabraun. Diese helleren Töne eignen sich ähnlich wie auch Mausbraun, Nerzbraun und Pilzbraun gut dazu, einem dunkelbraun dominierten Raum einen weicheren, weniger hölzernen Akzent zu verleihen.

Braun entsteht aus Rot, Gelb und Schwarz, ist also eine Tertiärfarbe, da drei Elemente miteinander gemischt werden müssen, um eine Farbe zu erzeugen. Primärfarben wie Rot, Blau und Gelb erscheinen wie sie sind; Sekundärfarben wie Violett, Orange und Grün entstehen durch Mischung zweier Farben. Viele der Farben, die durch die Mischung von drei oder mehr Grundfarben entstehen, haben freiere, eher modische Namen, die ihnen von den Farbherstellern verliehen wurden, um ihre spezielle Farbvariante oder eine gerade angesagte Modefarbe zu bezeichnen.

Braun kann auch unmittelbar aus einem Pigment wie Siena gewonnen werden, einer Farbe, die ursprünglich aus der rötlichen Erde um die italienische Stadt desselben Namens hergestellt wurde. Umbra und gebranntes Umbra wurden ebenfalls aus natürlichem Ton gewonnen, der zum Teil gebrannt wurde, um ein dunkles, schwärzliches Braun zu erzielen.

Braun als Einrichtungsfarbe war wie die helleren Purpurschattierungen den Launen der Mode unterworfen. In den Sechzigerjahren des 20. Jahrhunderts war es sehr beliebt und wurde, kombiniert mit Orange, häufig in wirbelnden, psychedelischen Drucken verarbeitet. Als hochelegant galt damals ein brauner Teppich zu Magnolienweiß, eine Farbkombination, die entsprechend verbreitet war. Doch ähnlich wie Purpur ist Braun heute wieder modern. Nicht nur die geometrischen Drucke im Sechzigerjahre-Stil haben jüngst ein Come-back erlebt, Braun in verschiedenen Schattierungen wurde zum Inbegriff für klassischen Schick mit Understatement.

Der international bekannte italienische Designer Giorgio Armani entwarf als Erster geschmackvolle Damengarderobe in verschiedenen Brauntönen. Die dezente Eleganz seiner Ensembles in Braun und Creme wurde zum Markenzeichen, sodass heute viele Leute von Armanifarben sprechen.

Vom Laufsteg inspiriert produzierten viele Möbeldesigner und Textilhersteller Brauntöne, die aufeinander abgestimmte Ton-in-Ton-Arrangements erlauben. Dunkle Brauntöne wie Schokoladenbraun lassen sich zum Beispiel mit einer Skala aus Taupe, Beige, Creme, Caramel und Café aufhellen. Oder sie können durch die Kombination mit rötlichen und dunklen Tönen aus dem Spektrum der Gewürzfarben, wie Zimt, Muskat und Nelke, wärmer wirken. Die verwendeten Materialien und Einrichtungsgegenstände sollten dabei durchgängig von bester Qualität sein. Damit das Auge den Gesamteindruck ebenso aufnimmt wie die kleinsten Einzelheiten, darf es nicht von hellen Elementen oder Kontrastfarben abgelenkt werden. Das Weiche, Ruhige eines solchen Raumes entsteht durch das Fehlen von Reizen und lebhaften Kontrasten; es bedeutet aber auch, dass das Detail sehr wichtig wird.

Abwechslung im Ton

Bei solchen in einer einzigen Farbe gehaltenen Einrichtungsentwürfen, in denen Abwechslung lediglich durch verschiedene Abstufungen der Grundfarbe erzielt wird, ist die Struktur der verwendeten Materialien besonders wichtig. Mischen Sie grobes Gewebe mit weichem und gemusterten Stoff mit einfarbigem, um Monotonie zu vermeiden. Arbeiten Sie zusätzlich mit interessanten Accessoires wie Schalen aus polierter Kokosnuss, funkelnden Glasvasen, goldenen oder silbrig-goldenen Elementen und Gegenständen mit Schild-

LINKS: *Neben den Farben verschiedener Hölzer begegnet uns Braun in einer ganzen Palette von bestimmten Nahrungsmitteln inspirierter Farbtöne, von Vollmilch- und Zartbitterschokolade bis zu Kakao und Kaffee. Diese fantasievollen Farben passen, kombiniert mit leuchtendem Orange oder Blassblau, gut zu einem modernen Look, im Verein mit Creme und Weiß entsprechen sie eher dem klassischen Stil.*

RECHTS: *Eine moderne Konsole aus hellem Holz steht auf einem hellen Eschenboden und bildet so ein Gegengewicht zum dunklen Ton der cocafarbigen Wände. Das stilisierte Blattmuster des Polsterstoffs auf dem Sessel greift die Verbindung von hellem Creme mit dunkler Kontur auf und wiederholt damit das Spiel mit Licht und Dunkel von Wand und Boden.*

GANZ RECHTS: *Schokoladenbraune Wände, kombiniert mit Weiß, ergeben ein Zimmer im Kolonialstil. Das luftige Bettgestell aus Rohrgeflecht lässt die Möblierung leicht wirken, und die blendend weiße Bettwäsche bringt Helligkeit ins Zimmer. Koffer aus cremefarbenem Leder und entsprechende Accessoires bilden ein farbliches Bindeglied zwischem dem kontrastierenden Weiß und Braun.*

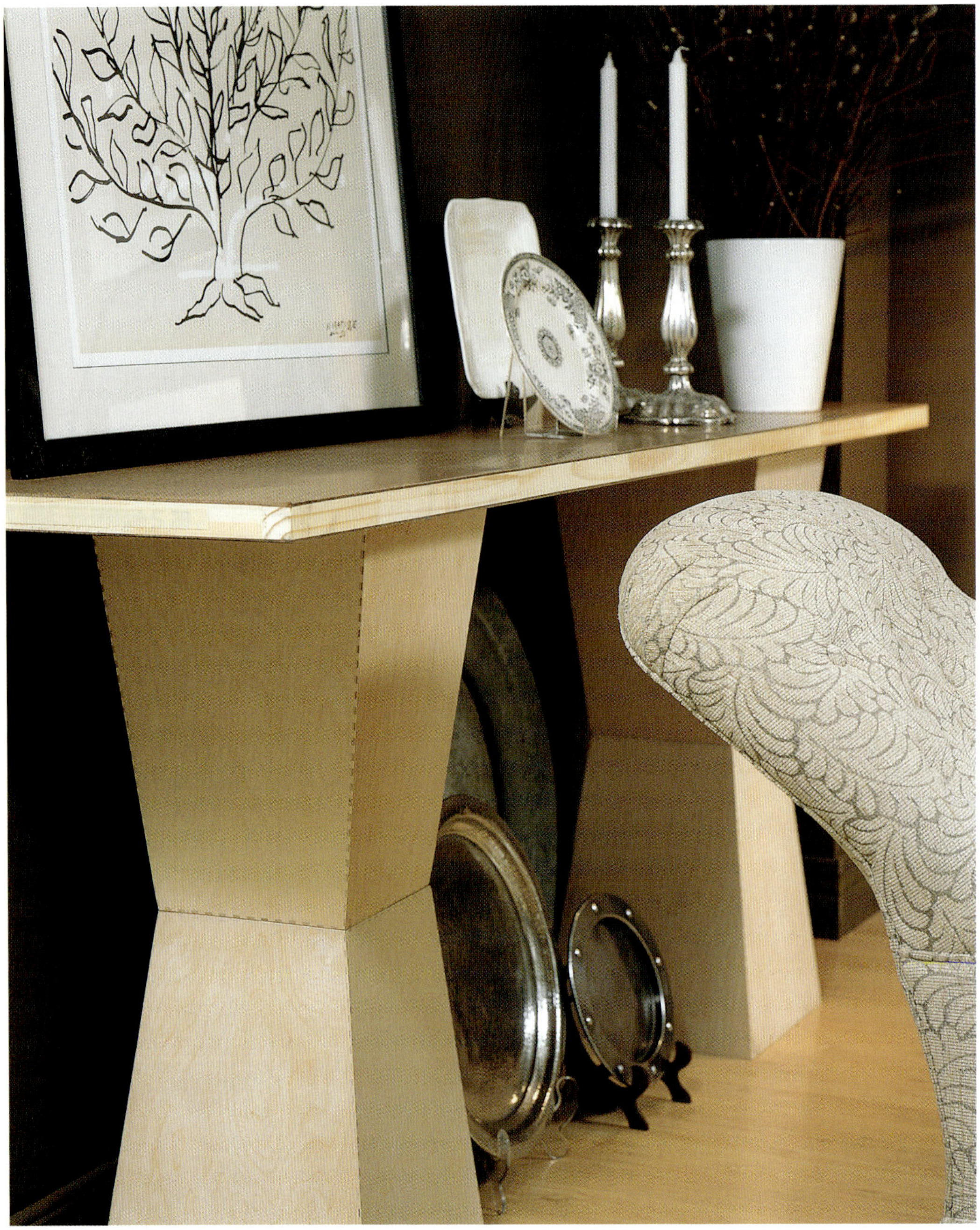

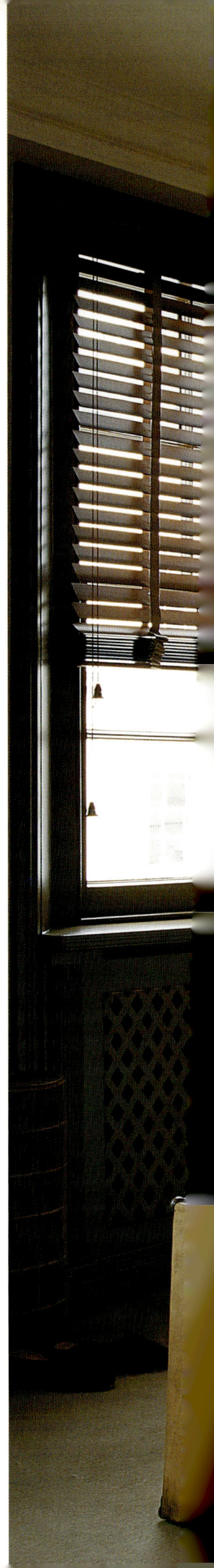

NÄCHSTE SEITE LINKS: *Dunkle Farben lassen sich höchst wirkungsvoll einsetzen, um bestimmte architektonische Aspekte in Szene zu setzen. Dieses reich verzierte, goldene Geländer macht die sonst schlichte Treppe zum Blickpunkt. Die braune Wand unterstreicht die geschwungenen Formen und den schimmernden Anstrich.*

NÄCHSTE SEITE RECHTS: *Paneele aus dunkel- schokoladenbraunem Wenga-Holz verstecken in diesem Schlafzimmer den Schrankraum. Die Türen wurden in die Einrichtung integriert, ihre Farbe wiederholt sich in der Blende der Kissen auf dem Bett.*

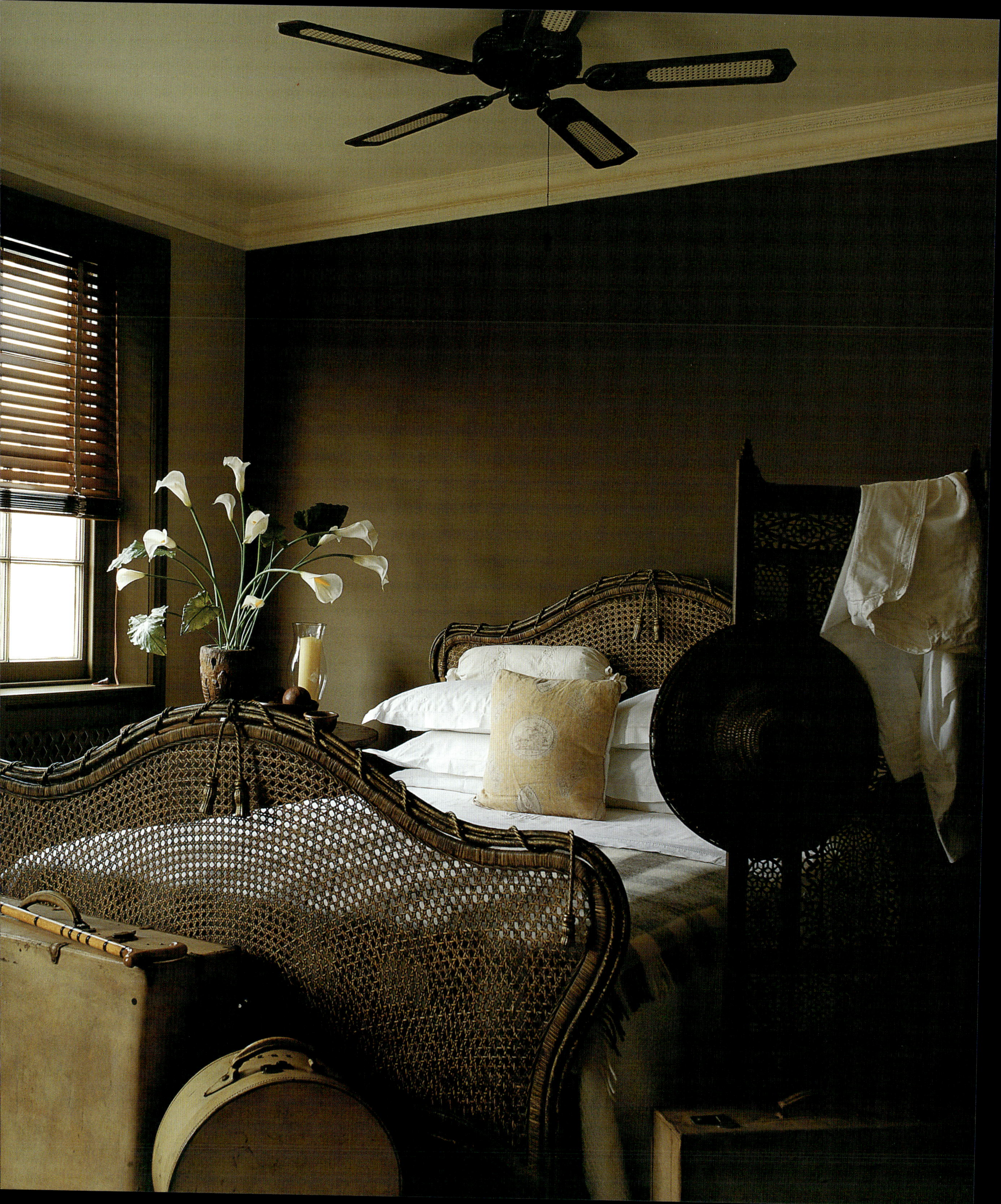

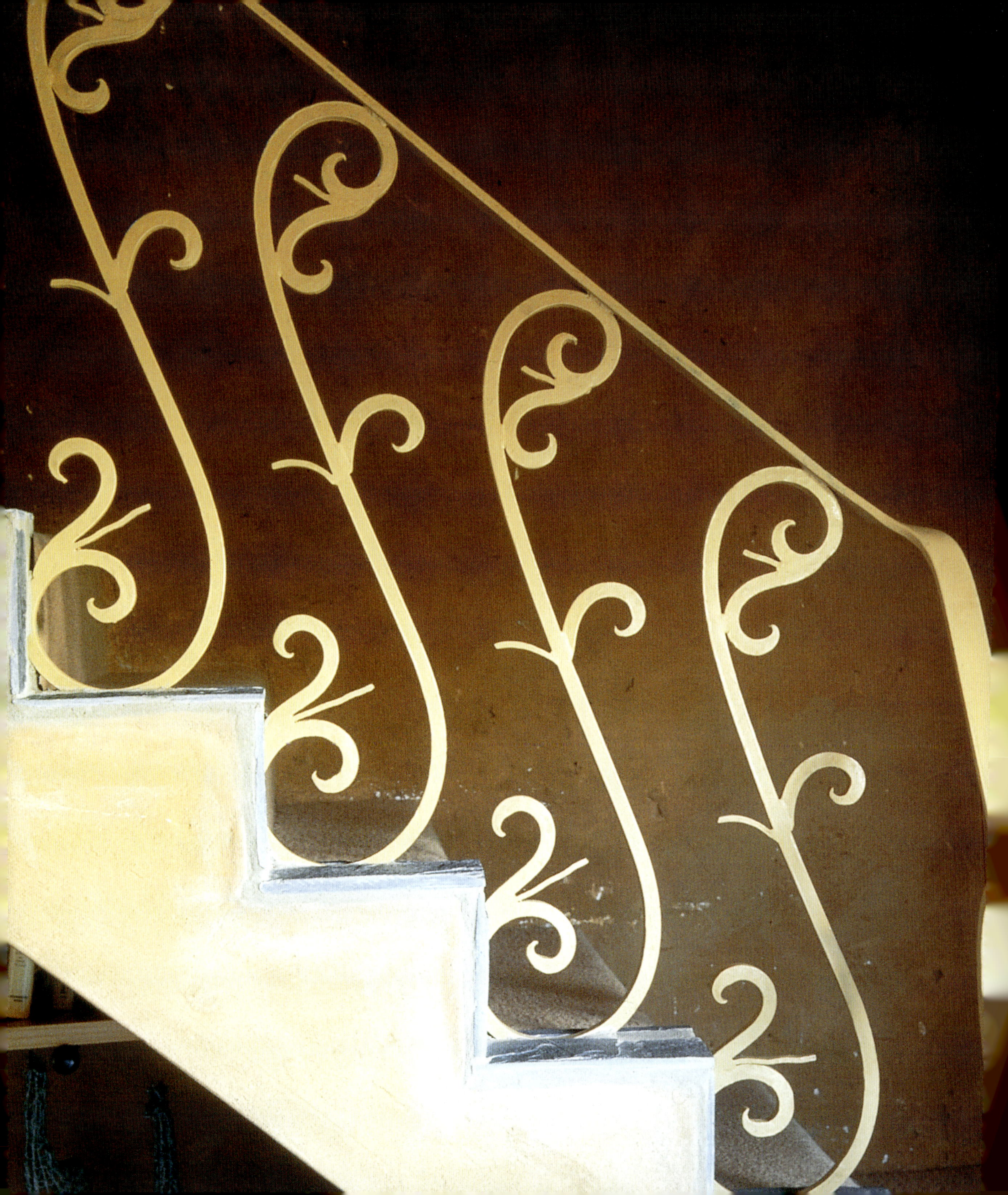

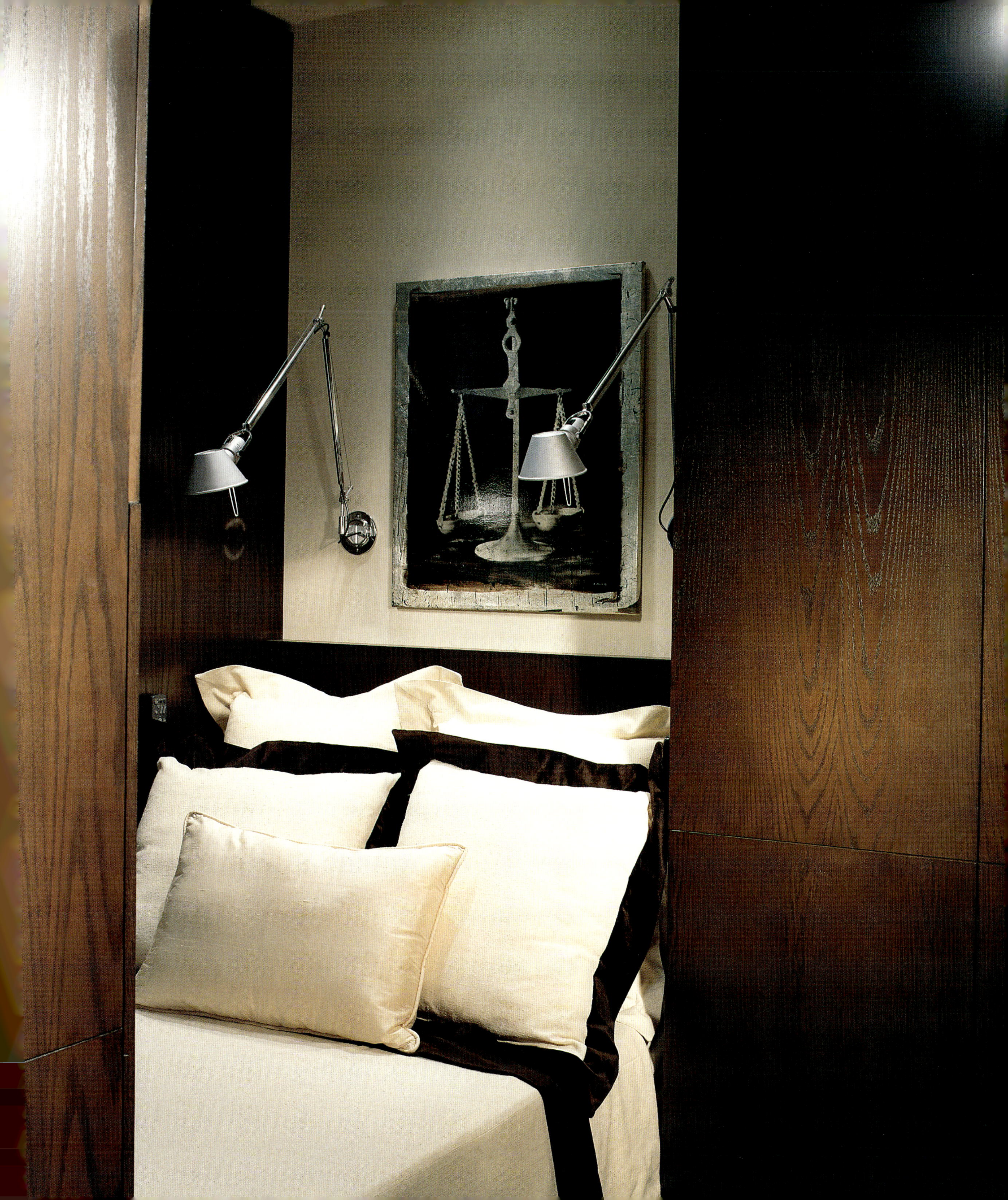

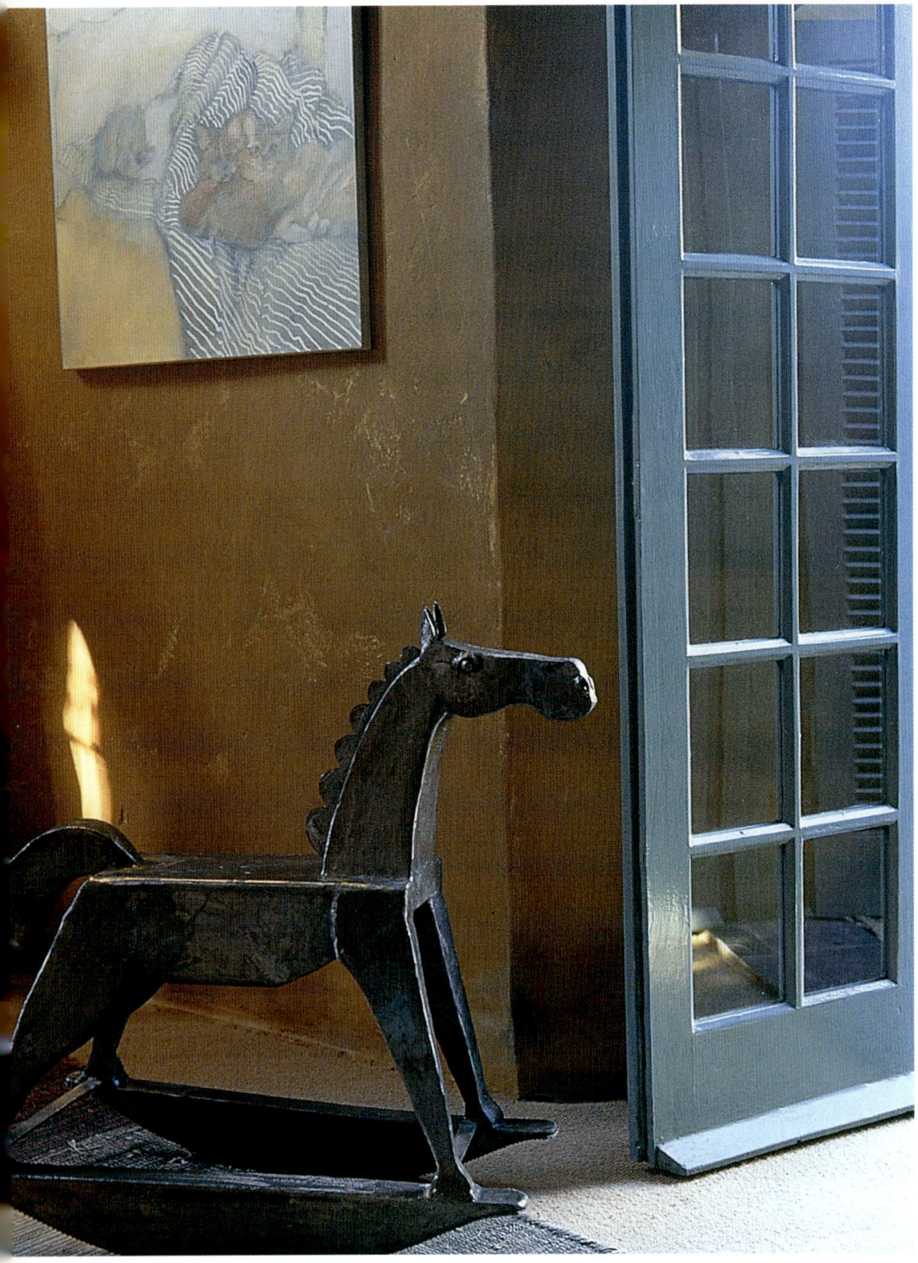

OBEN: *Diese gesprenkelte, mausbraune Wand wirkt unaufdringlich, fast wie Veloursleder, und wird dadurch zu einem neutralen Hintergrund, der mit den meisten Farben harmonieren würde. Das weiche Graublau des Türrahmens, ähnlich satt in der Farbe, bildet dazu einen unerwarteten, aber wohltuenden Kontrast.*

RECHTS: *Die dunklen Farben und das gedämpfte Licht in diesem Raum schaffen eine friedliche, ruhige Atmosphäre. Die bodenlangen dunkelbraunen Vorhänge könnten trist wirken, doch neben den rostfarbenen Wänden sehen sie einfach nur kostbar aus. Die Farben der Wände und Gardinen tauchen in den gerahmten Drucken mit Vogelmotiven noch einmal auf.*

patt- oder Bernsteineffekt, um die Herkunft der Hauptfarbe zu betonen. Auf diese Weise wirkt der Raum ruhig und harmonisch, ohne langweilig zu sein.

Gerade weil Braun eine gleichsam neutrale, natürliche Farbe ist, kommt der Struktur brauner Textilien besondere Bedeutung zu. Die taktile Qualität spielt eine entscheidende Rolle, ganz gleich, ob kräftiges Dunkelbraun oder Cappuccinobraun. Grobes Leinen und kratzige Jute, kuscheliges Kaschmir, weiche Seide und flauschige Wolle – die Struktur macht einen Stoff interessanter.

Braun ist wie gesagt eine neutrale Farbe und harmoniert daher mit fast allen anderen Farben. Es verträgt sich auch mit heiklen Tönen wie Türkis oder Shocking Pink. Dabei ist Braun äußerst wandlungsfähig. Durch Beimischung von Rot oder Blau wird es wärmer oder kühler. Mit einem Schuss Grün oder Gelb kommt die Farbe zur Geltung, die Braun auf dem Farbenkreis nahe steht.

Diese Anpassungsfähigkeit erleichtert das Gestalten mit Braun, weil man nur wenige Stilregeln beachten muss. Es gibt allerdings ein paar eher ungewöhnliche Farbkombinationen, die man erst einmal zusammen gesehen haben muss, um sie zu schätzen. Wie schon im Kapitel über Purpur erwähnt, ergibt ein Braun mit einem purpurnen Hauch eine faszinierende und höchst extravagante Farbe. Ergänzt werden sollte sie mit purpurnen oder violetten Accessoires oder mit Zutaten in Rosarot bis hin zu einem Stich ins Himbeerfarbene.

Ein anderes, wenig gebräuchliches, aber äußerst wirkungsvolles Paar ist Braun und Blau. Besonders dezent und beruhigend wirkt blasses Blau. Leuchtendes Stahlblau oder Pfauenblau dagegen kann einen überraschenden, aber durchaus ansprechenden Kontrast zu Braun bilden. Diese unkonventionelle Mischung wirkt frisch und zeitgemäß und passt gut in einen sparsam möblierten Raum im minimalistischen Stil.

Ebenso gut harmoniert Braun mit der wärmeren Seite des Farbenkreises. Rot, Orange und Gelb berühren die rote und gelbe Grundnote der Farbe und machen einen braunen Raum freundlicher. Ein sattes Creme mit gelbem Grundton gibt ebenfalls einen guten Begleiter für Braun ab. Man denke, ähnlich wie bei Purpur, an Speisekombinationen – Schokoladenkuchen mit Sahne, amerikanische Brownies mit weißem Nussfleisch, Eiscreme mit Schokoladensoße. Außerdem stellt Creme keinen so harten Kontrast dar wie Weiß.

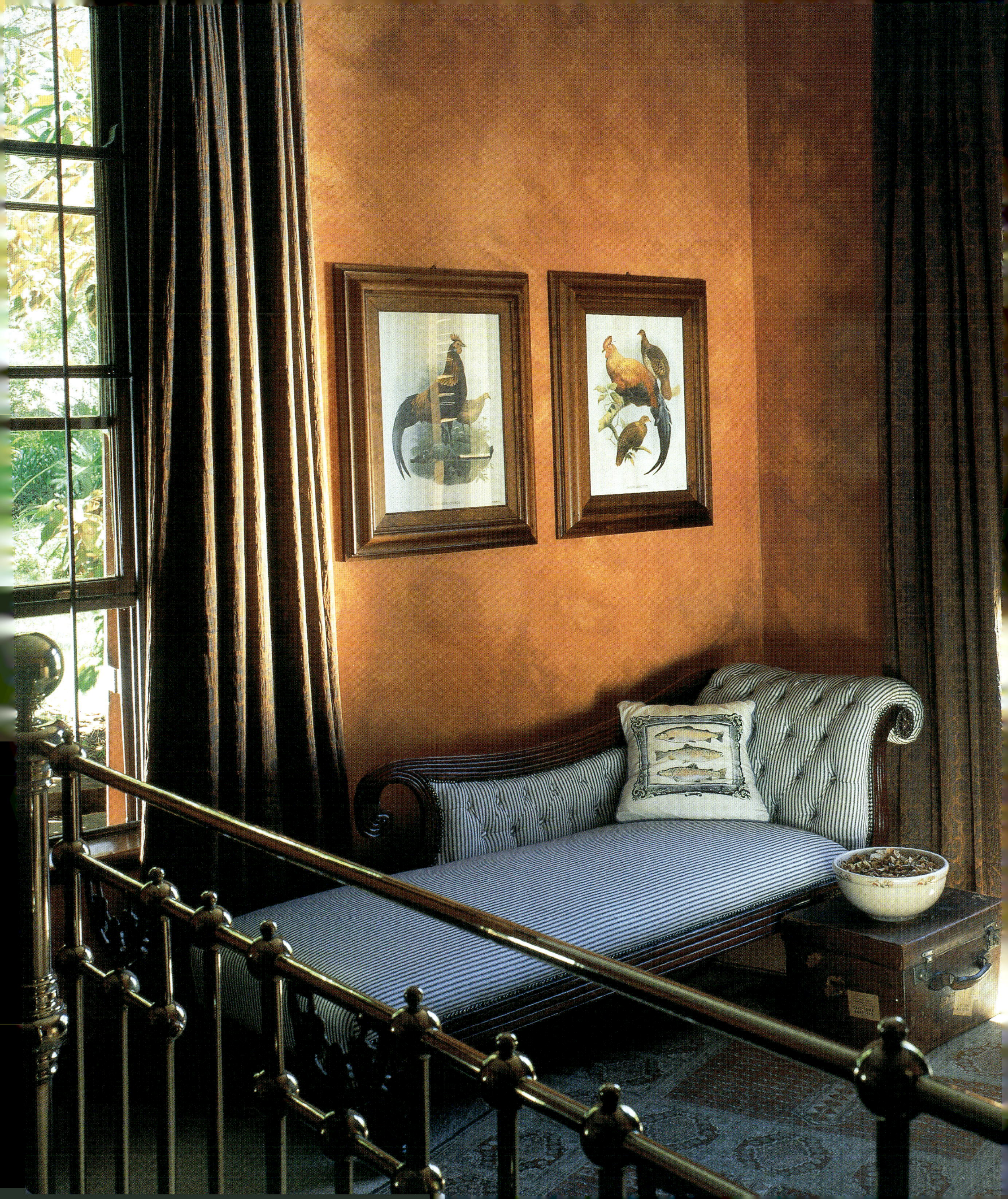

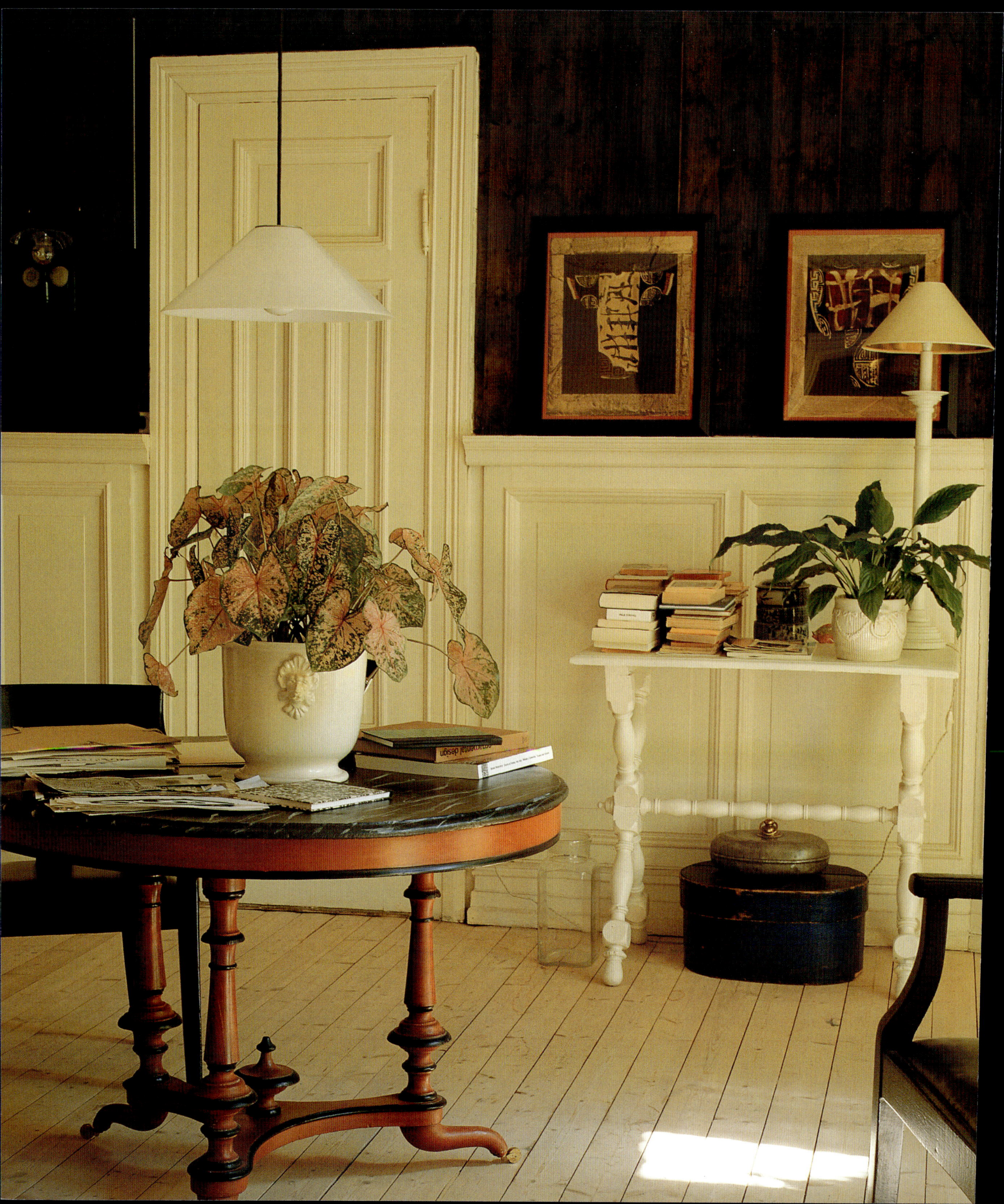

LINKE SEITE: *Die Wände dieses Zimmers wurden unterteilt. Die untere, mit Holz verkleidete Hälfte ist in einem das Licht reflektierenden, kontrastierenden Weiß gehalten, während die Fläche darüber tief schokoladenbraun schimmert. Dunkle Möbel und Accessoires holen das dunkelbraune Element auch in den unteren, hellen Bereich hinein.*

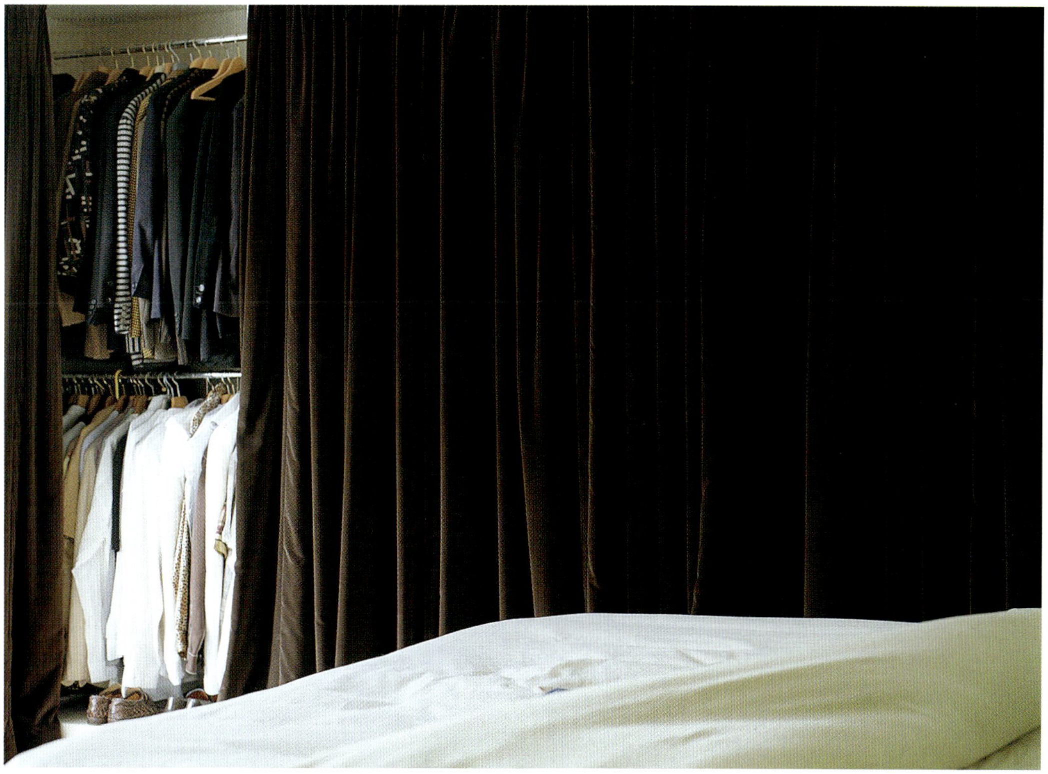

LINKS: *Üppige dunkelbraune Samtvorhänge verhüllen diskret den Schrankraum in diesem Schlafzimmer. Der samtige Flor, die weichen Falten und die Schmiegsamkeit des Gewebes sorgen dafür, dass die dunkle Farbe nicht zu dominant und massiv wirkt.*

Fügt man gewöhnlichem Braun einen Schuss Rot hinzu, wird die Farbe wärmer und lebendiger. Die Nussbaumtöne wirken heimelig, aber bei weitem nicht so erdrückend wie reines Rot. Sie eignen sich für Räume in Gewürztönen mit exotischem Dekor. Eine gute Ergänzung dazu sind Raumdüfte, gemischt aus Zimt und Sternanis, und für ein verführerisches Schlafzimmer kostbare Satin- und Samtkissen und Überwürfe in dunklen, satten Braun- und Rotnuancen.

Rotbraun begegnet uns auch in den Terracottatönen, die vor allem für rustikale, mediterran angehauchte Einrichtungen verwendet werden, die man aber auch weiter im Süden in den Medinas und Märkten von Marokko und Nordafrika findet. Terracotta lässt sich hervorragend mit den frischen Farben Weiß, Grün, Türkis und Blau und kostbar wirkenden Goldfliesen kombinieren und eignet sich, um einen Raum im Marrakesch-Stil zu gestalten. Wird die Rotnuance von Terracotta betont, wirkt die Farbe üppiger und edler. Glänzende Messingaccessoires, zarte Voilestoffe in kühlem Minzgrün und mit Kissen überladene Ottomanen sind die ideale Ergänzung zu terracottafarbenen Wänden.

Braun für die Wand

Braun kann zu einer ganzen Reihe von Einrichtungsideen inspirieren. Das wohl gängigste Thema ist das Motiv Holz.

NÄCHSTE SEITE LINKS: *Orange und Rot passen gut zu Braun, weil Orange Rot und Gelb enthält und, wenn es dunkel wird, fast braun wirkt. Hier fungiert der dunkle Boden als Grundton für die leuchtenderen, wärmeren Farben.*

NÄCHSTE SEITE RECHTS: *Die weiße Bodenleiste und der weiße Türrahmen grenzen den Boden- und Türbereich in diesem vorherrschend in Schokoladenbraun gehaltenen Raum ab. Die reflektierenden Oberflächen des Spiegeltisches und des Cocktailshakers funkeln in dieser dunklen Umgebung ganz besonders.*

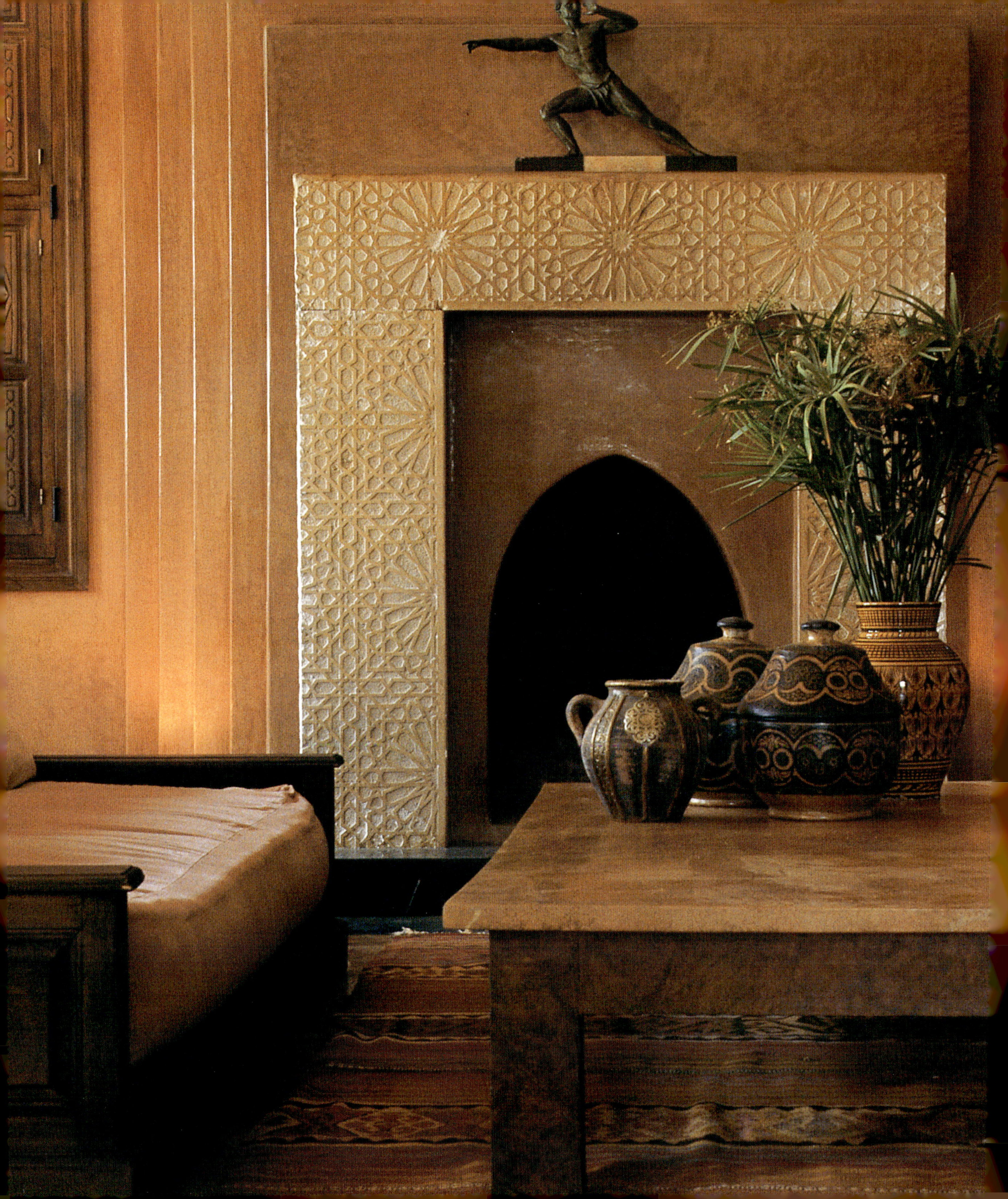

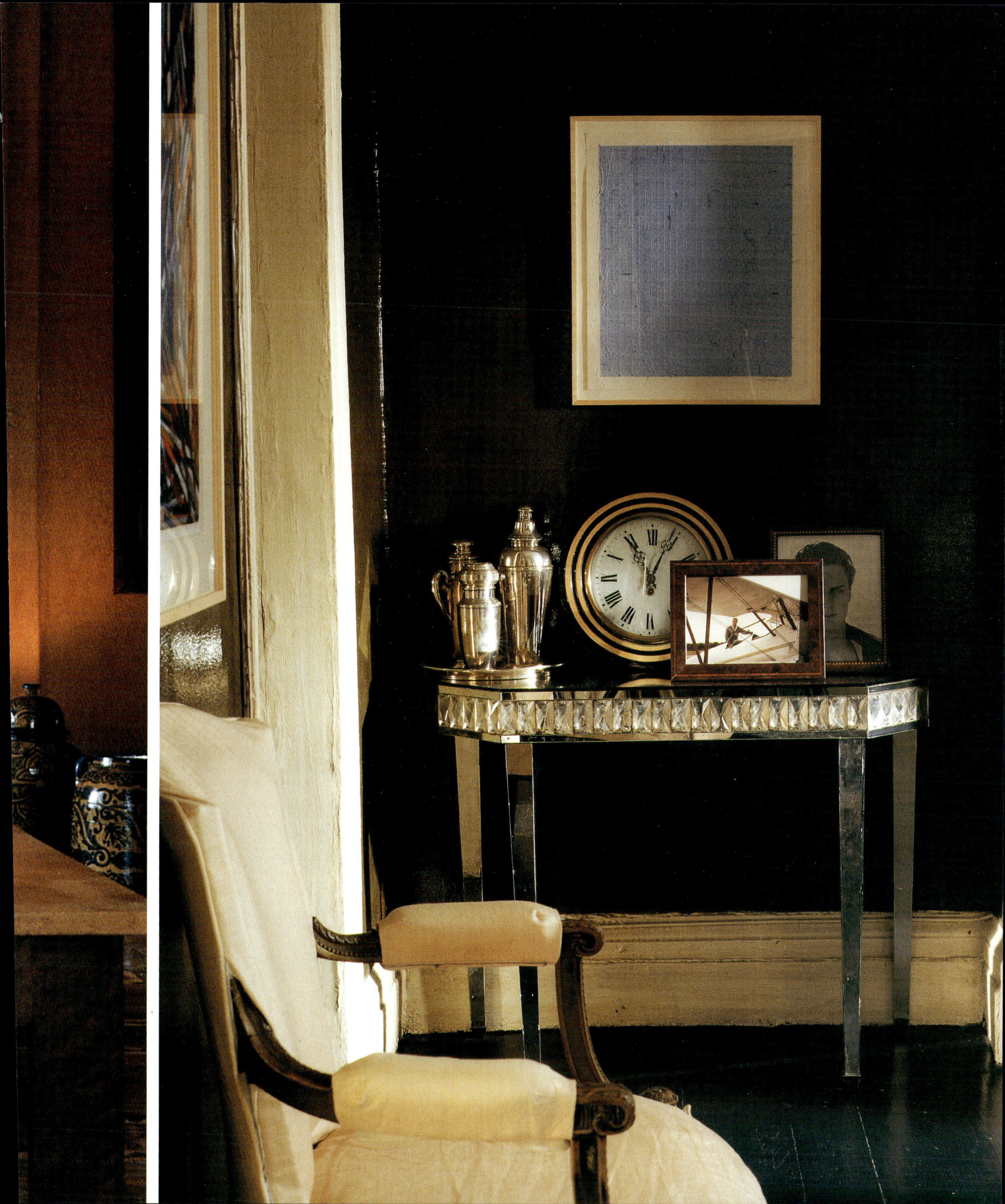

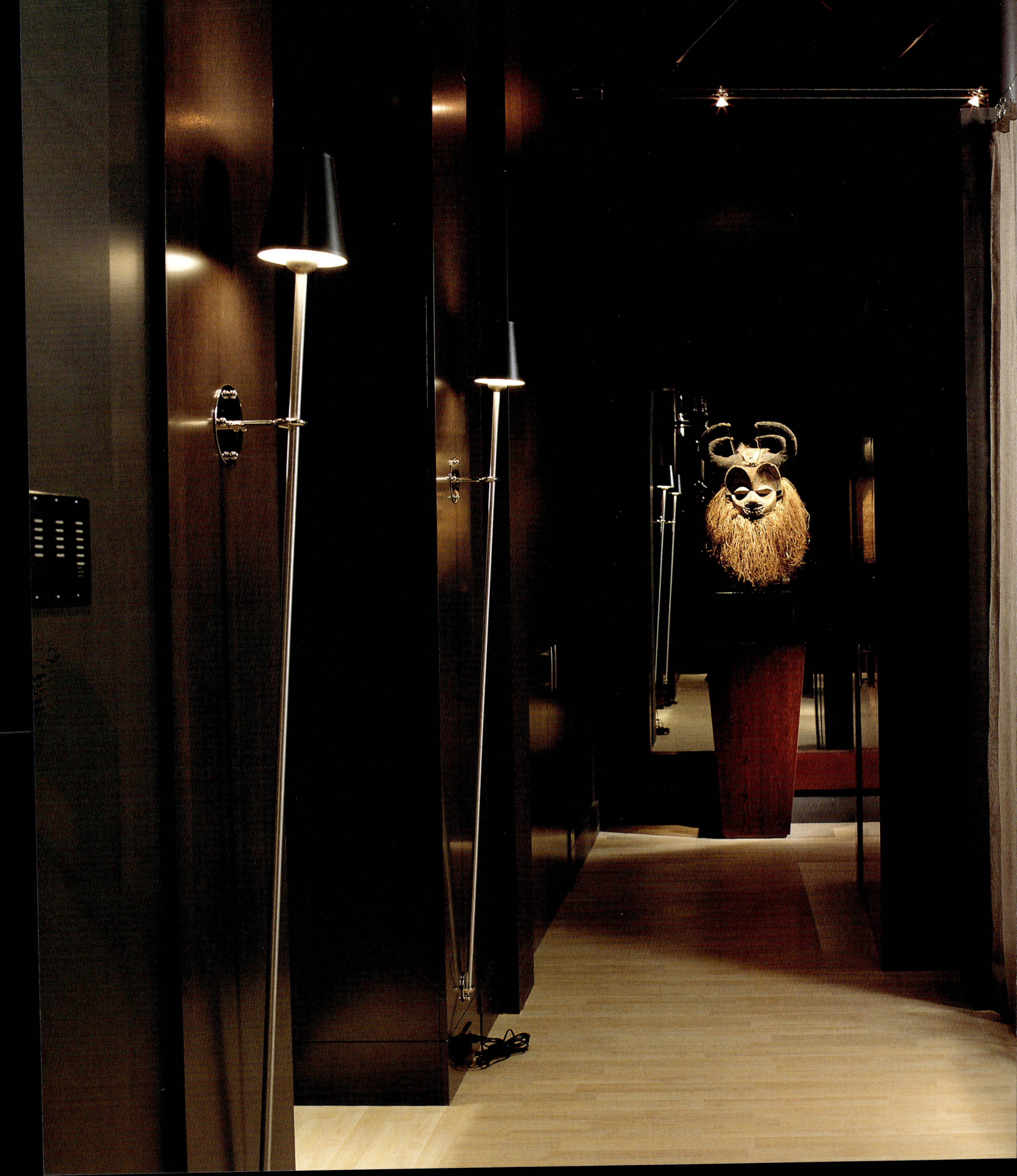

LINKS: *Hochglänzende, dunkelbraune Wände, die von speerartigen Wandleuchten und kleinen Deckenspots angestrahlt werden, ergeben eine dramatische Inszenierung. Der Spiegel am Ende des schmalen Flurs wirft das Licht zurück und lässt ihn dadurch länger wirken. Heller Bodenbelag und ein heller Vorhang lassen den Raum ebenfalls lichter und geräumiger wirken.*

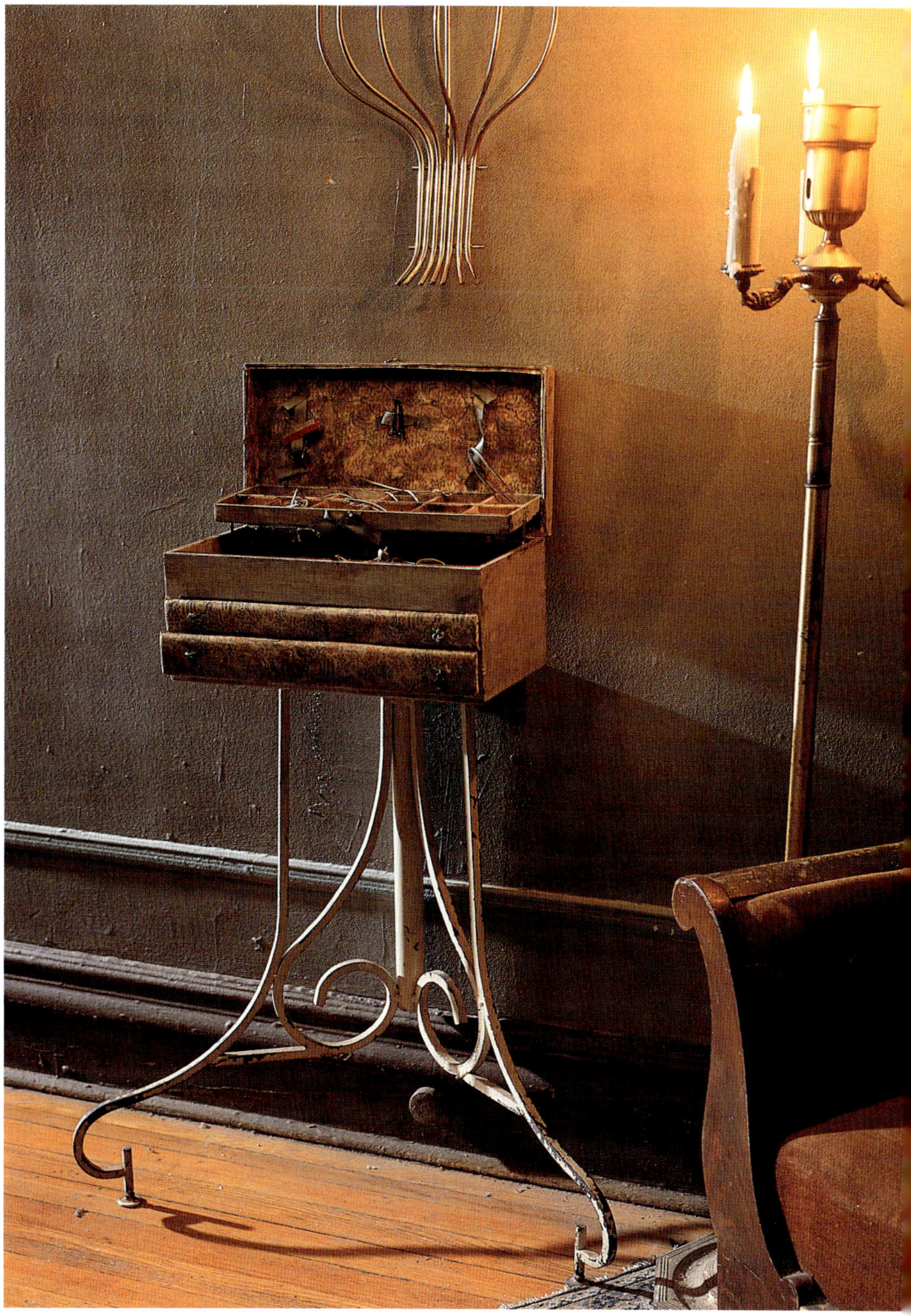

OBEN: *Es gibt viele Effektfarben auf der Basis von Braun, zum Beispiel Schildpatt, Marmor, Holzmaserung und Metalltöne wie verwitterte Bronze und verblasstes Gold. Neuen, glänzenden Messingleuchtern oder Wandleuchten kann man mit braunen Lasuren und Wachsen Patina verleihen.*

Rohe Holzbalken schaffen eine Atmosphäre wie in einem Schweizer Chalet oder einer nordamerikanischen Blockhütte. Mit dunklem Holz vertäfelte Wände vermitteln ein Gefühl von Solidität und Reichtum und bilden einen perfekten Hintergrund für Spiegel und Bilder in vergoldeten Rahmen. Schwarzweißbilder sollten allerdings mit einem weißen oder pastellfarbenen Passèpartout versehen werden, damit sie sich genügend abheben.

Dunkle Holzbalken oder Vertäfelungen, wie man sie in einem Holzhaus oder einem umgebauten Bauernhaus findet, entfalten in der Kombination mit Braun und Weiß oder Braun und Creme einen ganz eigenen Charme. Allerdings sollte unbedingt noch eine weitere Farbe dazukommen, damit der Gesamteindruck nicht eintönig und stumpf wirkt. Eine bunte Patchworkdecke in einem Schlafraum oder ein Toile-de-Jouy-Druck wirken hell und fröhlich und verbinden die Farben des Raums miteinander.

Sehr wirkungsvoll kann auch eine textile Wandbespannung sein. Ein in sich gemusterter Jacquard bleibt unifarben, variiert jedoch in Muster und Struktur, da matte und schimmernde Flächen miteinander abwechseln.

Ein modernes, wildlederartiges Material sieht in Braun ebenfalls sehr attraktiv aus. In einer besonders tiefen Schattierung erinnert es an Kakaopulver und lädt förmlich zum Berühren ein. Statt alle vier Wände mit diesem Kunstleder zu beziehen, sollte es lieber für eine einzige Wand oder einzelne Paneele eingesetzt werden, weil es so besser wirkt.

Von Holzvertäfelungen war bereits die Rede. Eine andere alte Art der Wandverkleidung, die wieder in Mode gekommen ist, ist Leder. Es wäre sehr teuer, ganze Wände mit Leder zu beziehen, doch auch hier kann ein einzelnes Paneel an jeder Wand einen effektvollen Akzent setzen. Auch Lederböden werden immer beliebter.

Ein anderes Material, das an dieser Stelle genannt werden sollte, ist Seide, vor allem die changierenden Qualitäten. Changéestoffe werden aus einem Kettfaden (der von oben nach unten läuft) in einer Farbe und einem andersfarbigen

Schussfaden (von links nach rechts) gewebt. Braun mit leuchtendem Orange oder tiefem Rot wirkt besonders kostbar. Der changierende Stoff ändert je nach Blickwinkel die Farbe. Von einer Seite dominiert das Braun, von der anderen schimmert das Orange oder Rot durch. Noch leichter tritt dieser magische Effekt bei romantischer Beleuchtung, etwa am Abend bei Kerzenlicht, hervor.

Einrichten im Ethnostil

Da es aus Erde gewonnen wird, ist Braun eine beliebte Zutat bei Ethnodesigns. Kräftiges Rotbraun und Gelb-Ocker-Nuancen sind typisch für Stoffe im Ethnostil und werden bei manchen Drucken mit Schwarz gemischt. Warme Brauntöne als Grundnote, dazu eine großzügige Portion Gelb, ergeben einen Raum, der an die flirrende Hitze und das grelle Sonnenlicht fremder Länder denken lässt.

Als Accessoires eignen sich geschnitzte Masken aus dunklem Holz und hölzerne Speere, die sich gut vor rötlichen oder ockerbraunen Wänden machen. Bernstein, das gelbbraune, fossile Harz, das süß duftet, wenn man darüberreibt, trägt ebenfalls ein erdiges Element in sich, und wenn Bernstein selbst auch teuer ist, so lässt sich doch bernsteinähnliches Glas relativ problemlos auftreiben. Ein anderes Material, das sich gut zu einer Einrichtung im Ethnostil macht, ist Schildpatt. Obwohl die Schildkröten, aus deren Panzer es ursprünglich hergestellt wurde, heute geschützt sind, gibt es viele Imitationen und Kopien, die genau denselben Effekt erzielen.

Für all jene, die lieber eine kräftige Mischung aus warmen, gewürzähnlichen Brauntönen hätten, empfiehlt sich das Thema »Gewürzmarkt«. Unter diesem Motto lässt sich ein eklektisches Gemisch aus fremdartigen Kunstgegenständen und Farben mit Anklängen an Indien, Malaysia und den Fernen Osten zusammentragen, das vor einem mittel- bis rotbraunen Hintergrund arrangiert werden sollte.

Braun ist auch die Farbe irdenen Geschirrs aus einheimischen Tonerden. In Frankreich werden die braunen Gefäße häufig mit einer gelben oder cremefarbenen Glasur versehen, ein kräftiges Olivgrün ist typisch für die Provence. In Italien und Portugal werden die dekorativeren Stücke weiß und manchmal auch blau bemalt, das Geschirr für jeden Tag bleibt dagegen naturbelassen, wird jedoch gewöhnlich glasiert, um es wasserfest zu machen. Schlichte irdene Gefäße, Platten und Masken kommen aus Mexiko und anderen Teilen Südamerikas.

Solches rustikale Tongeschirr kann ebenfalls zur Anregung für eine Einrichtung werden. Wenn Sie zum Beispiel die braunen und grünen Töpferwaren der Provence betrachten, überlegen Sie, was sonst noch aus dieser Region kommt. Die Tournesol, die Sonnenblume, wird dort wegen ihres Samens und des daraus gewonnenen Öls angebaut. Die Sonnenblume ist gelb mit einem dunkelbraunen Mittelpunkt. Gelb, Grün und Braun sind gelbgrundige Farben, aus denen sich eine harmonische Mischung zusammenstellen lässt. Auf den bedruckten Stoffen aus Südfrankreich mischen sich diese Farben ebenfalls, sodass sich die Einrichtungsidee auf der textilen Ebene weiterspinnen lässt.

Wandideen in Braun

Für die Wände gibt es eine Reihe interessanter Do-it-yourself-Varianten zur Standardfarbe bzw. zur gemusterten Tapete. Schrankpapier von guter Qualität kann mit Tee oder Kaffee bearbeitet werden, um einen leicht abgeschossenen Pergamentlook zu erzielen, der einem Raum den Anschein einer historischen Patina verleiht. Dabei trägt man verdünnten Tee oder Instantkaffee an der Wand auf das Papier auf, und zwar mit einem Schwamm oder einem Pinsel, und lässt die Flüssigkeit dann trocknen. Beginnen Sie zunächst mit einem hellen, stark verdünnten Ton. Wenn es trocken ist, können Sie einen weiteren Anstrich darüber auftragen, bis Sie die gewünschte Farbintensität erreicht haben.

Man kann auch einfaches, gewöhnliches, braunes Papier als Wandverkleidung benutzen. Dieses altmodische Packpapier kann direkt beim Hersteller oder bei einem guten Einzelhändler in Großhandelschargen bezogen werden. Das Papier sollte von guter Qualität sein und einen matten Schimmer

Rechts: *Spiegel helfen, Licht in einen in dunklen Farben gehaltenen Raum zu holen. Dieser Spiegel reflektiert das Licht der Pendelleuchte, die Kerzen an der gegenüberliegenden Zimmerseite und das Licht des neben ihm angebrachten Wandleuchters.*

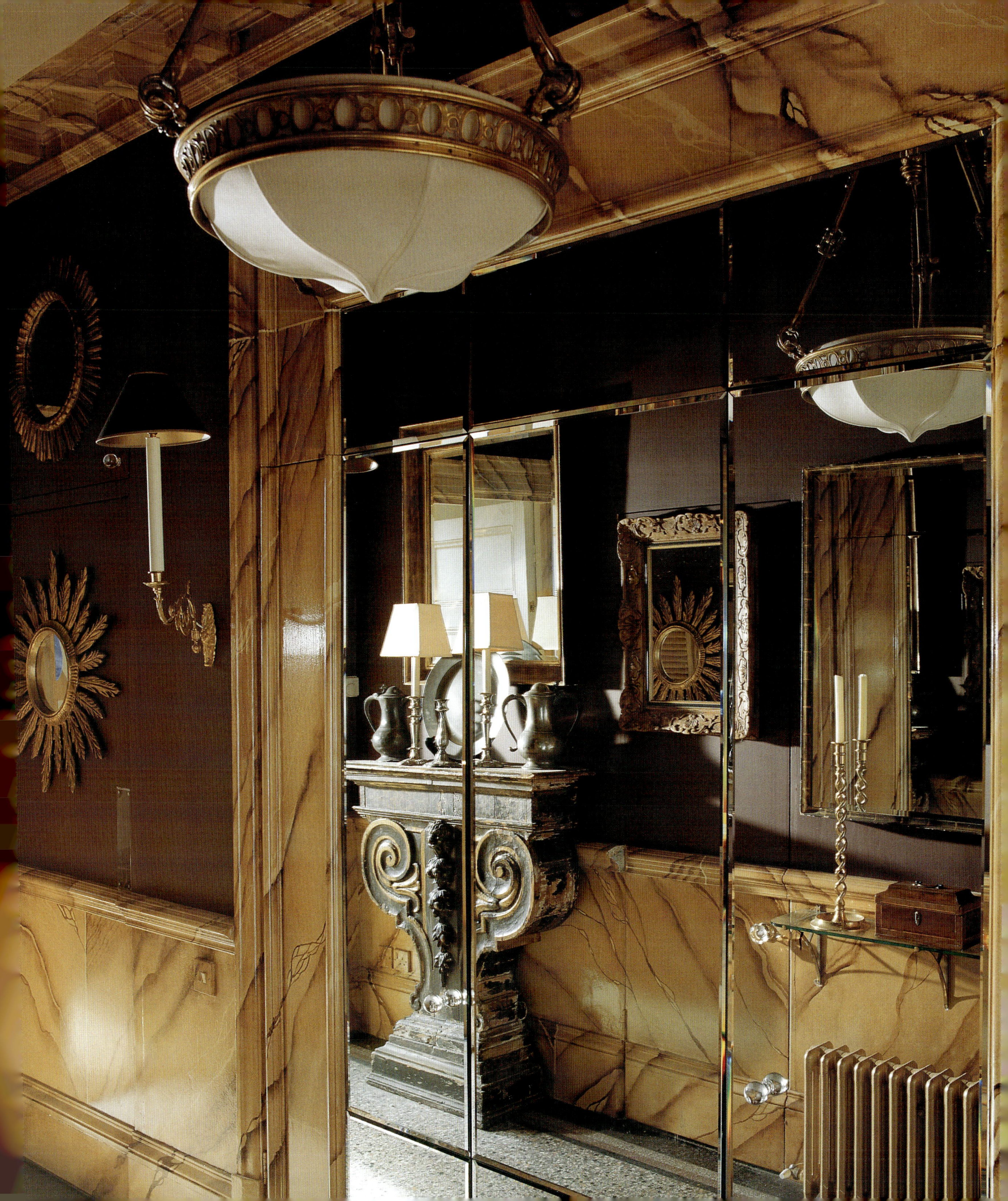

und ein fast unsichtbares Streifenmuster aufweisen. Am besten ist es, eine einzige riesige Rolle zu kaufen, die für alle Wände reicht, da es zwischen den verschiedenen Partien leichte Farbabweichungen geben kann. Das Papier wirkt dunkler und rötlicher, solange es noch nass vom Kleister ist, doch nach dem Trocknen kommen der leichte Schimmer und der feine Streifen an der Oberfläche wieder zum Vorschein, und die Farbe wird heller.

Ein Plus sind bereits vorhandene Holzvertäfelungen. Dagegen ist es äußerst kostspielig, ganze Räume neu vertäfeln zu lassen. Sie können denselben Effekt jedoch auch mit einer geschickt aufgetragenen Holzlasur und Leisten erzielen. Unterteilen Sie die Wand in regelmäßige Flächen und bringen Sie schmale Leisten an, die Paneele vortäuschen sollen. Bei Täfelungen im traditionellen Stil ist das Paneel über der Mittelleiste groß, darunter befindet sich ein kleineres, quadratisches Paneel.

Wenn die Leisten angebracht sind, wird die ganze Wand überstrichen, sodass sie aussieht wie gemasertes Holz. Diese Aufgabe übernimmt, wenn Sie nicht besonders künstlerisch begabt sind, am besten ein Dekorateur. Der Effekt wird durch eine ölige Schicht über einem Grundanstrich erzielt. Die Lasur wird dann mit einem Metall- oder Holzkamm bearbeitet, um die Rillen und Linien von Holzmaserung nachzuahmen. Für die ovalen Augen oder Astlöcher, die man in Paneelen und Brettern findet, kann man eine Feder benutzen. Diese Technik war zur viktorianischen Zeit sehr populär und ist heute noch an Türen, Tür- und Fensterrahmen und Möbelstücken aus dieser Epoche zu sehen. Bei den Möbeln findet sich manchmal auch ein nachgemachtes Bambusmuster.

Ein anderer nachgemachter Effekt, der häufig mit Schattierungen aus Braun und gebranntem Siena erzielt wird, ist das Marmorieren. Die Eingangshallen vieler alter Hotels und städtischer Gebäude sind mit einem Material verkleidet, das auf den ersten Blick wie feinster Carrara-Marmor aussieht, in Wirklichkeit jedoch das Werk eines einheimischen Dekorationsmalers ist. Marmorieren ist ebenso wie das Imitieren von Holz eine Technik, die eine gewisse Kunstfertigkeit erfordert, damit die Imitation echt wirkt und das Auge des Betrachters auch wirklich täuscht. Am besten hält man sich an die Anweisungen eines Fachbuchs zur Effektmalerei und probiert zunächst auf einem Stück Papier oder altem Holz, bevor man an die eigentliche Arbeit geht.

Das Gebiet, auf dem die meisten Amateure Schiffbruch erleiden, ist die Auswahl und Mischung der Farben. Es braucht viele Brauntöne, Weiß, ja selbst Spritzer von Gelb und Rot, um einen einigermaßen echten Marmoreffekt zu erzielen. Der andere kritische Punkt liegt darin, dass Hobby-Innendekorateure dazu neigen, die dunklen, unregelmäßigen Linien der Marmorierung wie zuckende Blitze aufzutragen, ohne die Konturen zu verwischen und die dunkleren und helleren Farbtöne weich ineinander fließen zu lassen.

Der Fussboden

Holzböden sind ein Gewinn für jede Wohnung, weil sie eine billige und einfache Alternative darstellen, sich einen neuen Bodenbelag zu gönnen. Vergewissern Sie sich zunächst, dass das Holz in gutem Zustand und nicht vom Holzwurm oder einem anderen Schädling befallen ist. Beschädigte Dielen sollten möglichst durch ähnlich gemaserte Dielen aus nachwachsenden Hölzern ersetzt werden. Wenn ein Teppichboden über dem Holzboden verlegt war, müssen Sie eventuell die Kleberreste der Teppichboden- oder Linoleumplatten abkratzen, und wenn ein Teppich auf den Dielen lag, sind möglicherweise noch Nagelköpfe da, die entfernt oder in den Boden hineingehämmert werden müssen.

Ist Ihr Holzboden so weit vorbereitet, so gibt es eine ganze Reihe von Möglichkeiten, ihn weiterzubehandeln. Wenn das Holz alt, von guter Qualität und weich ist, reicht vielleicht einfach eine gründliche Reinigung und das Auftragen von Politur oder transparentem Firnis. Ist die Farbe ausgeblichen oder stumpf, wird ein farbiger Anstrich oder Holzbeize ihn neu beleben.

Sie können dem Boden auch eine farbige Umrandung geben. Das kann ein einfacher Streifen sein, der mit Farbe oder einer kräftigen farbigen Beize aufgetragen wird. Sehr dekora-

RECHTS: *Braune Wände müssen nicht unbedingt gestrichen sein. Hier fungiert ein großer Schrank mit Holzfurnier als Farbfläche. Die Maserung führt zugleich das Element des Musters und des Kontrasts ein. Obwohl der Boden aus Holz in einem ganz ähnlichen Ton gehalten ist, schafft der zurückgesetzte Schranksockel eine klare Trennung zwischen Boden und Wandfläche.*

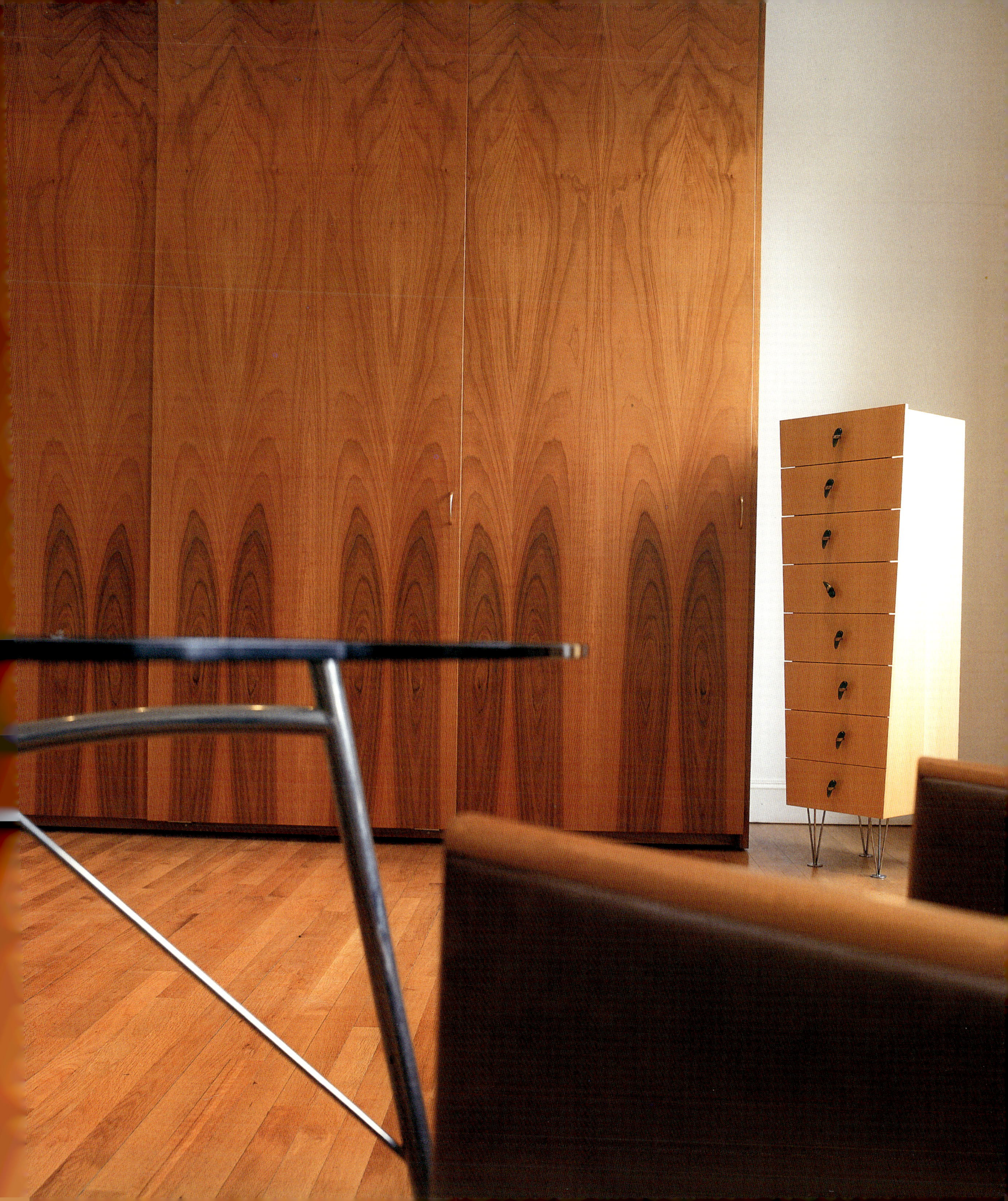

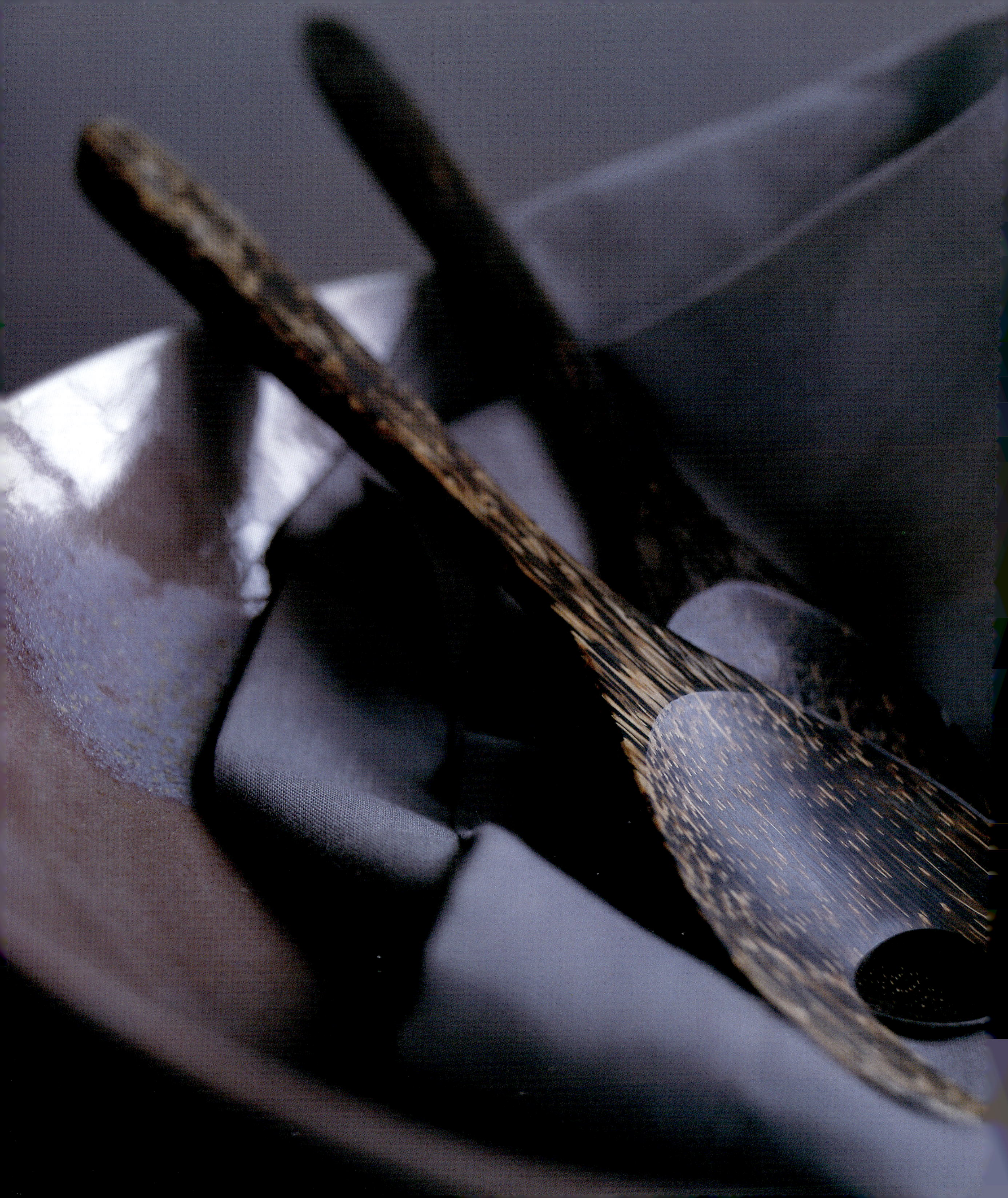

tiv macht sich eine Bordüre im Stil einer nachgemachten Intarsien- oder Einlegearbeit. Die Bordüre kann natürlich auch aus einem mit der Schablone gemalten, stilisierten Muster beziehungsweise einem einzelnen, sich wiederholenden Motiv bestehen.

Wenn der Boden aus billigem oder unansehnlichem Holz ist, können Sie ihn beizen, sodass er aussieht wie Mahagoni oder ein teures Edelholz, oder ihn einfach überstreichen. Sie können ihn einfarbig streichen oder in einem geometrischen Muster. Für ein Schachbrettmuster können Sie entweder mit einer Schablone arbeiten oder mit Klebeband. Unterteilen Sie den Boden in Quadrate und malen sie zunächst die eine Farbe aus. Lassen Sie sie trocknen. Befestigen Sie dann das Klebeband für die übrigen Quadrate neu und tragen Sie die zweite Farbe auf. Wenn alles trocken ist, sollten Sie den Boden mit einem dauerhaften Firnis versiegeln. Diese Methode kann sehr sinnvoll sein, um eine Abgrenzung zwischen holzvertäfelten oder braun gestrichenen Wänden und einem braunen Boden zu schaffen.

Um einen dunkelbraunen Holzboden heller zu machen, können Sie die Versiegelung abschleifen und eine weiche Kalkemulsion auftragen, durch die die Maserung hindurchschimmert. Der Boden wirkt dann alt, aber hell.

Bodenbeläge aus Naturmaterialien wie Kokos, Jute und Sisal haben ein erdiges Farbelement, das sie mit den braunen Farbtönen verbindet. Das sanfte Gold dieser Bodenbeläge passt zu Holzmöbeln und Holzvertäfelungen und macht sich in modernen und traditionell eingerichteten Räumen gleichermaßen gut. Kelims und Orientteppiche sehen auf naturbelassenen Holzböden am schönsten aus.

Brauntöne und Licht

Die richtige Beleuchtung für Räume mit braunen Wänden und Oberflächen hängt stark davon ab, wie intensiv die Farbe ist und ob sie matt oder glänzend verarbeitet wurde. Wenn Sie sich für eine textile Wandverkleidung wie zum Beispiel Kunstleder entschieden haben, brauchen Sie starkes Licht und viel Licht, weil Farbe und Wandoberfläche Licht schlucken. Wenn Sie dagegen eine Hochglanzlackierung in Rotbraun gewählt haben, wird das Licht bis zu einem gewissen Grad reflektiert und damit wirkungsvoller.

Ein in Braun gehaltener Raum kann bei Tageslicht dunkler wirken. Wählen Sie daher die Farbe sorgfältig und meiden Sie Töne mit einem Stich ins Schwarze oder ins Dunkelblau, die diesen stumpfen Effekt noch unterstreichen. Brauntöne mit einem Schuss Creme oder Gelb sind bei Tageslicht warm und werden, kombiniert mit einer cremefarbenen oder gelben Decke und einem hellen Bodenbelag, nie erdrückend wirken.

Weil Braun eine neutrale Naturfarbe ist, wird die Oberflächenbeschaffenheit brauner Gewebe besonders wichtig. Von den satten Dunkelbrauntönen über helles Caramel und Cappuccinofarben ist die sinnliche Qualität der Stoffe ein wesentlicher Bestandteil des Gesamteindrucks. Grobes Leinen und kratzige Jute, aber auch kuscheliges Kaschmir, weiche Seide und flauschige Wolle wirken nicht zuletzt durch ihre taktilen Eigenschaften.

Braune Möbel sind leicht zu bekommen, ganz einfach, weil Holz der traditionelle Werkstoff für Möbel ist. Vier-Pfosten-Betten, Kleiderschränke, Stühle und Tische gibt es schon seit dem Mittelalter. Alte Stücke sehen oft dunkel und antik aus, die wertvolleren haben häufig ein Datum oder ein eingraviertes Piktogramm, oder sie tragen eine Nummer.

Moderne Holzmöbel sind meist leichter und golden oder hellfarbig. Biedermeiermöbel im späten neoklassizistischen Stil verbinden helle Hölzer mit schwarzem Ebenholz oder gebeizten Details. Gebrauchsmöbel aus billigerem Weichholz lassen sich problemlos beizen und wachsen. Sie wirken dadurch kostbarer, eher wie klassische Stücke. Man kann sie aber auch überstreichen, sodass ihr ursprünglicher Holzton verschwindet.

Ein ganz in Dunkelbraun gestalteter Raum würde sicherlich erschlagend wirken. Doch kräftige Brauntöne geben einen guten Hintergrund ab. Dunkelbraun ist deshalb eine der Farben, die sich ebenso gut als charakteristischer Farbakzent wie zur unaufdringlichen Untermalung der Raumwirkung einsetzen lässt.

LINKS: *Es gibt viele faszinierende, seltene Holzarten. Die meisten seltenen Hölzer werden heute in Plantagen gezüchtet, um Raubbau in den natürlichen Wäldern zu verhindern. Die Maserung, Oberflächenbeschaffenheit und Farbenvielfalt von Holz kann zu einer wichtigen Inspirationsquelle werden, wenn man einen Raum in der Grundfarbe Braun gestalten möchte.*

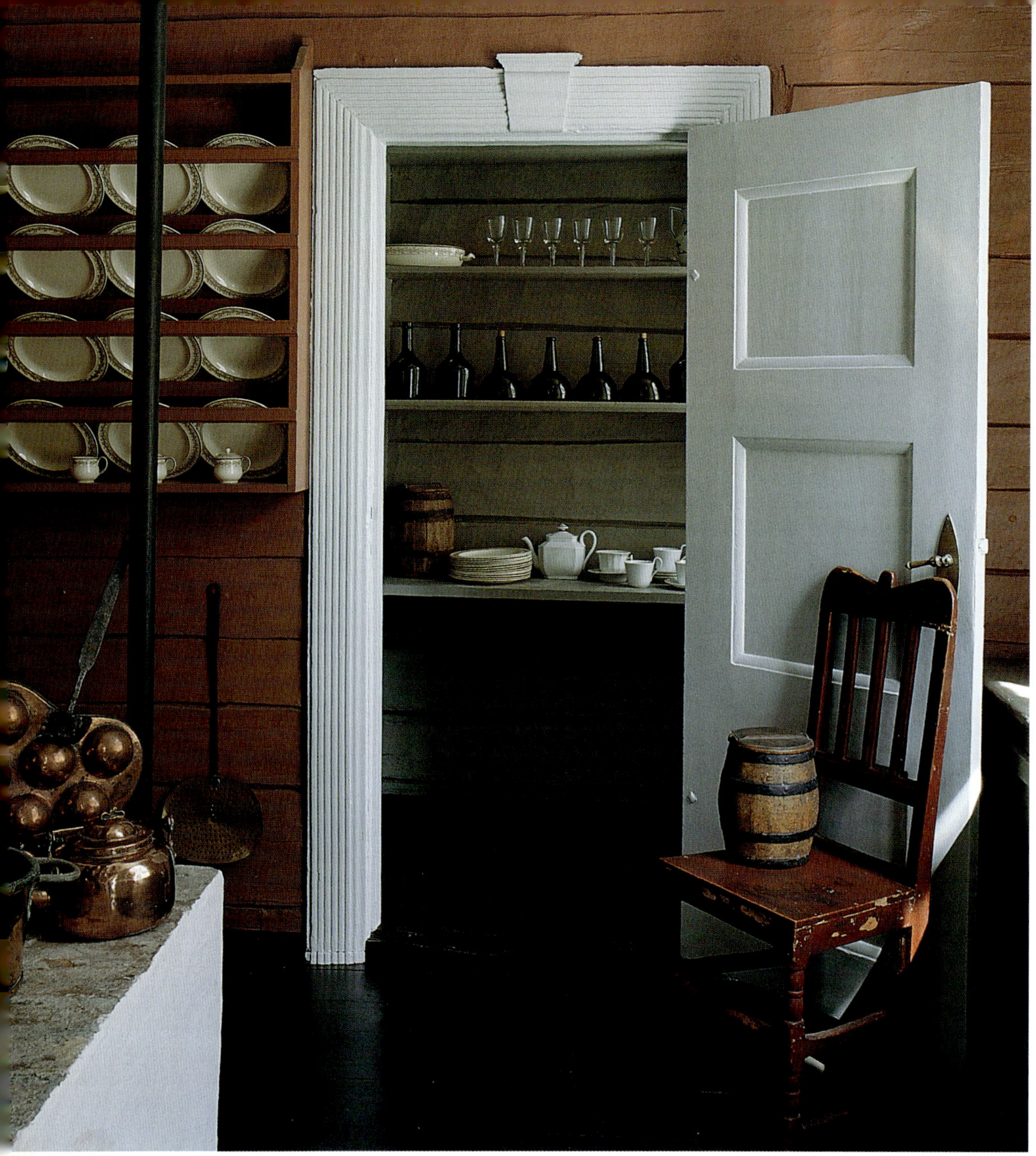

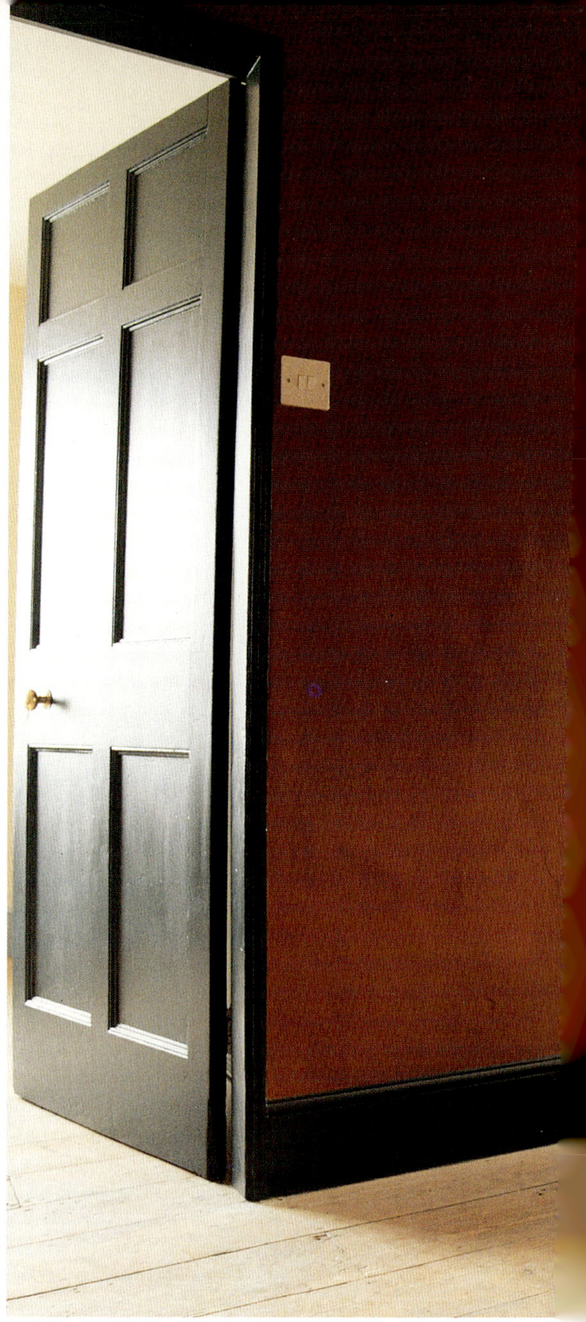

Wo das Braun herkommt

Zu den Brauntönen mit einem rötlichen Hauch gehört Siena, *so benannt nach dem Abbaugebiet einer qualitativ besonders hochwertigen Tonerde, die Eisen und Mangan enthält und in der Nähe der italienischen Stadt Siena zu finden ist. Daneben gibt es auch* rohes Siena, *ein helleres Braun, und* gebranntes Siena, *ein satter, tiefer Braunton, der an Ochsenblut erinnert.*

Rohes Umbra *entsteht aus einem Ton mit höherem Mangangehalt, als ihn Sienaton hat. Das Ergebnis ist ein Braun mit einer kühleren grünlichen Beimischung.* Gebranntes Umbra *entsteht durch das Brennen von rohem Umbra, das ein tiefes schwarzrotes Pigment gibt.*

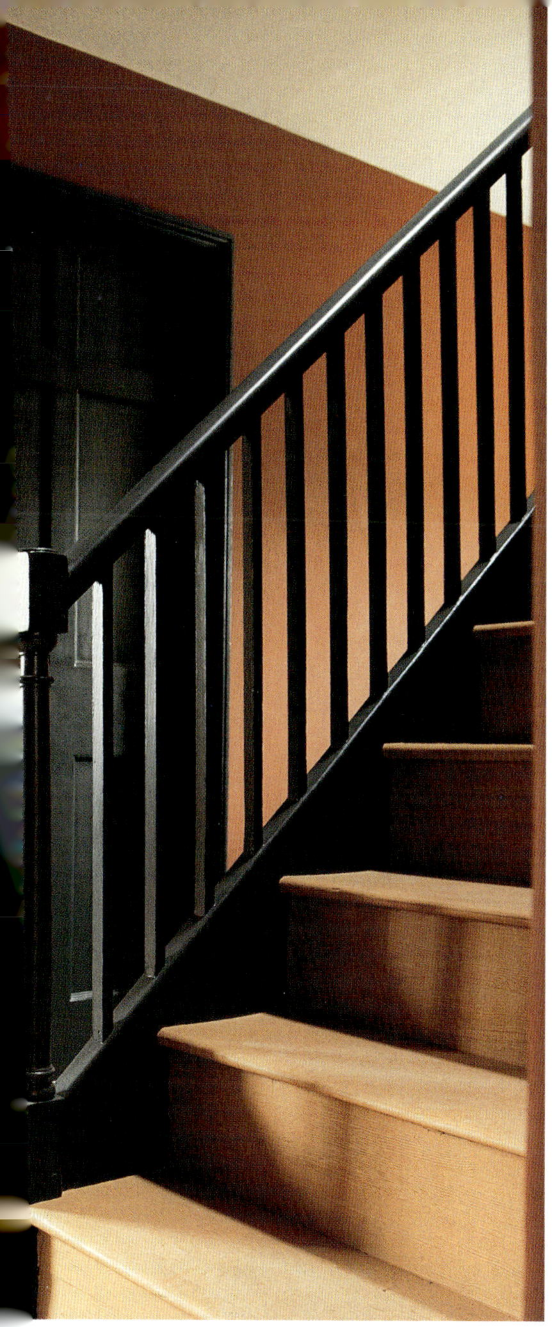

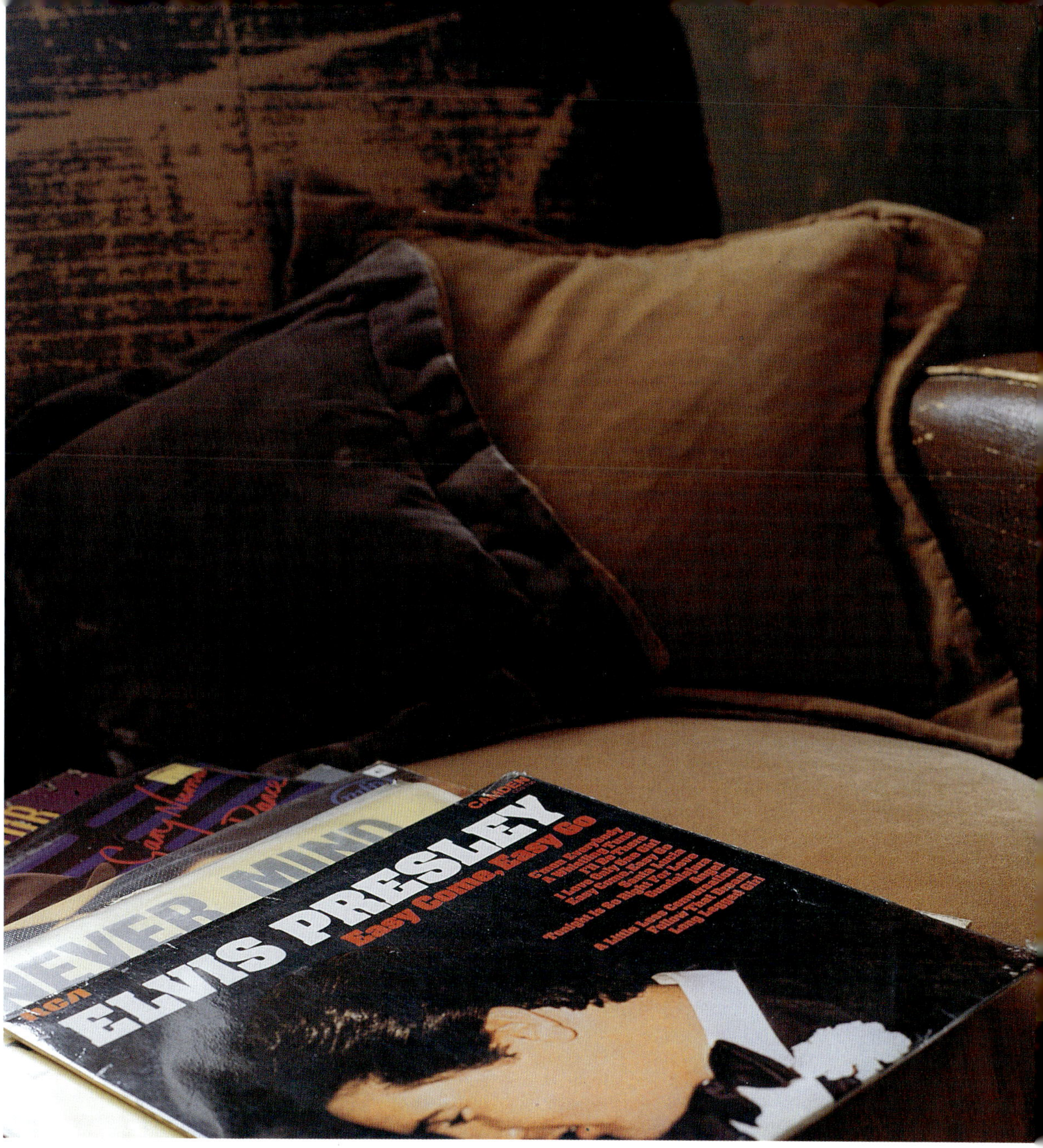

Ein weiteres Erdpigment ist Ocker. Es findet sich in von Eisen verfärbtem Ton. Die Schattierungen von Ocker variieren von Braungelb bis zu Rotbraun, je nachdem, aus welchem Teil der Welt die Farbe stammt.

Stimmungsqualität

Durch seine Erdverbundenheit strahlt Braun in seinen verschiedenen Schattierungen Ruhe, Halt und Beständigkeit aus. Zu viel Braun kann allerdings erdrückend und deprimierend wirken. Die helleren Brauntöne wie Mausbraun und Nerzbraun wirken dagegen weich und freundlich und können dadurch helfen, Ängste zu mildern und wieder Vertrauen zu fassen.

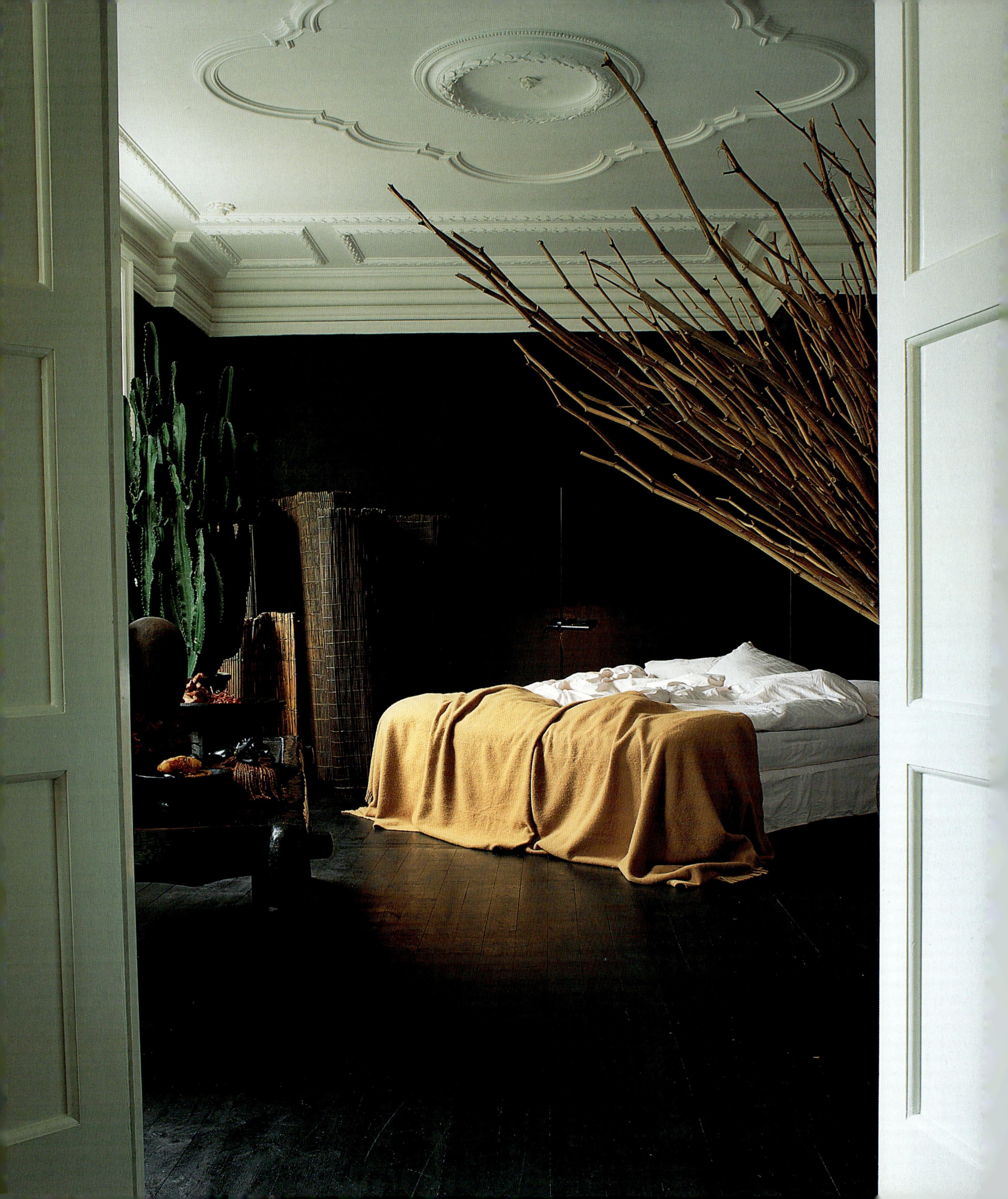

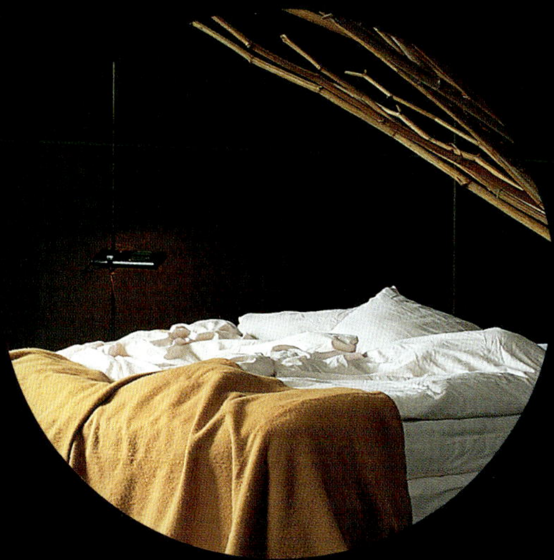

GRAU UND SCHWARZ

Man sollte meinen, dass Grau und Schwarz düster und deprimierend wirken. Doch in Verbindung mit Weiß und leuchtenden Farben gewinnen sie Leben und können einen perfekten Hintergrund für extravagante Räume bilden.

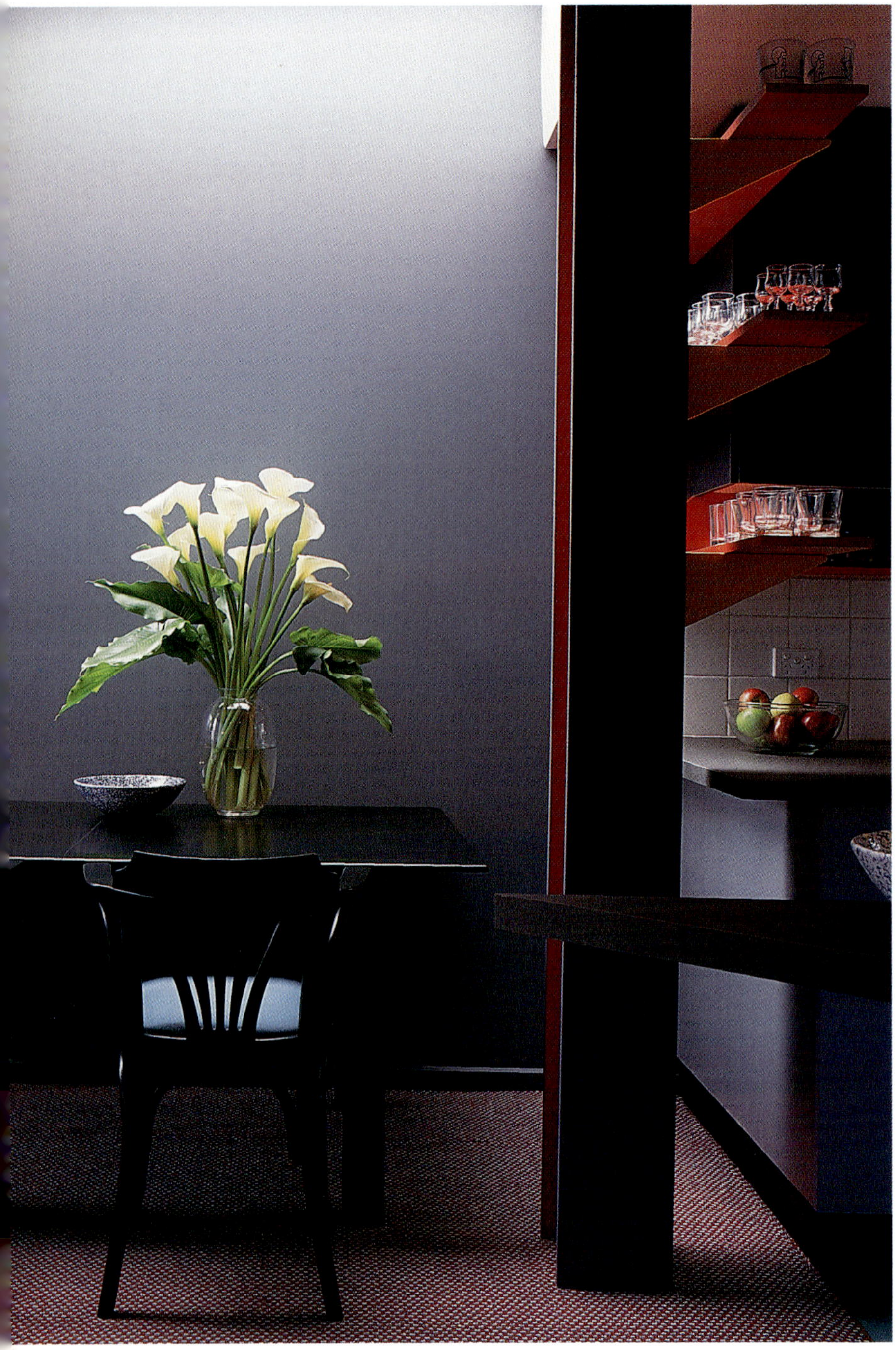

Grau ist im Grunde keine Farbe, ähnlich wie Schwarz und Weiß, und doch ist es ein Ton, mit dem sich angenehm leben lässt, weil er anspruchslos und ruhig ist. Die Nuancen von Grau variieren von dunklem Holzkohlegrau bis zu hellen Silbertönen, die im Grunde einem gebrochenen Weiß entsprechen. Grau als Hintergrund ist ideal, weil alle Farben sowie Schwarz und Weiß von ihm abstechen. Andererseits kann Grau, ähnlich wie Braun, durch die Beimischung anderer Farben zu einem harmonischen Gefährten für den beigemischten Farbton werden.

Die Mischung aus Schwarz und Weiß wirkt zum Beispiel mit einem Hauch Rot wärmer oder mit etwas Blau kühler. Gelb verleiht dem Kontrastpaar Schwarz und Weiß einen leichten Grünschimmer, und Braun macht das Ganze erdverbunden.

Mit Knallfarben wie Rot, leuchtendem Pink oder Giftgrün lässt sich Grau aufpeppen. Silber oder Chrom geben ihm einen eleganten, aber kühlen Touch.

Als klassische, zeitlose Farbe eignet es sich gleichermaßen für traditionelle und moderne Räume. Allerdings sollten ihm andere Farben hinzugefügt werden. Für einen gemütlichen Raum im Landhausstil ist Grau denkbar ungeeignet.

Bestimmte dunklere Grautöne können tatsächlich an Staub und Schmutz erinnern. Sie sollten daher möglichst von Bereichen, in denen Essen zubereitet oder serviert wird, wie Küchen und Speisezimmern, ferngehalten werden. In kalten Räumen mit wenig Tageslicht ist Grau ebenfalls unzweckmäßig, weil es den Raum noch kälter und dunkler macht.

Gedeckte Grauschattierungen können für eine Wand eingesetzt werden, die mit einer leuchtend weiß oder kohlschwarz lackierten Bodenleiste sowie Tür-, Fenster- und Bilderrahmen in entsprechender Lackierung abgesetzt ist. Grau wirkt leichter in einem Raum mit weißer, in blassem Lavendelblau oder einer ähnlich lichten Farbe gestrichenen Decke, die mit einem hellen Bodenbelag verbunden ist.

Massiv schwarze Wände sind in Wohnräumen kaum zu ertragen. Stattdessen können die dunkleren Grautöne ver-

OBEN: *Schwarz und Weiß sind die Ausgangsfarben von Grau. Die drei passen daher gut zusammen. Eine leuchtende Kontrastfarbe wie Pink, Rot oder Orange wirkt der Kühle entgegen, die sich bei einem solchen monochromatischen Farbschema einstellen könnte.*

RECHTS: *Grautöne variieren von Perlmuttweiß bis zu dunkler Holzkohle und finden sich bei ganz unterschiedlichen Materialien, von den matten Oberflächen von Tongefäßen bis zum kühlen Glanz polierten Metalls. Grau lässt sich besonders gut mit einer anderen Farbe kombinieren, wenn man der grauen Grundfarbe einen Spritzer dieser Kontrastfarbe zusetzt.*

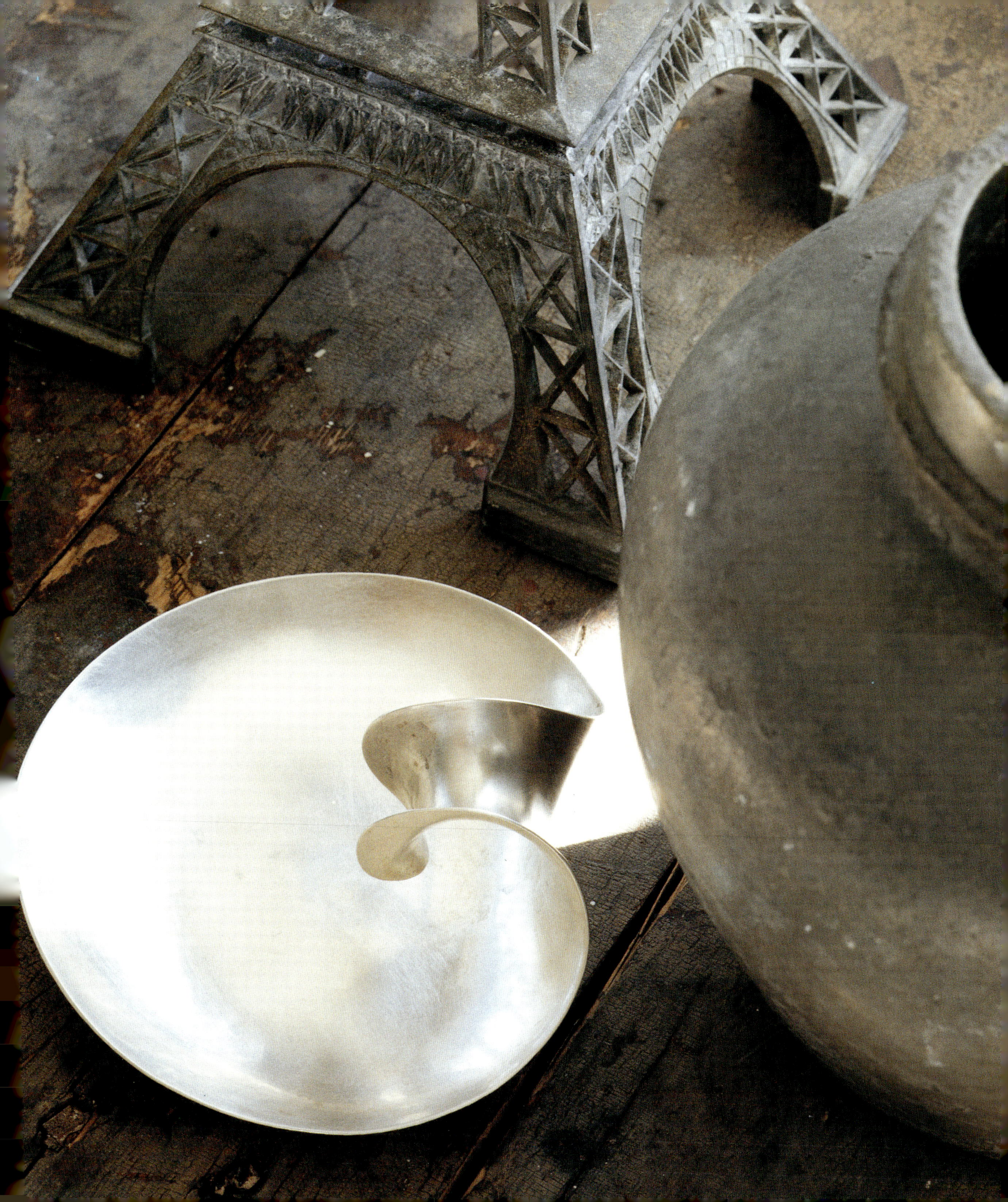

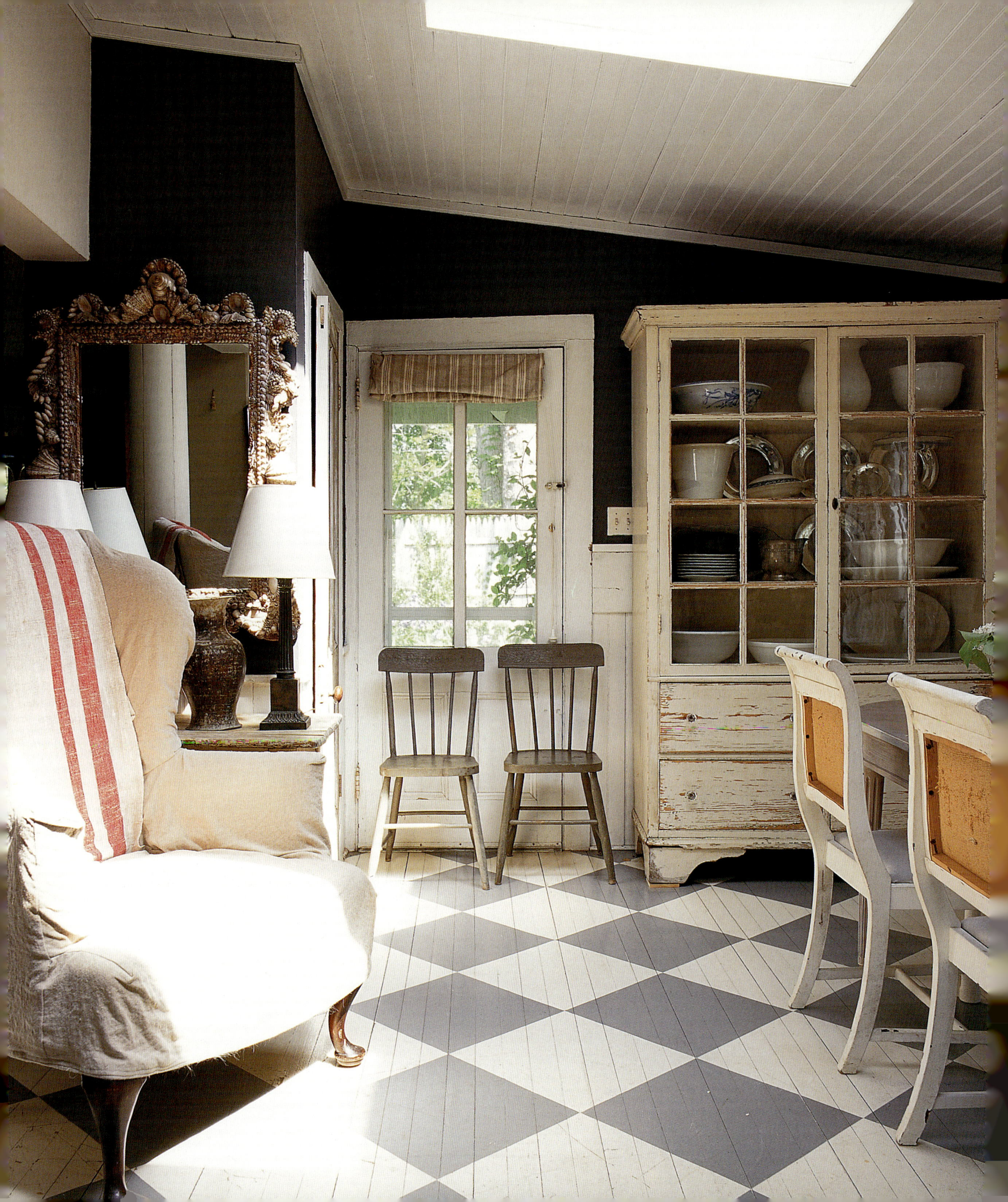

wendet werden. Grau wirkt ähnlich dicht wie Schwarz, hat jedoch nicht dessen negativen Beigeschmack. Am anderen Ende der Grauskala steht ein graustichiges Weiß. Dieses gebrochene Weiß ist nicht so streng wie leuchtendes Reinweiß, neben dem gedämpfte Farben oft schmuddelig oder schäbig aussehen.

Vorbilder

Wie eindrucksvoll Grau wirken kann, zeigt ein Blick auf einige berühmte Gemälde des Malers James Abbot McNeil Whistler. Eines seiner bedeutendsten Porträts trägt den formellen Titel Arrangement in Black and Grey No 1, ist jedoch unter dem Titel Die Mutter des Künstlers bekannt geworden. Das Gemälde, das heute im Musée d'Orsay in Paris hängt, weist einen mittelgrauen Hintergrund auf, vor dem die Mutter des Künstlers im Profil dargestellt ist. Sie sitzt auf einem Stuhl und trägt ein dunkelgraues Kleid.

Das Auge des Betrachters wird auf die zentrale Figur gelenkt, weil sie eine weiße Haube und weiße Manschetten trägt. Auffällig ist auch das weiße Passepartout um ein schwarz gerahmtes Bild an der Wand. Eine weitere Studie von Whistler, Arrangement in Grey and Black No 1, ist ein Portrait von Thomas Carlyle, heute in der City Art Gallery and Museum, in Glasgow. Es zeigt einen ähnlich subtilen Umgang mit der Farbe Grau.

Grau kann auch aus einem Gesprenkel von Schwarz und Weiß entstehen. Man denke an Tweedstoffe oder gar an Vogelfedern, wie beide aus der Entfernung grau aussehen, bei näherer Betrachtung aber eine Mischung aus Schwarz und Weiß darstellen. Die Federn des Regenpfeifers zum Beispiel sind ein Gemisch aus dunklen und hellen Tönen. Wenn er sich jedoch zwischen den silbernen Zweigen seines natürlichen Lebensraums bewegt, ist er kaum von der Umgebung zu unterscheiden. Diese Mischung aus Grau, Weiß und Schwarz, die letztlich grau wirkt, ist auch bei bestimmten Marmor- und Granitarten anzutreffen.

Moderne Anstriche

Bei den zeitgenössischen Innenarchitekten ist Grau äußerst beliebt. Steinfarben sind momentan in Mode und lassen sich in schlichten, unaufdringlichen Räumen im Zen-Stil einsetzen. Ein Glasteller oder eine Schale mit runden grauen Kieselsteinen, trocken oder mit Wasser gefüllt, um die Kiesel zum Glänzen zu bringen, ist ein gängiges Accessoire in vielen modernen Wohnungen und Stilarrangements.

Andere Grautöne, die ebenfalls nach ihrem Pendant aus der Natur benannt sind, sind nicht weniger en vogue. Schiefer- und Kohlegrau finden sich heute auf den Listen vieler Farbhersteller. Schiefer, der Stein, dem die Farbe ihren Namen verdankt, ist mittlerweile vom nützlichen Werkstoff für den Außenbereich zum schicken Material für Inneneinrichtungen avanciert.

Schieferfliesen, poliert und naturbelassen, finden sich als Bodenbelag in Dielen, Bädern und Küchen, in den beiden letzteren Räumen auch an den Wänden und als Arbeitsfläche. Eine andere graugrundige Substanz, die ihren Weg in die Inneneinrichtungen gemacht hat, ist Beton, der mit Beizen behandelt und bearbeitet werden kann und sich mit allen möglichen Anstrichen verträgt. Eine ganze Reihe von Architekten und Designern verwenden jedoch bewusst den nackten Beton für Böden, Wände und Einbauelemente.

Zum Reich der Grautöne gehören auch metallische Oberflächen wie Stahl, Chrom und Silber. Die kühlen, reflektierenden Materialien sind Farbverwandte und harmonieren daher sehr gut mit Grau. Nicht umsonst werden matte Betonoberflächen in Küchen und auch Bädern häufig mit Edelstahl abgesetzt.

Eine andere Wandverkleidung in reizvollem Grau begegnet uns in den sonnengebleichten, verwitterten Holzschindeln an den Häusern entlang der Küste von Martha's Vineyard und Nantucket. Die wunderschön strukturierten grauen Oberflächen erinnern an Treibholz und passen gut zu Einrichtungsideen rund um das Thema Wasser und Wind.

LINKS: *Grau bildet einen Gegensatz zu Weiß, ist jedoch nicht so hart wie Schwarz. Es ist eine weiche, ruhige Farbe, die gut zu Räumen aller Art passt. Für eine Küche oder ein Badezimmer sollte der Farbton allerdings sorgfältig ausgewählt werden, weil Grau auch unerwünschte Assoziationen zu Staub, Dreck und schmutzigen Oberflächen hervorrufen kann.*

NÄCHSTE SEITE LINKS: *Der Schiefer in diesem Badezimmer wurde unpoliert belassen, sodass die natürliche Oberflächenbeschaffenheit und die feinen Farbabstufungen hervortreten können.*

NÄCHSTE SEITE RECHTS: *Diese Schieferfliesen wurden versetzt verlegt, sodass die gegenläufige Riffelung der einzelnen Platten ein Muster bildet.*

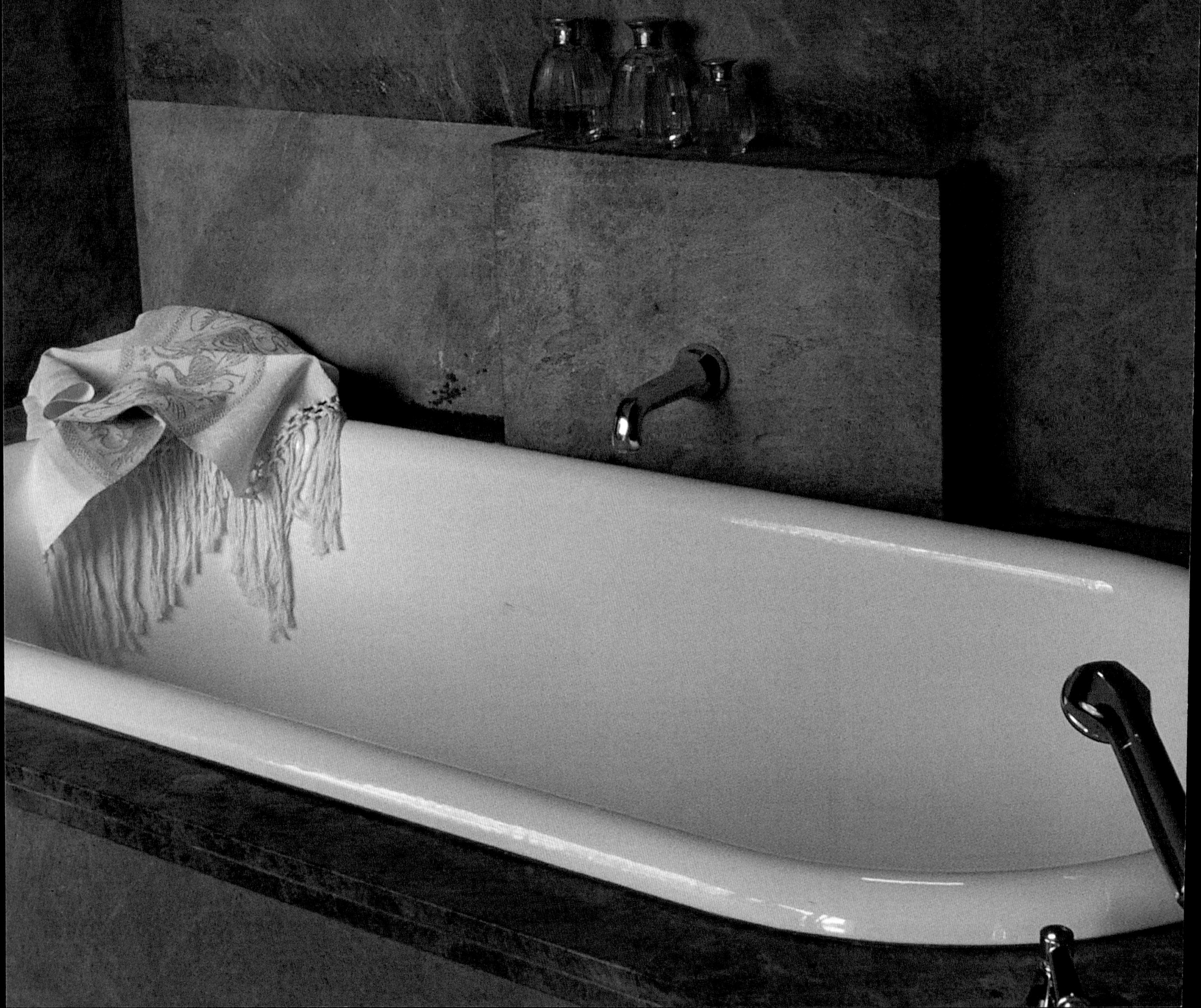

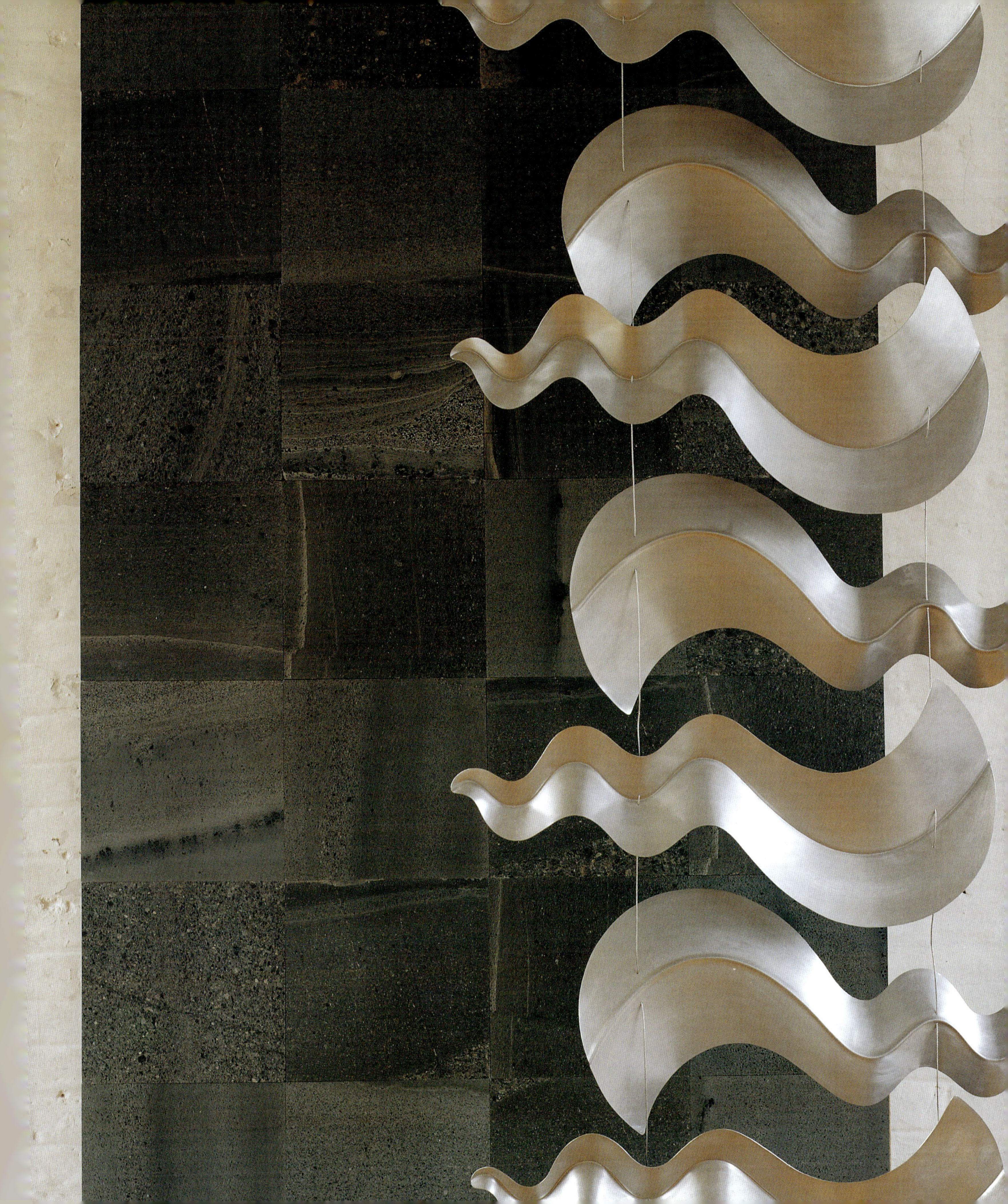

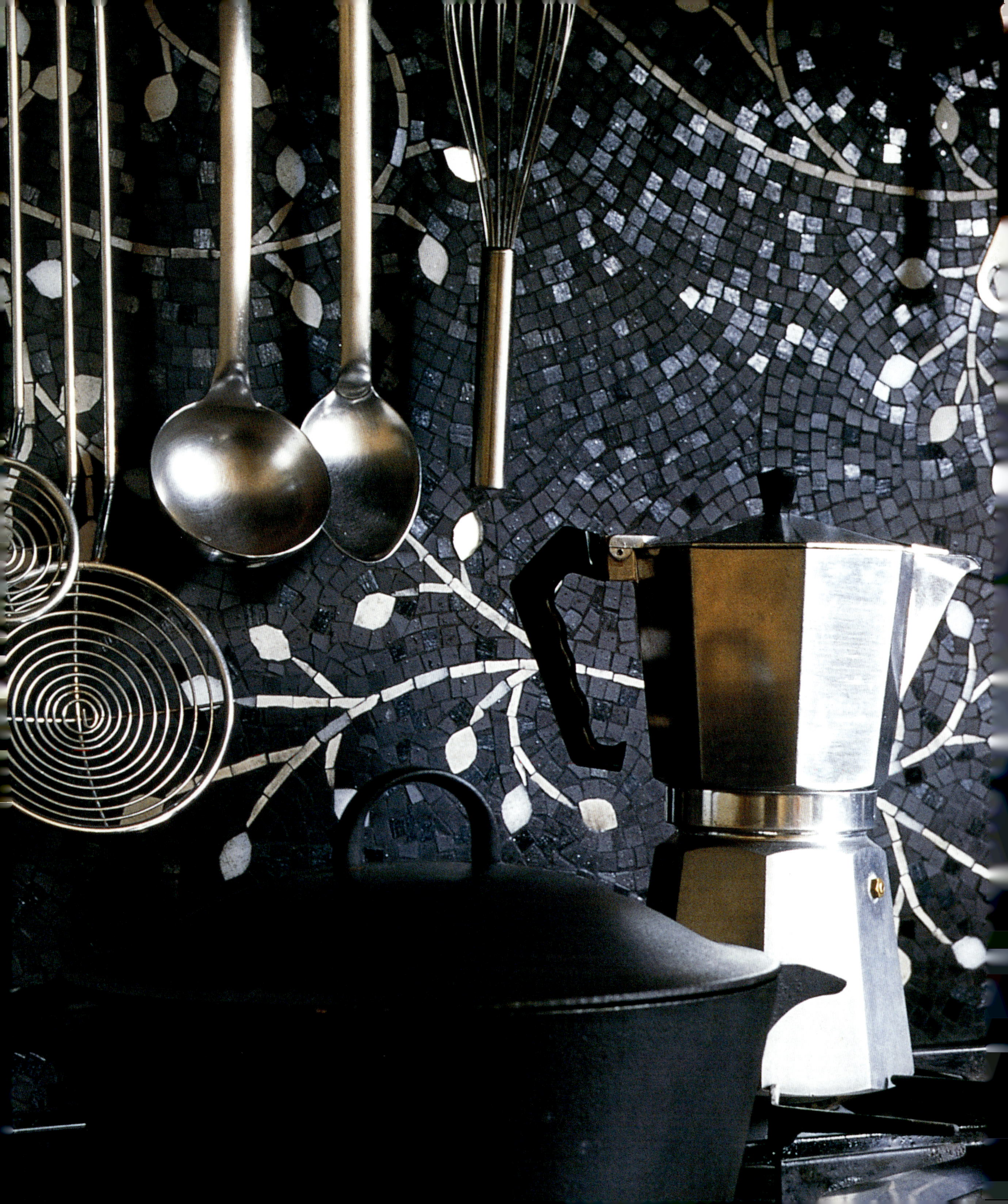

Wenn Sie kein echtes verwittertes Holz bekommen können, können Sie den Effekt nachahmen, indem Sie das Holz mit dem Sandstrahlgebläse bearbeiten, um die Maserung stärker hervortreten zu lassen. Anschließend kann es mit einer stark verdünnten Farbe auf Wasserbasis in einem Grauton gestrichen werden, der dem von Treibholz möglichst nahe kommt. Wenn Sie die Farbe auftragen, bürsten Sie sie gründlich in das Material ein, damit die Maserung gleichmäßig durchschimmert und es keine Flecken mit intensiverem Farbauftrag gibt, der Gesamteindruck also hell und silbrig bleibt.

Grau kann auch vornehm und klassisch wirken. Grau und Weiß gestreifte Tapeten und Stoffe haben ein korrektes Flair, das an die Nadelstreifenanzüge smarter Geschäftsleute erinnert. Leuchtende Farben lockern das Ganze auf, ohne der Eleganz des Gesamteindrucks Abbruch zu tun.

Die bekanntesten grauen Stoffe sind Wollflanell und Filz. Beide kamen auch für die Inneneinrichtung in Mode. Die aufgerauten Oberflächen dieser besonders warmen Textilien machen sie kuschelig und behaglich. Mittlerweile gibt es bereits Flanell- und Filzgewebe, die sich als Polsterstoffe und Bodenbeläge eignen.

Passend zum in gedeckten Farben gehaltenen Blockhausstil kann man eine dicke graue Decke oder einen Überwurf mit Zierstich in bunter Wolle kanteln. Für den urbaneren, intellektuellen Look wird sie mit einer Bordüre aus schwarzem Band oder Leder eingefasst. Zu den Materialien in weichem Grau gehören taubengraue Seide und perlmuttähnlich schimmernder Satin. Diese Stoffe passen am besten in ein Boudoir und eignen sich weniger für öffentliche Räume.

Einen raffinierten Effekt kann man dadurch erzielen, dass man Grau an Stellen in der Wohnung verwendet, wo man eigentlich mit Weiß rechnen würde, etwa bei Bettwäsche oder Handtüchern. Achten Sie jedoch darauf, eine Grauschattierung zu wählen, die eindeutig grau ist. Meiden Sie gebrochene, stumpfe Wischi-Waschi-Töne, die so aussehen, als ob Ihre weiße Wäsche versehentlich in die Buntwäsche geraten wäre.

Vom Fussboden aufwärts

Als Bodenbelag ist Grau äußerst praktisch. Das gilt besonders für die dunkleren Töne, weil sie weniger empfindlich sind, auch wenn sich natürlich weiße Fusseln oder helle Flecken deutlich auf ihnen abheben. Viele Naturmaterialien, die für Fußböden verwendet werden, sind grau, so etwa Schiefer, Beton, Marmor und Steinfliesen. Außerdem gibt Grau einen hervorragenden Hintergrund ab, vor dem bunte Teppiche oder Matten aller Art noch besser wirken. Sehr schön sieht es aus, wenn das Holzwerk zu beiden Seiten eines farbigen Teppichläufers in einem passenden Grauton gestrichen ist. Für die Metallstangen, die den Läufer halten, machen sich poliertes Zinn oder mattes Eisen besonders gut.

Graue Teppiche und Fliesen können einem Raum, der in lebhaften Farben oder Pastelltönen eingerichtet ist, Bodenhaftung geben, ohne einen allzu harten Kontrast zu bilden. Ein Raum mit hellblauen Wänden und einem dunklen, mitternachtsblauen Teppich wirkt übertrieben, während sich ein blaugrauer Teppich unauffällig einfügt.

Licht in einem grauen Raum

Die Beleuchtung in einem weitgehend grauen Raum muss sich an dem absorbierenden schwarzen Element in der Mischfarbe Grau orientieren. Enthält der Grauton mehr Weiß als Schwarz, wird das Licht reflektiert. Hat jedoch Schwarz das Übergewicht, dann schluckt die Farbe Licht.

Mittel- bis hellgraue Farbnuancen wirken bei Tageslicht sehr angenehm. Die dunkleren Töne machen mehr Beleuchtung erforderlich. Seien Sie wählerisch, was die Glühbirnen angeht, und achten Sie darauf, dass das Licht nicht zu gelbstichig ist, da das einen blaugrauen Hintergrund in ein schmutziges Grün verwandeln würde. Auch blaustichiges Licht sollten Sie meiden, da Blaugrau in solchem Licht eisig wirkt.

LINKS: *Der in Grautönen gehaltene Spritzschutz in dieser Küche besteht aus einem Mosaik in verschiedenen Farbabstufungen, das durch das silberne Zweigmotiv belebt wird. Grau und Silber haben ähnliche Grundnoten und harmonieren daher miteinander. Das Silber wirkt zudem der Stumpfheit, die gedeckten Grautönen leicht anhaftet, entgegen.*

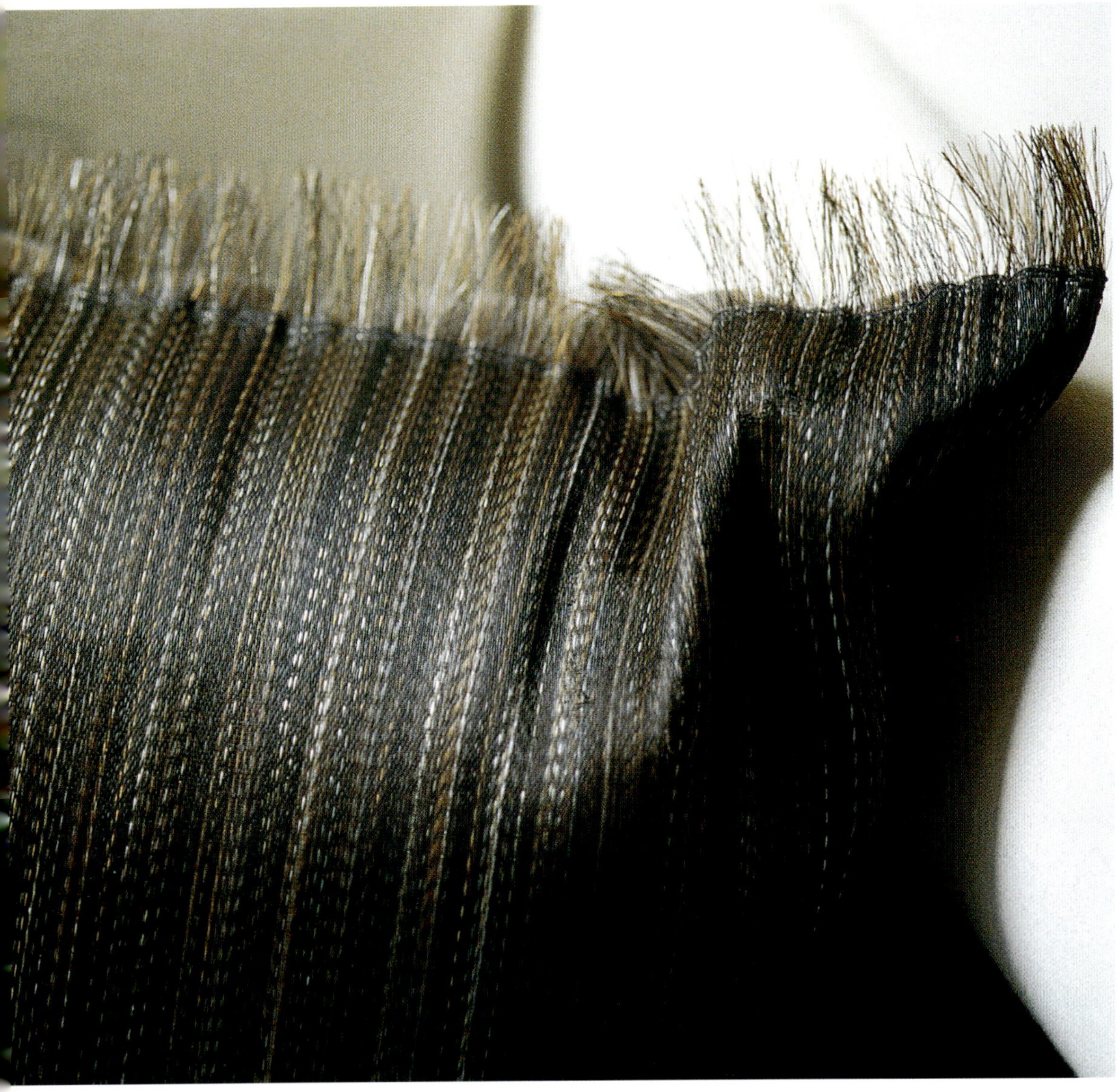

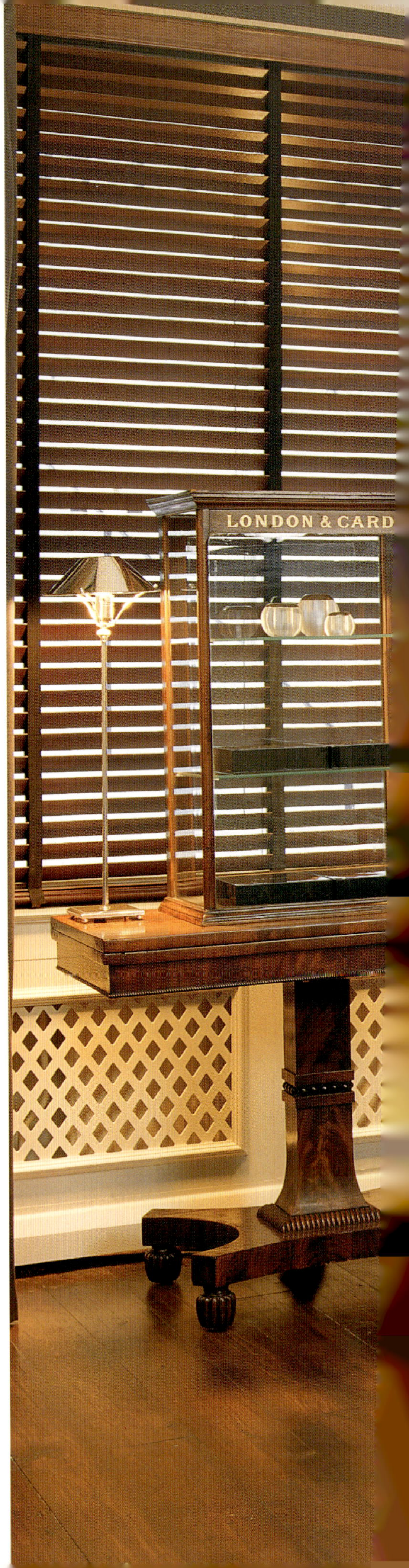

OBEN: *Weil beide neutrale Farben sind, können helleres Grau und Braun problemlos kombiniert werden. In diesem Kissenbezug aus Rosshaargewebe zeigt sich eine ganze Skala von Grau- und Brauntönen. Interessant wirkt das unregelmäßige Muster.*

RECHTS: *Als zurückhaltende, ruhige Farbe eignet sich Grau hervorragend für ein Schlafzimmer. Die Einrichtung sollte jedoch licht sein, damit das Grau nicht zu dominant und bedrückend wirkt – sonst kann die Atmosphäre der Ruhe und Entspannung in eine depressive, apathische Stimmung umschlagen.*

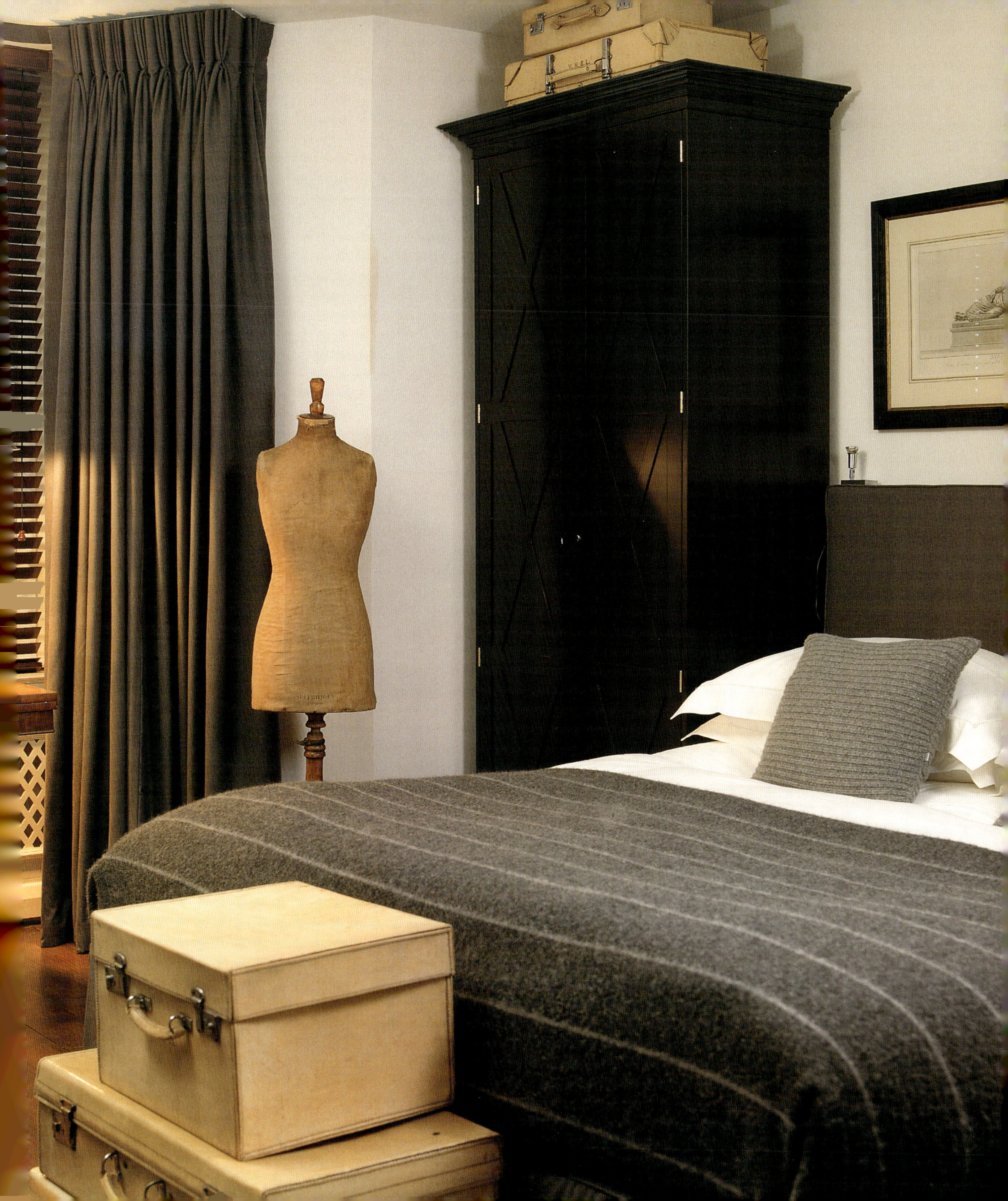

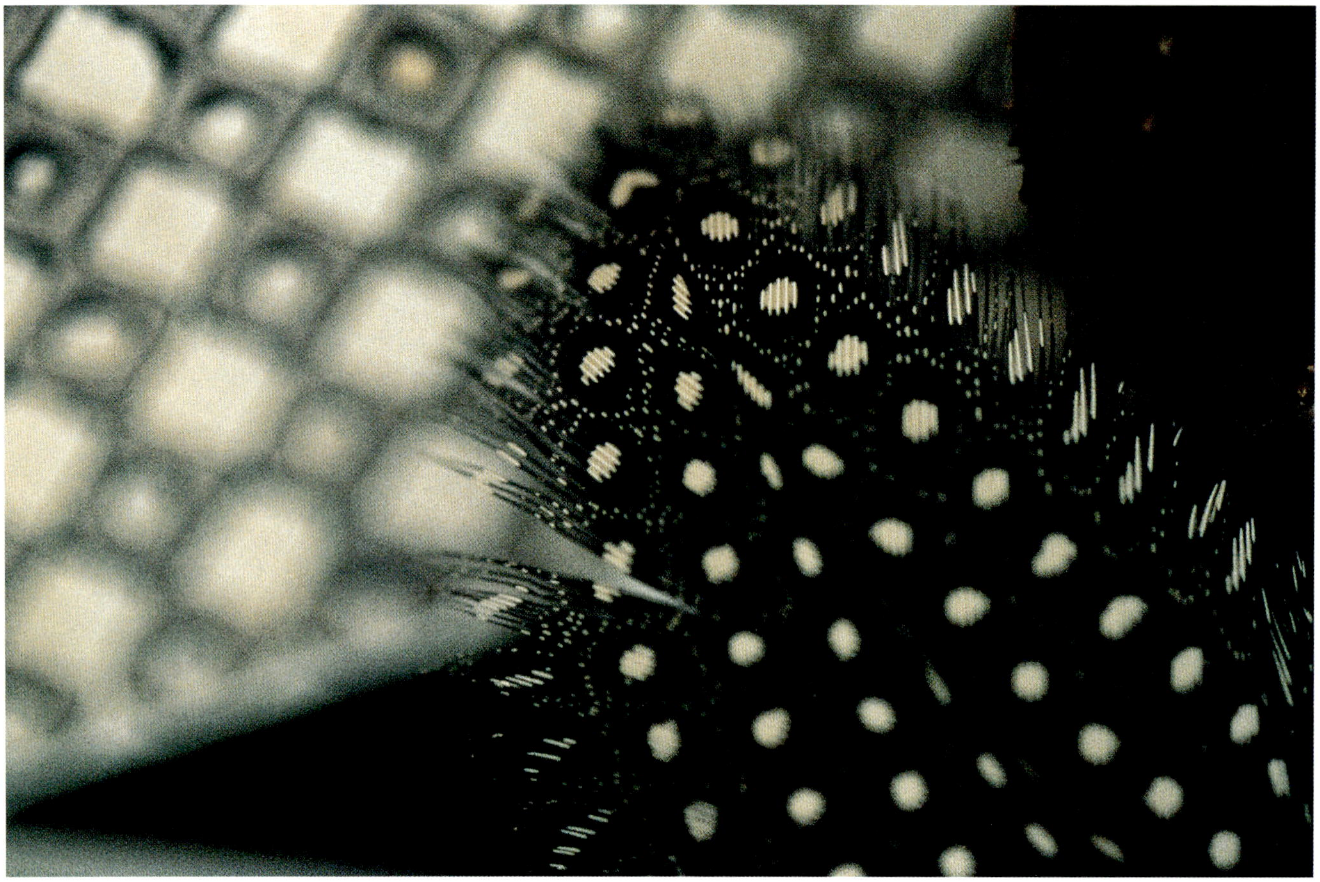

Wo das Grau herkommt

Die Bezeichnung Holzkohlegrau *ist von der Farbe verbrannten, verkohlten Holzes abgeleitet. Die zurückbleibende Holzkohle wird jedoch eher von Malern zum Zeichnen benutzt als für die Innendekoration. Graue Farbe wird in der Regel durch eine Mischung von Weiß und Schwarz hergestellt. Die meisten früheren weißen Anstriche waren nicht reinweiß. Sie enthielten gewöhnlich graue, braune oder blaue Partikel; bei den Römern und Chinesen war jedoch bereits ein weißes Pigment auf Bleibasis in Gebrauch.*

Auf das Bleipigment folgten Leimfarben und Kalktünche, die sowohl für Außenwände als auch für Innenräume verwendet wurden. In den Zwanzigerjahren des 20. Jahrhunderts wurde nach Einführung von Titanoxid ein hellerer, reinerer und dauerhafterer weißer Farbstoff entwickelt.

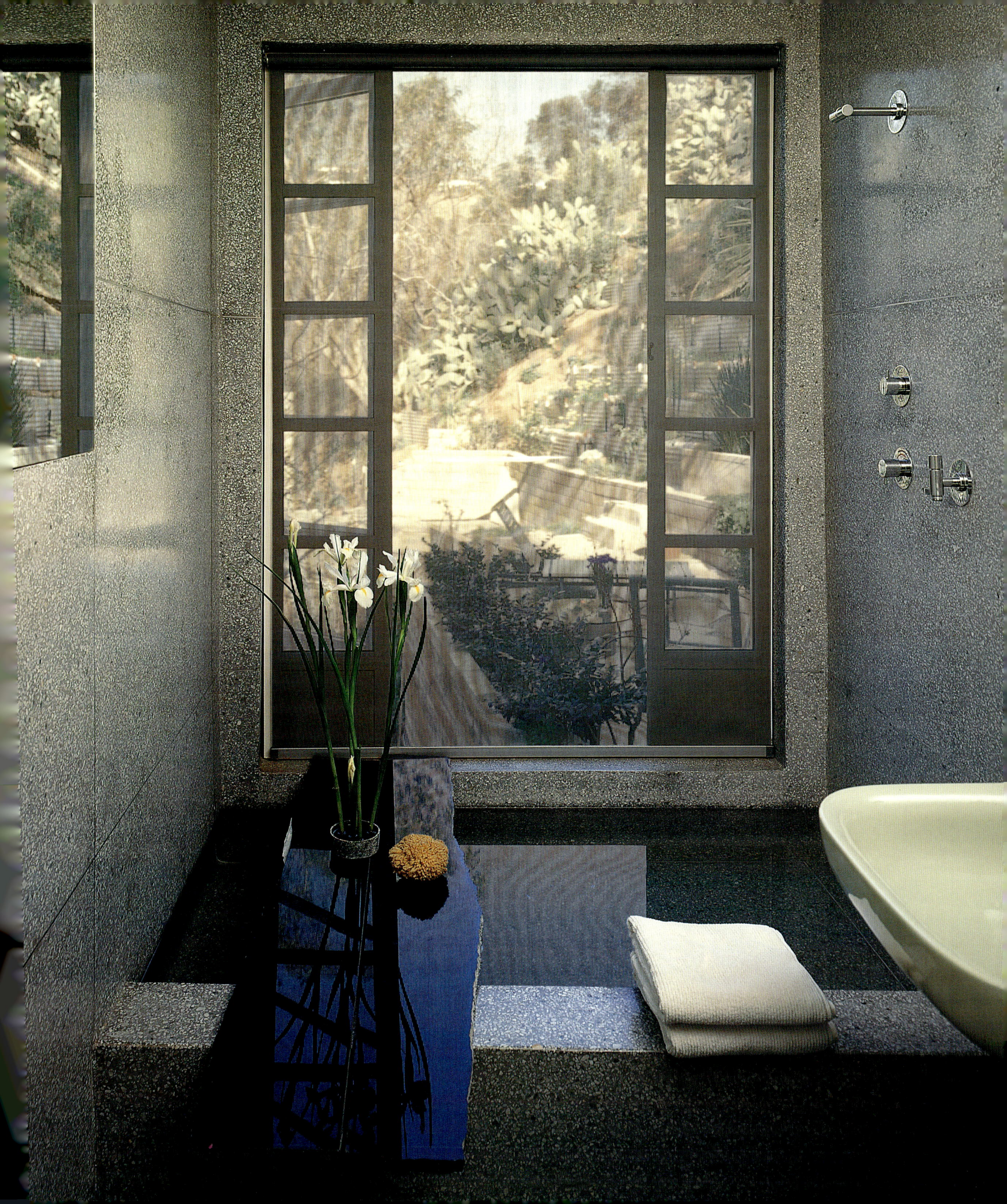

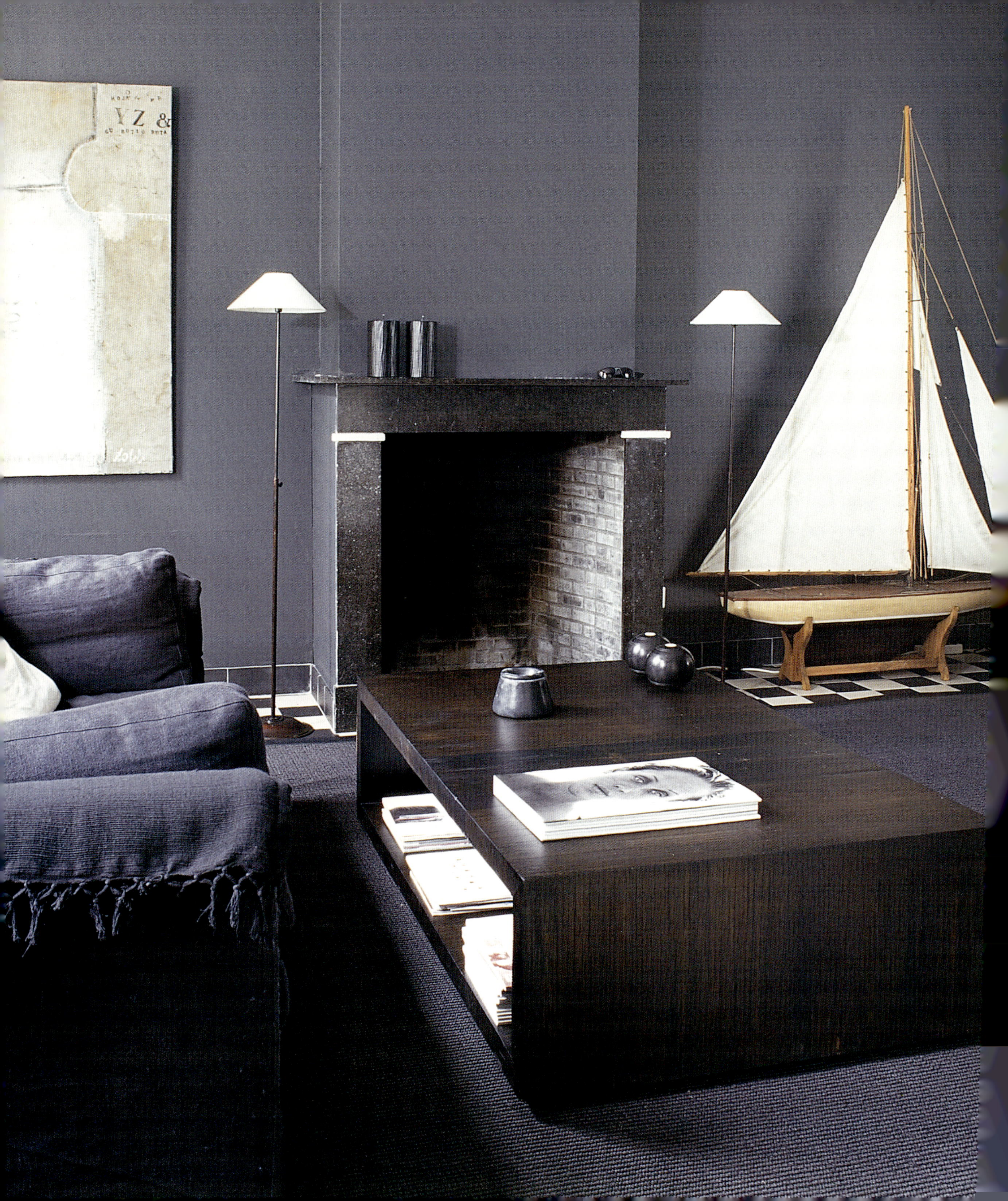
YZ &

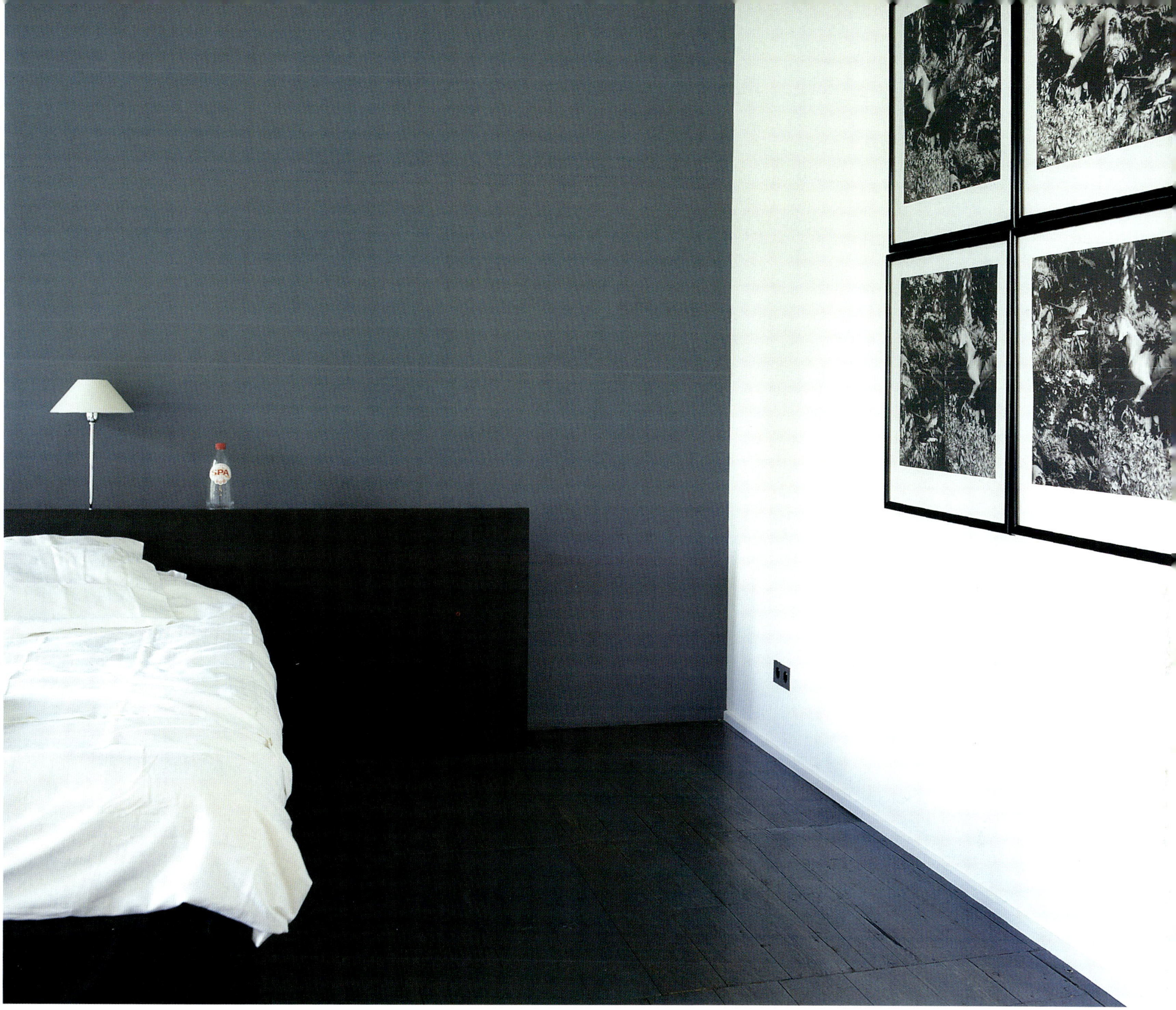

Stimmungsbilder in Grau

Eine graue Wohnumgebung kann ein Gefühl der Geborgenheit auslösen, sie kann allerdings auch depressive Stimmungen verstärken. Grau ist eine ruhige, unaufdringliche Farbe, die aber nicht ganz frei von Traurigkeit und Melancholie ist und ein wenig unentschlossen wirken kann. Wenn der Farbton allerdings eher zu Weiß tendiert als zu Schwarz, kann der positive Aspekt von Weiß hier Abhilfe schaffen. Weiß ist die Farbe der Reinheit, die klares Denken fördert, allerdings auch Empfindungen des Isoliertseins wecken kann.

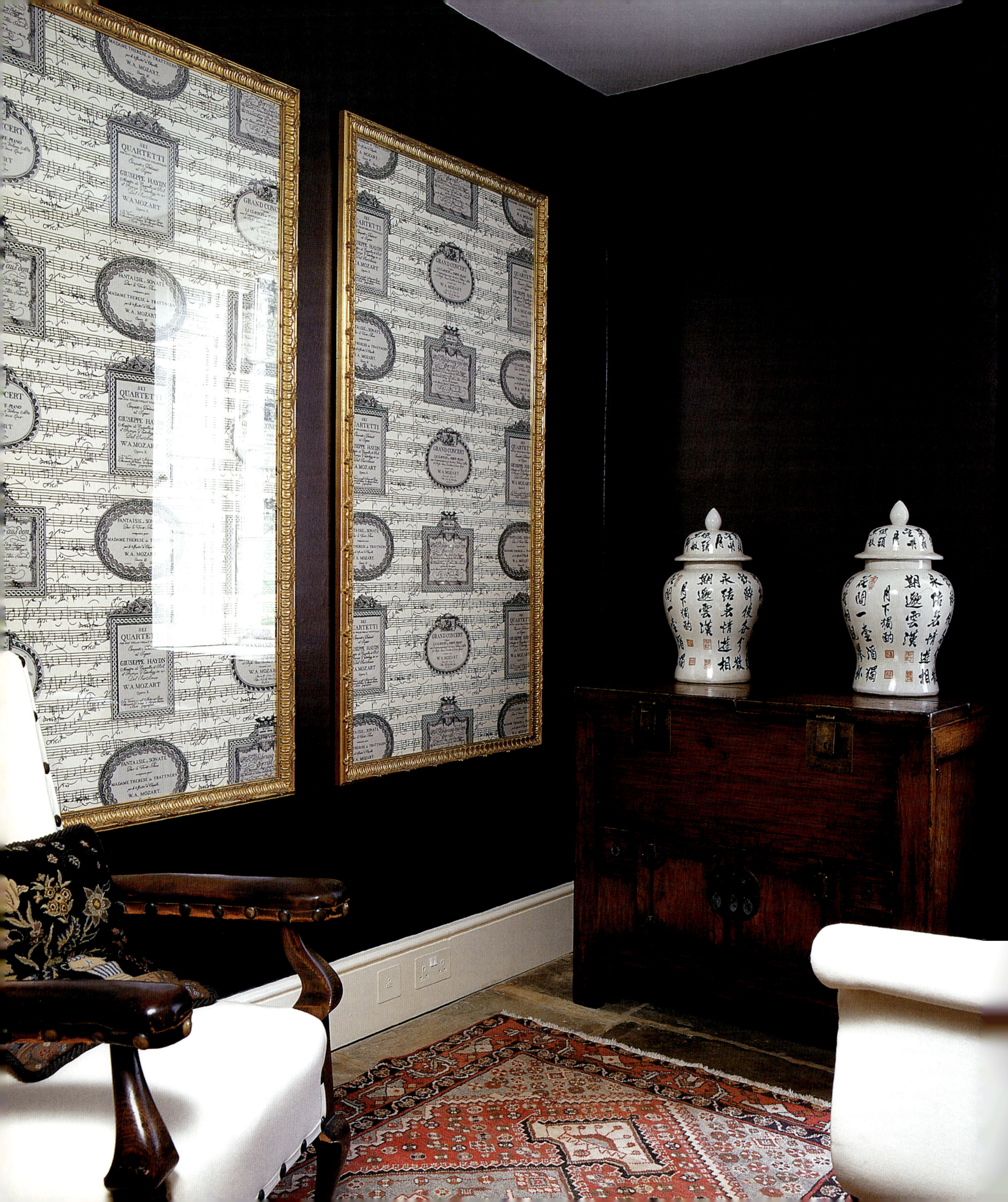
SEI QUARTETTI
GIUSEPPE HAYDN
W.A. MOZART
GRAND CONCERT
FANTAISIE · SONATE
MADAME THERESE de TRATTNERN

Auch Schwarz ist eher eine Nichtfarbe. Es mag zwar monolithisch erscheinen, kann jedoch durchaus feine Abstufungen aufweisen. So gibt es Blauschwarz, Ebenholzschwarz und Anthrazit. Schwarz gilt als subtrahierender Ton, weil es Licht- und Farbwellen absorbiert. Deshalb wird es zur Verdunkelung in Kinos und Theatern verwendet.

Trotz der vielen negativen Assoziationen, die mit Schwarz als Farbe der Trauer und des Todes verknüpft sind, ist es auch die Farbe des Intellekts und der Eleganz. Zum schwarzen Abendanzug gehören gewöhnlich der elegant geschnittene schwarze Anzug, weißes Hemd und schwarze Fliege für den Mann und das lange Abendkleid für die Frau. Das I-Tüpfelchen des Schick für die Dame ist das sprichwörtliche kleine Schwarze, das auf Cocktailpartys und Soiréen getragen wird. Luxusautos und Staatskarossen wie Rolls Royce und Daimler sind häufig ebenfalls schwarz.

Wie ein in Schwarz gestalteter Raum letztlich wirkt, hängt stark von der Oberflächenbeschaffenheit des Schwarz ab, für das man sich entschieden hat. Glänzendes Schwarz reflektiert einen gewissen Lichtbetrag, weil die Oberfläche das Licht spiegelt, auch wenn die Farbe selbst dies nicht tut. Metallic-, Hochglanz- oder Lackanstriche wirken daher in Innenräumen weniger bedrückend und schaffen eine luxuriöse Atmosphäre. Mattschwarz dagegen ist hart und abweisend, ein Effekt, der für eine größere Wand- oder Bodenfläche kaum wünschenswert ist.

Textilien mit matter Oberfläche wie Wolle, Filz oder Baumwolljersey rufen denselben Eindruck hervor wie matte Farben, während schimmernde Materialien wie Seide, Satin und glänzendes Leder das Licht reflektieren und dadurch weniger streng wirken. Manche Stoffe mit Flor wie ein Samt von guter Qualität oder Kunstpelz haben ebenfalls einen leichten Schimmer. Das gibt ihnen etwas Kostbares und macht sie eher zum Blickfang für das Auge als mattschwarze Flächen.

In den Zwanzigerjahren des 20. Jahrhunderts war Schwarz sehr populär. Viele bedruckte Stoffe waren schwarzgrundig. Zugleich kam damals ein großes Interesse für fernöstliche Kunst und Lebensart auf. Schwarzer Lack wurde zu einem beliebten Material. Lackkästchen, Wandschirme und Stühle mit Perlmuttintarsien waren »in«, und die glänzende schwarze Oberfläche bildete ein Gegengewicht zu den zarten, irisierenden Einlegearbeiten.

1926 und 1932 entwarf Eileen Gray die beiden Stühle »Nonconformist« und »S« aus verchromtem Stahlrohr mit schwarzen Lederpolstern. Diese Kombination wurde auch von vielen anderen avantgardistischen Designern favorisiert. Le Corbusiers verchromter Armsessel »Grand Confort« beispielsweise ist mit schwarzen Lederkissen ausgestattet, und seine berühmte ergonomisch geformte Liege »B 306«, die 1928 auf dem Markt erschien, wird noch heute in der Regel mit einem schwarzen Lederbezug geordert. Die Modelle von Charles und Ray Eames, »670« und »671«, Sessel und Hocker aus rosenholzfurniertem Sperrholz, werden häufig mit schwarzen Lederkissen abgebildet und verkauft.

Farbvariationen

Wie Purpur sollte auch Schwarz am besten als untergeordnete Farbe verwendet werden. Statt alle vier Wände schwarz zu streichen, schafft man einen Blickfang mit einer einzigen schwarzen Wand oder arbeitet mit schwarzen Accessoires. Ein anthrazitfarbenes Sofa (eine Nuance heller als Ruß- oder Kohlschwarz) oder ein Sessel in diesem Farbton sieht vor einer gelben Wand oder mit limonengrünen Kissen interessant und geschmackvoll aus. Achten Sie jedoch darauf, dass es noch weitere schwarze Elemente im Raum gibt, etwa einen Couchtisch oder einen lederbezogenen Hocker, damit das Sofa nicht das einzige dunkle Objekt in einer helleren, bunten Umgebung ist.

LINKS: *Diese hochglänzenden schwarzen Wände bilden einen spektakulären Hintergrund für die beiden goldgerahmten Bildpaneele und ein Paar weiße Ingwergefäße. Die Stühle sind in einer hellen Kontrastfarbe gepolstert, und die Bodenleiste ist leuchtend weiß gestrichen, um eine klare Unterbrechung zwischen den schwarzen Wänden und dem grauen Fliesenboden zu schaffen.*

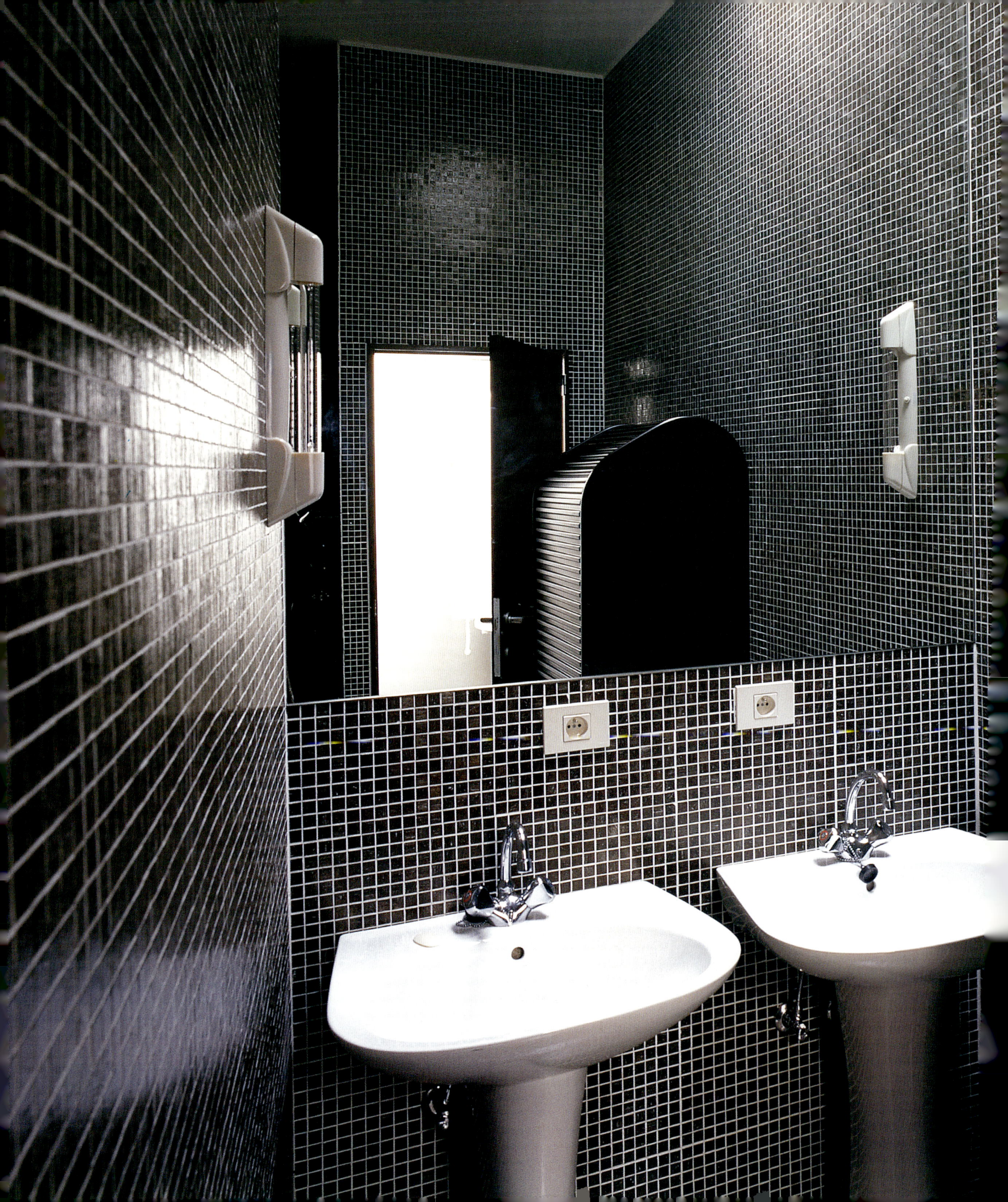

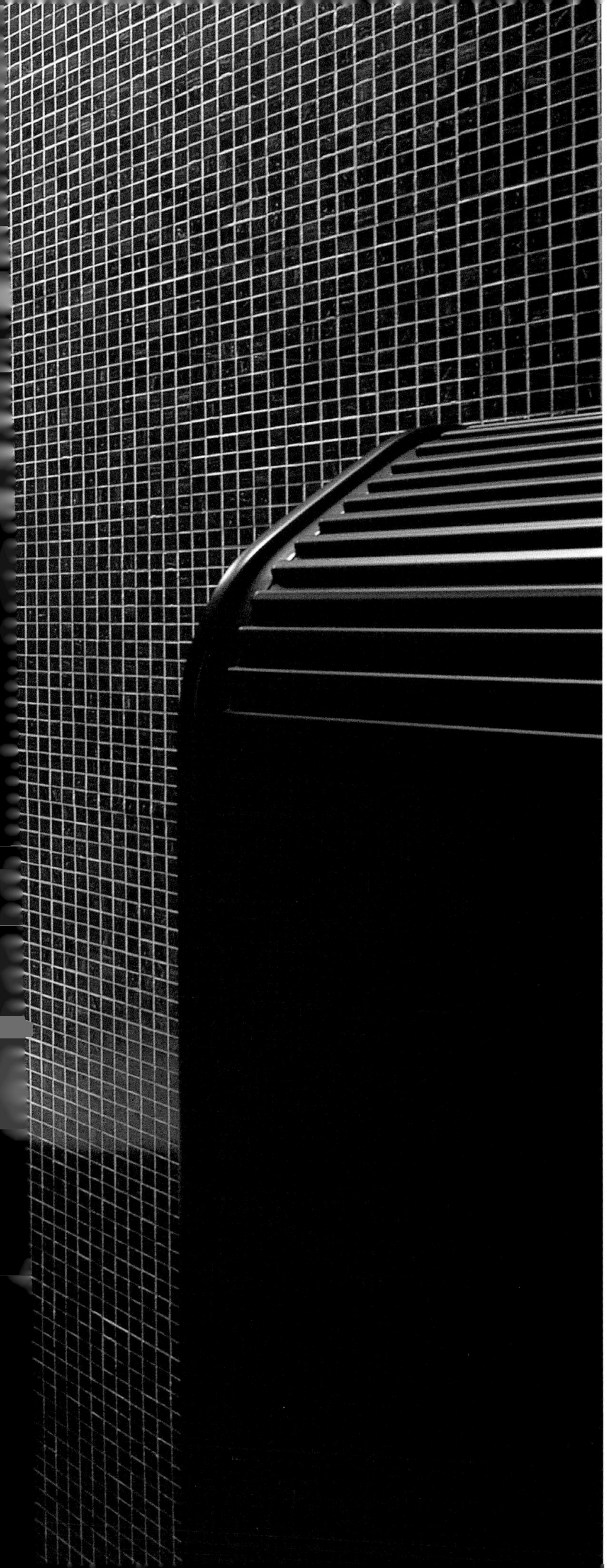

Wenn ein schwarz gepolstertes Sofa oder ein Sessel in einem hell eingerichteten Raum, der sonst nur sparsam möbliert ist, allzu massig wirkt, können zwanglos verstreute Kissen oder ein Überwurf in einer Kontrastfarbe den Eindruck mildern.

Schwarz und Weiß werden häufig kombiniert, weil sie Gegengewichte sind und das Weiß einen lichten Kontrast zur Dunkelheit des Schwarz bildet. Gemeinsam sind sie die ultimative optische Manifestation des Positiven und Negativen. Für sich allein genommen geben sie jedoch ein allzu steifes Paar ab, es empfiehlt sich daher, eine dritte Farbe dazuzunehmen. Die wärmeren Nuancen von Orange, Scharlach und Gold wirken als Blickfang und lockern auf. Dunkle Purpur- und Blautöne sind dagegen weniger geeignet, weil sie wie Schwarz selbst Licht absorbieren.

Ein weiterer Ton, der häufig mit Schwarz kombiniert wird, ist Creme. Creme bildet einen weniger harten Kontrast zu Schwarz als Weiß und wirkt wärmer. Schwarz und Creme oder Elfenbein sind die Farben des Dominospiels und der Klaviertasten. Tiefschwarzes Ebenholz, ein extrem stabiles Hartholz, wirkt besonders edel, wenn es auf Hochglanz poliert ist. In der afrikanischen Kunst wurde Ebenholz oft in Verbindung mit Elfenbein verarbeitet. Heute ist der Handel mit Elfenbein streng verboten; man sollte deshalb unbedingt darauf achten, Kunstwerke mit Elfenbein nur bei lizensierten Händlern zu erwerben.

Braun, Terracotta und helles oder goldfarbenes Holz passt ebenfalls gut zu Schwarz. Die Motive und Zeichnungen antiker Urnen und Vasen waren häufig schwarz und hoben sich vor einem Hintergrund in einem kräftigen Terracottaton ab. Helles Holz und Schwarz ist typisch für die neoklassizistische Periode und die Biedermeiermöbel. Die modernere Variante kombiniert Schwarz mit Braun, zum Beispiel Möbel aus schwarzem Holz mit hellbraunen Lederkissen oder -polstern.

LINKS: *Dieses monochromatische Badezimmer ist dunkel und doch nicht erschlagend. Die kleinformatigen, schimmernden Mosaikfliesen und das Gitterwerk der weißen Fugenmasse verleihen dem Schwarz Leichtigkeit. Die weißen Waschbecken, geschickt platzierte Beleuchtungskörper und der große Spiegel verstärken das Gefühl der Leichtigkeit und Weiträumigkeit.*

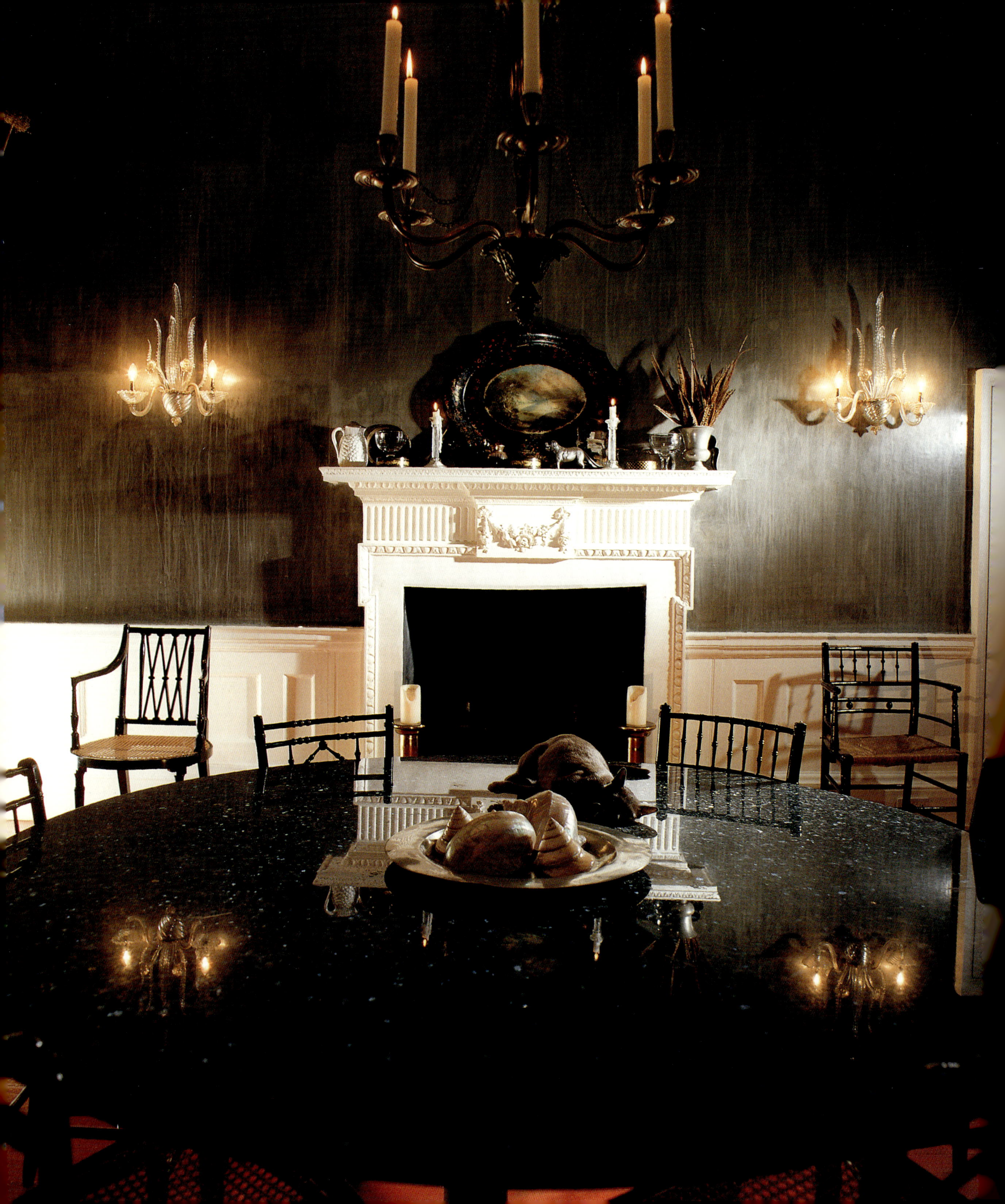

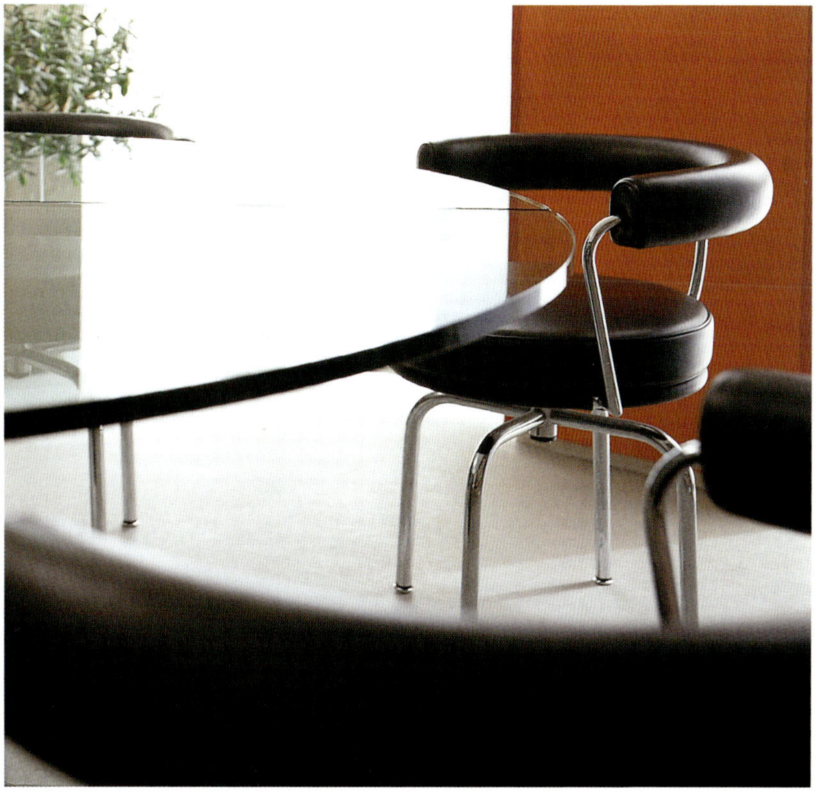

Historische Farbspiele

Höchst wirkungsvoll lässt sich Schwarz für die Inszenierung eines Badezimmers im dekadenten Art Deco-Stil einsetzen mit schwarzer Emailbadewanne auf Silberfüßen, umgeben von glänzenden schwarzen Keramikfliesen. Hängen Sie einen runden Spiegel aus facettiertem Glas mit Silberrahmen über ein quadratisches Handwaschbecken im antiken Stil. Die Wand über den Kacheln könnte hellrosa gestrichen werden, im gleichen Ton wie der Badvorleger.

Für eine weniger spektakuläre, aber nichtsdestoweniger ebenfalls in historischem Stil gehaltene Badezimmeridee kombiniert man Weiß mit einem Schuss Schwarz. Dabei werden weiße Fliesen mit einer schwarzen Bordüre im Schachbrettmuster abgesetzt. Man kann die schwarzen Fliesen aber auch in einem Muster à la Charles Rennie Mackintosh anordnen, das heißt in Dreiergruppen, bei denen die mittlere Fliese eine Fliesenbreite unter die beiden seitlichen gerutscht ist. Das so entstehende V-förmige Motiv könnte sich in Streifen in der Mitte sonst rein weiß gehaltener Wände fortsetzen.

Dieses Muster wirkt zwar etwas strenger, aber sehr dekorativ und ist auch für kleine Räume wie ein Badezimmer nicht zu übertrieben. Schwarz passt überhaupt hervorragend zu Badezimmern, besonders in Gestalt schimmernder Keramikfliesen oder hochglänzender Anstriche, die das Licht reflektieren. Ganz wichtig sind Spiegel – vor allem über dem Handwaschbecken sollte unbedingt ein großer Spiegel hängen, um den Raum ins rechte Licht zu rücken.

OBEN: *Schwarz kann in einer modernen Wohnung äußerst stilvoll wirken und zwar nicht nur als Anstrich, sondern auch als Polster- und Gardinenstoff. Viele Klassiker der Moderne sind mit schwarzem Leder bezogen.*

RECHTS: *Die Wände dieses Raums sind mit einer schwarzen Tünche gestrichen, die über einer weißen Grundierung aufgetragen wurde. Dadurch wirkt das Schwarz an manchen Stellen rein, an anderen eher verdünnt, sodass insgesamt ein weniger dichter, massiver Eindruck entsteht.*

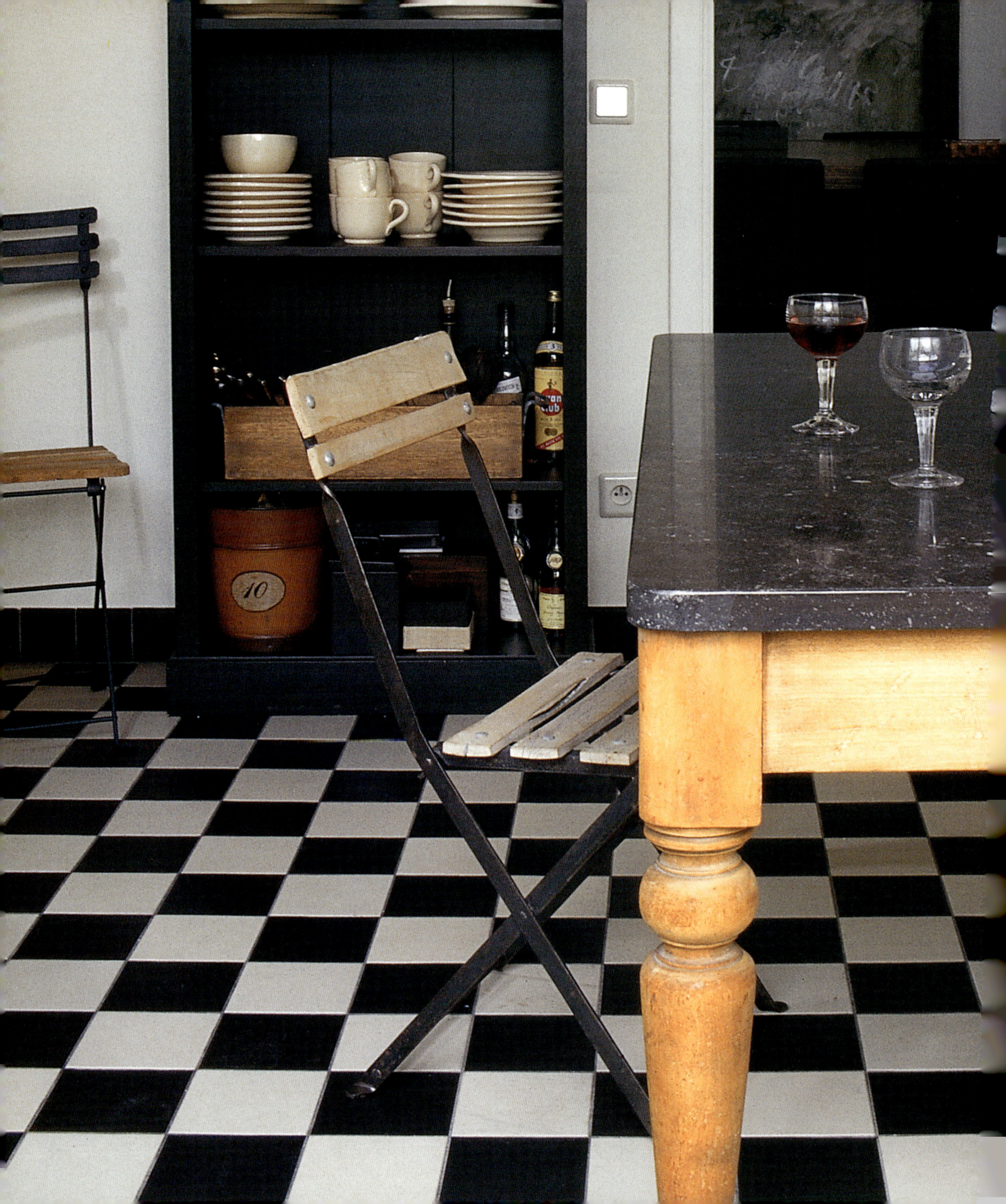
10

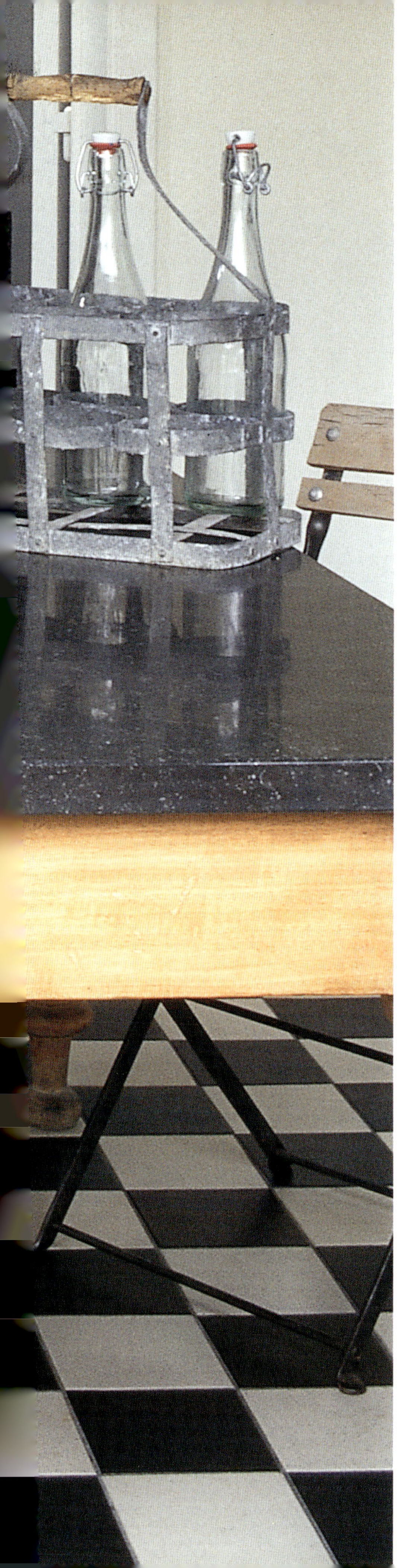

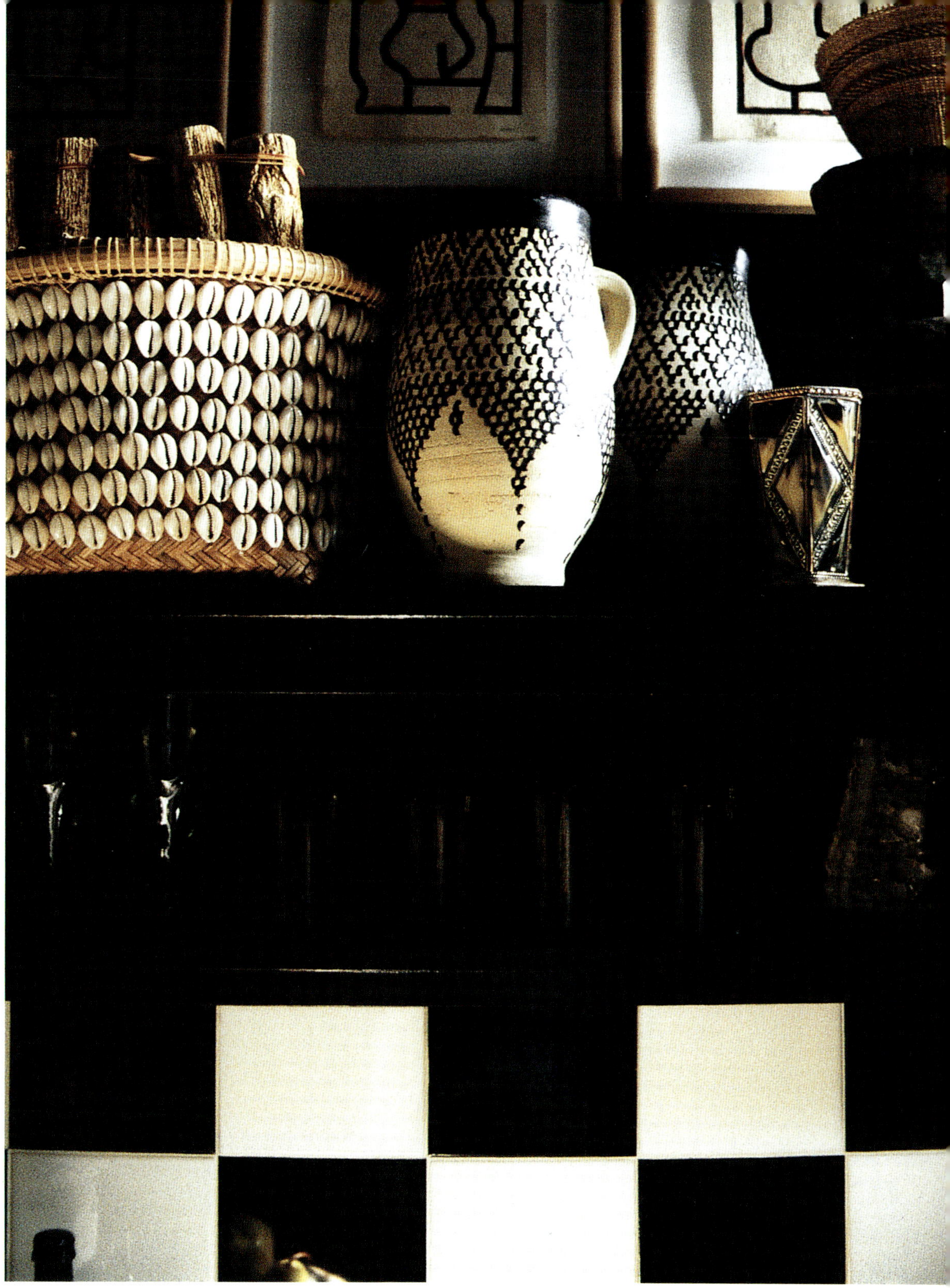

LINKS UND OBEN: *Schwarz-weißes Schachbrettmuster ist zeitlos. Das monochromatische Design findet sich an Küchen- und Badezimmerwänden und passt als Bodenbelag in die meisten Räumen des Hauses sowie in Wintergärten und Innenhöfe. Der Hell-Dunkel-Kontrast wirkt sauber und unkompliziert.*

Das richtige Gleichgewicht

Manchmal wird Schwarz in Küchen verwendet, dabei sollte es aber stets mit helleren Farben kombiniert werden. Glänzende Oberflächen wie Bodenfliesen oder Arbeitsflächen müssen in einem solchen Raum peinlich sauber gehalten und poliert werden, da Schmierer und Flecken schnell den Eindruck von Schmuddligkeit und mangelnder Hygiene entstehen lassen. Der gleiche Reinlichkeitsstandard sollte übrigens auch für schwarze Fliesen in Badezimmern eingehalten werden.

In einem Wohn- oder Speisezimmer kann eine einzelne schwarz gestrichene oder mit schwarzem Stoff bespannte Wand, eingerahmt von weißem oder hell gestrichenem Holzwerk, einen dramatischen Hintergrund für eine Sammlung von Kunstwerken abgeben. Eine leuchtend bunt bemalte Stammesmaske, durch einen Halogenspot vom Hintergrund abgehoben, wird auf diese Weise zum spektakulären Tableau. Vergoldete oder versilberte Gegenstände, zum Beispiel mehrere kleine Spiegel in reich verziertem Rahmen, funkeln neben Schwarz und gerahmten Schwarz-Weiß-Fotografien. Auch präzise gezeichnete Architekturentwürfe machen sich gut vor einem schwarzen Hintergrund.

Elegant wirkt eine schwarze Fläche hinter einem Konsoltisch oder einem Sidebord. Durch das Möbelstück ist weniger Schwarz zu sehen. Auf dem Tisch können Objekte dekorativ arrangiert sein, zum Beispiel zarte weiße Porzellanvasen und Gefäße, vielleicht mit eine paar roten und rosigen Äpfeln oder rosa Blüten, um dem Stillleben einen Farbtupfer zu verleihen.

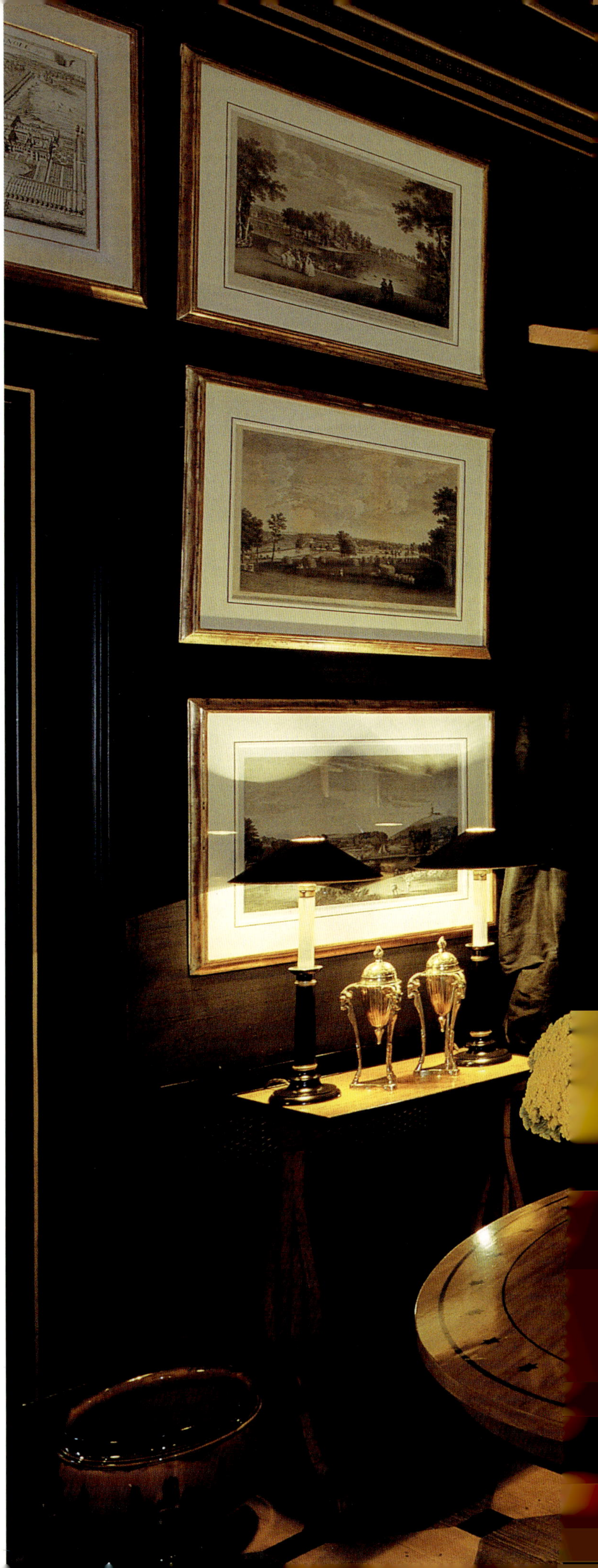

RECHTS: *Schwarz und Weiß kann eine geniale Kombination sein, beide Farben sollten jedoch gleichgewichtig vertreten sein. Hier ist der Bettvorhang schwarz und hat ein weißes Futter. Die Gardinen sind schwarz, werden jedoch durch weiße Stores und eine deutlich abgehobene weiße Borte an der Schabracke ergänzt. Die Wände sind schwarz, der Boden weiß, sodass beide Farben etwa denselben Anteil im Raum beanspruchen.*

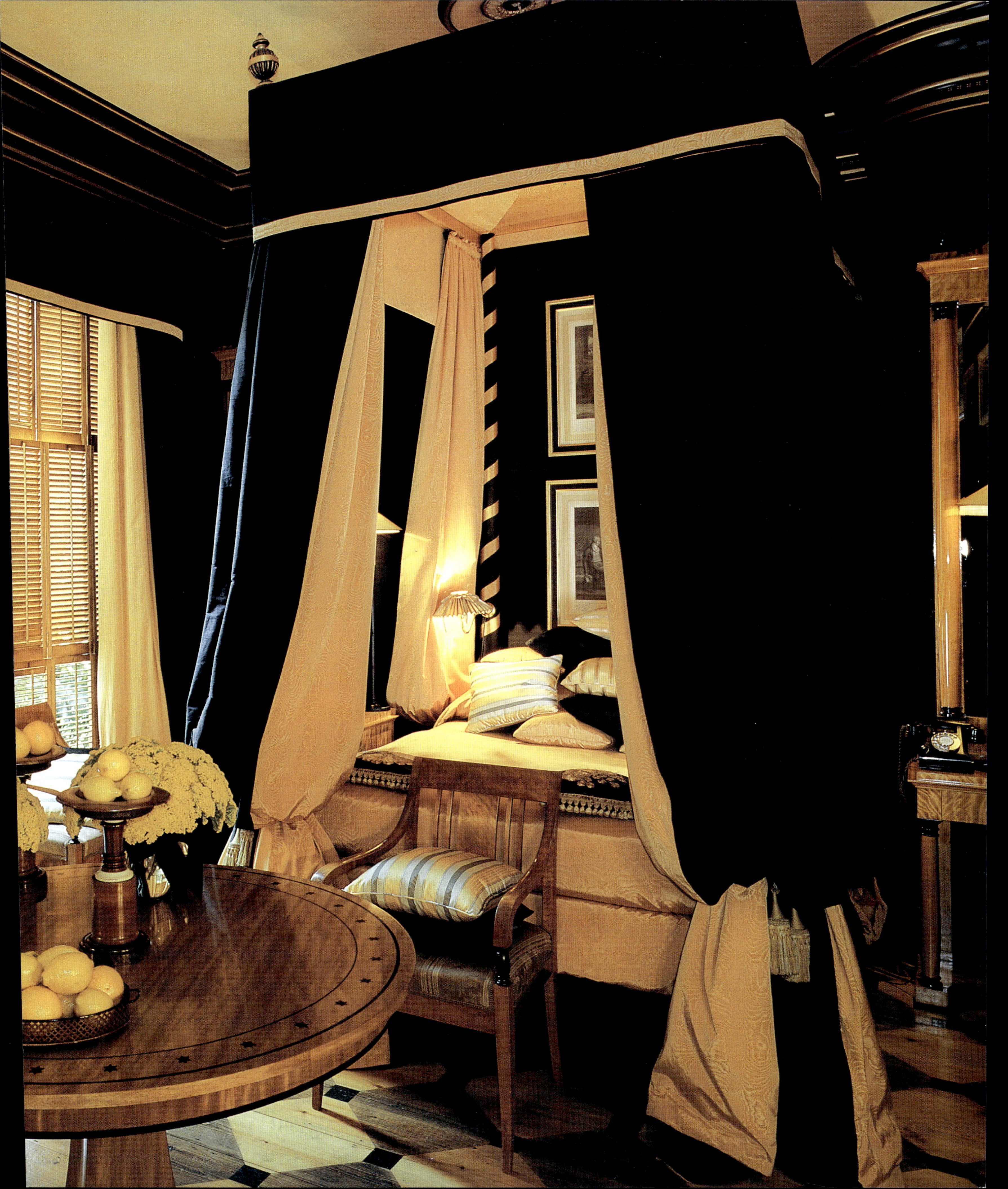

Kunstschmiedearbeit

Sehr dekorativ sind Möbel, Treppengeländer und andere Zierrate aus kunstvoll bearbeitetem Schmiedeeisen. Man findet sie häufig in Häusern aus vergangenen Epochen, vor allem aus der Regencyzeit und der viktorianischen Ära. Oft sind die schweren, aus dauerhaftem Eisen geschmiedeten, kunstvoll verschlungenen und verzierten Stücke schwarz gestrichen. Schmiedeeiserne Möbel sind in der Regel mit einem transparenten Lack überzogen, besonders wenn sie in Wintergärten oder im Sommer gar draußen in einem Patio oder Garten Dienst tun. In Innenräumen genutzte Eisenmöbel wirken noch edler mit einem weichen, seidenmatten Anstrich. Ein mattschwarzer Eisentisch oder ein Geländer im gleichen Ton machen sich besonders schön und elegant in einer Diele oder einem Treppenhaus, dessen Wände in einer zarten Farbe wie Rosé oder Creme gestrichen sind. Die zierlich geschwungene Schmiedearbeit hebt sich dekorativ von hellen Wänden ab.

Böden und Textilien

Auch bei den Bodenbelägen wird Schwarz häufig mit Weiß kombiniert. Ein Boden im traditionellen, schwarz-weißen Schachbrettmuster passt zu fast allen Räumen vom Wintergarten über die Küche bis zu Diele und Badezimmer. Die Felder können aus Marmor, Linoleumplatten, Keramikfliesen oder aufgemalten Quadraten bestehen, die mit Hilfe von Klebeband exakt aufgetragen werden, wie auf Seite 151 erläutert.

Ein Holzboden, der schon bessere Zeiten gesehen hat oder aus billigen Dielen besteht, lässt sich mit einigen Schichten schwarzer Hochglanzfarbe veredeln. Da Schwarz eine »dicke« Farbe ist, sind eventuell mehrere Farbaufträge nötig, um eine gleichmässige, tiefschwarze Schicht zu erzielen.

Schwarze Teppiche sind selten. Man würde zwar dunkle Flecken nicht darauf sehen, sonst aber wären sie überempfindlich gegen jede Verunreinigung, von Staub über helle Fusseln bis hin zu farbigen Spritzern und Schlammpartikeln, die man an den Schuhen hereinträgt. Wenn Sie dennoch mit einem schwarzen Teppich liebäugeln, achten Sie darauf, dass er sich leicht reinigen lässt, und legen Sie ihn nicht in ein Durchgangszimmer.

Es gibt sehr viele Stoffe, in denen Schwarz vorkommt, doch abgesehen von den bereits erwähnten Verdunkelungsvorhängen für Kinos und Bühnen sind die Gewebe fast nie rein schwarz. Unter den zahlreichen Schwarz-Weiß-Stoffen wirkt ein regelmäßiges schwarz-weißes Streifendessin besonders schön. Es sieht adrett und elegant aus und erinnert an Cecil Beatons spektakuläre Kostüme für Audrey Hepburn in der Ascot-Szene des Films *My Fair Lady*.

Schwarze Streifen lassen sich natürlich auch mit anderen Farben kombinieren. Beliebt sind außerdem auffällige geometrische Muster mit Schwarz wie Schachbrettkaros, Zickzacklinien und große Tupfen. Schön wirken Vorhänge oder Fensterblenden, die mit Bändern oder Borten aus einfarbig schwarzem Stoff eingefasst sind. Die Kante umrahmt gleichsam den Gardinenstoff.

Textildesign der besonderen Art in Schwarz und Weiß kreiert die Firma Timney Fowler mit Sitz in London. Ihr Stoff mit dem Profil eines römischen Kaisers, in serieller Abfolge in Schwarz auf einen weißen Hintergrund gedruckt, fand internationale Anerkennung. Es ist eine im Grunde ganz einfache Kombination, die hier jedoch äußerst effektvoll eingesetzt wird.

Schwarz und Licht

Wie bereits erläutert, ist Schwarz eine absorbierende Farbe, die das Licht gleichsam verschluckt. Es hat daher wenig Sinn, eine mattschwarze Oberfläche beleuchten zu wollen. Eine glänzende Oberfläche dagegen nimmt das Licht auf. Häufig ist es jedoch besser, die Objekte oder Möbelstücke anzuleuchten, die sich vor dem schwarzen Hintergrund abheben.

LINKS: *Manchmal lässt sich mit einem minimalen Aufgebot an Möbeln und Dekoration eine maximale Wirkung erzielen. Bei diesem neutralen Ensemble wirkt das schwarz-weiße Streifenmuster der Stühle als Blickfang. Die schwarzen Stuhlbeine kontrastieren mit dem Silbergestell des Tisches, und der schwarze Rahmen des Bildes über dem Tisch nimmt den Streifen des Polsterstoffs wieder auf.*

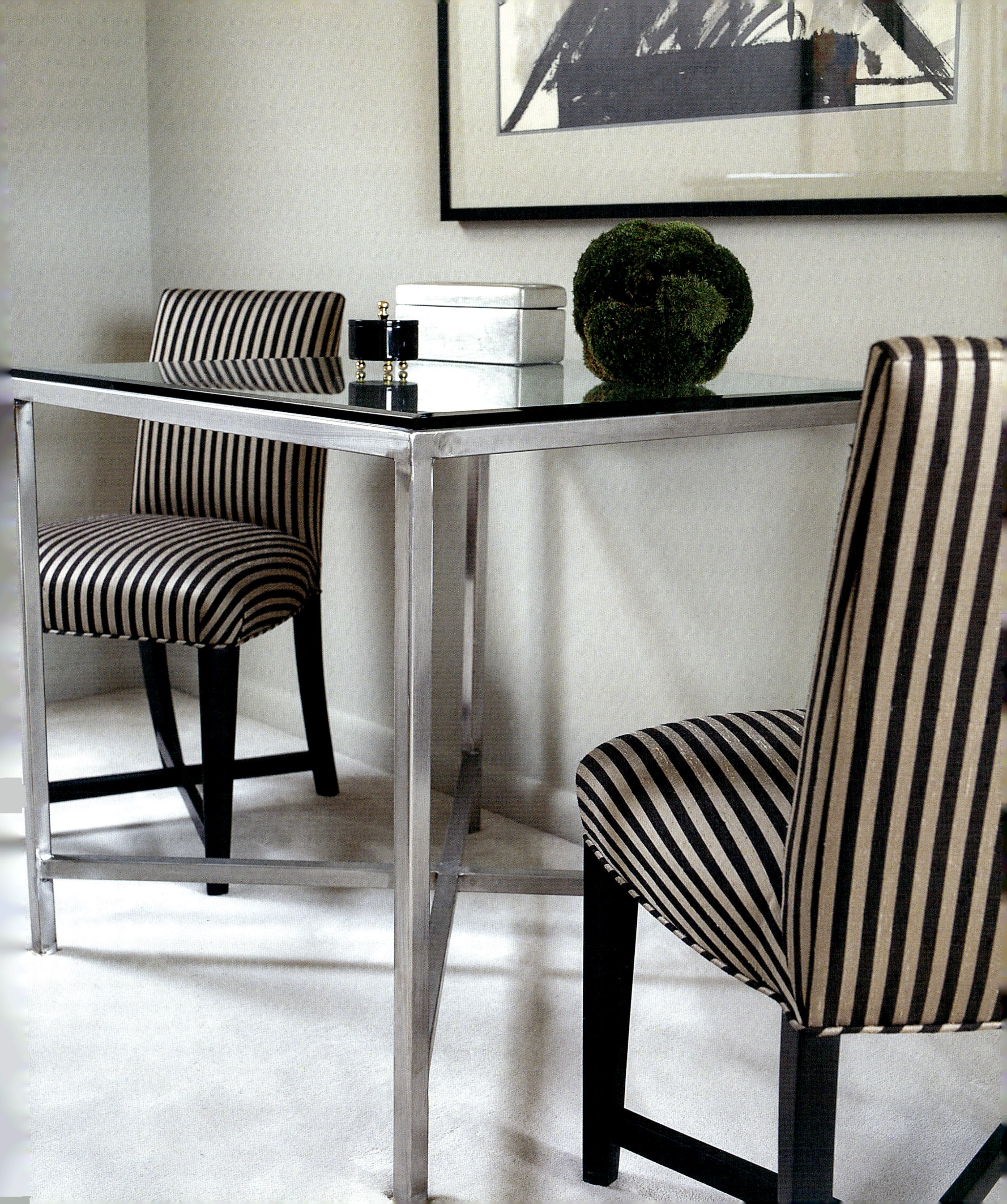

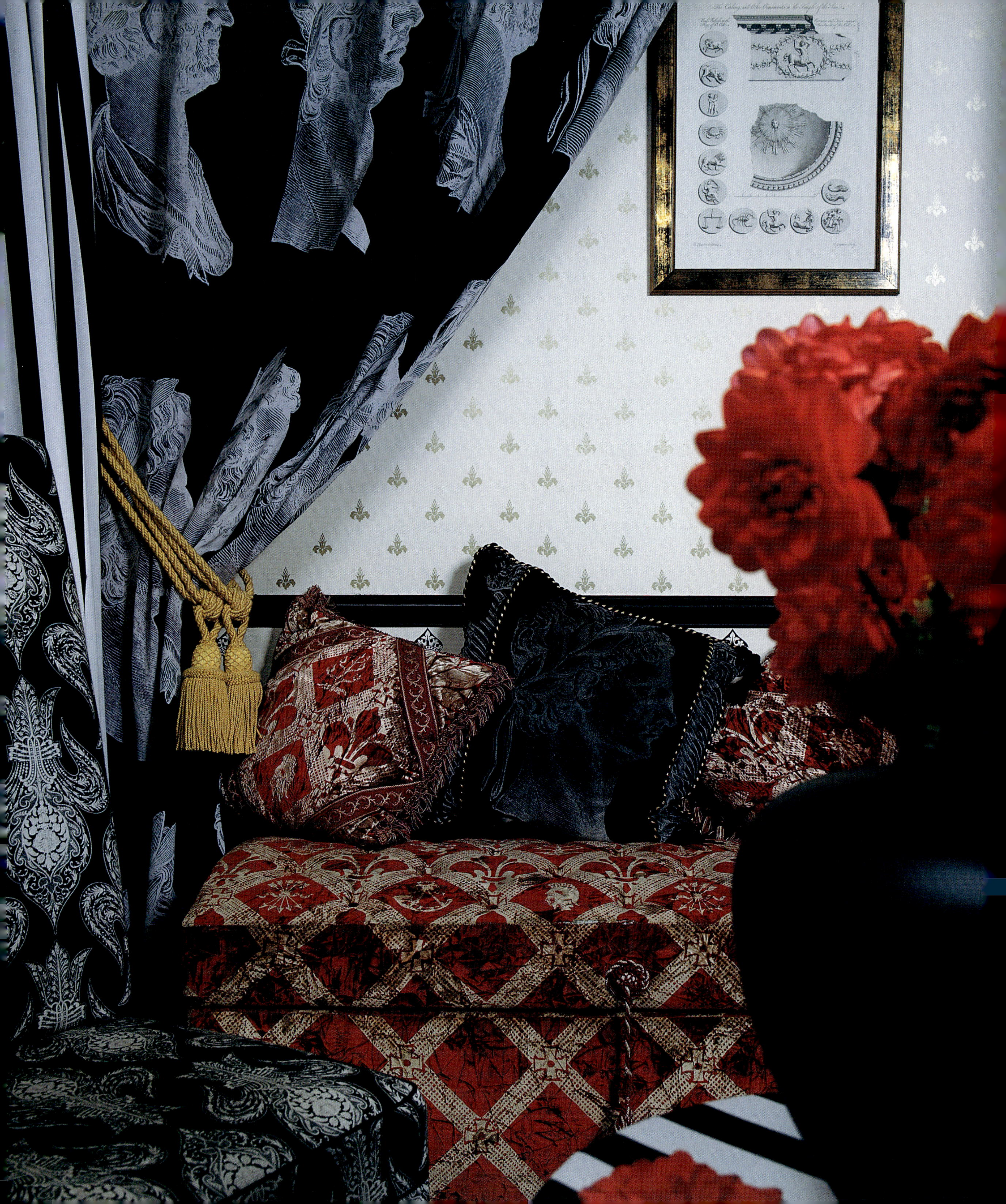

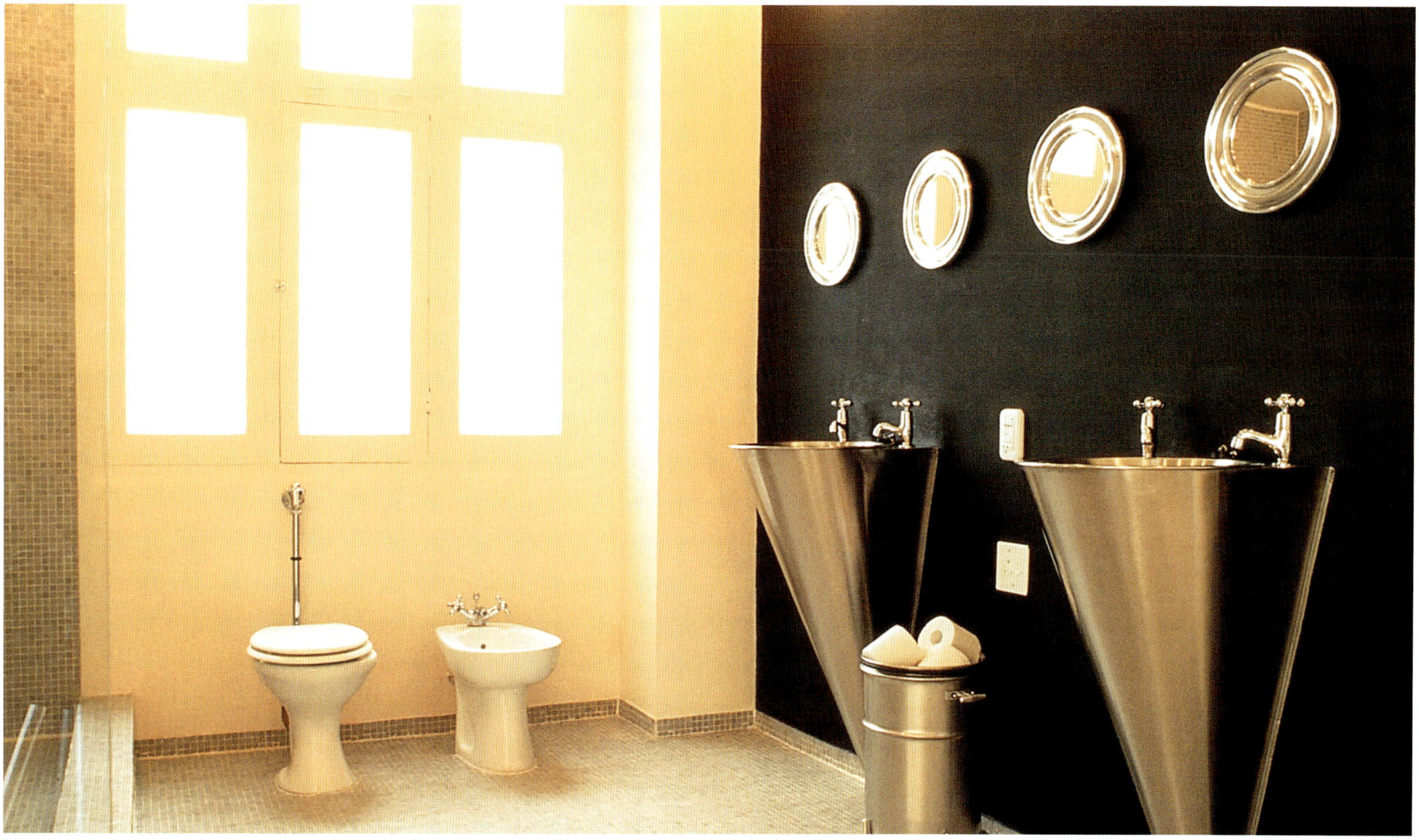

Neben schwarz gepolsterten Sesseln oder Sofas sollten grundsätzlich zu beiden Seiten Tischleuchten stehen. Bei schwarzen Möbeln ist es besonders wichtig, die Lichtquellen neben dem Möbelstück zu platzieren, da dessen Oberfläche kaum oder gar kein Licht zurückwirft. Günstig sind schwenkbare Leuchten, deren Lichtkegel genau ausgerichtet werden kann. Bei Möbeln mit Chromgestell sollte der Lichtstrahl sorgfältig zentriert werden, da sich sonst ein greller, unangenehmer Blendeffekt einstellt, wenn das Licht sich im Metall spiegelt.

Wo das Schwarz herkommt

Viele Jahre lang wurde Lampenruß *als schwarzer Farbstoff für Tinten und Farben verwendet. Lampenruß wird durch Verbrennen von flüssigem Kohlenwasserstoff, etwa in Kerosin, mit unzureichender Luftzufuhr erzeugt, wodurch eine stark rauchende Flamme ent-*

LINKS: *Schwarz-weiß bedruckte Stoffe eignen sich gut für kühne Muster. Hier ist das Profil eines römischen Kaisers in Weiß auf einen schwarzen Hintergrund. Die gleiche Positiv-Negativ-Kombination taucht auch im Bezugsstoff des Sessels und im Streifen des Tischtuchs auf. Wegen ihrer Farbentsprechung harmonieren all diese ganz unterschiedlichen, auffälligen Muster hervorragend miteinander.*

OBEN: *Metalloberflächen wie Stahl, Chrom und Aluminium schaffen ein zeitgenössisches Ambiente und bilden einen guten Kontrast zu Schwarz und Weiß. Diese konischen Handwaschbecken und die runden Spiegel werden zum Blickfang vor der dunklen Wand.*

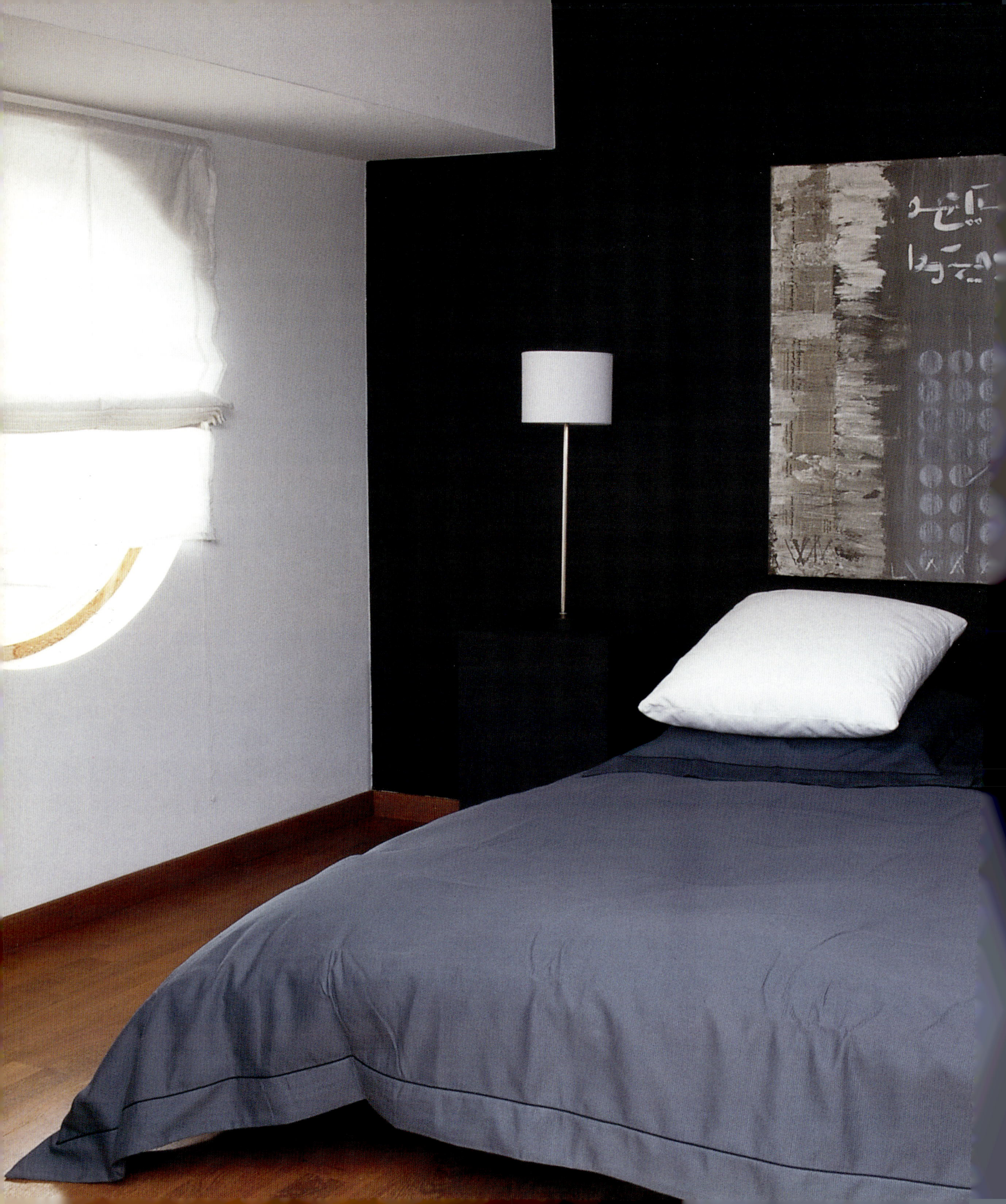

steht. Der Ruß wird aufgefangen und als Pigment verwendet. Heute ist Kohlschwarz *gebräuchlicher. Es besteht aus feineren Partikeln und wird manchmal als Gasschwarz bezeichnet, weil es durch unvollständige Verbrennung von Erdgas entsteht.*

Ein natürlicher schwarzer Farbstoff wurde aus Tintenfischen gewonnen, die eine tintige schwarze Substanz absondern, wenn sie in Gefahr sind. Die schwarze Farbwolke bildet einen Schutzschild, der ihnen Zeit gibt, sich vor ihrem Angreifer in Sicherheit zu bringen.

Stimmungsbilder in Schwarz

Schwarz ist mit dem Element Wasser verbunden. Es kann zu einer Quelle der Inspiration werden, weil es eine Art leere Fläche darstellt, auf die man sich konzentrieren kann. In großen Dosen ist Schwarz jedoch bedrückend. In der Heraldik steht Schwarz für Klugheit, Weisheit und Beständigkeit. Im kirchlichen Kontext ist es die Farbe von Trauerkleidung und gilt als Totenfarbe, Symbol für Kummer, Verzweiflung und Tod. In manchen Kirchen übernimmt allerdings Purpur diese Funktion. Die Farbe Schwarz repräsentiert das Metall Blei, unter den Edelsteinen den Diamanten und unter den Planeten den Saturn.

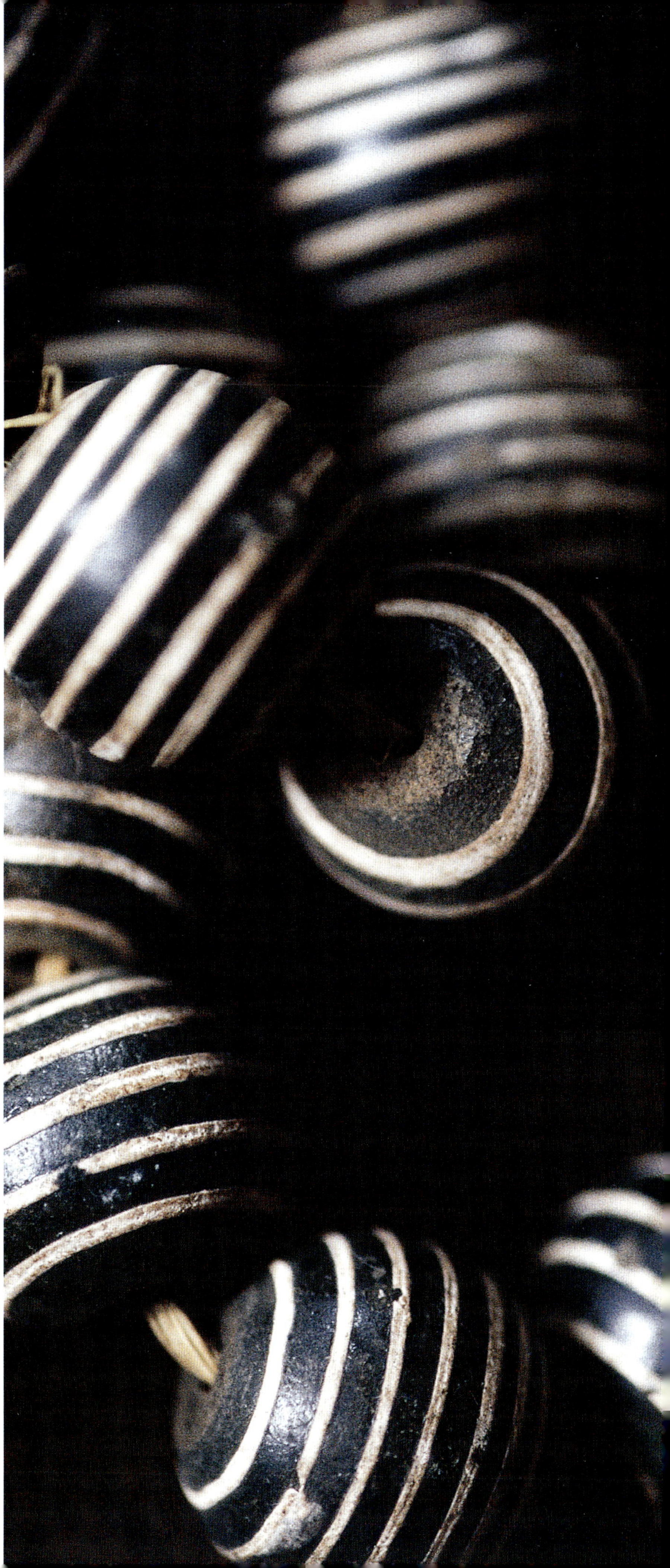

Register

Kursive Seitenzahlen beziehen sich auf Abbildungen.

M

N

O

P

Q

R

Bildnachweis

Der Verlag bedankt sich bei folgenden Fotografen und Agenturen für die freundliche Abdruckgenehmigung von Fotografien in diesem Buch.

2-3 James Mortimer/InteriorArchive (Künstler: David Carter); **4-5** Cecilia Innes/Interior Archive (Künstler: Erik Bendsten); **8-9** Ray Main/Mainstream; **10** Tatyana Hill Jan Baldwin/Narratives; **12-13** Simon Brown/Interior Archive (Designer: Christophe Gollut); **13 rechts** Christian Sarramon (Alan Faena, Buenos Aires); **14-15** David Churchill/Arcaid (Architekten: D. Churchill und P. Vafadari); **16 links** HenryWilson/Interior Archive (Architekt: Charles Rutherfoord); **16-17** Ray Main/Mainstream; **18** Tatyana Hill Jan Baldwin/Narratives; **19** Solvi dos Santos, **20** © Verne (Design: Manu Demuynck); **21** Timney Fowler - The Aesthetic Collection; **22-23** Christian Sarramon (Alan Faena, Buenos Aires); **24** Ray Main/Mainstream; **25** Tatyana Hill, Jan Baldwin/Narratives; **27** Christopher Simon-Sykes/Interior Archive (Ragley Hall/Great Houses of England & Wales); **28-29** English Heritage P.L.; **30-31** Simon Upton/Interior Archive (Eigentümer: Lisa St.Aubin de Teran); **34-35** Solvi dos Santos; **37** Tim Beddow/Interior Archive (Künstler: Beazy Bailey); **38-39** Urban Research Laboratory/Fotograf: Michael Mack; **39 rechts** Jean-François Jaussaud; **40 links** Simon Upton/Interior Archive (Eigentümer: Lisa St. Aubin de Teran); **40-41** James Mortimer/Interior Archive (Besitz: Leighton House); **42** Robert Harding Syndication/Inspirations/Gloria Nicol; **44-45** Solvi dos Santos; **45 rechts** Ray Main/Mainstream; **46** Christian Sarramon (La Lunita/Cahen d'Anvers); **47** Solvi dos Santos; **48-49** Nicholas Kane/Arcaid (Architekt: Niall McLaughlin); **50** Nicholaas Maritz, Jan Baldwin/Narratives; **51** Deidi von Schaewen; **52-53** James Mortimer/Interior Archive (Künstler: David Carter); **53 rechts** Solvi dos Santos; **55** James Mortimer/Interior Archive (Künstler: David Carter); **56 links** Solvi dos Santos; **56 rechts** Tim Clinch/InteriorArchive; **57 links** Jan Baldwin/Narratives; **57-59** Solvi dos Santos; **60** Debi Treloar/www.elizabethwhiting.com; **61 rechts** © M.Angelo/Corbis; **62-63** Fritz von der Schulenburg/Interior Archive (Designer: Jenny Hall); **64** Simon Kenny/Belle/Arcaid (Architekt: lan Stapleton); **65** Christian Sarramon (Alan Faena, Buenos Aires); **66** Paul Ryan/International Interiors (Designer: Kathy Gallagher); **67** Tim Beddow/Interior Archive; **69** Mary Shaw Patrick van Robaeys/Narratives; **70** Fritz von der Schulenburg/Interior Archive (Designer: Anouska Hempel); **71** www.elizabethwhiting.com; **73** Ray Main/Mainstream; **74** Andrew Wood/Interior Archive (Künstlerin: Arabella Johnsen); **75** Fair Lady/Camera Press; **77** Paul Ryan/International Interiors (Architekt: Fell-Clark Design); **78** Ray Main/ Mainstream; **80** Solvi dos Santos; **81** Gross & Daley (Morgan Puett); **83 oben** © Kevin Schafer/Corbis; **83 unten** Solvi dos Santos; **84** Photonica/Ryu; **86-87** Ray Main/ Mainstream/Ozwald Boateng, **88** Mary Shaw Patrick van Robaeys/Narratives; **89** Inside/Interior Archive/House & Leisure/G.McAllister, **90 links** Jan Baldwin/ Narratives; **90-91** IPC Syndication/Homes & Gardens/James Merrell; **92-93** Deidi von Schaewen; **94-95** Ray Main/Mainstream (Designer: Roger Oates); **95 rechts** Deidi von Schaewen; **96** Fritz von der Schulenburg/Interior Archive (Besitz: Blakes); **97** Tim Clinch/Interior Archive (Besitz: Madrid); **98** Edina van der Wyck/Interior Archive (Designer: Jenny Armit); **99** ©Verne (Architekt: Raymond Jacquemijns); **100** Ray Main/Mainstream; **101** Tim Clinch/Interior Archive (Besitz: Madrid); **102** Ted Yarwood (Rebecca Last Interiors, Toronto); **103** Deidi von Schaewen; **104** Andreas von Einsiedel/www.elizabethwhiting.com; **105** Tom Leighton/www.elizabethwhiting.com; **106** Paul Ryan/ International Interiors (Designer: Wolfgang Joop); **108** Eric Morin/Interior Archive; **109** Solvi dos Santos; **110-111** Jacques Dirand/Interior Archive (Designer: Michel Klein); **113 oben links** Tim Beddow/Interior Archive; **113 oben rechts** Max Jourdan/Camera Press; **113 unten** Solvi dos Santos, **114** Ray Main/Mainstream/Ozwald Boateng; **116-117** Verne/Houses & Interiors; **118** Jonathan Pilkington/Interior Archive (Designer: Hamish Bowles); **119** Brian Harrison/Red Cover (Muralist: Alan Dodd); **121** Simon Upton/Interior Archive (Designer: Carol Thomas); **122** SHE/Camera Press; **123** David Loftus; **124** IPC Syndication/Homes & Gardens/David George; **125** Tim Beddow/ Interior Archive (Designer: Rana Kabbani); **126 links** Ray Main/Mainstream; **126-127** Ray Main/Mainstream; **127 rechts** Ray Main/Mainstream; **128** Andrew Wood/ InteriorArchive (Eigentümer: Mandy Coakley); **129** Mirjam Bleeker/Taverne Agency und Frank Visser; **130-131** IPC Syndication/Homes & Gardens/Thomas Stewart; **132 oben** © Michelle Garrett/Corbis; **132 unten** © Ralph A. Clevenger/Corbis; **134 links** Ted Yarwood; **134-135** Tim Imrie/www.elizabethwhiting.com; **136** Sarie Visi/Camera Press; **137** Ted Yarwood (Brian Gluckstein Design Planning, Toronto); **138** Sarie Visi/Camera Press; **139** Laura Ellenberger/Camera Press; **140** Solvi dos Santos, **141** Polly Farquharson (J. Rutherford-Best); **142-143** Deidi von Schaewen; **143 rechts** Fernando Bengoechea/Interior Archive (Eigentümer: Sarofim); **144** Ted Yarwood (Powell & Bonneil Design Consultants, Toronto); **145** Gross & Daley (Richard Warholic); **146** Henry Wilson/Interior Archive (Designer: Ivan Speight); **149** Ray Main/Mainstream; **150** IPC Syndication/Homes & Gardens/Thomas Stewart, **152 links** Solvi dos Santos; **152-153** www.elizabethwhiting.com; **153** Polly Farquharson (Antoni & Alison), **154-155** Mads Mogensen; **156** Rodney Hyett/www.elizabethwhiting.com; **157** Fernand Bengoechea/Interior Archive (Eigentümer: Sharone Einhorn; **158** Paul Ryan International Interiors (Designer: Sharone Einhorn); **160** Christian Sarramon; **161** Poll Farquharson (Elle Deco); **162** Inside/Interior Archive/Maison Française/N.Tosi **164 links** Peter Ting, Jan Baldwin/Narratives (David Champion); **164-165** Bria Harrison/Red Cover (Paolo Moschino); **166** Jan Baldwin/Narratives; **167** Tim Street Porter/www.elizabethwhiting.com; **168** Christian Sarramon; **169** © Verne (Architek Nathalie Van Reeth); **170** IPC Syndication/Homes & Gardens/Simon Upton; **172-17** © Verne (Designer: Manu Demuynck); **174** Victor Watts/Houses & Interiors; **175** Ra Main/Mainstream (Architekt: Sablha Foster); **176-177** Christian Sarramon; **177 recht** David Champion, Jan Baldwin/Narratives; **178-179** Fritz von der Schulenburg/Interi Archive (Besitz: Blakes); **180** Richard Felber; **182** Timney Fowler – Neo-Classic Collection; **183** Fair Lady/Camera Press; Christian Sarramon; **185** Jan Baldwi Narratives.